四川大学哲学社会科学出版基金资助

中国符号学丛书 ◎ 丛书主编 陆正兰 胡易容

符号与传媒
Semiotics & Media

展现2012—2022中国符号学研究
诸论域新开拓、新进展、新成果，
探问未来符号学发展
新方向、新路径、新课题

符号学诸论域

Issues in Semiotics

唐小林　陈文斌　王立慧　主编

四川大学出版社
SICHUAN UNIVERSITY PRESS

图书在版编目（CIP）数据

符号学诸论域 / 唐小林，陈文斌，王立慧主编. —
成都：四川大学出版社，2023.6
（中国符号学丛书 / 陆正兰，胡易容主编）
ISBN 978-7-5614-5227-1

Ⅰ. ①符… Ⅱ. ①唐… ②陈… ③王… Ⅲ. ①符号学
—中国—文集 Ⅳ. ① H0-53

中国版本图书馆 CIP 数据核字（2022）第 218183 号

书　　名：符号学诸论域
　　　　　Fuhaoxue Zhu Lunyu
主　　编：唐小林　陈文斌　王立慧
丛 书 名：中国符号学丛书
丛书主编：陆正兰　胡易容

丛书策划：侯宏虹　陈　蓉
选题策划：吴近宇
责任编辑：吴近宇
责任校对：罗永平
装帧设计：墨创文化
责任印制：王　炜

出版发行：四川大学出版社有限责任公司
　　　　　地址：成都市一环路南一段 24 号（610065）
　　　　　电话：（028）85408311（发行部）、85400276（总编室）
　　　　　电子邮箱：scupress@vip.163.com
　　　　　网址：https://press.scu.edu.cn
印前制作：四川胜翔数码印务设计有限公司
印刷装订：四川盛图彩色印刷有限公司

成品尺寸：170mm×240mm
印　　张：24.25
插　　页：2
字　　数：466 千字

版　　次：2023 年 6 月 第 1 版
印　　次：2023 年 6 月 第 1 次印刷
定　　价：88.00 元

扫码获取数字资源

四川大学出版社
微信公众号

目　录

第一部分　符号学理论

第二部分　中国符号学遗产

第三部分　传播符号学

第四部分　文学艺术符号学

第五部分　符号叙述学

第六部分　产业符号学

第七部分　日常生活的符号学

第一部分

符号学理论

哲　学

赵毅衡

符号学的核心问题是意义问题。虽然意义也是分析哲学、现象学、语言学、逻辑学、认知学、心理学等许多学科的核心问题。不过符号学注视的，并且时时关注着的重心，是意义的形式，是意义活动（表意、传达、解释）之中的形式问题。符号学，就是意义形式的研究。

人生活在意义世界中。自在的物世界是不以人的意志为转移的客观存在，意义世界却是因人类的意识与事物交会而开拓出来的；反过来，意义也造就了意识，意识是人类存在的根本原因和根本方式。这一点极为重要，因为意识是人之所以为人的基本立足点，是人区别于动物，或人工智能体的根本点。

动物是可能的意识载体，对它们的意识之研究至今仍太零碎，近年各种认知实验报告让有关讨论更为具体而紧迫。如果动物在某种程度上分享人的某些意义能力（例如识别指示意义，识别像似意义），那就更令人信服地证明，人的这些符号意义能力是生物进化先天获得的，而不完全是从后天的经验或社会活动中学习所得的，因此人们不得不十分重视对动物心智研究的进展。

人工智能正在形成另一种可能的"符号意义意识"。对此课题的前景我们只能乐观但谨慎地对待。这就是为什么探讨人类特有的"符号意识"的构成极端重要，因为它一边是人类脱离动物界的原因，另一边是人类控制"数字化未来"的希望。

人的意识存在于符号构成的"周围世界"（Umwelt）之中，因此意识面对的一切，都可以是意义来源。它们可以粗略地被分成三个范畴：

第一种经常被称为"事物"，它们不只是物体，而且包括事件，即变化的事物；

第二种是再现的，媒介化的符号文本；

第三种是别的意识，即其他人（或其他生物或人工智能）的意识，包括对象化的自我意识。

这三种"现象"形成了世界上各种意义对象范畴，但是各种学派对如何处理它们的意义，立场很不一样。一般的讨论，只把上面说的第二种（再现）视为符号。而符号学把这三种对象都视为符号。因为它们都符合"被认为携带意义的感知"这条符号的基本定义。（赵毅衡，2016，1）在笔者的详细讨论中，可以看到上述这三种"对象"，边界并不清晰：在形式直观中，物与符号无法区分；在经验与社群经验的分析中，文本与他人意识很难区分；在意义世界的复杂构成中，事物、文本、经验、社群综合才构成了主体意识存在的条件。因此，哲学符号学既是意义形式的方法论，也是意义发生的本体论。

中国当代学界可以对哲学符号学发表一些独特的见解。先秦时中国就萌发了极其丰富的哲学符号学思想，从全世界第一个解释万物的符号体系《易》，到先秦名墨之学对意义问题的细腻辨析，到汉代的阴阳五行、谶纬术数、河图洛书，到魏晋玄学的辨名析理。寄言出意，从唐朝法相唯识宗的"外境非有、内识非无"，到禅宗的求顿悟于心，到陆王心学的"心外无物"，到王国维的"有我之境"。这条宏大深邃的思想脉络，紧扣着意识面对世界生发意义这一个根本问题。

就"意义"这个汉语词的外延内涵来考察人的意义世界的形成，有以下几个不可或缺的方面，每个方面都必须有符号参与：意义的本质是精神与世界的关联，意义产生于意识给对象事物的观照，这种观照以符号形式出现；意义也只能以符号传递交流，因为接收者只能从符号中解读意义。因此笔者认为可以把意义定义为：符号所携带的意识与事物的关联方式。

符号学集中研究意义形式的产生、传送、解释，现象学集中关注意识是如何产生并"立义"的。二者研究的实际上是同一个意义过程，只不过符号学更专注于意义，而现象学更专注于意识。由于专注点的不同，符号学向形式论和方法论倾斜，而现象学以本体论和形而上学为主要的理论方向。但是它们的论域重叠很多。皮尔斯明确声明："就我所提出的现象学这门科学而言，它所研究的是现象的形式因素。"因此，符号现象学是关于意义形式的理论，是他的符号学体系的思辨基础，主要集中在所谓"三性"问题上，即现象是如何通过感知为意识所理解的。这的确是个典型的现象学问题，即如何处理事物的感性显现问题。

20 世纪许多学者看到了符号学与现象学的紧密关系，从而致力于建立"符号现象学"这样一门学科。开其先河的是第二次世界大战后梅洛－庞蒂的"生存符号学"；海德格尔的存在主义现象学，比胡塞尔更强调讨论意义问题；德里达的著作《声音与现象：胡塞尔现象学中的符号问题》对胡塞尔的符号理论提出了质疑。近年为建立符号现象学努力的学者，有美国的拉尼根（Richard L

Lanigan)、瑞典的索内松（Goran Sonesson）等，意大利的西尼（Carlo Sini）强调意义是"现象符号学"的根本问题，他称意义为"形式的内容"。

虽然皮尔斯把他的哲学体系叫作现象学，或许"哲学符号学"这个名称，论域更为广阔一些。我们必须强调哲学符号学的必要性，这样可以避免让符号学一直被当作一种方法论，它的绰号"文科的数学"就是因为它强大的可操作性，但是这个绰号造成了很多误会，人们把符号学误会成一种顺手的操作工具。

哲学符号学解释意识与世界的联系是如何产生的，意义活动如何构成意识，意义活动如何在个人意识中积累成经验，意义活动如何在社群意识中沉积为文化。所有的符号都是用来承载与解释意义的，没有任何意义可以不用符号来承载与解释，一句话：符号的本质就是携带意义，或者更精确地说，可以被认为携带着意义。符号学就是意义学。

符号学难道只是一种方法论吗？符号学能不能处理"形而上"的哲学问题？笔者个人认为符号学的根基奠定在一系列哲学思考上。例如文化标出性，主体与自我，文化演进的动力与制动，等等。符号学作为意义形式的哲学，必须回答某些重要的（当然远不是所有的）哲学根本问题。

人类文化本是一个社会符号意义的总集合，因此不奇怪，符号学成为研究人类文化的总方法论。我们应用符号学于某个课题，因为一切文化课题可以从符号学角度来探索，只是深入程度不一，有的文化问题，用符号学能增加的理解并不多，尤其是那些对系统的专业知识要求很高的课题。可以说，正因为哲学符号学的立足点是意义的形式问题，例如对饮食的符号学研究，不可能进行到烹调技术，而只能把重点放在菜肴的文化意义、阶层意义、文明程度意义等方面。

至今哲学符号学论著不多，只是因为符号学运动在这方面的努力（本书中有大量引用介绍）不如符号学的方法论给人印象深刻。幸好，符号学与哲学的历史并不会在我们这里终止。我们没有做到的，不等于后来者做不到。

无论符号学讨论任何问题，意义与意识是须臾不离的两个核心概念。可以说，哲学符号学，是以符号如何构成"意义世界"为主要论域的符号现象学。笔者坚持称这种探讨为"哲学符号学"而不称其为"符号哲学"，是因为这种探讨不可能讨论所有的哲学问题，而只是关于意义和意识关系问题的探索。至少从笔者目前有限的视野来看，符号学远不是能开千把锁的"万能钥匙"，要想解开文化意义的课题之谜，要求研究者殚精竭虑地努力。至今符号学讨论的所有课题，都是风险很大，需要步步谨慎。因此论者与研习者不得不时时回顾哲学符号学，提醒自己符号学本质是什么，追求的是什么，才不至于沉溺于一得之见，而忘记这个学科的根本追求。

符号现象学

董明来

　　关于符号现象学的研究，实际上包含两种思想实践的路径：首先，是对"符号"这一实事之现象学本质的分析；其次，则是在符号学的视域下，对现象学传统中诸思想资源的梳理、澄清以及统合。而如此这般的思想实践，则首先要求对现象学方法本身做出基本的刻画；若非如此，则"符号这一实事的现象学本质"的问题性本身，就会仍然晦暗不明。

　　现象学传统对意义问题的思考，从埃德蒙德·胡塞尔开始。虽然他的思想生涯经历了多次转变，一个主题却是贯穿始终的，那就是诸"现象本身"在主体之意识中的显现结构。符号现象学首先就意味着对"符号"之意识给予性的结构分析。胡塞尔本人对此问题的关注，持续了一生：在《逻辑研究》第二卷的第一研究中，胡塞尔分析了表达、意义与被表达所指涉之"对象"这三者如何通过意向性的方式设立起自身。而在"第六研究"中，他则讨论了对与对象之充实性的直观和对表达之含义（Bedeutung）之间的意向性关系。在其整个思想生涯中，胡塞尔都将表达视为被表象的对象。也就是说，它所对应的意向性行为，乃是建基于表象这一最基础之行为层次上的，"包含着更高之行为层次"的行为。显然，胡塞尔对表达现象的理解，基于他对意向性意识之层级结构的分析。在意象行为之层级结构中，最基础层次乃是表象（Vorstellung）。表象的行为形式可以被理解为"进行对象化的统握"（胡塞尔，2019，888）；它所对应的，最基础的对象，则是一个有着复数之属性的，自我同一的纯然对象。

　　作为表达的符号，就首先是如此这般的自我同一的被表象物。但是同时，此被表象的对象之所以不同于"单纯被表象的纯然对象"，是因为它在其可感知的表象特征之外，仍然包含着被称为"含义"的意义部分。此意义部分乃是纯然观念的，但却并非独立的"本质直观"的对象；相反，它是有着感知性的，作为一整体对象的表达之不可分割的一部分。在《逻辑研究》中，胡塞尔一再强调含义与符号所指涉之对象之间的区别。在某种程度上，这一洞见确实类似皮尔斯三分法中对解释项和对象所做的区分。但是在胡塞尔的体系内，对象本身并不必然在对符号之意象把握中直接出场：符号之含义可以是某种在本质上不可直观，甚至不可想象之物；但是对象之直接的，充实性的出场，却必须是某种直观，无论这种直观是真实经验，还是虚构的幻象。

胡塞尔之意义理论的第二个重要部分，是他对"句法"之本质的现象学分析。当然，此处的"句法"并不是指语言学意义上的规约语法，而是指不同的表达在意识中得以分环勾连的基本形式。在《形式的与先验的逻辑》中，胡塞尔分析了不同表达之结合的，静态的逻辑框架；而在《经验与判断》中，他则着重分析了一个由多个表达组成的文本对象整体，是如何在主体的内时间意识中形成的（Husserl，1929，237）。

在胡塞尔之后，现象学传统对意义问题的研究，基本上都围绕以上两个问题展开，那就是单个表达的现象学结构，以及符号文本的意识。

最为引人瞩目的是马丁·海德格尔对指示和言语的思考。在《逻辑研究》中，胡塞尔明确认为指示与表达乃是不同的意识过程，并且把主要的注意力放在了对后者的描述之上。而在其奠基性的著作《存在与时间》中，海德格尔指出，人类在世界中生存的基本样式有两种：现身与领会。在领会中，此在生存于世界的诸种意蕴展示了出来；把可领会之物的可领会性进行分环勾连（分节与联系）的乃是"言语"，言语可以不被付诸声音等物质形态，而当其被付诸声音时，就形成了语言（Heidegger，2006，142－167）。

与海德格尔带有强烈的德国形而上学风格的沉思不同，梅洛－庞蒂的意义现象学研究，则似乎是第二次世界大战之后法国思想黄金时期的典型产物：在他关于语言问题的哲学思辨中，结构主义理论已经强有力地侵入其问题意识，而存在主义对 20 世纪人类文明之危机的应对，则亦在其言说中昭然清晰（梅洛－庞蒂，2003，103－119）。但要注意的是，就其思想的底色而言，梅洛－庞蒂仍然是一个完全胡塞尔式的思想家；在其《知觉现象学》和胡塞尔 20 世纪 20 年代关于身体的研究之间，有明确的继承关系（梅洛－庞蒂，200，226－265）（Husserl，1952，143－161），因此，他的意义理论，仍然主要应当放在现象学传统之中加以理解。

而德里达对胡塞尔之批判，则首先瞄准了胡塞尔关于"在场性"的言说。德里达以为，在胡塞尔理论中时刻运行着"鲜活在场性"的统治，而这种统治，就是形而上学传统在胡塞尔思想中的遗留。这种隐含的形而上学前提使胡塞尔忽略了"缺席"与"沉默"的意义（德里达，2010，3）。当然，德里达的具体言说，或许在某种程度上误解了胡塞尔的思想；但是毫无疑问，这种对胡塞尔思想的反叛，本身就仍然带有来自现象学还原的气质。

胡塞尔及其后学的意义现象学，激发了丰富的研究。比如，威尔顿（Donn Welton）之《意义的起源》（*The Origins of Meaning: A Critical Study of the Thresholds of Husserlian Phenomenology*）不但充分意识到了意义理论在胡塞尔思想中的重要地位，而且对散见于胡塞尔不同手稿中的意义理论思想，做了逻辑清晰的分析与总结。而在蒙哈提（Jitendra Nath Mohanty）的《埃德蒙德·胡塞尔的意义理论》（*Edmund Husserl's Theory of Meaning*）以及索克洛维斯基的《胡塞尔式的沉思》（*Husserlian Meditations: How Words Present Things*）中，胡塞尔的意义理论都进入了与英美现代语言哲学的对话之中。

国内学界关于意义现象学的研究已经积累了丰富的成果。倪梁康关于胡塞尔之意义理论的梳理与介绍——在其对《逻辑研究》进行细读研究的著作《现象学的始基：胡塞尔〈逻辑研究〉释要》，以及分成上下两篇发表的论文《现象学如何理解符号与含义》中，表达问题与句法问题这两个在《逻辑研究》中占据重大地位的问题，都得到了细致的分析。另外，胡塞尔的意义理论与维特根斯坦、石里克，以及德里达之意义理论之间的对话与争执，亦是倪梁康关注的要点之一（倪梁康，2003）。

而胡塞尔之富有创造性的后学们关于意义与符号的思想，在国内学界也一直是学者们关注的主题。在其专著《幽灵之舞：德里达与现象学》中，方向红将德里达思想与现象学传统之间的张力，放在了"在场性"这一意义理论主题下进行了考察。而他的论文《论德里达与胡塞尔的符号学之争》，则更是明确地讨论了二人的符号现象学。

在黄玉顺关于中国符号学，尤其是儒家符号学的研究中，现象学传统亦扮演着重要的、哲学性的角色。在他讨论"中国意义世界"的思想尝试中，胡塞尔和海德格尔的身影，一直鲜明地在场（黄玉顺，2004）。从中，我们可以看到符号现象学本身带有的、强烈的汇通与交往的品性。

现代符号学传统，从多个源头出发，生长出了一个有着复杂内容的有机体。此有机体中工作的思想家们，早就意识到了现象学传统对于意义问题的解释能力。比如，艾柯在出版于 20 世纪 70 年代的《符号学理论》（*A Theory of Semiotics*）中，就意识到符号学研究应当首先采取胡塞尔之现象学还原方法，因为符号本身之本质结构总是被涂染了文化与社会之颜料，但是如果不对此结构的感知形式做出基本的澄清，那么对这些文化要素的分析，也就是无根的了（Eco，1996，168）。在艾柯的符号学实践中，明确地显示出了符号学视域下

"现象学"的基本形象：一种能够让索绪尔、皮尔斯等人的具体符号学研究变得更为通透的，描述性的哲学方法。

与艾柯类似，瑞典符号学家索内松亦将胡塞尔的方法论与符号学传统中之其他思想资源结合运用，虽然在索内松这里，胡塞尔的地位似乎更为重要——他不但认为胡塞尔之意识分析方法是对于意识研究而言最有效的方法论之一，而且也显然利用了胡塞尔后期关于"生活世界"的思想（索内松，2019，16－59）。有趣的是，作为认知符号学之开创者，索内松的基本哲学立场，或许与胡塞尔迥然对立：前者显然更乐于将意识作为物理世界的一部分，即使是他的"生活世界"，也首先更多的是尤克斯库尔所说的，生物学意义上的"周围世界"（索内松，2019，49－55）。

符号学与现象学的可能结合，亦早就被国内符号学界所注意。早在20世纪90年代，李毓英、周祯祥、方向红、李幼蒸就在其《理论符号学导论》中将胡塞尔列为符号学之思想来源之一（李幼蒸，1999，2）；而21世纪初，学者们则开始将胡塞尔现象学列为"现代符号学之三大起源"之一（翟丽霞、梁爱民，2004，11）。

近十年来，随着符号学在整个国内人文思想研究中影响日重，宗争、董迎春、戴登云等学者用现象学方法对符号学视域下诸问题作出澄清的努力，也变得越来越具体。（戴登云，2011，3）而赵毅衡出版于2017年的《哲学符号学：意义世界的形成》一书，则是其中富有代表性的成果。在此书中，赵毅衡围绕"形式直观"这一现象学风格的概念对意义世界做了结构分析，此书中对胡塞尔现象学资源的运用，主要仍然从符号学的问题意识出发，而非严格地遵从胡塞尔的思想立场。

简而言之，符号现象学或者现象学符号学，可以被描述为一个丁字路口：在过去，经由问题之灯光的牵引，研究者们从现象学和符号学这两个不同传统的起点分头出发，最终汇聚到了"意义"这一共同的视域之下。而在未来，从此汇聚口，现象学与符号学学者们则可以直接地借助彼此的力量，在一条共同的问题经线上推进思想的纵深：在此经线周围，充满了意义的生活世界中的诸多问题，都能逻辑分明地渐次展开。

认　知

胡易容

　　近年来，"认知符号学"（cognitive semiotics）加入"认知学"的阵营，成为诸多"认知转向"学科之一。与其他学科不同的是，作为意义之学的符号学本身具有认知功能，是否仍然存在一个所谓的"认知转向"？换言之，与认知科学相联系的符号学究竟是一种全新的符号学系统，还是符号学体系中一种辅助性的论证手段，或仅仅是一种学科间的交叉？

　　人们通常认为，"认知符号学"学科名源自 1995 年达代西奥（Thomas Daddesio）（胡壮麟，2010，20-25）。有资料表明，早在 1987 年美国加州克莱芒特大学研究院举行的"关于教育中的符号学的对话"研讨会上，该词就已被频繁使用。彼时，印第安纳大学语言与符号学研究中心主任西比奥克和赖斯大学语言学与符号学专家拉姆的讨论中，拉姆多次使用"认知符号学"术语。他以"描写（descriptive）符号学"与"认知（cognitive）符号学"作为对话开端，并指出："在认知符号学中，我们关注的是个人内心的信息结构。"（西比奥克，拉姆，1991，16-24）最先与认知心理研究结合的是语言符号。随着近年来语言符号学的边界扩延，非语言符号认知与一般符号学发生了更全面深入的交叉。2003 年世界上第一部"认知符号学"论文集出版，2007 年第一本《认知符号学》专业学术期刊创刊，同时期欧美学界成立了"认知符号学"研究机构。

　　不过，认知符号学与所谓"传统符号学"的关系仍然存在一些争议。一些学者认为"认知符号学"是"符号学领域内的新成员"（刘丽，2013，3，22-26）；也有学者认为，认知乃是符号学题中应有之义，不存在一门专门的认知符号学。西比奥克甚至认为，"符号学"与"认知科学"乃是同义语（西比奥克，拉姆，1988，5）。

　　作为意义哲学的一脉，符号学在其发展过程中也会发生内部调适和变化。学科化之前即存在丰富的符号认知思想：莱布尼茨发展了斯多葛学派，旨在把人类的理解力"数学化"。此种路径实际上是以一种"数"的"本体"来解释世界（皮埃尔·吉罗，1988，3）。类似的如布尔在《逻辑的数学分析》中尝试提出不借助心理学的意指过程的数学程序。他开创的公理学被视为皮尔斯逻辑符号学体系的前身。开启现代符号学学科化进程的索绪尔则将符号学视为普通心理学的一部分，他认为："我们可以设想一门研究社会生活中符号生命的科学，它将构成社会心理学的一部分，因而也是普通心理学的一部分……确定符号学的恰当地位，这是心理学家的事。"（索绪尔，1982，37-39）有学者认为，相对索绪尔结构主义模式，皮尔斯符号学更符合"认知论"的模式——他的符号学体系更倾向于从感知角度来理解符号表意，其符号体系以逻辑修辞模式为基础实现符号认知。

　　不过，明显的事实是：皮尔斯的符号认知理论并不具备当前认知学的新科学背景。当代认知科学被视为整合哲学、心理学、语言学、人类学、计算机科学和神经科学的复杂性学说。上述六个学科的整合并不是均匀分布的，其中直接催生认知科学的是"脑科学、神经科学与计算机科学"。换言之，认知学的研究预设的是科学话语方式的"关于心智研究的理论和学说"，它具有自然科学研究那种明晰而具体的形下目标。世界第一份《认知符号学》杂志宣称其宗旨是"将认知科学和符号学的传统相结合来研究'意义'"（胡壮麟，2010，20-25）。

　　近年来，认知科学与符号学的范式互涉也在逐步加深。符号学在探索意义的路途上，一直受到来自不同领域学科成果的启示。当前符号学与认知科学的对接方式则是学科集群协同作业。这是人类探索世界的现时代需求——它集中体现为对"认知"所涉及的"心智、意识"等问题的总体解决雄心。在这一总体目标诉求下的"认知学"形成了巨大的伞形术，并且不得不要求其学科构成是包括"符号学"在内的多学科的集群式协作；反过来，这种总体问题诉求也对当前符号学的理论取向具有相当大的影响。我们可以将"认知符号学"这个术语视为此种影响力在符号学范式内"认知"研究的地位凸显。

　　广义地说，认知符号学属于符号学的多种学术取向之一，但从该术语的当前使用语境来看，狭义的"认知符号学"具有自己的一些特点——它在方法上大量借用实验心理学、神经科学的技术手段研究个体意识对各种符号的接受和认知问题。

　　"认知符号学"面临的挑战之一是：科学化手段与经典人文符号学的关系。科学化实验的研究手段是符号学界对"认知符号学"最大的焦虑。索绪尔曾预言一门"普遍的符号学"仍属于社会心理范畴。当前的问题是：符号学对自然科学的各种涉猎，究竟是"文化研究"的反观启示，还是将整个符号学引入一种"科学化的人文"？

认知符号学实验的两类主要形态分别是基于认知的脑科学研究和实验认知行为效果的统计方面的研究。一类是大脑神经及与此关联的心理活动实验，常见的是FMRI（功能性磁共振成像）。脑成像技术可以通过脑部读取而获取意识甚至潜意识活动——其结果包括比受试者更早预知其行为判断多达六秒，甚至可以部分还原受试者的视知觉。这些实验通过对大脑的信息获取技术，也体现了从个体心理角度对符号信息传播进行更为准确的效果判断。另一类是基于实验认知行为效果应用研究，如眼动仪分析广告、新闻等的阅读视知觉规律。由于实验性数据能客观地测量传播效果，这些研究在精确地描述个体传播心理效果方面具有直观结果的便利。在笔者看来，"认知的"符号学，首先是"在符号学框架内"关于认知方式的科学发展。就现实情况而言，认知符号学主要呈现为符号学与认知学其他学科的交叉。"符号学"与"认知科学"的交叉本身即是双向的——不仅是符号学自身体系调适问题，而且是符号学意义范式在多学科协同中照见了认知学科的推进。如符号学家索内松指出，"认知科学内出现了可喜的符号学转向"（Sonesson，2006，1），这导致我们的问题"符号学的认知转向"转变为另一个逆向话题"认知学的符号学转向"。

符号学与认知科学之间边界互涉处于一个更大的当代学术语境下——人文科学的科学化。基于生物神经元个体的实验并不负责社会语境下的文化意义。实验室也无法穷尽社会文化中的符号意义生成的所有变量。这实际上要求自然科学突破认知和意识的瓶颈，需要更深刻地理解"人"，而这正是人文科学的工作领域。同样多的证据表明，人文科学化的另一种表述版本实际上是"自然科学的人文化"。人类心灵和文化的突进，对自然科学同样有巨大的作用。此种学科边界的打破和跨界，乃是人类知识爆炸时代的信息革命及其必然结果。

认知学与符号学的结合对于符号学体系所造成的改变尚在发生之中，且它很有可能构成当代符号学的阶段性特征之一。反过来，同样的改变也出现在认知科学与符号学、哲学的人文化进程之中。对认知符号学的误解或许一部分原因来自"认知符号学"（cognitive semiotics）这个偏正结构。一旦落脚于符号学，就与这门人文学自身所预设的思辨性方法产生了冲突，反过来称"符号认知学"（signs cognition）情况可能好得多。此处用"认知学"而非"认知科学"（the cognitive since）旨在表明，它并不自设人文或科学的方法论路径，而是以问题为导向的一个知识群协同。这恰恰是符号学实现其跨学科雄心的最佳途径。只不过，符号学的跨学科模式并非那种以"符号学为中心"并"涵盖一切知识"的模式，而是一个符号学在严格遵循自身逻辑体系的基础上与其他科学方式共同探索现有知识的边界的过程。

　　笔者尝试越出符号学边界，从"人文学的科学化"背景来考察认知符号学特征（胡易容，2015，116－126），通过人文与自然的双向关系解读新时期"符号学"与"认知"的结合方式。符号学与"认知科学"的协同作业是当前知识前沿诸学科方法论交汇的结果。这种基于总体问题的诉求影响了符号学当前发展的侧重点；反过来，符号学范式作用于更广义的认知科学。认知符号学既是"符号学"的"认知化"，又是"认知科学"的"符号学化"。

文 化

薛 晨

文化作为一种符号，一直是符号学研究的对象，也是探索人类多样意义活动的重要领域。爱德华·泰勒（Edward Tylor）认为文化是对人类所有的思维方式形成的意义进行整合的产物。赵毅衡认为文化是一个社会所有意义活动的总集合。这两种定义都将文化、意义与符号学内在关联。符号学就是研究意义的学说，文化也必然是符号学研究的重要对象。

20世纪80年代，尤里·洛特曼（Juri Lotman）建构了文化符号学。这一学科的出现及其学理逻辑和学科边界的完善，使其成为符号学理论发展中的一个重要理论传统，对当代符号学发展产生了重要影响。文化意味着符号学应用于人类的全部意义世界，包括精神世界及物质世界，具体如艺术、电影、音乐、饮食、时装、广告、商品等意义领域。

尤里·洛特曼之子，符号学家米哈伊尔·洛特曼（Mihhail Lotman）说过：洛特曼喜欢的一句圣经格言是："被建筑者所抛弃的那块石头最重要。"文本（理论）是被结构主义所"抛弃的石头"，尤里·洛特曼使它成了莫斯科-塔尔图符号学派的奠基石。洛特曼主张重视文本与文化语境的关联，认为要探索文本的意义，就需要了解文本生产、传播、接受甚至毁灭等的文化背景是如何成为符号机制的。

1973年在全苏联斯拉夫学大会上，洛特曼、伊万诺夫、乌斯宾斯基等人首次提出文化符号学范畴，并将文化视为一个有组织的领域，文化既是人类的社会存在条件，也是人类社会中的信息传递系统。而对于洛特曼的符号学而言，符号学是一门科学，它将互相交流（intercommunication）以及信息和结构的重新加工既看作基本文化事实，又看作文化和社会生活的实质。

文本既是文化的基本单位，也是功能和意义的载体。文化作为文本的综合，洛特曼将其定义为"建立在人和世界之间的关系所构成的系统"，文化符号学也因此成了"有关不同符号系统之间功能性关联的研究"。洛特曼认为符号活动的最小单位不是"语言"，而是出于各种各样符号活动状态中的"众多语言"的整个符号域。洛特曼引入了"符号域"这个文化符号学的核心概念，意在从一种整体的视域描述并概念化文化符号活动的宏观运行规律。他将符号域定义为"语言存在并发挥作用所必需的符号空间"，"是一连串的符号活动空间及其边界"，作为"符号存在和运作的空间和机制，它既是文化存在的条件，也是文化发展的结果"。在他看来，符号域作为建构并维持人类文化基本模式的"连续体"，在运动模式上具有如下基本特征：从共识的维度上看，位于其中的诸类符号系统既相互独立，又可以相互交换符号信息或意义；而在历时维度上，符号系统自身如生命体一样，具有记忆功能，因此它也可以在历史上相互影响。这几种运动在不同层面上同时进行，进而实现符号信息的传递、保存、加工和创新。由于符号域具有不匀质性（heterogeneity）、不对称性（asymmetry）、边界性（boundedness）和二元对立（binarism）的特点，它通过边界内文本表意与意义传播以及边界间要素转换产生、维持、更新了文化及其边界。

洛特曼强调语言符号在整个文化符号系统中的模塑作用。自然语言为第一模塑系统（primary modeling system），因为它对现实世界进行直接且普遍的模塑。建构在自然语言之上的符号系统，例如文学、绘画、音乐、其他艺术文本等则是第二模塑系统（Secondary Modeling System），它们是对现实实际的再度描述与建构。不同的模塑方式决定了符号文本化的具体过程，甚至可能改变符号文本的内部结构。

洛特曼文化符号学基本研究方法，几乎被运用到了符号学的所有分支学科中，塔尔图的生物符号学研究就由此获益良多。自 20 世纪 70 年代起，洛特曼文化符号学与起始于乌克斯库尔的生物符号学两大传统开始融合，构成了当今塔尔图符号学基础。随着符号学的研究视域推进至生物界，洛特曼所提出的"符号域"在总体符号学范畴下已不仅指向人类文化，而且是与生物域交汇的符号生物域。

符号学的文化研究传统在其理论发展初期就已成就显著。列维-斯特劳斯受到以索绪尔为代表的结构主义符号学这一传统的影响，他的文化人类学研究将结构主义符号学理论运用于人类社会组织形式的分析当中，他在神话学理论中以家庭、婚姻、血亲等典型论题思考人类文化的意义形式问题。

20 世纪 60 年代起，以罗兰·巴尔特为代表，构筑在索绪尔符号学理论之上的巴黎学派是将结构主义符号学运用于现代社会文化分析的先锋。正如巴尔特在《意义的调配》一文中写到将结构主义符号学用于社会文化研究的"主要任务是在社会生活的核心研究符号生命，而且因此去重构对象的语义系统（服装、食品、形象、礼仪、音乐，等等)"。列维-斯特劳斯后期的"神话学"理论思想，实则是其后结构主义思想在社会文化领域的实践标志。

文化人类学研究与符号学的探索与融合也一直是广义文化符号学的主流发展路径之一。以格尔茨（Clifford Geertz）、特纳（Victor Tuner）、道格拉斯（Mary Douglas）为代表的符号人类学自 1960 年产生后，通过对符号研究来认知人类文化，将人类符号行为的心理动机、意义、现实和各种符号关系中的认知和解释过程作为主要研究方向，是现代文化符号学理论成果中极为重要的一笔。

20 世纪 20 年代起，文化符号学的另一条研究脉络逐渐形成，即马克思主义与符号学理论的结合，推动了符号学在社会文化领域的研究。其中，巴赫金的狂欢理论及其对话理论将符号学的研究维度拓展至社会意识形态领域，阿尔都塞在葛兰西的文化领导权理论的影响下展开了意识形态构成研究，伯明翰文化研究学派的霍尔将符号学方法延伸到当代工业社会的文化形态以及包括青少年亚文化在内的研究中去，布尔迪厄的符号资本理论和鲍德里亚的商品符号学等等都是这两种研究传统相结合的显著成果。与前者关于宏观文化意识形态的思考不同，社会符号学家克雷斯（Gunther Kress）与霍奇（Robert Hodge）延承自韩礼德的社会符号学思想，将意识形态的研究付诸社会微观政治领域，诸如家庭、性别、学校等社群，落实到了日常生活领域之中。

文化符号学的又一条路径是符号学与心理学的融合。克里斯蒂娃符号心理分析也成为性别研究的重要理论工具，米德的社会符号化认知是将心理学、符号学共同运用于社会文化的阐释之中，他重视心灵符号的重要性，认为个体行为，如姿势，是心灵思维的来源，对人在社会交际中主体思维建构过程有十分重要的意义。

此外，作为文化符号在当代的重要延伸之一的传播符号学，以符号学视角审视大众文化及流行文化传播活动中的意义生产、传达与交流。大众传媒在 20 世纪的快速普及为传播符号学发展奠定了基础，也构成了人类在当时语境下所存在的中介表意环境。约翰·费斯克积极在大众传媒文化研究中践行符号学方法，探索大众媒介化的表意活动与意义传播机制。媒介的变化带来了文化系统的结构性调整，麦克卢汉洞察到媒介对人类表意的功能及影响，以其为原点，以他为代表的"媒介技术学派"与符号学打通了理论内在的勾连。尽管他未曾认同自己是符号学家，但他的媒介理论仍可被视为"元初符号学式的方法"。20 世纪 50 年代起，传播符号学的重要术语"符码"概念被引入媒介研究之中，而后得到广泛应用和拓展。威廉姆斯（Raymond Williams）的符码理论也在此阶段提出。新的媒介不断强势地介入人类表意活动之中，流行文化、大众文化以及日常生活文化界限交叠。多伦多大学作为传播符号学研究重镇，以达内西为代表的传播符号学者们在《香烟、高跟鞋及其他有趣的东西：符号学导论》中，从日常生活文化中的典型符号来探讨人们在日常生活文化中的意义创造与交流。同时，他们对以青少年为主的亚文化的敏锐探索令人叹服，对"酷"和 emoji 表情包这些青少年亚文化符号系统展开了深入思考。

文化符号学在 20 世纪末的发展更多体现在符号学在文化研究中的多样性实践中。数不胜数的门类符号学在全球出现，诸如电影符号学、商品符号学、音乐符号学、宗教符号学、传媒符号学、亚文化符号学等。国内文化符号学研究也显示相似的发展轨迹。近三十年来中国文化发展加速，符号化生存时代已经到来，文化符号学研究恰逢其时。赵毅衡在文化符号学探索中提出了重要的"文化标出性理论"，叶舒宪等人所著《文化符号学》通过文化符号学的多层编码理论，将文化理解为一种生成性的符号叠加过程，龚鹏程《文化符号学》是对中国古代语文与文化的符号学式思索。

四川大学符号学－传媒学研究所自 2008 年成立以来，致力于推进将符号学应用于人类文化表意行为，并涌现出多样化的门类符号学及相关成果，成为中国文化符号学研究的重要一脉。同时，川大符号学派坚持译介国外文化符号学理论著作，如莱昂内的《宗教的文化符号学》，埃诺与贝亚埃所编《视觉文化与视觉艺术符号学：艺术史研究的新视角》、巴尔著《绘画中的符号叙述艺术研究与视觉分析》，以及霍纳、斯维斯主编《流行音乐与文化关键词》等，为国内艺术文化符号学提供了理论借鉴和补充。

回归到对洛特曼文化符号学理论思辨与延拓来看，国内学者李幼蒸、康澄、王永祥、彭佳等人，对文化符号学思想及其与符号学理论前沿之理论勾连思考深远。但文化符号学在国内学界尚缺乏体系化、综合化研究，这也正是目前大有可为之处。

社　会

赵星植

　　社会符号学（social semiotics 或 sociosemiotics），顾名思义，是指探究社会文化语境中的符号表意与互动的学科。它既关心社会与文化对符号筑意的影响，也关注符号表意对社会意识形态建构的作用。因此，"社会"一词，在这里作广义理解：社会符号学关注符号文本与文本外部现实世界之相互关系。因而该学科所覆盖的领域非常广，也难有清晰的定义和学科边界。正如现任国际符号学会主席、《社会符号学》（*Social Semiotics*）期刊主编科布利（Paul Cobley）所言，社会符号学"是不加定义的"，因为它是一个伞形术语，关注符号在"各种社会意义塑造活动中所采取的具体策略"。（科布利，2013，132）

　　社会符号学者勒温（Theo Van Leeuwen）也有过精妙的阐述："社会符号学不是'纯理论'，也不是一个独立的领域。当具体的案例和问题需要应用它时，它便会出现；它还广泛涉及符号学以外的其他理论"，"因此，社会符号学是一种探究形式，它不会给你提供现成答案，却会为你提供一种提出探究问题的方式，以及解决问题的方法"（Leeuwen，2005，1）。

　　与其他符号学流派或范式不同，社会符号学是先对社会文化领域的具体问题进行仔细、广泛的案例分析，然后才逐渐总结出理论，形成风格，继而形成流派。从这个角度说，任何对社会文化领域中的表意问题进行的符号学研究，都属于社会符号学的领域。如巴尔特、列维－斯特劳斯、鲍德里亚对大众文化的符号学研究。

　　所以，社会符号学既是一种研究范式又是一种研究视角，它提倡采用符号学与社会学、人类学、马克思主义等结合的跨学科研究方法，以相对批判的视角对社会与文化现象所用的符号表意活动及其意识形态问题进行仔细分析，进而为社会与文化问题的研究提供一种符号学的切入路径。

　　社会符号学的重心是关注符号表意与社会语境的相互关系。索绪尔符号学重视"语言"（langue），而社会符号学则注重"言语"（parole）；前者追求符号文本内部的结构性与系统性，后者则关注文本在具体语境中的每一次实践，每一次的具体使用。显然，索绪尔式的符号学无疑是"反话语的"。而社会符号学的兴起，则从描写转向阐释，从文本转向分析使用，对整个语言研究来说，无疑是意义深远的"话语转向"（discursive turn）。

应当指出，话语转向不仅是一个流派独自努力的结构。它与整个语言学、符号学的符用学转向紧密相关。特别是奥斯汀（J. L. Austin）、塞尔（J. R. Searle）等人在20世纪六七十年代所开启的"言语行为"（Speech Act）理论以及实践，以及利奇（G. N. Leech）和格莱斯（H. P. Grice）等人所开启的基于言语行为所展开的符用学分析。关注符号使用中的意义，成为20世纪中叶以后整个人文学科的基本任务："在过去约二十年里，大量理论家开始向这个方向推进，常常把注意力集中到符号行为语境的方方面面，均注意到符号语境的重要性。"（科布利，2013，114）对此，社会符号学代表学者霍奇（Robert Hodge）与克雷斯（Gunther Kress）指出："是否承认语境是影响符号表意的核心因素，是当代符号学特别与索绪尔结构主义符号学的根本决裂之处。"（霍奇，2012，2）

人从事社会交往活动，实际上就是运用符号交流并分享意义，由此建立意义共同体。意义，必然是指使用的意义。无论是大众传媒时代中掌握传播话语权的报纸、广播、电视等大众传播机构，还是众声喧哗的新媒体时代中可以独自发声的网民；无论是利用符号进行宣传或商业传播活动，还是利用符号为自己发声，人们都关注符号意义在传播语境中的实际使用。因此，符号意义的传播与交流，在本质上即为具体社会语境之中的符号意义生产与交换。

社会符号学作为当今符号学的重要分支，恰恰表明了符号学在处理社会问题时所具有的解释力，这是因为在符用学框架下，当今符号学学者普遍承认，语境本身在符号过程中被组织进符号文本之中；这也同时意味着符号使用者与其关系范畴均在此过程中被赋予了意义。在这一语境下，符号意义在具体社会语境或社会交流中的使用与变异，便成为当代符号学研究中的重点问题。

近十年来，当代符号学以"英澳话语－多模态学派"（简称英澳学派）、"马克思主义欧洲学派"（张碧、唐小林，2016）、"意大利伦理符号学派"（苏珊·佩特丽莉，2014）等为代表，主张恢复符号学的社会批判传统，把符号学广泛运用于人类社会文化分析中。英澳学派主张他们通过融合皮尔斯符号学、巴赫金和沃洛辛诺夫的对话理论，把符号广泛用于意识形态批判为主要目的社会分析之中。马克思主义欧洲学派则首先选择将符号学与马克思主义结合，特别是吸收沙夫（Adam Schaff）等人的理论资源，回到马克思意义上的经济分析，评估当今消费社会与高科技时代的商品消费及其社会文化意义（李特约翰，2009，42）。而意大利伦理符号学派沿着西比奥克的总体符号学路径，把皮尔斯符号学范式与对话理论相融合，呼吁作为"符号动物"的人对整个生命界的责任，进而展开"符号伦理学"（semioethics）研究。

马克思主义

陈文斌

　　马克思主义符号学是马克思主义与符号学结合的产物。马克思主义本就包含符号学研究的范式，符号学在研究意义世界时也离不开马克思主义的思想资源。

　　符号学与马克思主义之间不仅是对话关系，而且有融合的基因与需求。马克思主义符号学就是两者对话与融合的结果，它"已经成为当代学界的一个重要学派。这个学派论辩展开的基本动力，是马克思主义的社会批判，但不仅方法是符号学式的分析，其批评对象也从资本主义的经济霸权、文化霸权，转入符号霸权"（赵毅衡，2012，16）。马克思主义符号学批判的符号霸权不再局限于经济领域或文化领域，它是将整个社会作为全域来观照。我们的意义世界由符号构成，马克思主义符号学所展开的社会批判就是要用符号学式的方法进行具体的符号问题研究。

　　可以说，马克思主义符号学的理论事实早于马克思主义符号学这个理论流派的形成。马克思主义符号学作为一股理论思潮，既是马克思主义在面对当代现实问题时的一种理论回应，也是符号学直面文化、政治、经济问题时必然形成的理论探索向度。今天，马克思主义符号学的研究主要由三个部分构成：马克思主义的符号学思想研究、马克思主义符号学家的思想研究、马克思主义与符号学的比较及结合研究。

　　事实上，将马克思主义与符号学结合的理论探索在 20 世纪初就已经出现了。巴赫金对于意识形态的认知就是以符号学范式展开的："一切意识形态的东西都有意义：它代表、表现、替代着在它存在着的某个东西，也就是说，它是一个符号。哪里没有符号，哪里就没有意识形态。"（巴赫金，1998，341）在巴赫金看来，意识形态必须要符号来承载，所有符号必然渗透着意识形态。"意识形态领域与符号领域相一致。哪里有符号，哪里就有意识形态。符号的意义属于整个意识形态。"（巴赫金，1998，343）

　　在意识形态批判上，马克思主义与符号学结合得最为紧密。阿尔都塞指出，意识形态发挥作用的形式与索绪尔的符号规则一样，每个人在社会中所处的位置，正如符号在整个结构中所处的位置一般。意识形态是"社会的历史生活的一种基本结构"（阿尔都塞，2010，229）。这一结构继而可以分为表层结构和深层结构，意识形态"首先作为结构而强加于绝大多数人，……它们作为被感知，被接受和被忍受的文化客体，通过一个为人们所不知道的过程而作用于人"（阿尔都塞，2010，229）。这一过程就像语言规则一样潜在地发挥作用，身处符号系统中的单个主体受制于此。

将马克思主义与符号学结合用于意识形态等文化问题的分析延续至今，从巴赫金、葛兰西、阿尔都塞，到詹姆逊、克里斯蒂娃、伊格尔顿、齐泽克等，这些西方学者经由符号学范式延续了对马克思主义原有命题的反思，意识形态、文化、异化、权力、霸权等，都成为马克思主义符号学研究的重要命题。

马克思主义符号学通过对意识形态的批判，进入文化研究领域，同时，马克思主义符号学通过对商品的研究进入政治经济学领域。托马斯·A. 西比奥克直呼卡尔·马克思为"隐藏身份的符号学家"（Augusto Ponzio，2014，195），在他看来，马克思在分析商品生产、交换、消费时，都将商品视为符号，并考察其中的意义。从商品到货币，马克思主义政治经济学的起点就是商品，符号学式的思考从最开始就已经展露在马克思主义中，并贯穿了其对社会再生产、意识形态、异化等诸多问题的思考。基于以上论断，奥古斯托·庞奇奥在《关于符号学和马克思主义的笔记》（*Note on Semiotics and Marxism*）中坚信"马克思与符号学之间相互补充、相互支撑"（张碧，唐小林，2016，227），从而紧密地联系在了一起。从商品到货币，再由货币到资本，马克思主义符号学也持续地对这些问题做出了回应。

布尔迪厄提出了"文化资本""习性""场域""符号暴力"等概念，创造性地透视了经济事实中的符号控制与区隔，政治经济学的学术话语与符号学的方法论在这里得到了统合。鲍德里亚在《物体系》《消费社会》《符号政治经济学批判》等一系列著作中通过对消费社会的分析，将批判的矛头对准消费意识形态，完成了马克思主义政治经济学到符号政治经济学的转换。这一类的研究是马克思主义符号学在政治经济学领域中的典型实践，罗西·兰迪、奥古斯托·庞奇奥等欧洲马克思主义符号学派的学者如今仍沿着这条轨迹继续开辟。

在中科院哲学社会科学部编《外国学术资料》1966 年第 2 期，梁存秀就撰写了《克劳斯的马克思主义符号学》一文，率先在国内介绍马克思主义符号学。1993 年，章建刚在《哲学研究》上发表《马克思主义实践观与符号概念》一文，引出了符号概念对于文化研究的意义，并希望"以符号概念为特色的文化哲学首先是从马克思这一学说出发的"（章建刚，1993，24）。1994 年，他又在《思想战线》发表《一种马克思主义的符号理论是如何成为可能的》一文，更明确地提出了马克思主义的符号科学应该建构起来。章建刚指出，马克思主义在方法论上有符号学范式，对于欧陆符号学理论的借鉴，加上马克思主义思想中符号学思想的开掘，开展这两方面的工作将促成"马克思主义的符号学理论"成型。在这篇文章中，章建刚直接点明了马克思有关商品、货币的政治经济学分析都蕴含着符号学思想，虽然"对马克思主义的符号概念的探讨显然还只是初步的、粗糙的、有待于进一步深化的"（章建刚，1994，4，22），但这一工作应该继续延续下去，从而使"国内马克思主义理论的研究走上更宽广的大道"（章建刚，1994）。赵毅衡认为马克思主义与符号学的结合有着内在的理论渊源和旨趣契合。"符号学是人类历史上有关意义与理解的所有思索的综合提升。"（赵毅衡，2012，8）在处理的对象上，符号学与马克思主义都是直面历史与现实，并试图从现象中归纳出内在的形式，这种高度抽象的理论概括能力是两者共同具备的。在思想内核上，两者也是共通的。赵毅衡认为，"与符号学结合最顺理成章的是马克思主义。符号学本质上是批判性的，它把符号意义，看成文化编织话语权力网的结果，与马克思主义的意识形态批判，精神上至为契合"（赵毅衡，2012，15）。

从中我们可以看到马克思主义与符号学结合的必然性，也正是通过对马克思主义符号学这一课题的重新审视与重视，国内的马克思主义符号学研究持续推进并呈现出繁荣的态势。

国外马克思主义符号学思想的（译）介为中国学界了解西方马克思主义符号学的研究状貌提供了可能，四川大学符号学－传媒学研究所编译的《欧洲马克思主义符号学派》《当代马克思主义符号学思潮文选》就是基于这一诉求的具体成果。在了解与探索国外马克思主义发展情况的同时，中国学界也就这一课题进行了理论梳理与观点辨析。张碧、杨建刚、张颖等学者持续开掘西方马克思主义理论中的符号学方法运用，傅其林、匡存玖、袁喆等学者将东欧马克思主义符号学作为研究重点，赵毅衡、陆正兰、胡易容等学者持续关注欧洲马克思主义符号学思潮的发展，王永祥、赵爱国等学者着力于整理苏俄马克思主义符号学者的思想资源，唐小林、赵士发等学者则致力于建构中国马克思主义符号学。

不论是前人思想资源的整理，还是新的理论概念的提出与运用，这些成果不断汇集并构筑了中国马克思主义符号学研究的"大厦"。如今，伴随着争议与讨论，我们正目睹这一学科的兴起，必须承认的是，马克思主义符号学已然成为国内马克思主义学界与符号学界共同关注的话题。

　　这些马克思主义符号学的研究及探索激活了马克思主义在直面当代社会文化、政治、经济问题时的理论活力，这些研究所生发出来的新概念与范式对文化研究与政治经济学研究都产生了深刻影响。但是，马克思主义符号学作为一股理论思潮的推进也暴露了诸多问题。

　　一方面，对于马克思主义思想的理解与使用可能存在改造或误读，例如鲍德里亚对于马克思主义的征用是基于"反马克思主义"的立场进行的，鲍德里亚对于消费意识形态的建构也是用"消费一般"来取代马克思主义所言说的"生产一般"，从而完成了消费取代生产的理论推演。另外，符号学思想资源的征用也应当突破索绪尔符号学的二元模式，从而走向皮尔斯的符号三分架构，这样才能激活符号学在应对意义解释问题上的活力。例如阿尔都塞的意识形态理论的思想资源恰恰来自索绪尔的"语言－言语"的二分法，意识形态像语言一样起作用，而身处社会中的主体只能像言语一样发挥作用。这样的二元结构遮蔽了主体的主观能动性，从而也强化了意识形态。

　　另一方面，马克思主义符号学所面对的现实始终处于变化之中，但相应的研究并没有能紧跟社会的变革。如今，技术的变革正在深刻地改变着人们的日常生活，赛博空间延伸了人类的活动场域，革命的呼声从广场走向了虚拟世界。个人的信息被转化为数据，每一个单独的个体拥有了虚拟的身份。劳动的场所不再封闭与狭小，娱乐消费产业的勃兴让消费本身成为新的劳动。移动终端的便携、数据传输的高效，重塑着人与人之间的交往模式……马克思主义符号学应当能够对当代现实的具体问题做出回应，并继续为了实现社会进步提供理论资源的支撑。

　　马克思主义符号学应当是紧随时代变化并对现实做出回应的理论。人工智能、虚拟现实、5G技术、数字劳动等都与人类的日常生活息息相关，技术的变革带来的是人类意义世界状貌的改变。未来的世界将持续生产更多的符号，符号的生产将重新界定虚拟与真实的界限，万物互联将重新改造符号交换的规则，符号消费也不再局限于品牌，人类不仅是生产并使用符号的动物，更有可能将自身变为符号从而获得永生。

　　马克思主义与符号学共同关注人的问题，即人的本质，人存在的意义，人的发展等，马克思主义符号学的继续推进，应当在正确理解马克思主义思想的前提下，对符号学的理论资源与社会现实进行创造性的研究。不仅现今时代仍旧需要马克思主义，人类未来社会中，变动不居的现实必然更迫切地需要马克思主义与多学科展开对话与融合，这也正是在未来历史中继续坚守并发展马克思主义的一种选择。

信息社会

唐小林

信息社会符号学是关于信息社会的符号学，乃是研究信息社会的符号行为及符号文本的学问。

迄今关于信息社会的言说车载斗量，但都未能把信息社会的特征说清楚，甚至关于信息社会是否存在，都还存疑。韦伯斯特（Frank Webster）梳理的五个考量信息社会的标准，即科技、经济、职业、空间和文化的标准，很难经得起反思，究其原因，笔者认为是他没能抓住信息社会的根本。信息社会与以往社会的最大不同，就是它不再是单一的社会形态，不再是一副面孔，而是三副面相，即是媒介面相、智能面相与消费面相的结合，而这每一副面相都具有相应的社会形态，都被社会学家从不同的角度论述过，因此也可以说信息社会是媒介社会、智能社会和消费社会的三位一体。

笔者认为，如果按照皮尔斯的符号三元理论，媒介是信息社会这个大局面符号的再现体，智能就是信息社会这个大局面符号的对象，而消费则是信息社会的解释项。正因为消费是信息社会的解释项，它就成为媒介社会、智能社会发展的最终或最后动力。直言之，如果没有消费社会的产生，就没有真正的媒介社会和智能社会。当然，没有媒介社会和智能社会也不可能有真正的消费社会，就如没有智能社会和消费社会就不可能有媒介社会一样，它们是三位一体的，各自都只能在三者的关系中得到说明。

这样，笔者就把符号学引入了信息社会的研究，并以赵毅衡的"符号学三书"即《符号学：原理与推演》《广义叙述学》《哲学符号学：意义世界的形成》为主要理论根据，结合皮尔斯（Charles Sanders Peirce）和雅柯布森（Roman Jakobson）等人的符号学、马克思（Karl Heinrich Marx）的精神交往理论、德布雷（Régis Debray）的媒介学、弗洛伊德（Sigmund Freud）的心理分析、鲍德里亚（Jean Baudrillard）的符号政治经济学批判，以及德波（Guy Debord）的景观社会批判等，尝试建构了第一部系统的《信息社会符号学》。该书 2022 年由科学出版社出版。该书视符号为世界本体，把人类对社会的感知（阅读）、表征（书写）及解释（解读）等全部实践活动看成符号行为，以信息社会的符号行为及符号文本为研究对象，着力考察并深刻反思信息社会的意义建构方式及运作方式。该书认为信息社会具有媒介、智能和消费三副面相，因此它是媒介社会、智能社会和消费社会的三位一体。媒介、智能和消费的符号互动，各有侧重地构成了信息社会意义建构的表意机制、生产机制和动力机制。超连接、拟演示、诗性符号、装框则分别呈现为信息社会的文化主型、体裁偏向、文化景观和意义生产方式。该书在对人工智能和数字化生存等方面的分析中指出，信息社会已经演进到元意识、元时代阶段，它召唤一门新的虚拟性的符号学的出现。全书分为七章。

第一章从符号学角度讨论何为信息及信息社会。笔者认为，以往的信息理论从科技、经济、职业、空间、文化等五个方面定义信息社会，虽然揭示了信息社会的诸多特征，但未能统揽信息社会全貌，更没有注意到信息社会诸面相。界定信息社会应该从最基本的元素信息的特点出发，联动媒介社会、智能社会和消费社会这一信息社会大局面符号文本的三元构成，才能有效阐释信息社会的意义建构机制。

第二章从信息社会的主要表意路径即数字－网络媒介切入，分析超连接是怎样成为信息社会的文化主型的。笔者认为，连接作为最初的人类行为和文化符号，既是人类的存在方式，也是社会和媒介的本质。人类的连接方式随着口语－身体媒介向文字－书写媒介再向数字－网络媒介的嬗嬗，经历了近距、远距、无距连接，以及强连接、弱连接和超连接的演变。由于超连接和超接触性成为信息社会的文化主型，连线就不仅为意义奠基，连线力和渠道占领也成为权力话语和意识形态争夺的场域。超连接引发的过度文化所导致的可能是弱关系、弱理性和弱文化。

第三章从叙述体裁的划分与人类社会的内在关联角度，论述信息社会作为大局面符号文本具有拟演示类叙述的体裁偏向。笔者认为，演示类叙述和记录类叙述是人类社会的两种基本形态，伴随两次媒介革命，人类社会历经三次形态变化和三种叙述体裁的演进，发生了从演示类叙述向记录类叙述再向拟演示类叙述的轮回。人类行为符号的演示性特质在进入信息社会之前就被不断地揭示，以至于卷起一股思想的潮汐。以移动互联网为标志的信息社会是空间主导的社会，它不断构筑以言演事的平台，来达成人类的各种演示类叙述行为，并由于前台与后台的翻转，改变了社会的表意结构及其伦理关系。

第四章从新媒介的特点入手，深入诗性符号的生产机制探寻信息社会的文化景观及其意义生态。笔者认为，信息社会万物皆媒导致媒介自指，诗性符号大量涌现构成其文化景观。所谓诗性符号，即是超出实用意义的人造符号，其生产机制是由双层框架即文本框架和标示框架搭建而成，它的便利性带来了诗性符号的批量生产。但诗性符号景观不是猝然而至的，而是伴随近一个世纪以来话语领域和生活领域的诗性转折出现的。诗性符号上升，并未带来意义的丰盛，相反带来了意义生态的失衡。

第五章从信息这一事物的特殊性论析装框作为信息社会的意义生产方式。笔者认为，任何事物在最一般的意义上都具有使用价值和交换价值的属性，因其都有成为商品的潜能，但信息除了拥有这两个价值属性，还有一个特殊的价值属性即时效性。交往革命和信息革命为了发挥信息的最大时效性，在用时间消灭空间上有实质的不同，交往革命只是用时间消灭空间距离，信息革命却用时间消灭了空间本身，并将信息分解为信息单位。装框便是给失去了空间的信息单位重建或重构新的空间，使之成为新的事物，这便是信息社会最主要的意义生产方式。装框之所以能有这样的功效是与其编码/解码、认知/建构和交流/传播的功能分不开的，但装框这一生产方式同样带来新的阶级分野和社会不公。

第六章从符号学辨析智能概念出发，考察人工智能的意义建构路径及其可能带来的文化异变。笔者认为，智能就是获取与解释意义的能力，人工智能便是重建元意识。人工智能主要有符号主义、联结主义、行为主义三条进路，弱人工智能和强人工智能两种类型，以及被动与自由两种符号主体。人工智能有遗传性、学习性和意向性这三条获取意义的途径，前两条都是带有本能特点的智能，依然是一种被动符号主体。意义的意向性获得必须依赖自由符号主体的建立，这只有超级人工智能才能实现，可其一旦实现，自然进化的人类就面临终结的危险，人开始离场，意义逐渐消失，人类由此走向后人类。

第七章从数字化时代符号格局的变动观察网络意义的生成方式，展开数字化社会的符号学批判。笔者认为，数字化时代是元符号主导的时代，它由此开启了一个新的时代，即元时代。这个时代发生了从物符号到纯符号再到元符号的三级跳，形成了物符号、纯符号和元符号的倒三角关系。由于数字化社会栖居于网上与网下、现实与虚拟两重空间，存在物理现实文本、虚拟现实文本和交互现实文本这三重文本形态，再加上文本间还有着层级的不同，致使网络社会的意义生成极其复杂，它既是跨文本运动又是意义协商活动。对数字化社会的符号学反思，把我们带入了虚拟性的符号学，而其中及物性、具身性与体认性问题，直接关系意义的生成及其对真知、真理与真相的追求。

该书只是系统建构信息社会符号学的最初尝试。信息社会的发展一日千里，一门面对信息社会的虚拟性的符号学尚未建立，其巨大的言述空间，召唤更多的有志之士投入研究的行列，以回应震天响的元宇宙的敲门声。

生　命

彭　佳

　　符号学是"意义研究之学"（胡易容、赵毅衡，2012，67），所有对表意和意义的接收、解释模式的研究都应当归于符号学之下。然而，由于符号学起源于语言学，语言符号是最典型的符号，因此，符号学的研究一直集中在对人类语言符号的讨论上。20世纪60年代初期，美国符号学家西比奥克（Thomas A. Sebeok）提出，应当把动物的表意行为和相互沟通纳入符号学研究，建立更为广义的符号行为模式和理论，这就是动物符号学（zoosemiotics）的学科构想。

　　西比奥克认为，唯有将动物符号学与对人类符号行为的研究并置，才能更深入和广泛地开拓符号学疆域。为了达到这一目标，他开始了孜孜不倦的文献追寻工作，以皮尔斯符号学的开放框架为理论背景，西比奥克希望找到一系列的"隐符号学家"，以此逆向建构广义符号学的史前史。在西比奥克的努力之下，尤克斯库尔的"主体世界"（Umwelt）理论被"重新发现"，尤克斯库尔本人也被视为生物符号学的鼻祖。由于尤克斯库尔提出的符号观和皮尔斯的符号分类在理论上颇有相通之处，符号学界对此表现出极大兴趣。西比奥克也由此宣称，动物和人作为具有神经反应的生命体，都有符号行为，神经活动是符号活动的基本条件，动物的神经反应信号也可以被视为符号，这就为符号的广义化埋下了伏笔。

　　此看法一经提出，即引起了激烈的争论，以语言文化意义机制研究为关注点，信奉经典符号学的学者们纷纷对西比奥克的观点予以否定。1976年，著名的意大利符号学家艾柯（Umberto Eco）划定符号活动底线的时候，把人类的语言活动作为最低层面的符号过程，认为信号根本不能算作符号学研究的对象。关于这一点，直到2008年他的看法才有了非常明显的转变，愿意承认细胞活动层面的符号过程。艾柯的转变是颇具代表性的：不少当代符号学家都经历过从狭义的符号研究转向广义符号学的过程，如现今最为著名的意大利生物符号学家巴比耶力（Marcello Barbieli），就曾经对生物符号学抱批评和质疑的看法，到 2001 年，他却有了突破性的态度转变，出版了《有机符码：符义生物学的诞生》（*The Organic Codes: The Birth of Semantic Biology*）一书，详尽地讨论了生命符号学的诸多问题（Barbieri，2001）。2002 年，巴比耶力发表了为生物符号学摇旗呐喊的著名论文《生物符号学是否已经进入成熟期?》（"Has Biosemiotics Come of Age?"），并于三年之后，也就是 2005 年，创立了著名期刊《生命符号学》，为这门学科设立了正式的学术阵地。

普罗迪（Giorgio Prodi）于 20 世纪 70 年代初和西比奥克会面之后，就开始致力于生物细胞层面活动的符号学研究，终于在 1977 年提出细胞的生命活动应当被视为符号活动的观点。1981 年，克兰朋（Martin Krampen）创立了植物符号学（phytosemiotics），将符号活动的主体扩展至植物体。（Martin Krampen，1981，3，187-209）索尼耶（Sorin Sonea）于 1988 年发表了《全球的生命体：对细菌的新看法》（"The Global Organism：A New View of Bacteria"）一文，奠定了细菌符号学研究的基础（Sorin Sonea，1988，28，4. 38-45）西比奥克乐见符号学领域的学科拓展，随后将这些研究通通纳入生命符号学的旗帜之下，由此建立了一门范畴宽广、包罗万象的符号学子学科。（Sebeok & Jean Umiker-Sebeok，1992）2001 年，西比奥克出版了《总体符号学》一书，该书是对生命符号学和传统语言文化符号学的大整合。在该书中，西比奥克指出，总体符号学所包括的范畴有：

1. 所有的生命符号：包括动植物的在各个层面的生命活动所使用的符号，以及动物和人类的体内符号活动（endosemiosis）中使用的符号。

2. 人类的文字的和非文字的符号。人类的非文字符号范畴非常宽广，它们包括各类人工语言和肢体语言，聋哑人的语言，婴儿的符号，以及各种人类身体符号。

3. 受人类意图影响的、人和其他物种及机器进行交流时产生的符号，以及如同"聪明的汉斯"（Clever Hans）案例中所出现的非动物意图的符号。

4. 所有的文化艺术符号和学科符号。顾名思义，它覆盖了人类符号学（anthroposemiotics）、动物符号学（zoosemiotics）、植物符号学（phytosemiotics）、真菌符号学（mycosemiotics）、微观符号学（microsemiotics）、机器符号学（machine semiotics）、环境符号学（environmental semiotics）和体内符号学（endosemiotics）的所有研究范畴。（Thomas A. Sebeok，2001）

在西比奥克的推动之下，生命符号学进入了加速发展期。莫斯科－塔尔图学派的新一代领袖库尔（Kalevi Kull）加入了生命符号学的阵营，他运用自己的生物学专业知识，带领塔尔图的学者们对洛特曼和尤克斯库尔的理论传统进行深入研究，对生命符号机制的运行过程做了进一步的阐述。霍夫梅耶（Jesper Hoffmeyer）带领哥本哈根学派，整合了免疫学和细胞层面的生物符号学研究，他们提出，生命和符号活动的运行基础是符码之双重性（Code-duality），这一观点成为生命符号学的重要理论基础（Jesper Hoffmeyer，1991，117−166）。克兰朋概括总结了各个层面的符号活动，几乎将所有生命活动都进行了符号学的模式描述和整理。（Martin Krampen，1997，247−287）生命符号学协会的成立更是为这一发展趋势推波助澜，巴比耶力写道："随着第一次大会于哥本哈根举行（官方网站列出来自世界各地六十一位生命符号学家），我们或可公允地说，生命符号学于 2001 年正式发育完成。"（玛切诺·巴比耶力，2005，34，7，16）2004 年，在第四届生命符号学大会期间，有几位重要的生命符号学家纷纷放弃了自己对这一学科的称谓，如巴比耶力的生命符义学（biosemantics）、马可斯（Anthon Markoš）的生命阐释学（biohermeneutics），而将生命符号学作为这一学科的通称（Marcello Barbieri，2005，34，7，25）从而结束了学科称谓混乱的情况，生命符号学研究的蔚然成风，使西方符号学界整体性的生物学转向得以完成。

在此之后，生命符号学更是在西方学界全面开花。2007 年，巴比耶力主编的两本生命符号学论文集出版，这两本书被不少符号学家列为符号学专业的基本理论读物。法瓦鲁（Donald Favareau）于 2010 年主编出版了《生命符号学基础》（*Essential Readings in Biosemiotics: Anthology and Commentary*）（Donald Favareau，2010），并持续进行生命符号学与哲学的融合研究。迪肯（Terrence Deacon）于 2011 年出版了《不完备的自然》（*Incomplete Nature: How Mind Emerged from Matter*）一书，该书提出了贯通物理学、生命活动和语言文化符号的动力学模式，还提出了生命起源的符号学假设，为"无所不包"的符号学研究，建构了重要的符号学模型。（Terrence Deacon，2011）塔尔图更是发展出了生命符号学的一大分支，即生态符号学（ecosemiotics），其旨在通过对自然与文化的符号互动的相互模塑的研究，消除这二者之间的分野。

值得一提的是，中国台湾的符号学研究在张汉良的推动之下，表现出了鲜明的将生命符号学范式作为文学研究之后设语言的特征。总而言之，生命符号学确实已经成为当代符号学界的主流思想之一，符号与符号、生命与生命之间的彼此交织成为研究的重点。如今，生命符号学的重要理论阵地、著名期刊《生命符号学》（*Biosemiotics*）越来越偏重自然科学化、实验室化的研究，表现出明显的跨越文理学融合发展的倾向；而其分支生态符号学研究，尤其是文化视域的生态符号学研究，则主要以塔尔图的期刊《符号系统研究》（*Sign Systems Study*）为发表阵地，两者体现出差异化发展的明显特征。

存　在

颜小芳

21 世纪初，芬兰学者埃罗·塔拉斯蒂提出并和他的学生们发展出一种新的前沿符号学理论"存在符号学"。2000 年，印第安纳大学出版社出版了第一本名为《存在符号学》的专著，用的是英文。后来，塔拉斯蒂又推出了不同语言版本的《存在符号学》。2015 年出版的《存在与表象——探索符号学》更新、完善了之前的学说，并走向符号学主体交往理论（Eero Tarasti, 2015）。

存在符号学是一种研究主体的理论。存在符号学的理论基础主要有两个方面。一方面是对两个基本范畴——此在和超越的重新解释和运用。另一方面是将存在主义哲学（包括康德、黑格尔的部分思想）关于主体的理论思考与格雷马斯的符号方阵结合，形成塔拉斯蒂独创的主体符号方阵。

"此在"（dasein），"主要指某种确定的存在物，即存在在某一特定时空中的东西"。（海德格尔，1999，498）海德格尔用这个词特指人这种不断超出自身的存在者。塔拉斯蒂认为这是海德格尔的本意，而在存在符号学中，他认为此在也包括其他主体和对象。此在是作为主体生活的世界，被其他主体和对象所包围，那些对象是主体试图要接近的对象。主体与对象结合的欲望，或者主体与对象分离的欲望，被认为是符号过程最初的动力。在塔拉斯蒂看来，我们感觉到的此在是不完整的，它缺乏某些事物，这种缺乏促使人们渴望超越，主体通过两项行为达到超越，即否定和肯定。

主体在客观性的符号中即此在世界中找到他自己，在那里有客观符号学的一切规则、语法、生成性过程，它们把持着真理。但是接着主体认识到了他的存在周围的空虚和虚无，主体必须朝向"虚无"做一次飞跃，即飞跃到萨特描述的虚无王国。这便是超越的第一个行为，即否定。塔拉斯蒂认为，在存在主义哲学家的理论中，主体的运动就停在此处，但在存在符号学中，主体的运动必须继续向前，接下来是超越的第二个行为。他遇到了虚无的对立面——普遍，它是充满意义的，但是以某种超个体的方式，独立于他自己的意义行为之外。这种行为被称作肯定。关于"肯定"的超越，塔拉斯蒂实际上借鉴了德国生存哲学家雅思贝斯哲学化三阶段的说法：朝向世界、阐明生存和形而上学。大多数所谓经典符号学都可看作"朝向世界的符号学"，似乎只有克里斯蒂娃和巴尔特的符号学研究从朝向世界和此在的分析转向了阐明存在。而存在符号学把形而上学式的超越列为研究的对象，这正是它的开创意义所在。

塔拉斯蒂借鉴了梵特尼尔的概念，将黑格尔的自在存在和自为存在变成四个相互区分又互相联系的概念：自在存在和自我存在、自为存在和为我存在；由此形成了塔拉斯蒂主体符号方阵的四个基本概念："自我存在"，它代表人的身体自我，表现为欲望，因此也可以称作欲望自我。"为我存在"，它对应萨特意义上的"否定"，因为通过否定，人们意识到纯粹的此在是缺乏的，是不完满的，因而转向超越。"为我存在"也可以称作意识自我。"自在存在"是一个先验范畴，它涉及规范、理念和价值，都是纯概念的和虚幻的，它们是主体的潜在能力，主体能够将之具体化或者不将它具体化。这个过程涉及的是抽象的单元和范畴。"自为存在"可以看作实践主体。

塔拉斯蒂认为关键不在于这四个概念的区别，而在于它们之间的运动，在于从一个混乱无序的欲望自我（自我存在）或者说身体自我，有意识地向它的身份转换（为我存在），自我变成对自身的符号；同时，形成一种稳定的和完全负责任的自我（自为存在）对先验价值（自在存在）的具体化的冲击，这样，自我变成了对其他主体而言的符号。也就是说，在这四个概念构成主体的四种成分的运动中，既体现出主体中本能和意识的冲突，又体现出自我和他我之间的冲突。

塔拉斯蒂认为，主体的这四种成分构成了两个方向的运动。一种运动是从具体到抽象，从现实到超越：个体自我逐渐展开，发展成为社会主体，到达社会最抽象的范畴。在这个过程中，个体自我的分量逐渐减少。另一种运动则从抽象的社会规范开始，在一定机制和实践中让个体主体来将这些规范和价值实现，并显示出这些规范和价值是如何在个人层面对个体行为产生影响的，这种影响一般通过个体的身体现实的最细微的差别来体现。

这两个运动的两级，分别是"自我存在"的模态性"意志"和自在存在的模态性"准则"。它们是一对相反的概念，前者代表完全的自我，不受任何约束和控制的自我；后者代表客观存在的规范，既是自由的极限，也是欲望自我在成为主体的过程中所不能逾越的限制。从"意志"到"准则"，主动性越来越少，而客体性则越来越多。

2012年《牛津文化与心理学手册》收入了"存在符号学"词条，它将存在符号学看作一般符号学与哲学，是一种新方法或学派。它认为存在符号学提出的新问题，是重新发现主体和主体性的价值，并且建构了一种本体论符号学。2014 年 9 月，国际符号学会议专门就"存在符号学"举办了圆桌会议。会议认为，存在符号学是在康德、黑格尔、克尔凯郭尔、萨特、梵特尼尔等研究"主体""存在""超越""价值"等范畴的哲学家们启示下提出的新概念。

丹麦学者亚那·瓦尔辛那对"存在符号学"进行了高度评价。他认为存在符号学通过建立新的模式，研究主体运动过程，无疑是令人欢欣鼓舞的创新；塔拉斯蒂聚焦"自我"与"自身"间的张力与动力，为存在符号学在理解人心灵的复杂性方面，做了突出贡献。(Jaan Valsiner，2015) 巴西学者鲁夫斯·杜伊茨认为存在符号学还有较多阐释空间，他自己就提出了存在的符号方阵这样一个初级结构。(Rufus Duits，2012) 少数专家学者将存在符号学运用到医学、行为科学、精神系统学、社会学甚至音乐治疗等领域，证明了其有助于帮助那些因为极度缺乏自我发现而产生的个体生存难题。

国内对存在符号学的关注主要集中在译介和研究两个方面。

一是译介。由魏全凤等翻译的中文版《存在符号学》(塔拉斯蒂，2012)，被誉为"当代符号学译丛"中分量最重的译著。(魏伟，2012) 此书首次全面系统地向中国读者介绍了存在符号学理论。赵毅衡认为存在符号学是一个学术奇迹，因为作者将求虚重直觉的存在主义与求实重分析的符号学方法糅合起来，将思想的挑战变成了思维的魅力。陆正兰翻译了塔拉斯蒂的《音乐符号学》，而音乐正是对塔拉斯蒂存在符号学的一种运用。黄汉华则翻译了塔拉斯蒂的《音乐符号学理论》。

二是研究。伏飞雄首次从感性学（美学）角度研究存在符号学。他发现，塔拉斯蒂进入符号学领域之前，一直从事感性学工作，做过"芬兰感性学协会"主席，他认为这种积累完全融进了其存在符号学研究之中，是一项很有价值的发现。笔者认为存在符号学除了为音乐美学提供了极为适宜的理论基础，它与文艺心理学也相当有默契。笔者最早运用存在符号学对中国文化进行批评（颜小芳，2009），对梅洛－庞蒂现象学哲学中的存在论符号学思想进行了探索，并对电影中青年农民主体性问题给予了充分关注。此外，笔者还将存在符号学与当代女性文学批评结合，提出了女性存在符号学概念，丰富和发展了存在符号学的多维阐释空间。笔者认为，用存在符号学视角去看待中国古典文化思想，会重新发现古典哲学中的人文价值关怀（颜小芳，2016）。魏全凤则用存在符号学思想对北美华裔女性生存进行了分析（魏全凤，2013）。此外，还有关于存在符号学电影批评理论建构的成果（颜小芳，刘源，2018），以及以存在符号学理论为背景对福柯以及被忽视的美国实用主义哲学家乔西亚·罗伊斯的理论进行研究（颜小芳，2019）。从某种意义上看，存在符号学就是哲学符号学。在根本意义上，符号学、哲学、阐释学有很多重合之处（颜小芳，2020）。

存在符号学研究具有重要的理论意义和现实意义。符号学是国际学者的语言；存在符号学则是世界理论符号学的前沿理论。与其他"后"思潮相比，存在符号学对待欧洲文化传统的态度更为积极。目前欧洲"一体化"危机表现为欧洲主体的危机，反映出西方传统主体价值观的衰退。存在符号学旨在重新发现欧洲自康德、黑格尔以来的理性主体价值以及以"超越"为核心的主体发展轨迹，力图恢复传统形而上学的信仰与理性秩序，为破碎的欧洲乃至整个西方世界提供建立统一身份、理想、价值观的基础。

存在符号学阐发的主体结构新模式可以给人们提供理解世界的新视野，为世界文化转型中的困惑提供积极解决方法，对一般的文化与艺术批评，也很适用。与现实机构相比，主体最活跃的地方就是文化和艺术领域。而重新强调主体价值的存在符号学理论批评，会在一般文化与艺术领域找到用武之地。

意向性

董明来

意向性理论是现代现象学最重要的思想遗产之一。在胡塞尔（Husserl）的思想中，它被描述为主体意识的先验形式。简单来说，根据胡塞尔的说法，主体意识的体验之流，由一系列意向性行为组成；每一个如此这般的行为，都必须有一个相应的意向对象；而对于对象而言，行为也是必需的。因此，符号意向性，就是对作为意识对象之符号的意识展开的描述。关于符号之意向性，胡塞尔本人做了详细的分析；而在此基础上，更多学者得以展开更丰富的研究。本文因此也主要将介绍符号意向性的两个方面，亦即胡塞尔本人对符号意向性的分析，以及其他学者相应的研究。

胡塞尔对关于符号之意向性的基本理解，在其整个学术生涯中基本保持着一致：

> 如果我们……从表达本身所包含的差异上来考察表述……那么有两样东西似乎会保留下来：一是表达本身；二是它所表达的作为它的含义（它的意义）的东西……如果我们立足于纯粹描述的基地上，那么激发意义的（sinnbelebter）表述这个具体现象便可以一分为二：一方面是物理现象……另一方面是行为……正是由于行为，表达才不单纯是一个语音……（Husserl，2018，385）

> 语词携带着含义意向（signitive intentionen）；它们作为桥梁而起作用，此桥梁通向含义，通向言说者"借由"它们而意指的东西……言语之统一性对应着一种意涵（meinung）的统一性；并且，言说的分环勾连和言语的形式都与意涵的分环勾连及其形式相对应。然而，后者并不外在于语词。相反，在进行言语时，我们持续性地进行着一种内在的意指行为（meinen），它似乎与语词相融合，并且如此这般地激活（beseelendes）了语词。此激活的效果是，语词与完整的言语在其自身之中如此这般地使一个意涵得以具身化（verleiblichen），并且在将此具身之物作为一个意义（sinn）而携带于它们自身之内。（Husserl，1929，20）

从两段文字的结构，我们可以清晰地看出，在不同的时代，胡塞尔都坚持认为，通过一个含义意向而被激活的东西，包含了两个部件：其中一个部件乃是作为"物理之物"的语音或者语词，另一个部件则是一个含义或者意涵。也就是说，在写作《形式的与先验的逻辑》时，胡塞尔对符号本质之理解的基本形式，仍然与《逻辑研究》保持一致；而这一时期的胡塞尔，显然已经是一个"先验现象学家"。这就在思想上支撑了本文的基本假设：如果要跟随胡塞尔本人的思路，那么我们就可以，也应该以一种先验现象学的思路来理解《逻辑研究》之第一研究中的意义哲学成果。从字面上来说，胡塞尔体系中符号所包含的两个部件，就是"表达"与"内容"：二者的结合，乃是一种通俗意义上的符号。

对于作为意象对象的符号而言，含义和表达的感知部分都被包含在表达整体之中，是表达整体不可分割的一个部分（Mohanty，S. 9；Welton，S. 10；Sokolowski，S. 113）。也就是说，含义和表达中的物理之物不是作为两个独立的事物而被符码关联的。这一点，与现代符号学理论的经典观念不谋而合。比如说，叶姆斯列夫（Louis Hjelmslev）就明确地指出，表达与内容乃是完整符号功能中不可或缺的两个"功能体"（functives）（Louis Hjelmslev，1953，30）。表意不是"得鱼忘筌"式的，因为在表意的结果中，"鱼"（意义）必须被装在"筌"（符号）中才能被通达，故后者不可能被从意识中舍弃。

既然含义和表达之感知部分都只是符号表达的部分，那么二者就都不是独立的对象。首先，含义就不是本质直观相对应的"本质的对象"，（胡塞尔A103/B1103— A104/B1104，439−440）虽然同时它也是一种"'一般对象'意义上的观念"[胡塞尔，（A101/B1101），456−457]。也就是说，作为意向对象的符号，必然是双面的：它既包含可感知的部分，也包含用传统哲学的术语来说是"不可感但可知"的部分。

前面引用的《逻辑研究》与《形式的和先验的逻辑》中的两个段落，能够清晰地支撑这个观点：通过一个行为，一个单纯的语音成了一个"有着含义的特殊对象"；同时，正如胡塞尔在第一研究开篇就指出的那样，含义并非一般的意义（Sinn）——唯有被表达的意义，才是含义。因此，含义之为含义，就建立在它的"被表达性"之中。也就是说，在一个语言符号中，含义和语音（而非单纯的声响）互相构成了对方本质的必要条件；当然，这里的"语音"可以替换成任何可资感知的媒介，比如颜色、形状、各类触感或者各类气味。

要注意，符号中可感知的部分，不但不是一个独立的对象，而且可以没有物理性的实存。胡塞尔意识到，在主体的"内心的孤独话语"中，也必然有符号功能的运作。孤独话语极为关键：本文后面会试图说明，孤独话语现象则标明了表意过程与物理空间之间相互独立的关系，而编码－解码过程却总是发生于实在的物理空间之中。

胡塞尔认为，"在孤独的话语中，我们不需要有真实的词语，而只需要有表象就够了。在现象中，一个被说出的词语文字浮现在我们面前，但实际上根本不存在"（胡塞尔，A36/B136，384）。对于一段"孤独的内心话语"而言，其"物理性"的部分并非"单纯的被表象"，而是明晰地被构建为一段被想象出来的声音。但是我们也确实可以有在信念的意义上"单纯被表象"的符号：我可以"不在乎"我借以思考哲学的文本有着真实的，被油印出来的身体，抑或是只是我想象出来的东西；在这种情况下，对于文本之"物理部分"的信念被悬置了起来。要注意，符号对象之实在性不同于指示关系的实在性：比如，在皮尔斯关于指示符号的著名例子中，风向标之所以能够作为风向这一概念/解释项的表达/再现体，是因为风向标与作为对象的风之间有物理的关系。但是，此处物理关系的实在性只需要存在于再现体和对象之间；对于解释者以及他身处的世界而言，此实在性却可以不存在：在一格漫画中呈现的风向标，也可以作为漫画世界中"此时此刻"风向的指示符号；即使是对于身处于漫画世界之外的我来说，这一意指关系也完全成立，虽然对于我而言二者均非实际存在的事物。

通过上面一段的分析可知，与含义结为一体之物乃是一个广义的外部含义之对象，无论其实存与否。前面已经说过，感知与含义经由含义意向而形成了一个对象整体；这意味着作为含义意向的表意过程与信念意向一样，是一个建立在表象之上，并且把表象包含在自身之内的高阶行为；通过这个行为中高于表象的那个层次，被构建的对象才"不单纯是一个语音"。

简单来说，胡塞尔本人对符号意向性的分析，建立在他对意向行为之层级结构的分析之上；含义意向，乃是建立在表象之上的多种特殊行为中的一个种类。正是基于这一现象学洞见，其他学者得以展开对符号意向性的进一步研究。基于不同的符号学立场，这些学者得出的结论，往往未必相同；但他们的研究，均明显地拓展了符号学和现象学的视野与边界。比如说，虽然罗曼·英加登之"认识论立场"与胡塞尔之先验论立场大为不同，但是他对文学文本之多层结构的著名分析，就显然是在意向性这一问题意识中展开的。

而在海德格尔的思想中，"符号"概念则同时有两种含义；也就是说，根据其不同时期的思想，符号意向性呈现出不同的面貌。在《存在与时间》中，海氏认为符号乃是一种特殊的用具，它们的代表乃是军旗、路标或者风向标：

用他的话来说，"……标志让上手事物来照面；更确切地说，它让上手事物的某种联络成为可通达的，其方式是：操劳交往取得了，并确保了一种方向"。也就是说，对于《存在与时间》时期的海德格尔来说，符号对象是以工具性的意向方式被主体把握的。海德格尔理解中的作为指引的符号，在《逻辑研究》中被描述为"指示"；根据胡塞尔，对指示的意向性与对表达的意向性并不相同。在这个角度上来说，海德格尔对符号意向性的理解，已经与胡塞尔的理论有了不同之处。

而在后期海德格尔那里，符号文本则成了真理呈现的首要方式；或者说，面向符号的意向性和面向真理的符号性，成了同一种东西。在《论艺术作品的本源》中他说道，对于"器具的器具存在"的寻获，亦即对于其"自持""宁静"与"可靠性"的寻获，"不是通过对一个真实摆在那里的鞋具的描绘和解释，不是通过对制鞋工序的讲述，也不是通过对张三李四实际使用鞋具过程的观察，而只是通过对凡·高的一幅画的欣赏。这幅画道出了一切。走近这个作品，我们突然进入了另一个天地，其况味全然不同于我们惯常的存在……艺术作品使我们懂得了鞋具实际上是什么"。也就是说，艺术作品这种符号文本，不再是一种单纯的用具；相反，它对于用具本质本身而言，有着基底性的展示功能。在此，符号意向和对真理之意向的关系，成了更为重要的论题。并且更重要的是，对于后期海德格尔来说，符号文本本身的"功能"，不再是单一的。

可以看到，在现象学传统中，关于符号意向性的讨论从一开始就分化出了多种可能性。这种对符号意向性的多视角分析，在学术史上绵延不绝。而在最近几年里，国内符号学界关于符号意向性之研究，亦逐渐丰赡。比如说，赵毅衡在其《哲学符号学：意义世界的形成》中所提出的"形式直观"这一概念，实际上描述了含义意向性的一种新的侧面：根据赵毅衡的理论，符号意义乃是在主体对形式之意向性直观中，呈现出来。

在关于情感符号学的一系列论文中，谭光辉亦明确地引入了现象学的方法。在这些研究之中，富含意义的情感现象被置入了意向性的问题意识之中加以考察。在他的《情感间性的符号学研究》中，谭光辉将情感意向性放在符号双轴展开这一视域下加以理解。而在《论附加情感编码》中，他则将主体的意向性情感视为文本解读过程（他理解为编码-解码过程）过程当中规则性的要素之一。

而笔者本人基于胡塞尔现象学进行的一系列符号学研究，则试图从胡塞尔本人对符号意向性的分析出发，深入讨论这一过程中的种种细节。比如，在《作为前瞻的解释：论解释过程的时间机制》和《意向性的句法与句法的意向性：胡塞尔对表象与判断，及其符号表达的研究》中，笔者分析了符号文本在时间中展开的意向性结构，而在《作为"意义"之产物的实在对象：实在对象的现象学构造》中，笔者则认为意义对于主体的外部经验而言，也起到了构建性的作用。

简单来说，符号意向性不但是符号现象学的基础课题，而且也为丰富的符号学研究提供了某种共通的哲学基础。

主　体

董明来

人类主体乃是面向意义的主体，而所有的意义及其表达，也都总是有主体性的，无论人们在此如何界定"意义"与"主体"这两个概念。现代思想，也甚早意识到了意义与表达在人类之主体性生活中所扮演的重要角色；而现代符号学思想，正是此丰富的，关于主体与意义的现代理论图谱中重要的节点。本文介绍的，就是各类不同的符号学思想家、理论派别从不同的角度，对符号与主体之关系做出的讨论。从问题本身的逻辑出发，这些介绍可以被分为两类：一、符号学理论对主体本身之构建的研究；二、符号学理论对主体之间之关系的讨论。

关于符号在主体构建过程中之作用的符号学研究，大体可以分为如下几类：

首先，卡西尔在其文化符号学中，明确地提出人类的合理定义不应当是"理性的动物"，而是"符号的动物"。也就是说，人类之为人类的本性，是因为人类特有的符号能力，以及通过符号所建立的种种文化成果。他指出：

> 人不再生活在一个单纯的物理宇宙之中，而是生活在一个符号宇宙之中。语言、神话、艺术和宗教则是这个符号宇宙的各个部分……人类在思想和经验之中取得的一切进步都使这个符号之网更为精巧和牢固。人不再能直接地面对实在，他不可能仿佛是面对面地直观实在了。人的符号活动能力进展多少，物理实在似乎也就相应地退却多少。（卡西尔，2013，43）

当然，卡西尔并不是说人类不再作为生物生存在物理世界中，而是说，即使是这个在物理上是人类生存之必要条件的世界，也只能通过符号之网才能呈现给主体——事实上，科学本身，在卡西尔看来，也是人类的一种文化产物，因而也就是一种符号文本。通过卡西尔的主体文化符号学，文化与人类主体性之间的关系被倒转了：文化并非从主体之中生长出来的东西，反而是主体得以生存的气氛与土壤。符号之所以能够规定人类主体的本性，正是因为它规定了人类生存于世的基本方式。卡西尔对包括神话、宗教、科学等人类文化产物的研究，正是在这个思路下展开的。

如果说卡西尔的文化符号学只是预告性地揭露了晚期现代性视域下符号对于人类主体建构的重要意义的话，那么通过第二次世界大战后席卷欧洲的结构主义运动，这一现象就可以说进入了现代思想的主流之中。从学术史的角度来说，结构主义与卡西尔传统之间的交流似乎较为稀少（卡西尔在《人论》中曾经简短地提及索绪尔，但是他似乎并没有意识到索绪尔理论所独有的，比同时代其他语言学理论都更深刻的可能影响力）（卡西尔，2013，201－227）。但是在关于主体与符号之关系这个问题上，二者似乎达成了某种智性的共识。众所周知，索绪尔已经明确地提出了语言系统的规约性；实际上，这就把符号系统理解成了主体得以言说和思考的前提。同样众所周知的，是索绪尔的思路在法国思想家们那里得到的扩展。无论是巴尔特对社会神话系统的分析，还是列维－施特劳斯的神话学理论，都实际上讨论了主体性的结构主义面貌：也就是说，主体生存于世所必须面对的诸种禁忌、诸种喜好与厌恶所指向的价值意义，都通过双重分解的方式建立起自身；而这些双重分节，正是通过社会规约的方式，沉浸入主体的内部的。

作为 20 世纪下半叶西方思想中最为重要的思潮之一，结构主义理论在包括符号学在内的多个人文学科领域内部都产生了重大的影响力。其中，批判理论、女性主义等宽泛意义上的后现代主义学说对世纪社会之批判性分析，实际上都意识到了在研究主体问题时（即使有些后现代思想会干脆试图结构"主体"这一概念本身），我们都必须将符号系统本身的力量考虑在内。

无论詹姆逊、鲍德里亚等广义上的当代批判理论家们如何理解他们与马克思主义经典传统之间的关系，他们的批判都意识到了晚期资本主义之话语体系对人类主体性的塑造作用；正如鲍德里亚有一个著名的书名所体现的那样，当代批判理论中，在某种程度上完全可以被描述为"符号政治经济学批判"。鲍德里亚所说的"物与主体的关系"，指的是一种非符号的使用关系。消费物当然与中产阶级主体紧密联系，但是这种联系却是一种符号的关系：消费物首先通过它与同一个能指系统中的其他要素（其他消费物）之间的关系而确定其表意功能，而被其所表达的"地位、声望以及时尚的内涵"，又反过来成了主体理解自身的出发点。

而以波伏娃、伊拉格里、巴特勒、克里斯蒂娃等为代表的后现代女性主义者们，则都意识到了女性身份本身的符号特性：在社会生活的规训过程中，女性身份被描述成为表达某些神话意涵的能指；在表演这一能指的过程之中，社会的权力结构，作为意义而内化于女性主体之中。巴特勒甚至提出，"'人格'的'自治'与'持续性'都并不是人格性的逻辑或分析的特性，而恰恰是被社会地机构化，社会地尺寸的，关于知性的规范"（Butler，2002，23）。也就是说，巴特勒不但认为（波伏娃意义上的）社会性别是意义运作的结果，而且将"性别的自我同一性"（identity of gender）这一概念本身，理解为社会规范的产物。而社会之"性别律条"所规定的不是别的什么，而正是"人格"这一概念作为涵指层面的能指所能表达的多种涵指意义。

从以上的介绍可以看出，符号在主体之自我构建中所发生的作用，往往是社会性的。这就引入了本文的第二个主题，亦即符号学中关于主体间性相关问题的研究。在古典理论当中，有关符号的学说就已经呈现出了明显的"交流学"的特征：古希腊人对符号的思考总是与他们对修辞学的研究相关联，奥古斯丁的符号学研究灵魂与灵魂之间如何进行交流，而霍布斯对语言的研究，则是他的政治哲学的一部分——而政治，显然只能发生在人与人，主体与主体之间。而在现代符号学传统中，关于主体间之交流的研究，则围绕着如下几个论题展开。

关于主体交流之符号学，最为基础的问题，显然就是单纯的"信息传递"问题。在索绪尔那里，能指既是在交流双方心智中引发所指的感知，又是存在于二者"之间"的，实在的物理过程。唯有基于这种物理过程，说话者才能将其所理解的所指，"传达"给听者。这一思路，在结构主义符号学的黄金年代中，往往与信息论的范式相结合：在雅柯布森、艾柯、霍尔等人的经典研究中，香农－韦弗所提出的，发生于信源和信宿之间的编码－解码过程，被"改造"成了符号学过程：信源和信宿不再是发出和接收电码的机械，而是由符号传递过程连接起来的不同主体。这种经典的符号学－信息论范式，成为后世研究常见的工具。在当代中国学界，对这一工具的使用，更是渗入了对新闻传播现象之研究之中——蒋晓丽、胡易容等学者，就将后真相、新闻游戏等重大的当代传播现象，带入了符号学的理论光亮之中。

对主体之交流之中发生的符号现象，现象学传统亦投入了巨大的研究兴趣。在胡塞尔本人"后期"的思想之中，主体间性发生于诸主体所共享的世界之中。这个世界有两个面貌：一是空间的、物理的世界，二是文化的、社会的世界。后者乃是上文提到的"人格主体"发生作用的舞台。

"生活世界"这一论题，也是当代符号学界的重大问题。在生物符号学的开创者尤克斯库尔那里，不同动物因为不同的符号能力而塑造了自身不同的"周围世界"（Umwelt）。而以瑞典学者索内松为代表的认知符号学研究者们，则将生物符号学带到了与胡塞尔现象学、认知科学等学科的交叉之处，大大拓展了对符号世界之理解的边界。沿着类似的思路，当代中国学者也在不断开拓符号学研究的纵深：比如说，在《日常生活意义世界：一个符号学路径》一书中，薛晨就将描述的焦点，聚集在了"日常生活"这一生活世界最为切近的形态之上。在她的研究中，日常生活作为表意领域的规则、边界等现象，都得到了翔实的考察。

　　简单来说，从符号学的理论立场出发，主体在晚期现代领域中呈现的诸种更为复杂的情态，都能够从结构上得到把握——毕竟，正如本文开头所说，人类主体性的生活乃是意义的生活，而符号学，正以意义诸结构为其研究对象。

自　我

谢林杉

　　人具有符号性。首先，从构成世界的组成部分来看，人所生活的世界与一般物理意义上的世界存在很大的不同。在人的世界中，充斥着许许多多的符号，可以说，符号就是组成人类世界的基本元素。卡西尔认为"人不再生活在一个单纯的物理宇宙中，而是生活在一个符号宇宙之中"，（卡西尔，2013，43）进而提出著名的论断——人是符号的动物。其次，人本身就是自身所使用的一个符号。赵毅衡认为，是"符号使得自我可以完成表意活动，我们所谈论的自我，一定是符号自我"。（赵毅衡，2012）因此，我们不只需要利用符号来交流信息、传递思想，从符号学的视角来看，思想本身就是符号。

　　在西方哲学史上，多位巨擘都曾经从不同的角度对自我展开了丰富的论述。他们中的大多数人，基本都延续了由笛卡尔开始的身心二元论，但皮尔斯对自我的二元关系并不认可。他从符号学的角度出发，认为自我就是一个符号，符号自我是在"我"（即此时此刻当下的我）与"你"（即进入未来的另一个我）的不断互动中形成的。然而，对于"自我"的符号模式，即作为一个独立的实体，"自我"是通过何种路径成为一个符号这个具体问题，皮尔斯并没有进行详细的论述。尽管如此，皮尔斯的理论还是启发了后续芝加哥学派的一大批学者，其中，米德在心灵、自我及社会的阐释与理论建构等方面十分有建树，他将自我分为"主我"与"客我"的方式对后来的学术研究有着深远的影响。

　　诺伯特·威利敏锐地洞见到皮尔斯和米德关于自我论述中的共通与互补之处，在二者的理论基础上，以皮尔斯符号学为依据，将皮尔斯的"我-你"模式与米德的"主我-客我"模式结合起来，突破了一直以来关于自我的二元结构，建立起了更全面、更有生命力的三元关系，即"主我-你-客我"模式。在这个模式中，人将过去、现在、未来的时间关系，"主我""你""客我"的对话关系，以及再现体、对象、解释项的符号关系结合了起来。具体来讲，符号自我在时间上分处于过去、当下、未来三个阶段；当下（"主我"）通过阐释过去（"客我"），为未来（"你"）提供方向；结合符号三元模式，即当下是再现体，过去是其所指代的对象，而未来则是解释项（威利，2011）。

威利提出的符号自我三元模式，综合了皮尔斯与米德的思想，在他们的基础上完善了符号自我的理论，使其拥有了之前自我理论不具有的独特魅力。首先，威利指出，米德的"主我－客我"是一个朝向过去的循环模式，我们能看到的是在当下这个时刻以前的自我；皮尔斯的"我－你"是一个朝向未来的循环模式，在这个模式中，从当下到未来这个状态的自我得到显现。将这二者结合起来所得到的以"主我－你－客我"模式为核心的自我，拥有一个360度全面的视角，整个范畴的时间性也完整地展现了出来，我们可以立足当下，对过去和未来进行合理的想象。"主我－你－客我"所提供的全知全能式的视角，导致在当下这一时刻，既定的过去与未来的选择同时被看见。在威利提出的三元模式下，当下的自我通过对过去进行阐释，达到了为未来勾画蓝图的目的。

其次，相比二元对立模式，三元的思维方式更有力地说明了人是如何参与时间性的。我们所参与的时间，由过去、当下和未来构成。其中，我们现实地存在于当下，想象地存在于过去和未来。时间是不断流动的，未来的某一刻不停地朝着当下演变，再逐渐地变为过去。身处时间中的自我也必然处于一个动态的状态当中，不断地产生变化与更迭。

再次，将皮尔斯与米德进行综合，使得我们能够同时清楚地看见对话的两极，以及对话的具体运作过程。在米德的"主我－客我"理论当中，"主我"处于有行动力的当下，而"客我"则处于受到限制的过去。因此，从时间范畴上看，在这个二元模式当中，具有发声说话能力的只有"主我"。当引入皮尔斯的"我－你"模式，与之相结合后，由于处于未来时间的"你"无限地接近当下的"主我"，所以通过"主我"获得了可以说话的能力。皮尔斯与米德的并置，使双边对话的概念得到了完善，内心话语的双边性和对话性才得以凸显。

最后，自我的符号三元模式为审视自我的结构提供了一个更加丰富与全面的视角。米德在其自我理论的阐述中，十分强调自反性，但"主我－客我"的模式使自我受困于二元对立的性质当中。威利将皮尔斯的"你"加入自我的结构中后，自反性也从线性的180度转向更大辐射范围的360度。二者的结合，使人们对自我的认识更加立体、全面。

当今社会，互联网所代表的数字技术在经济发展、消费升级、民生服务等方面都发挥着巨大的推动作用。与此同时，搭载着数字技术进入人类生活的新媒介，对心灵与自我的介入愈发明显。人是社会中的人，自我也是存在于社会环境影响下的自我。人们与新媒介的结合日益紧密，对符号自我所产生的影响同样也是日益加深。现实中的新媒介不仅作为实在的客体存在于日常生活中，而且抽象化的与符号自我产生联系，同时从内外两个方面，对符号自我产生影响。

内在方面，新媒介通过影响内心对话对符号自我产生影响。内心对话，即自我运作的符号化过程，"不仅包括'思维'，而且是指任何以及所有内在意义的方式。与口头对话一致，这些方式包括感知、情绪、非语言性思想、习惯性行为，也许甚至如'身体语言''语音语调'等微妙之物"。（威利，2011）新媒介在用户身份转换、虚拟社群建立、伴随文本数量以及终端移动化等方面与传统媒介相比有明显的特殊性，既然"媒介是人的延伸"，那么媒介的特性也必然会反作用于人的身上。新媒介作为当代人类生活中接触最频繁的媒介，其特性也自然对自我的符号化过程产生了不可忽视的影响。在这个过程中，符号自我的核心——"主我-你-客我"的三元模式是为个体长足发展提供驱动力的内在力量，尽量保持三元的平衡与协调，立足当下，不过分对过去进行阐释，也不过度沉迷于对未来的幻想，保持三元的平衡与稳定，保证自我的良性循环发展。

外在方面，新媒介渗入文化、社会组织等方面，使符号自我在本体层面上进行了上下还原。"层面"的概念在哲学以及社会学中都有广泛的讨论。威利发展了社会学家尼克拉斯·卢曼"个体-互动-组织-社会"的四层范式，以层面与个体之间的距离为划分依据，在皮尔斯与米德自我模型的基础之上，提出了新的符号层面范式，由底层向上依次为：物理-化学的、生物的、心理的（人类或自我）、互动的、社会组织的、文化的。可见，自我作为符号并不是一个孤立的存在，自我所处的环境是其作为符号不可割裂的伴随文本。媒介形态不断更替，新媒介在当今社会俨然有超越"人的延伸"之势，成为人不可或缺的一部分。自我所处的环境中，文化、社会组织、互动等形态有了不易察觉但影响巨大的变化。这是因为新媒介无孔不入，使我们即便是位于独处的时空之中，也无法避免使用智能设备与他者进行互动交流，组织建立社群关系等。乍看之下一个"宅家"的人是处于一个独立的空间，然而在新媒介环境中，他可能在任何时间与任何人建立看不见的联系。在这样一种情况下，人们越来越难以从心理层面冷静、清晰、准确地面对及审视真实的、作为独立个体的自我。向上拔高与向下压缩这两种常见的自我还原模式，也在新媒介的介入下，有着不同程度的现实表现。

新媒介在潜移默化中对符号自我造成了不可忽视的影响，对于该问题的关注，不仅是对自我理论在新媒介环境下的发展做出尝试，更重要的是关注媒介环境中的人与自我，关注使用媒介给个体生活和心灵带来的便利或困境，这具有十分重要的现实意义。

身　体

张　珂

身体的含义，根据不同时代的思想观念，产生了从"灵肉二分"到"灵肉一体"的意义变迁。古希腊哲学家巴门尼德的名言"能被思维者和能存在者是同一的"（全增嘏，1983，70），由此奠定了从古希腊到 19 世纪下半叶的身体观念，即身体是分为精神（在苏格拉底、柏拉图、亚里士多德那里是灵魂）和肉体两部分的，在这两者中，肉体是依附精神（灵魂）而存在的。从笛卡尔、黑格尔开始，一直到叔本华、尼采和伯格森，人们对于身体的讨论逐渐转向肉体和灵魂是合而为一的这一观点。

在西方传统哲学中，身体向来是哲学家们倍感兴趣的话题。在上述哲学家的基础上，众多理论家都展开了对于身体问题的探讨。约翰·奥尼尔的《身体五态：重塑关系形貌》（奥尼尔，2010）从社会学角度探讨了不同形态（世界态、社会态、政治态、消费态和医学态）下的身体，梳理了身体社会研究的历史进程和理论成果，内容涵盖了文化人类学、女性主义等领域的研究成果以及梅洛·庞蒂、福柯和弗洛伊德等大师的理论（希林，2010）。大卫·勒布雷东的《人类身体史和现代性》（勒布雷东，2010）从人类学和社会学的角度研究了人类身体与社会的关系及其演化过程。弗朗索瓦·于连的《本质或裸体》（于连，2007）讨论了中西方艺术中对于裸体的不同态度。利奥·博萨尼著《弗洛伊德式的身体——精神分析与艺术》（博萨尼，2009）从心理学和文艺学角度阐释了身体欲望与艺术创作的关系。理查德·舒斯特曼《身体意识与身体美学》（舒斯特曼，2011）则通过对福柯、梅洛·庞蒂、西蒙娜·波伏娃、维特根斯坦等人的身体哲学思想的研究，表明身体经验在身体美学中的重要性。

国内身体研究的成果主要分为两个部分。一部分是将身体引入审美维度，梳理已有的身体研究理论，比较重要的文本主要有彭富春的《身体与身体美学》（彭富春，2004，4）、王晓华的《西方美学中的身体意向——从主体观的角度去看》（王晓华，2016）、彭锋的《身体美学的理论进展》（彭锋，2005，3）以及姜宇辉（姜宇辉，2007）、张尧均（张尧均，2006）、韦拴喜（韦拴喜，

2016）等人对德勒兹等哲学家的理论的研究。另一部分主要从现代性角度对身体问题进行反思，主要有汪民安的《身体、空间与后现代性》（汪民安，2015）、黄晓华的《现代人建构的身体维度》（黄晓华，2008）、刘丰祥的《身体的现代转型》（刘丰祥，2009）以及郑震（郑震，2010）、夏可君（夏可君，2013），张之沧（张之沧、张禹，2014）等人的研究。

在身体与符号的关系中，身体的符号化出现的时间比较早，通常的做法是采用隐喻或象征的手段将身体作为反抗的符号。20世纪30年代，法国先锋剧作家安东尼·阿尔托提出"残酷戏剧"理论，主张用"身体的手段"和"强烈的身体意象"（阿尔托，2010，95）拉近剧场与现实生活的距离，即在舞台上展现暴力的身体景观来挑战社会道德底线并冲击观众的感官，以把戏剧从莎士比亚式的严肃状态中解放出来。受到阿尔托的"残酷戏剧"理论影响，在20世纪六七十年代，越来越多的行为表演艺术家用极端的方式挑战自己身体和心理的极限。同样的，在20世纪后半期蓬勃发展的女性主义，与性别身份紧密相关的身体，也被视作反抗父权制文化的政治符号。无论在理论层面还是实践层面，女性身体的呈现方式、形象想象和话语演变是女性主义运动的主要反抗方式。

在身体的符号学研究方面，无论是国内还是国外，都还有很大的值得挖掘的空间，目前的研究主要集中在消费社会语境下对身体符号的研究。（鲍德里亚，2006）第四章中探讨了"身体或符号的尸体"，表明身体在再生产中是由无意义的符号建构起来的尸体；费瑟斯通在《消费文化中的身体》（汪民安、陈永国，2011）一文中，揭示了消费文化中广告、大众刊物、电视电影等大众传媒符号化身体的过程；国内学者陶东风也发表了如《消费文化语境中的身体研究热》《消费文化语境中的身体美学》《消费文化中的身体》《关于消费主义与身体问题的对话》《身体意象与文化规训》等系列文章，探讨消费社会与身体的关系。除此之外，在文学、艺术、传播学和现象学中也有关于身体符号的零星研究。其中比较值得关注的是结合了符号学与认知科学的"具身性"概念，朱林在《具身认知：身体的认知符号学》（朱林，2018，3）一文中对具身认知符号学的基本概念和拓扑结构进行了展开性研究；刘海龙、束开荣以具身认知为研究路径考察了具身性对理解新媒体语境下传播与身体关系的价值（刘海龙、束开荣，2019）。

笔者对身体符号的研究主要集中在艺术中的身体方面。由于在西方的视觉艺术中，身体是重要的表现内容之一，从古希腊艺术到当代艺术，关于身体的审美观和艺术表达也在不断发生变化。笔者从文化符号学的标出性理论出发，将视觉艺术中出现的身体区分为神之躯体和人之躯体，探讨了在视觉艺术中原本作为标出项的人之躯体是如何在历史与文化的变动中实现标出性翻转的。除此之外，笔者试图将研究范围界定在身体艺术中，这不仅是因为身体在当代艺术的创作、理论和批评占据了非常重要的部分，更是因为身体作为一种意义符号，会受到社会观念、思想文化、科学技术等一系列因素的影响。笔者通过对社会观念、哲学思想、艺术思潮等动因的分析，剖析随着身体符号的符义学和符用学的变化，以及身体艺术在不同阶段的表现方式及其产生的效果。

身体是一个从未断裂并且一直在延续的话题，从古希腊至今，身体逐渐从隐性走向显性，并且越来越受到人们的关注。作为一个重要的研究课题，身体与文化、政治、美学、社会学、人类学等研究都密切相关，因此，关于身体的符号学研究，还有很多可以填补的空白。

性　别

谭　琼

　　性别作为人的身份的基本来源和社会构成物，是人类最显著的规约符号，围绕性别符号衍生的意义活动构成了人类社会最复杂的性别文化场域。米德《三个原始部落的性别与气质》、列维－斯特劳斯《亲属制度的基本结构》等著作，开启了人类学领域性别符号研究的先河；巴尔特和塔尔伯特探究了语言哲学与社会性别符号形成之间的深层关系；布尔迪厄、阿尔多诺、葛兰西继承发展马克思主义意识形态理论，阐释了性别符号背后的权力逻辑；鲍德里亚的消费主义和福柯、罗宾的权力话语研究，揭示了性别符号生产的市场影响和话语张力；维蒂格、巴特勒的性别身份研究，弗洛伊德、拉康、克里斯蒂娃的精神分析研究，伊利格瑞、西苏、克里斯蒂娃、肖瓦尔特、吉尔伯特、格巴、卡特、桑塔格的文学艺术理论与批评，等等，成为交织扭结而又相互支撑的性别符号研究网络，以上诸成果构成了性别符号学研究的理论基石。

　　国内外现存以"性别符号学"直接命名的理论著作主要有三部。1992年，美国学者布仁在论文《性别符号学》中，尝试将性别问题纳入生物学、心理学和社会学模式，以拉康的精神分析和新马克思主义者的理论为基础，旨在研究性别概念生成的深层无意识动机与文化偏见之间的关系。2009年，加拿大学者尤施卡的论著《性别符号学：政治身体/身体政治》出版，该书将性别作为流动的语言范畴加以思考，把性别问题和符号体系相关联，在借鉴阿多诺和葛兰西的意识形态理论、福柯的话语理论、巴尔特的语言哲学、巴特勒等人的女性主义理论，以及神话学、影视美学研究等成果的基础上，试图产生出一套能更好地阐释性别意义的性别/性符号系统。2015年，程丽蓉把尤施卡的这本书译介到中国，之前2012年，她发表了论文《奥兰多之路：性别符号学》，在该文中，她借鉴皮尔斯的符号学理论，认为"性别是无限的表意行为"，并指出，女性主义符号学是女性立场的性别阐释，符号传播是推动性别符号发展的重要力量（程丽蓉，2012，183－187），她试图寻找性别符号学的真相，最后发现性别真相只是无数阐释中的一种而已，从而得出"性别符号研究以最无情的抽象、最理性的推理、最玩世的虚拟",让"作为实体存在的无数的肉身的无数差异性经验反而被边缘化、模糊化"的结论。笔者认为,这种看似悲观的结论,正好揭示了社会性别意义生成的文化机理和社会逻辑,即性别不是天生的,而是社会构成的,解释者受制于性别意识形态、社会文化等,必然生成性别意义的无限衍义。

国外女性主义性别符号学研究和性别符号传播研究成果较为丰富。1949年,波伏娃的《第二性》出版,她从生物学、精神分析学、历史和女性神话在文学中的体现来分析女性生存处境和意义,已具有很强的符号学意义。波伏娃指出:"女人不是天生的,女人是变成的。不是生物的、心理的、经济的原因定义了人类女性在社会中心的面貌,而是整个文明仔细加工了这个产品。"(Beauvoir,1949,13)法国的克里斯蒂娃是首位把符号学理论用于女性主义批评的女性主义批评家,她借鉴拉康的精神分析理论,提出"符号的女性"与"象征的男性"两个概念,认为二者并非绝对对立,而是皆被语言之中的非中心的文化象征系统所建构,并指出主体的符号化过程。(张岩冰,1988,129-132)克里斯蒂娃之后的女性主义符号学者深受其影响,都将主体性视作符号化的结果:伊利格瑞认为,以任何方式去定义"女人"都会落入为(男性)主体自恋服务的体系或意义的陷阱。巴特勒则提出"性别戏仿"这一概念,指出"性别用以形塑自身的原始身份本身就是一个没有原件的仿品。戏仿产生的增衍效应使霸权文化以及它的批评者都不能再主张自然化的或本质主义的性别身份"。

罗瑞特斯在皮尔斯和艾柯符号理论基础上建立了经验符号学理论。她在《性别技术:理论、电影与小说》一书中,确立起自己对于主体的不同认识。她提出了"妇女作为立场"的理念,认为妇女在成为女性主义者的过程中,采取"社会性别"的观念或视角,以"解释或(重新)建构价值和意义"(童,2002,300-301)。性别符号传播研究是20世纪以来性别研究的新焦点。它被广泛运用于杂志、影视、广告、动漫、网络小说、新媒体、表情包、网络流行语和写真集等大众文化的研究中。从早期比较零散的媒介性别形象研究,到传媒与性别建构研究,再到20世纪90年代后越来越成熟的性别与传播研究,成果有目共睹。

1995年,世界妇女大会在中国召开,之后中国的性别研究蓬勃发展,尤其在语言和文学领域,以乔以钢、刘思谦等为代表的学者,已取得丰富成果,但从符号学角度切入性别研究的论著相对较少。在中国知网以"性别符号"为主题进行论文检索,索引论文为67篇,多数论作多引用符号学理论去阐释某个领域中的性别现象或问题。程丽蓉对性别符号学在中国的发展和研究起到了极大的推动作用，她的译介和相关论文为性别符号学研究在中国的发展奠定了理论基础和方法论基础。2010 年，林丹娅在其论文《作为性别的符号：从女人说起》一文中指出"文学语言具有性别性"（林丹娅，2010，1），以"女人"这个符号为例，进一步论证了语言符号和性别符号学之间的千丝万缕的联系。2013 年，陆正兰出版专著《歌曲与性别：中国当代流行音乐研究》，系统论述了流行音乐中的性别符号问题，开辟了中国性别符号研究的特殊领域，可视为"中国性别文化符号研究的突围"。（王小英，2015，21）笔者认为，性别符号学是研究性别意义活动的学说。在性别研究中，性别意识是高频使用的术语，从性别意识与对象各自形成的关联方式入手，探究性别意义的生产、传播、接受、认同，构成了性别符号学研究的几个环节，而性别符号的生产者和性别符号的接收者是性别意义流动中最活跃的动力因素。此外，性别意义的生成与一定社会的政治系统、经济系统、文化系统、社会心理、媒介形式等有千丝万缕的联系，一定程度上影响了文本内容和意义释读效果。

性别符号生产研究，涉及性别语言符号研究，性别符号生产的权力逻辑和符码规则探索；性别符号传播研究，可考虑媒介形式对性别符号传播的特点、影响、效果研究；性别符号接收研究，探寻背后的文化基因和消费逻辑，可导致不同的接收效果；性别认同研究，涉及一个性别文化共享意义建构的过程研究，影响研究，或者说某种性别符号何以成其是的研究。总之，性别符号学研究就是要寻找性别符号无限表意背后的形式规律，探寻性别意义，指导性别符号实践。

近年来，随着性别文化的发展、性别平等观的提出以及社会生产方式的变迁，出现了性别文化转向的现象，在这一背景下，性别符号学的新范式、新影响值得学界重视和挖掘。

民　族

彭　佳

符号学研究在其发端之时，注重的就是对符号机制和规律的探寻，而不是对符号现象的搜集、整理和描述：后者正好是民俗学研究的范畴所在。对于符号学缘起与其研究对象之关系的简略说明，正好为定义什么是"民族符号学"提供了必要的区分性视角。民族符号学（ethnosemiotics）并非记录和讨论某个民族符号现象的研究，而是透过符号现象对民族文化之系统、机制、结构的探究，属于文化符号学（cultural semiotics），或者说文化的符号学（semiotics of culture）研究的重要部分。现有的民族符号学研究，基本上都是以索绪尔为起点，经由列维－斯特劳斯阐发的结构主义为根本理论架构，在历经结构主义向后结构主义的转向之后，引入莫斯科－塔尔图符号学派的领军人物洛特曼（Juri M. Lotman）提出的动力性的符号域机制，从而对开放性的民族文化符号系统进行的探究与描述。

按民族符号学的奠基人之一、匈牙利符号学者维尔默斯·沃伊特（Vilmos Voigt）的看法，民族符号学是文化符号学的一个分支，属于文化研究的范畴。其极简定义是："它采用民族志方法（ethnographic approaches）之视角来研究符号系统及其功能。"（Vilmos Voigt, 1986）从这一定义可以看出，在民族符号学的理论准备和发展过程中，民族方法论（ethno-methodology）的重要性是不言而喻的。在民族符号学的发源地匈牙利，这一术语被提出之前，民俗研究者们就已经不自觉地使用符号学的方法，或是从符号系统的视角出发，去研究民俗传统的各个方面，所涉及的研究对象丰富多样，包括民族语言、装饰、民歌、婚礼仪式，等等。早在匈牙利的第一部符号学专著《符号的模式》（*Patterns of Signs*）出版之前两年，嘉伯·卢克（Gabor Luke）就于1942年对民间装饰艺术和民歌中的符号系统进行了详尽的讨论。随后，他在出版于1957年的专著《匈牙利人的精神形式》（*Forms of the Hungarian Psyche*）中，实际上已经将对民俗现象的讨论上升到了符号学的理论高度（Mihály Hoppál, 1993）。

从 1968 年开始，沃伊特在他任教的厄特沃什·罗兰大学开设了符号学课程，开始系统性地向学生介绍民族符号学的内容（尽管当时这一名词还没有被创造出来），对民俗研究和神话研究中的符号学现象进行了全面的讨论。1971年，沃伊特和匈牙利科学院院士、民族学者、符号学者米哈伊·霍帕尔（Mihály Hoppál）几乎是同时提出了"民族符号学"这一概念。他们认为，从符号系统的视角考察民族文化现象，能够帮助人们认识到某个特定族群的文化本质，即，传统习俗是如何在日常生活和语言的双重结构上建立和运行的。

苏联语言学家斯特潘诺夫（Yu·S. Stepanov）也提出了"民族符号学"的概念。斯特潘诺夫认为，民族符号学致力于研究人类文化中隐而不显的层面，它关注的是社会符号系统中某个文化现象（如婚礼歌曲、婚俗）是如何作为符号而存在的，以及它在系统中的功能。在斯特潘诺夫看来，文化相对主义（cultural relativism）是各个不同的符号系统的基础，因此民族符号学者们必须进行文化、历史和语言学的交叉研究。格雷马斯（Algirdas Julien Greimas）则在 1973 年举行的欧洲首届民族学研究会上讨论了民族符号学在三个领域里发展的可能性：诗歌、音乐和手势研究（Greimas，1986，246）。在哈贝马斯看来，这三个领域是民俗传统的发展最具有连续性的领域，因此，可以从对其现象的探究去揭示文化符号系统的深层结构。以上几位学者的讨论为"民族符号学"的概念勾勒出了大致轮廓。

1989 年，沃伊特为西比奥克（T. A. Sebeok）和达内西（Marcel Danesi）合编的《符号学百科大辞典》（*Encyclopedic Dictionary of Semiotics*）一书编写了词条"民族符号学"（ethnosemiotics），对这一学科的发展进行了一个正式的回顾和系统的梳理（Vilmos Voigt，1986，246）。著名文化批评家约翰·费斯克（John Fiske）在其主编的期刊《文化研究》（*Cultural Studies*）上发表了《民族符号学：个人和理论的反思》（"Ethnosemiotics：Some Personal and Theoretical Reflections"）一文，他选取了电视节目《新婚游戏》（"The Newly Wed Game"）的观众（包括他自己、学生和其他观众）作为观察对象，来检视他们作为社会主体对这一节目的观感以及产生这种观感的话语结构是如何运作的（John Fiske，1990）。这是民族符号学研究转向对文本之关注的重要转折点。

在此文付梓后一年，迪恩·马康耐（Dean MacCannell）就在其文化旅游学著作《空洞的相遇之地》（*Empty Meeting Grounds: The Tourist Papers*）中引入了这一研究方法，讨论旅游作为一种现代仪式，是如何帮助人们脱离日常生活的重复和烦琐的（Dean MacCannell，1992）。霍帕尔在 2014 年出版了个人文集《民族符号学：文化研究的方法》，该书是对作者数十年来坚持的民族符号学研究的总结，讨论了包括萨满文化、美籍匈牙利社区的移民文化现象等，在不同的文化语境中透视符号意义机制的运作。（Mihály Hoppál，2014）该书已被译为中文，并于 2020 年在国内出版（霍帕尔，2020）。

值得一提的是，在这一时期，中国学界在民族符号学领域的研究也有新的进展：管彦波于 1997 年发表的《从符号学的角度看民族头饰艺术的美学特色》一文就使用了民族符号学的方法对少数民族的头饰进行了分类研究。（管彦波，1997，52-56）另外，尽管没有使用"民族符号学"一词，杨鹍国于 2000 年出版的专著《符号与象征：中国少数民族服饰文化》也引入了民族符号学的研究方法观察和分析民族服饰文化（杨鹍国，2000）。

尤其是近十年来，符号学的发展在国内可谓是全面开花，以唐小林、祝东主编的《符号学诸领域》一书开始，笔者对民族符号学进行了初步介绍（彭佳，2012）。纳日碧力戈以皮尔斯符号学为框架，在专著《民族三元观：基于皮尔士理论的比较研究》中以民族语言的三元模式来检视中国族群的文化共构，该研究对于中华民族的文化融合，提出了整体性的阐释，具有深远意义（纳日碧力戈，2015）。徐新建敏锐地注意到了民族符号学理论的发展动态，写作了《口语诗学：声音和语言的符号关联——关于符号学和文学人类学的研究论纲》一文，发表于《西南民族大学学报》，（2008，2，151-154），并在其主编的《文化遗产研究》中连续收入了相关研究文章，显示出他对这一领域的持续关注。2018 年，宗争、梁昭主编出版了《民族符号学论文集》，此书收入不少相关论文，是对国内符号学界民族符号学研究的一个较为全面的总结（宗争、梁昭，2018）。2019 年，彭佳完成了学术报告《中华民族共同体论：民族符号学研究》，这是国内首部以生命符号学的自生系统论为研究视角，考察不同民俗符号在媒介耦合作用下的意义流变的研究著作（彭佳，2019）。除此之外，孙慧佳、张建华、朱林、谢青等学者，都以符号学为理论视域，进行对具体民族文化现象的分析和思考，其研究各有特色，对象也各不相同。总体而言，民族符号学研究在近十年来已经进入较为强劲的发展期，未来与民族传播学等学科交叉发展的潜力较大，而中国在这方面的研究也更加丰富和多元，值得期待。

图 像

胡易容

图像研究经历了一个较为漫长的演变过程。16 世纪之前，作为理解对象的图像在艺术绘画或宗教的器物审视等对象中得到专门考察——这种研究可以泛称为"前肖像学研究"。这个阶段的图像研究的解释对象主要是基于我们生活实际经验的图像的母题认知性描述。母题是通过线条、色彩和体积再现的对象和事件构成的世界。通过图像的经验与生活实际经验比较而获得图像认知或拓展生活经验。大约 16 世纪，人们对图像的阐释进入了另一阶段——即所谓"肖像学"（或译为"图像志"）（iconography）研究，代表人物之一是贝洛里（Giovanni Pietro Bellori）。此后，人们对图像的研究广泛注重对形象、故事和寓言，而非有关实际生活经验的画面对象。肖像学分析要求解释者具备特定题材和概念的背景知识，以获得画面的故事、语言等信息。19 世纪以法国学者为典型的肖像学分析，通过参阅神学文献和礼拜仪式分析艺术作品，取了较高成就。

20 世纪初，瓦尔堡（Aby Warburg）创立了瓦尔堡学派，并为艺术的图像研究发展出一种新的方法。瓦尔堡的弟子，现代图像学另一位奠基人潘诺夫斯基以古典的"圣像学"（iconology）称呼这种新的图像学研究方法。这种新方法是通过对"符号性"价值世界内在含义的研究来理解艺术图像（潘诺夫斯基，1987，48）——至此，图像学研究也就逐渐向一门"图像符号学"靠近。后来，法国学者达迷施干脆将图像研究视为一种"视觉艺术符号学"。不过，早期的"图像符号学"还有很大的局限，其理论来源也分属不同研究群体。

第一种力量来自美术界，他们主要以绘画、雕塑、建筑等传统美术形式为研究对象，解读艺术中所蕴含的意义。从奠基人之一潘诺夫斯基就开始了这种研究，他甚至被称为"现代图像学的索绪尔"（Argan，1975）。此后，图像学与符号学研究发生了更紧密的联系。稍后的贡布里希爵士在《秩序感：装饰艺术的心理学研究》中辟专章论述"作为符号的图案"。他认为，如果把一切都视作符号，重新解释（图像学）……重要性便非同一般（贡布里希，1999，

240—270)。他的这些话暗示出，建立一门"图像符号学"将对"图像学"产生巨大的影响。这一路径的学者将研究对象局限于美术领域，阻碍了他们在更广阔大众文化视域内的探索，而这在当今大众文化兴起的背景下尤其成为一个重要的缺陷。

图像符号学的另一种力量来自一般符号学理论。它们通常不是来自纯粹美术学领域，而是来自更为宏大的文化研究领域。这一派学者将图像作为一种非语言符号看待，重点研究其文化意涵。卡西尔较早进行了现代意义的视觉文化的研究，其弟子朗格又将这种研究推进，并对艺术知觉与情感形式做了重要研究；布拉格学派注意到图像的一般性表意观念，而法国结构主义学者对一般性图像理论做了更系统的阐释；巴尔特的《图像修辞》影响深远；此后，对图像符号学最有影响力的学者是艾柯。随着这些学者更深入地介入图像研究，图像符号学逐渐迈出了美术研究领域。

他们的研究也存在自身局限：将图像比附为语言文本加以解释。这种"阅读"而非"观看"的方式本身也影响了贡布里希等传统艺术史家。图像被认为是非自然的或者不证自明的，其必须依照视觉语言赋予的规则加以破译。按照米切尔的说法，这种观念是建立在以罗蒂"语言学转向"为基础的哲学史基础之上的。米切尔有关"图像转向"的命题开启了图像符号学的新篇章。并且，这一转向切合了当前媒介新图像景观造成的巨大冲击。基于语言学转向建构的符号学合法性已经出现了某些危机。

图像转向语境下的"泛视觉文化符号学"呈现出新的面貌。从来没有哪个时代像今天这样充满了图像。海量的图像加上传媒对视觉感知的地位确认，令西方世界再发现了这个不同以往的"新"视觉图像时代。在这个"新图像时代"背景下复兴的"图像研究"与以往的图像学也有重要不同点。学界认为，当代研究有必要实行一次"图像转向"。这种对视觉图像的重新发现并非柏拉图以来西方视觉中心主义传统的忠实还原——它是日常生活的庸常琐事，是传媒技术对社会生活的普遍侵入。这种形而下的视觉图像方式甚至常常被学者们批评为肤浅而琐碎。无论如何，图像研究再次成为一门炙手可热的"新学问"。这门新学问不同于"图像转向"之前的"图像志"或"肖像学"。

无论图像转向是什么，应该清楚的是，它既不是模仿、拷贝或再现的对应理论，也不是更新的图像"在场"的形而上学，它反倒是对图像的一种后语言学的、后符号学的重新发现，将其看作是视觉、机器、话语、制度、身体和比喻之间的复杂互动。

作为传统图像理论研究主要对象的美术图像自身已经走向一个新的转折

点。传统的艺术样态已经不具备潘诺夫斯基时期对时代文化的那种完全主导关系。反映今天时代的艺术形式的合法性地位尚在争议之中。以美术馆为导向的艺术，其社会影响力及与这个时代的关系远远不如更贴近这个时代文明特质的商业艺术和实用艺术。丹图的判断是艺术在传统意义处已经终结。其原因是它所赖以存在的时代语境已经发生变化，传统的复制方式已经不复存在。显然，艺术本身并不会终结，它产生了以下两个走向。

其一，艺术已成为生活中无处不在的表意行为。泛艺术化与大众文化的兴起以及媒介对艺术复制有关。在精良的复制技术出现之前，有幸目睹画作《蒙娜丽莎》或《步辇图》的人极其有限。信息复制令艺术的神秘面纱向大众开放。媒介的发展对传统信息的壁垒发生了某种"绕过"行为。专业艺术工作者并未消失，只是作为时代启蒙的那种普罗米修斯式的工作方式消失了。艺术工作者的个人创造力仍然给这个社会带来了巨大的馈赠，但这种馈赠不仅仅发生在专业的"艺术表达"这一行业，更是一种更为普遍的专业技能表意行为。艺术工作将不再特属于许多富有创造力的行业。各种软件设计、游戏开发……广义的文化创意产业都具备这种艺术馈赠的能力。

其二，一部分艺术转化为实用性的设计语言。具体来说，艺术家的自我表现冲动，在设计艺术中转化为服务与商业社会的各种实用形态。广告、设计、建筑、包装、景观。非目的性的艺术将恒久存在，只是，当它们远离了与这个时代的切身关系时，就不再是这个时代最重要的表意方式，而退居诸多视觉文化行业之一，因为任何一个行业都存在大量的"艺术设计家"。

从这个意义上说，艺术已经转变成为一个广义的"文化创意"行业。而这个行业空前庞大，以至于我们不应将其仅仅归纳为架上的那种形式或者美术馆中的陈列。艺术所需对时代表达的批判姿态依然是符合逻辑的存在，但它同样极具目的性。

在泛艺术的背景下，今天的商品都具有某种象征功能。如果我们要固执地坚持艺术是属于超越实用目的的那个"部分"的话，就必须承认，今天的实用设计都存在超越"纯实用"目的的艺术部分，而艺术则托身于此。为实用艺术正名，始于工业革命时期。19世纪50年代以来的各种设计运动——从反对维多利亚风格的"工艺美术运动"和"新艺术运动"开始，直至20世纪初的构成主义运动、风格派运动和包豪斯的建立都是在对实用艺术的推进中深化了艺术服务大众的信念。也就是说，图像转向背景下的图像符号学，其研究对象不再是主要由绘画、雕塑、建筑等传统美术形式构成。这门"图像符号学"的研究对象不得不是当代媒介承载的所有视觉对象。"图像符号学"已成了某种象征性质的称谓。正如电子报纸其实并非报纸，而图像符号学也不再仅仅限于"圣像"或"高雅艺术"——它正在转化为一门"泛视觉文化符号学"。

图像符号学有着自己的当下命题。综上，我们可以这样理解"图像转向"背景下的图像符号学这一称谓。首先，它在当代背景下已不再是狭义美术领域的抽象理论，其必将以构成当代图像的"泛视觉文化"为研究对象，并为各种当代视觉艺术的创新提供理论基础和实践指导。同时，当代"图像符号学"或者仍然与语言文本有关系，却不必然以"语言符号文本"为解码视觉文化的终极答案。就理论本身而言，其不仅将改变传统图像学的面貌，而且将重新界定符号学体系的内在逻辑关系。这两个理解也对应于图像符号学当前亟待解决的两个基本命题：一是图像符号学造成的文化符号学内在逻辑的重构；二是图像符号学在"新图像时代景观"下自身理论基点的再定位。

第一个命题，重构符号学内在逻辑的命题与符号学近几十年的发展脉络息息相关。符号学当前重要发展方向之一，是从语言符号学的源头处自我羽化为更具普遍性的"文化符号学"。而图像作为一种"完全不同于语言的符号方式"其必将挑战传统符号学总体框架。一方面，图像学与符号学的关系需要某种梳理。现代图像学被界定为以潘诺夫斯基的图像志-图像学方法一个原点的学说。某种意义上讲，现代图像学就是一部图像符号的研究史。这不仅表现在图像本身被作为图像符号来研究，而且表现在图像学理论家本身所展现的理论范式，在符号学中可以获得更加系统化的归纳。另一方面，图像符号学也需要面对各种新的挑战和质疑。例如所谓"后符号学"的提法。实际上，当我们试图声称"图像"仍然是在符号学范畴内的问题时，我们必须解决"图像符号"的基本概念及其边界。要使"观看"获得与"阅读"的"同等重要地位"，图像符号学者需要时时清晰地认识到来自语言文本模式的诱惑，真正将图像符号立足于"观看"所获得的意义感知。

确切地说，第二个命题图像符号学在"新图像时代景观"下自身理论基点的再定位所提出的问题，仍然是如何处理"图像转向"对以语言文本为主要对象的符号学挑战的问题。因为以图像景观为主要理论对象可能得到不同于语言文本的结果，这种差异有可能导致整个符号学的理论基点发生某种偏倚。例如在米切尔看来，这是由于图像是基于与对象的相似关系构成的。而语言符号学最重大的论证之一是西方哲学延续数千年论争的"赫莫根涅斯论"（Hermogenism）（符号的任意武断性）对"克拉提鲁斯论"（Cratylism）（符号的理据性或透明性）的压倒性胜利，并将整个符号表意的机制建筑在"赫莫根涅斯论"的基础之上。

综上，图像符号学的演化并非完全由理论自身而来，它是社会现实和其所属门类科学总体发展合力所致。一方面，图像及其与社会文化关系的总体变化令传统"肖像学"或"圣像学"惯有的图像对象与对象、社会的关系被打破。理论必须被推进。另一方面，符号学自身在百余年发展中，已经有了相对完善的主干理论体系，语言符号提供了第一块肥沃的试验田。当前符号学内部分支的平衡与壮大成为其发展的必然趋势，尤其是这种趋势又被社会文化现实所推动的时候。两种力量相加，图像符号学出现一波超常规发展也在情理之中。

风　格

刘　娜

　　风格符号学是风格学与符号学融合的产物。风格学是关于意义表达特点的研究，符号学是关于意义表达规律的学科，两者皆致力于意义的探究，因此相互契合。

　　风格符号学是风格学发展的必然阶段。现代风格学自诞生之初便致力于语言风格的研究，即使面向文学作品的风格，也主要借助语言学的相关理论对作品中的语言进行分析和研究，这是风格学研究的第一阶段：聚焦单一模态的风格。随着研究范围由语言向非语言拓展，风格学开始表现出对参与意义建构的多种模态的关注，由此进入了风格研究的第二阶段——多模态风格学。如今，风格已经渗透社会的一切表意领域，风格学迫切需要探索新的研究范式。胡壮麟对走出当下风格学的研究困境提出了如下建议："为提高文体学的解释力，语言文体学要结合语言外部研究，即研究有关语篇产生的社会、历史、文化情况，这就进入比语言学更高层次的符号学。"（胡壮麟，刘世生，2000，7）胡壮麟提出的"风格学需要进入符号学"实际上预示了风格学正在向第三阶段——风格符号学迈进。

　　风格符号学是风格学面对文化中无处不在的风格现象做出的理论回应，旨在突破传统风格学以文字文本为研究对象的壁垒，将风格置于整个文化符号系统内，整体上对风格意义的一般性规律进行总结，是更加具有普遍性的研究。具体而言，风格符号学指向两个维度：一是风格符号学的理论建构，包括风格概念的界定及理论体系的系统化；二是风格符号学的实践研究，即结合理论分析文化领域中的风格现象。

　　风格学与符号学的结合其实并不是新鲜事物。早在风格学建立伊始，就已经与符号学结下了不解之缘。索绪尔的学生，现代风格学的建立者、瑞士语言学家巴利研究的则是语言符号学与口语风格研究的完美融合。稍晚于巴利的德国风格学家斯皮泽的文学风格学同样是借用了语言符号学，着力于对文学语言的风格特征进行详细分析。雅柯布森一直坚持符号学的研究范式，被誉为符号学火种的传播者。他提出的"文本六功能"中的诗性功能直指风格，对风格符号学影响深远。

　　在对风格进行宏观分析的同时，风格的符号学本质也引发了学者们的进一步思考。不少学者以风格意义的生成为切入口，重新检视风格的构成和形态，进一步明晰了对风格的认知。里法泰尔在其著作《诗歌符号学》中对文本和风格进行了分层，他指出"先符码"构成了语言系统和样式，即文本；而风格是"后符码"，是文本之外的一套增补的意指关系。（Riffaterre，1971，78）巴尔特对此提出了类似的观点，他表示"语言结构在文学之内，而风格几乎在文学之外"（巴尔特，2008，4）。他所说的"文学之外"实际是指风格是文学文本基础上的附加成分。"风格在文本之外"是里法泰尔和巴尔特对风格共有的真知灼见，使风格符号学的发展上了一个新台阶。

　　用符码来界定风格，直达风格内部，是风格符号学发展中迈出的重要一步。持符码说的还有符号学家艾柯，他明确指出"风格"是一种符号概念，"符号体系代表了风格学最先进的形式"（Eco，2004，162-164）。根据艾柯的观点，风格是接收者在解释的过程中把"另外符码"（extra-coding）加载于"现存符码"（existing codes），最终形成"增添符码"（over-coding）（伊利加，2013，129）。艾柯敏锐地认识到风格意义的最终解码取决于接收者，但他忽略了"另外编码"并非只出现在最后的接受环节，而是存在于风格表意的每个环节中。

　　风格符号学不只理论的研究，文化领域中的风格现象也引起了学者们的注意。社会学符号学者霍奇与克雷斯认为风格是一种元符号（meta-sign），贯穿于社会文化所有的符号文本之中，包含文学、艺术、建筑乃至日常生活意义活动的方方面面，其功能在于维持一个社群与其他社群的差异性、保证它的内聚力，并表明其社群价值或意识形态（霍奇，82）。

　　布尔迪厄的"生活风格"研究则将风格学延伸至经济领域。布尔迪厄认为生活风格具有象征意义，表现为趣味差异。这种差异可以区分不同的阶级、阶层。人们为此而维持或者改变生活风格，其实质是为了争夺社会空间的相应位置和阶级结构的再生产（布尔迪厄，2015，37-73）。

　　尽管符号学范式在风格研究中扮演了重要的角色，但风格符号学的合理地位仍然不明确，风格符号学作为一门学科鲜有被提及。南丹麦大学的诺加德非常认同符号学研究范式，认为风格学的研究必然要和符号学联系起来，然而她将这场幸福的联姻命名为多模态风格学（multimodality stylistics）。（Norgaard，2010，30）法国风格学家莫利涅率先将风格学的符号研究命名为

"符号风格学"，并以此作为书名，他在书中详尽阐释了对这一命题的设想：以哲学认识论为切入点，辅以西方身体理论，分析名家名作，建构起一种新型的万能批评的基础（莫利涅，2014，2）。莫利涅的研究宣告了风格符号学作为学科的合理性和可行性，对风格符号学的建构无疑具有开拓性意义。但必须指出的是，莫利涅的风格符号学主要围绕艺术风格展开，尚未涉及艺术之外的符号风格研究。

20世纪后，在西方现代风格学的影响下，国内学者开始重新审视风格学。高名凯、方光焘等是国内早期接触到索绪尔语言符号学的学者，他们将语言符号学运用于风格研究，成为国内风格符号学研究的开拓者。由于受语言符号学的影响颇深，国内的风格学研究从一开始就打上了符号学的烙印，并延续至今。

自20世纪80年代开始，越来越多的学者投身于风格研究的浪潮中，国内风格学进入全面发展的新阶段。王汉良、胡壮麟、申丹、刘世生等学者沿用了语言符号学的范式，对语言、文学的风格进行了详细的考察，使风格研究的深度和广度都得到了极大的拓展。与此同时，文学研究中的文化转向引发了学者对风格的反思。陶东风认为：要正确认识风格就应将风格搁置于文化的语境中，关注风格演变的文化心理内涵。陶东风将风格界定为"不仅是符号的编码方式，而且是文化的表征"（陶东风，1996，2）。这个界定突破了国内风格研究固有的研究模式，具有创新意义。在李战子引入多模态的社会符号学理论之后，朱永生、张德禄、雷茜等学者开始投身于多模态风格的研究，关注多个模态之间的协同关系。多模态风格学打破了单一模态风格研究的僵局，但遗憾的是国内的多模态风格研究仍然没有脱离语言符号学的研究框架，其理论基础是功能语言学。

风格研究持续深入的同时，风格概念的界定却依旧没有统一，这成为影响风格学发展的一大障碍。对此，赵毅衡指出当前研究的困境："风格研究虽然历史悠久，却留下了大量未能解决的问题，甚至风格的定义都不清楚。"（赵毅衡，2018）如何解决这一问题，这就需要走出现有研究范式的束缚。赵毅衡认为："风格是构成符号文本意义的重要成分，因此是符号学必须讨论的课题。"（赵毅衡，2018）要厘清风格的定义，就需要"解剖风格这种意义表达方式，解读它内藏的秘密"（赵毅衡，2018）。为此，赵毅衡直达风格内部，将其界定为"文本的附加符码"（赵毅衡，2018）。为进一步说清这个问题，赵毅衡又多次撰文，从符号学的视角对"风格、修辞、情感"这几个易混术语进行了辨析。赵毅衡对风格的界定及相关概念的辨析，明晰了风格符号学的研究范畴。

谭光辉、赵星植、彭佳等人继续推进风格内涵的研究，促进了风格符号学的纵深发展。在进行理论研究的同时，中国符号学界将风格置于更宽广的范围之内，对文化风格进行了探索。赵宪章着力于语－图风格的建构，陆正兰持续关注艺术风格的发展变化，胡易容聚焦于图像风格，等等，这些研究打破了以往风格学研究的固有模式，开辟了新的路径。

　　风格学和符号学经由"意义"汇聚在一起，对意义世界中的风格进行整体观照，但风格符号学尚未建立完善的理论体系，人们还有不少工作要做。

符号形象学

胡易容

顾名思义，"符号形象学"是以"形象"为核心对象的学说。"形象"的意涵指向很宽——既是一个古老原始的朴素命题，又是当今文化符号传播研究的关键对象。米切尔（W. J. T. Mitchell）甚至提出，21 世纪的问题是"形象"（image）问题。

不过，学界所说的"形象学"（imagology）与米切尔所说的意思并不相同，它特指源自比较文学法国学派的一种理论范式，通常被认为属于"国际文学关系"范畴，（孟华，2000，2）它研究探索关于异国、异民族的他者形象的创造过程和规律，或分析其社会心理背景以及深层文化意蕴。粗略来看，比较文学形象学的具体研究方法既包括符号文本的研究［如巴柔（D. H. Pageaux）等学者认为符号学是形象分析的基本方法］，也包括实质性接触的影响研究——流传学、渊源学和媒介学。抛开术语使用的差异，这些方法具有开放性并与文化研究的其他许多学科共享。如王向远认为，将法国学派称为"影响研究"并不妥当，他们的研究是一种"传播研究"。他进而指出，卡雷、基亚等人所主张的"各民族间的、各种游记、想象间的相互诠释"的研究及其方法，严格地说也都是传播研究方法（王向远，2002，129-134）。

国内的形象学研究已经非常丰富，一些学者也有意识地走出"文学研究"而转向跨学科的"文化研究"。不过，若从比较文学形象学的框架对一般形象研究的启示出发，需要思考在何种程度上越出原有框架。对此问题，不同学者看法相去甚远。将形象学引介到国内的重要学者孟华在《形象学研究要注重总体性与综合性》指出，"形象学"包含于最传统的"国际文学交流"范畴中，而不是所谓的"崭新领域"中。周宁是一位在形象学道路上探索得非常深远的中国学者。他的三组问题代表了他"以中国为方法"的深刻洞见和思考。其《跨文化形象学：思路、出路或末路》《西方的中国形象研究——关于形象学学科领域与研究范型的对话》则是对"形象学"困境最具代表性的反思。周宁的研究文化哲学思辨意味浓厚，而叶舒宪的《〈山海经〉与"文化他者"神话——形象学与人类学的分析》通过人类学与形象学的结合，考察"文化认知中的普遍性及其消解的可能"，具有方法交叉的典范价值。

与前面两位学者不同，宗坤明的《形象学与人类文明的内在联系》似乎并未顾及比较文学既有知识体系，而以创立一门"形象学"学科的姿态，试图从哲学本体论的高度解决"人们在形象世界中如何安身立命"的问题。其立意颇高，但是否具有解释力还需辩证看待。但至少表明，相对当下的问题而言，比较文学内部的扩延似乎仍显得瞻前顾后，且往往受到"学科归属"的争议而难以充分展开。

今天的文化符号与传播实践，不仅在学科范畴上远远越出了传统意义的"文学文本"，也在文本形式、体裁上广泛融入了新媒介的传播样态。"形象"成为当今社会文化诸领域的表意——大至城市、国家、民族和文明的跨文化传播，小到网民通过各种美颜滤镜的自我修饰，以及社会经济生活中企业投入巨资塑造品牌，无不关乎形象问题。"比较文学形象学"为更广义的文化研究提供了尤其具有价值的部分是"比较"的视角，而内在的核心方法论确实包括符号学与传播学。由此，"符号形象学"被提出，虽然不敢说是创立一门独立学科，但显然不是对"比较文学形象学"的简单扩延，而是基于当今文化传播问题的需求及普适规律探讨。它包括文学及各种艺术形象、媒介传播中的形象、广告与品牌形象、文化与亚文化形象、"人"的形象……从符号传播的角度看，这些形形色色的形象，是围绕特定对象的符号元语言在社会文化传播中的集合。它们既涉及形象的符号生成、认知，又涵盖形象符号的操作。当这些形象都被作为"符号文本"处置，其多样化的形态背后的一般性规律就尤其值得探讨——而这个学问的体系化还有待深入研究和形成。

从当今形象问题出发，一门"符号形象学"没有为法国形象学派谱系作传的责任，也就不必恪守比较文学对形象学界定的窠臼，但它应善用既有学科的知识方法——这是知识创新应当遵循的基本规律。因此，笔者的《符号学方法与普适形象学》既积极吸纳比较文学中有价值的研究范式，更重在澄清传播符号学的方法对当前形象问题提供系统性解读的普适性、可能性；笔者的另一篇文章《论"像""似"："道"与"逻各斯"的文化符号偏倚》则试图借鉴一种比较的视角来展开对文化思维的方式的符号学探讨。作为一门学问，其从基础概念体系到对象应用均面临许多亟待梳理的问题。

在基础术语方面，赵毅衡的《符号、象征、象征符号，以及品牌的象征化》试图廓清"品牌"这一消费社会至关重要的形象载体其符号复合修辞的生成逻辑。笔者的《论象征：理据性与任意性在传播中的复合——从一篇学术论文的术语辨析说起》也尝试对传播学领域对"象征"这一形象建构的符号修辞方式加以澄清。在符号形象研究与新闻传播其他方法交叉的典型论文，如蒋晓丽、贾瑞琪的《符号学视域下主流媒体对范长江的人物形象建构——以人民网相关报道为例》，结合了实证性研究的方法，从主流媒体形象建构研究形象的生成，具有引导价值；陆正兰的《从符号学看当代歌词中的女性自我矮化》既与传统文学文本有所关联但又融入了当今流行文化的反思；蒋诗萍、饶广祥的《品牌神话——符号意义的否定性生成》解析了"商品"这一当代神话的形象生成意义机制；曹漪那、赵唯阳的《美国第一夫人形象建构与传播的符号学解读》、邱硕的《成都与熊猫：城市形象符号的象征化》分别从政治形象传播、城市形象传播的角度例证了符号操作如何构建形象，这些论文都具有很好的操作性和实践性。

符号修辞学

刘利刚

　　修辞的历史与语言的历史一样久远。荷马史诗第一部《伊利亚特》中就有关于阿喀琉斯因为"不仅敢作敢为，而且能言善辩"被赞誉为"最优秀的希腊人"的记述（刘亚猛，2008，9）。不过，芬利（M. I. Finley）在《奥德修斯的世界》一书中认为，荷马时代的人民大会更多的时候只是吸纳听众，作为动员舆论的工具。（M. I. Finley，1977，79－83）可见在希腊早期就存在相当发达的言说层面的修辞实践，而且修辞能力还是判断一个人能力水平的公认标准。这种对言说层面修辞的重视一直持续到了现代，20世纪80年代，利奇和肖特就把修辞学定义为研究"有效交流的艺术或技艺"（the art or skill of effective communication）。（Geoffrey，1981，211）乍一看，这个定义无涉"媒介"，似乎可以定义一切修辞现象，但实质上这个定义是从文艺学角度提出的文体修辞学，仍属于以文字为媒介的修辞研究。

　　20世纪末，人类文化进入了大规模的符号消费阶段。在文化消费中，被消费的对象如文学、绘画、音乐、舞蹈、建筑、雕塑、戏剧、电影等如何借助修辞制造"同意""认同"乃至"接受"，成了文化传播之关键。伴随着知识的暴增和符号话语表达方式的更新，人们亟须修辞批评的再次回归。仅凭以文字为媒介的文本为对象来研究修辞，显然会忽视或遮蔽当今多姿多样的符号修辞实践。

　　因此，人们亟须从一种新的学科视角复兴修辞学，以应对如影像修辞、音乐修辞、图像修辞、二次元修辞等新的符号修辞现象，而能够胜任这一角色的学科则是符号学。因为从符号学的视角介入修辞，能够挣脱或超越文字媒介的束缚，有利于厘清以符号为媒介的修辞现象的运作机制。这种从符号学的视角介入修辞问题的研究，可称为"符号修辞学"。

　　要从符号学角度研究修辞学，人们可以从两个基本方向展开：一个是在符号学基础上构建"修辞语用学"（rhetoric pragmatics）；另一个则集中研究传统修辞格在语言之外的符号中的变异，即"符号修辞格"。

对于符号修辞学而言，修辞学与语用学可以做到相辅相成：语用学旨在研究对符号使用产生影响的各种条件，而修辞学旨在研究如何适应和利用这些影响符号使用的条件；语用学旨在研究怎样解释意义，而修辞学旨在研究怎样产生与选择意义；语用学注重规则（如合作原则），而修辞学注重效果。从它们相辅相成的关系中可以看出，语用学与修辞学的关系是"接力赛"式的，即语用学的终点是修辞学的起点。

语用学对于如电影这样的符号文本的研究的最大贡献在于把电影研究最不擅长的语言研究，从抽象的语言结构扩展到符号的具体使用中，即在不同的语境中为了不同的目的交际时，使用者所使用的符号。正是在此意义上，修辞学与语用学在如电影这样的符号文本中产生了勾连。

在修辞语用学的基础之上，不难发现，修辞格所具有的跨媒介（小说、电影、电视、运动、比赛、广告、音乐、电子游戏）和跨渠道（听觉、视觉、味觉、触觉）的特性。也即是说，修辞格并非与媒介及渠道是天然地绑定在一起的，而在"元层次"（meta-level）上，所有的修辞格都是"概念修辞格"，它们是可以跨媒介转移的。

就电影而言，其中就存在明喻、隐喻、转喻、提喻、倒喻、潜喻、曲喻、类推、反喻、象征等修辞格（李显杰，2005）。李显杰基于语文修辞整理了电影中的一些修辞格。赵斌则将"小规模"的镜头修辞推进到"大规模"的叙事修辞的研究（赵斌，2009），则根植于第二符号学视角。

电影修辞不限于视觉层面，还有声音层面，索南夏因（David Sonnenschein）、希翁（Michel Chion）、姚国强、罗展凤、陆正兰等学者在声音修辞方面做了积极探索。塔拉斯蒂从符号学的视角梳理出一套具有说服力的音乐元语言（埃罗·塔拉斯蒂，2015），对于研究电影音乐修辞具有极大的借鉴价值。

除了这两个基本方向，广义地来看，段炼、孟建、胡易容、刘涛等从符号学视角对图像修辞的探讨，有助于推进符号修辞问题的研究。

基于以上研究状况，笔者认为符号修辞学还存在三个方面深入研究的可能。首先是对语形学和语义学与修辞学之间关系的探讨。前文主要讨论了语用学与修辞学的关系及修辞格的跨媒介和跨渠道特性。然而，根据莫里斯的符号学三分法，语形学和语义学与修辞学之间理应存在关系，但是关于此二者与修辞学关系的讨论还相对阙如，值得深入讨论。其次，符号修辞学需要拥有跨学科视野。符号修辞学研究中还需引入其他学科，如认知科学、图像学、视觉修辞、电影学、信息技术、哲学等。当符号修辞学具有了交叉学科的视野后，就能够更加从容地应对当今社会中普遍存在的修辞问题。最后，皮尔斯的普遍修辞学能够为符号修辞学的出场提供理论支撑。

人工智能

胡易容

如果把结构主义思潮作为符号学的一个鼎盛时期，今天的符号学可能正在寻求一个后结构主义、后语言学时代的新的路径。这个新的路径必然伴随今天人们对社会重大问题与意义追索的解答。其中，人工智能的第三波浪潮及当今总体技术的爆发，是可能导致人类与自然、人与物质的意义关系产生重大变革的原因之一。

符号学与人工智能的关系渊源深厚。符号学的分支在向数理化、计算化发展过程中成为认知学的重要源头，也发展成为人工智能历史上的"符号主义"。尽管逻辑符号主义已经过时，但不可否认的是，20世纪认知科学发展，以及七八十年代的人工智能热影响了一批符号学家。他们将人类符号处理过程与动物、机器类比，并结合跨学科知识以图突破心智之谜。此后，符号主义随着人工智能进入了低谷而成为"过时"的观念，但符号学与逻辑哲学的关联和影响却持续至今。

20世纪90年代以后，得益于计算机技术、神经科学的突破，人工智能重新以前所未有的速度扑面而来，直接影响到时代的每一个领域：从经济到社会、从伦理到科学，大至国家战略，小到个人就业。图灵时代的测试和早期的中文屋对于今天的人工智能已不是一道不可逾越的壁垒。问题在于，对于今天的符号学来说，新一轮的人工智能意味着什么？这个问题不仅是技术层面的，而且是文化和价值层面的。

能否回答"人工智能"引发的理论问题，是当今文化符号学自证的最有力方式之一。而所有的这些问题，在符号学视域最集中的碰撞是"意义及其交流"。从"符号意义"的角度，审视人工智能发展引发的人类自身主体性意义确证问题已然推进。

在学科及其基础理论层面，苟志效从AI符号学学科自身出发，强调了人工智能与人类智能在符号识别上的差异性，论证了AI符号学学科存在的合理性与价值性。赵毅衡从"元符号升级"的角度抛出了人工智能的"元问题"，认为在未来，如果人工智能获得了人类特有的元符号"无限升级"能力，人类将面临自身的意义方式、元符号方式都只能臣服于电脑的超高效率元符号化文化的巨大危机。他在对比讨论皮尔斯"真知目的论"与维纳"反馈目的论"的基础上，明确指出符号学的基础是一种"真知目的论"，传播必须以真知为目的。蒋晓丽从技术哲学视角、技术与符号互动层面，探讨了人工智能时代"人－技术"关系这一技术哲学的基本命题，认为人与技术不再是简单的、线性的对抗，而是融合了"互构"与"互驯"，并在二者基础上不断衍生的复杂博弈。

在符号认知与机器情感方面，路卫华从认知科学的角度，回应了人工智能中关于符号含义的争议，他认为符号的含义是源于认知主体对符号系统本身的理解与想象。徐英瑾从具身性和认知语言学的角度探讨了人工智能伦理学的研究现状，主张人工智能伦理学的核心不仅关涉"心智"的设计，还应包括对人工智能体的"身体"的设计规范，"身体图式"在伦理编码进程中应起到基础性作用。谭光辉从智能中情感、心智、认知的角度提出人工智能"可能情感"的可能性以及数字技术和人文学科交叉合作的新动向。视觉认知是机器学习的一个重点拓展方向。徐英瑾以维特根斯坦关于视觉问题的核心论点"感知－语义连续论"为出发点，探讨了"机器视觉"的视觉模块处理输入信息的组织原则，认为高层语义知识有着必要时干预低层感官运作的"特权"，为机器视觉的研究提供了一条可能的思路；胡易容、杨登翔从视觉透视符码的科学逻辑与人文经验角度，回应了人工智能主体的局限性，并提出了机器迄今尚未发展出"自在自为"的主体性。

在人工智能与传播符号学的历史关联方面，陈振鹏全面梳理了有关人工智能思想谱系的发展脉络，对人工智能概念的哲学内涵与相关哲学争论做了初步探讨。杜杨玲重点从符号逻辑延伸到认知体验层面阐释了智能传播运作的历史、现状与趋势。韩永进着重研究了技术与符号的互动关系，对技术的符号本质、结构、发展模式追本溯源。

从当前人工智能的符号交互与应用前景的探讨入手，陈曦受皮尔士符号学启发，提出了"人类思维再造性"以及"人机分野"等观点，并将其视为指导人工智能未来发展的基本准则。薛雅月、汪莉从符号互动主义出发，探讨 AI 符号下运用社交软件互动的变化。陈炳宇还透过符号学视角，详细阐明了新闻写作机器人所存在的图文符号机械依存、语句符号独立僵硬和符号意义指代不明等问题。

文本分析

董明来

从学术史的角度来说，现代符号学似乎首先是对诸符号系统之结构进行研究的学科，而非具体的文本分析方法。用索绪尔的术语来说，结构主义符号学似乎只将眼光放在语言结构上，而不是言语之上。而在皮尔斯传统中，这种倾向似乎也较为明显：皮尔斯本人的工作，主要聚焦于对各类符号以及相应之符号过程的范畴分类，聚焦于对诸符号类型之逻辑本性的研究。

但是，随着符号学传统的纵深被不断推进，边界被不断拓宽，具体的文本也不可避免地作为研究对象进入了符号学家们的视野。而在当代中国符号学界，随着作为方法的符号学不断地进入与其他人文研究的交叉之地，关于当代文化生活中涌现的丰富文本的符号学研究，也在不断积累。而从各类具体的符号学文本分析之中，我们大体可以将符号学的文本分析技术分成几类。

首先，虽然如上面所说，结构主义符号学一开始呈现为语言结构分析，但是经由巴尔特的神话学，以及结构主义符号学对文本的意义分析，结构主义符号学打开了新的通路。众所周知，在《符号学原理》中，巴尔特指出了所指本身可以作为涵指之能指而发挥作用，从而让文本的表意成了一个向无限展开的层级结构。而在其《神话：大众文化诠释》中，巴尔特则用丰富的例子展示了神话分析对于具体文本的解释能力。比如他对《巴黎竞赛画报》（*Paris-Match*）封面照片的分析就是如此：作为所指的"法国黑人士兵向法国国旗敬礼"，因为意识形态语境的压力而被转化成了新一层的能指，指向了法兰西的种种丰富的意识形态涵指（巴尔特，1999，167—180）。在《神话：大众文化诠释》中，巴尔特对大众文化文本之涵指的分析，并不像对语言结构的分析那样，把固定的作为"涵指能指"的第一层所指，和固定的"涵指所指"通过一套固定的符码体系勾连起来。相反，大众文化文本的涵指意义，是通过不同文本的具体语境而被生产出来的。比如，电影中歹徒拔枪的手势之所以"绝非意指死亡……不过是个威胁"，乃是由于这个动作在电影戏剧结构中所处的具体位置而决定的（巴尔特，1999，167－180）。在这个意义上，巴尔特的神话研究实际上把结构主义之分节观念，投入了具体文本的展开之中：在这里，经历了双重分节之要素并不是语言结构中的潜在，而是言语文本中的实在。

在笔者的《作为前瞻的解释：论解释过程的时间机制》一文中，笔者描述了言语文本之组合的双重分节是如何在主体的内时间意识之中展开的。笔者提出，主体之所以能够将文本中的各个要素区分开来，是因为它们都处在由前瞻和后顾所构成的"此刻场域"之中。在此有其绵延的此刻之中，"过去"的符号仍然滞留，而尚未到来的符号则已经被期待。正是因为我在面对当下的能指要素时，已经在期待中将之与未来的能指进行了分节，对当下要素的理解才成为可能（董明来，2014，8）。

现代传播学科在援引符号学思想资源时，也首先关注对传播文本，尤其是大众传播文本之涵指-神话结构的分析。在费斯克、霍尔等英美传播学者的研究中，以体育直播、广告等为代表的当代大众传播文本，都无时无刻不将有着特定性别、肤色、政治身份之身体的形象（亦即作为对象的这些身体的符号再现体），与产品、Logo、旗帜等表达了另外一些意识形态内容的意象并置。通过解释这些并置关系本身，晚期资本主义世界中的种种文化权力作为所指的系统被揭露了出来。人们可以看到，在传播符号学的实践当中，结构主义的神话分析，与后现代理论中的话语权力体系有了明确的交接（费斯克，2001，11-24）。这意味着，符号学的文本分析手段虽然首先是结构性的，但是它能够跃出单纯的结构，而指向文化的历史性形成。

现代阐释学一开始就是关于具体文本，而不是关于文本背后之语言结构的研究。在保罗·利科的思想中，符号学最终应当落实到修辞学和阐释学，亦即落实到对具体文本的解释之上。这一点上，他的思路与托多罗夫颇为类似：二者都把符号学放在修辞学历史的框架下加以考察（托多罗夫，2010，21-30）。在利科看来，对具体文本的修辞学和阐释学研究，又应当首先是对隐喻的分析。利科明确地意识到了语言结构中诸能指的意指功能，只是一种潜能；而只有具体的句子语境，才能让这种潜在变为实在（利科，2004，177）。如果说作为字典要素的语词只拥有有限的潜能的话，那么隐喻符号的意指潜能，则因为句子形态的无穷尽而变得无穷尽。

文学符号学，始终将重点放在对文本之形式要素的分析之上。雅柯布森从符号学的角度为他的形式主义立场做出了辩护。他提出，文学文本与其他文本的特殊之处，在于接收者将其读解的重点，放在了"文本形式（Message）"层面上（Jakobson，1987，66-73）。而雅柯布森本人对具体文学文本的分析工作，也确实遵循了他自己的形式主义符号学立场：比如，在其对莎士比亚十四行诗的解读中，雅柯布森的起点就是此诗歌的节奏、诗行分布，以至于诸词语之拼写与发音之间的关系所能造成的诗学效果（Jakobson，198－201）。有趣的是，在这一系列对莎士比亚十四行诗之文本形式的分析中，雅柯布森明确地援引了皮尔斯的成果（Jakobson，202）。在这里，我们可以看到，经典的符号学范式如何与现代形式主义传统汇合。

另一支对文学研究产生了重大影响的符号学流派，乃是格雷马斯的思想传统。在格雷马斯本人的研究中，与符号表述相关的要素，总是通过逻辑矩阵的形式被分解成四个要素，并通过这四个要素之间可能的结合而产生不同的表意可能性。比如，在詹姆逊分析巴尔扎克小说的论文中，这位马克思主义符号学家就如此分析小说中 19 世纪法国互相对立的诸种政治要素：

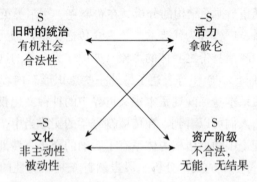

詹姆逊指出，在巴尔扎克的《老姑娘》中，一开始似乎缺少"格雷马斯分别称之为综合和中项性的两种结合"（詹姆逊，1999，153）。正是这种缺失，把小说引向了两个桥段："可悲的、年轻的未来诗人阿塔纳"，以及"流亡的贵族军官——特瓦斯维耶德伯爵"的出场。（詹姆逊，1999，153－154）要注意，虽然詹姆逊不像雅柯布森那样，直接从巴尔扎克小说的词汇、句法，甚至是语音组合入手，但是他的分析仍然是形式的，亦即小说中诸情节要素之间的结合方式。同样的，在詹姆逊改造过的格雷马斯方阵中，重要的并不是旧时代的统治秩序如何作为"有机社会合法性"这一意识形态涵指的能指而运作，而是它与"活力""文化""资产阶级"等能指之间的逻辑关系；而这四者的涵指、所指之间，亦构成了如此这般的逻辑关系。

在采取以上策略的研究中，赵毅衡的论文《叙述在否定中展开——四句破，格雷马斯方阵，〈黄金时代〉》，可以说是一个典型的例子。赵毅衡利用格雷马斯合作者古尔特斯基于格雷马斯方阵所提出的"否定性回返"范式，分析了王小波的小说《黄金时代》中王二和陈清在有罪和无罪状态之中的跳跃与递进，从而详细地拆解了整部小说的整体叙述动力（赵毅衡，2008）。从中，我们也可以看到符号学式的文本分析的特点：作为一种细读技术，它总是着眼于被意指关系所关联起来的各个要素之间的、同构的逻辑关系。

从经典研究的角度来说，符号学的文本分析技术主要可以分为三类：结构主义的神话理论，阐释学–修辞学式的话语分析，以及"文学研究"式的文本形式分析。在当代学界，这三类文本分析技术被大量学者吸收，并在他们的研究中得到了综合的应用。这些当代研究，都将这些西方符号学传统中的经典思路，运用于对中国文化世界之丰富现象的分析之中。祝东对传统礼乐文化、乔琦对中国现代诗、孙金燕对武侠小说的研究都颇为典型。而饶广祥对当代广告文本丰富案例的探究，以及宗争对游戏的研究所得出的成果，则将包括广义叙述学在内的符号学文本分析技术，扩展到了新媒介时代的种种新现象之中。可以说，利科的理想，在当代符号学的研究实践中，多少已经获得了实现，或者正在被实现：让具体的话语，在符号学的分析中获得各自不同的生命。

话语与模态分析

赵星植

在社会符号学这一伞形术语下，特色鲜明的学术流派已形成。而在其中影响力最大的便是社会符号学英澳学派（The British－Australian School of Social Semiotics）（科布利，2013，134）。该学派在方法论上主要是以澳大利亚系统功能语言学家韩礼德（M. K. Halliday）的社会符号学理论为基础，融合巴尔特的传媒符号学理论、福柯的话语与权力理论以及其他传播学研究中的批判理论模式。该学派在当今取得了极大影响力，尤其是开辟了话语与多模态分析这一领域，成为符号学分析的一个重要理论工具。

从学术渊源来看，"社会符号学"之所以如此命名，缘于该学派奠基人、韩礼德的名著《作为社会符号的语言：从社会角度诠释语言与意义》（*Language as social semiotic: The social interpretation of language and meaning*，1978）。该书作为韩礼德系统功能语言学的开山之作，开篇便承认"语言是社会符号"（Language as social semiotic）（Halliday，1978，1），是社会文化的产物和组成部分，是在一定的社会文化背景中表达一定意义的符号系统。所以，我们"要在社会语境中解释语言，在此过程中文化本身用符号学术语来说，被解释为一个信息系统"，"人们在他们日常的语言交换过程中，实现社会结构，肯定自己的地位和角色，建立和传递共享的价值系统和知识系统"（Halliday，1978，108－110）。这表明，语言既可表达意义，也能积极将社会结构和系统符号化。

在韩礼德的影响下，该学派的后继者如霍奇、克雷斯、科布利、勒温等人，展开了以话语为中心的社会符号学研究。该学派认为社会符号学主要研究人类所有的符号活动与符号体系（霍奇，2012，260）。他们认为符号是从属于各种社会理论，或者社会中的符号的。也即，符号是个人、社会、符号系统和社会文化现实的综合体（科布利，147）。同时，符号活动是一种社会现象，在条件和内容方面具有本质的社会属性。因此，符号活动必然和社会意义相关；而社会意义则是通过具体的符号文本和符号实践，在人类历史所有阶段中逐渐建构起来的。所以，社会符号学的基本任务，就是探究这些社会符号活动过程中，各类符号使用者所使用的所有符号形式中的意义生产和再生产、接受和传播的操作和效果。

而在具体的分析过程中，该学派尤为关注"话语"（discourse）在社会意识形态建构之中的关键作用。如克雷斯所言，话语是由"处于社会中的说话者和作者产生的"（霍奇，2012，260），但参与话语产生者并不总是平等的，因此社会符号学应当仔细分析话语与社会权力之关系，拓展话语分析的社会批评维度。为此，他们尤为关注诸如对社会结构、口头语言、符码、话语与话语结构的历时性讨论，以找出建构这种文本意义的社会结构、社会力量、权力关系以及其他复杂的意识形态操作关系。

"符号资源"这一概念表明：社会交际是一种由各式各样的符号资源（单个模态）通过不同方式组成的多模态语篇，而对不同资源在一次交际行为的不同排列，会造成迥然不同的交际效果。因此，多模态符号学分析的关键，就是要讨论在多模态符号文本中，这些潜在的符号资源是如何被调度、进而被有效衔接起来，用于社会表意。

多模态的转向与当代文化，尤其与数字化时代的发展紧密相关。在数字化时代之前，社会文化以"单模态"（monomodality）为主，无论是文学、艺术还是其他领域均呈现出这一特征。而在数字媒介时代，则是多模态文本主导的时代。不同模态可以自由地汇聚在同一个符号文本之中或同一个界面之中。即便不在新媒介平台之中，而在纸质媒介之中（例如小说、新闻报道、学术论文），在艺术文本（例如装置艺术、舞台艺术、音乐艺术）之中都具有这种多模态化特征：越来越多的图例、图像、漫画出现在文本之中，舞台演出越来越离不开多媒体因素，等等；越来越多的艺术跨界与文本跨界现象，等等。不难发现，多模态是当今社会符号表意的主要形态。

社会符号学的多模态分析，目标就是建立这种合一的理论，来包容所有的模态。这是因为在既定的社会文化领域，不同的符号模态可以表达同一个意义；或者说，同一个符号文本里的多种模态，均在协同表达这同一个意义。

第二部分

中国符号学遗产

儒　家

祝　东

　　儒家学术思想源于西周初期周公等先贤制礼作乐而奠基的礼乐文化制度，经孔子与七十子后学，以及孟子、荀子等学者的深化完善，建构起中国封建社会两千多年的礼乐文化基本模式。礼乐文化被视为中国传统文化的独特表征，其形式特征和表意机制都蕴藏着丰富的符号学思想。礼是一套系统，礼仪仪节只有置于礼的系统之中，其特有意义才能得到解释；礼的分节清晰，且能够全域覆盖，才能将人以"群"分，礼仪的解释项尊卑等级即是礼仪。礼自外作，乐由中出，礼乐交相为用，能"分"能"群"，所谓分，即是用礼的差异性特征建构封建等级制度，能群则是将上下纳入一道德团体之内，促进其内部的和谐与统一，避免因为过度之"分"而引起系统内部的分裂。具体而言，儒家符号思想的基本理论乃是复礼与正名。

　　儒家的孔子极其推尊周公，周公曾经辅助成王，制礼作乐，为周王朝的长治久安打下了深厚的基础，孔子的梦想就是实现周公时代创下的礼乐制度和文化。通过礼仪仪节的分层来实现社会现实尊卑等级的分层，规范了社会秩序，礼仪仪节的稳定性带来的是社会秩序的稳定性。礼的分层在统治阶层内部实现全域覆盖，人伦日用之中，无不以礼来进行规范，所谓"器以藏礼"，即是这个意思。丧葬所用的礼器规格是礼的反映，而礼器的数量规格又是身份地位的象征。

　　中国的礼制文化是以民间经验习俗、情感传达、祭祀活动、社交活动等为来源，经过长时间的仪式化、系统化过程之后，逐渐形成的一整套约定俗成礼仪系统，这套礼仪系统反过来又规范制约着人类社会的表意活动，夏商时期，诸多基本礼仪仪式基本形成，但是殷、周之后，周公对礼乐文化、文物制度颇有变革。周公制定的礼乐文化并不仅是调整规范的社交祭祀等礼仪仪式，而是将人的各种符号表意活动纳入一定的规范秩序之中，礼起到了调节人类社会内部各种行为规范和人际关系的作用。整个礼乐文化其实可以视作一套区别性等级符号体系，也即索绪尔所说的"语言"，而人们的各种具体活动则可视作

"言语"，而"言语实践"必须符合"语言规范"。

孔子认为："礼云礼云，玉帛云乎哉？乐云乐云，钟鼓云乎哉？"（《论语·阳货》）所谓礼乐并不只是指礼器、乐器之属，更是指通过礼乐形式传达出来的一种精神思想，质言之，符号的内容面与表达面是相辅相成的，不能因关注表达面而忽略了内容面；当然也不能因为内容面而忽略了表达面，如宋人叶适所云："按《诗》称礼乐，未尝不兼玉帛、钟鼓。孔子言……未有后语，其意则叹当时之礼乐，具文而实不至尔。然礼非玉帛所云，而终不可以离玉帛；乐非钟鼓所云，而终不可以舍钟鼓也。"（叶适，1977，106）叶适解释得很明白，礼乐需要借用玉帛钟鼓等器物来传递，但是当时重视礼乐玉帛钟鼓的形式层面，而忽略了其礼的意义层面，这在孔子看来当然是不可取的，所以孔子有"礼非玉帛"之叹。但是礼和玉帛的关系还需要继续探讨，礼不是玉帛，但是行礼不能离开玉帛，乐非钟鼓，但是行乐礼离不开钟鼓，礼乐的意义必须借助玉帛钟鼓来传递，内容离不开形式，形式是用来传达内容的，如果把玉帛钟鼓视作内容表达面的话，那么可以说礼的意义需要用玉帛钟鼓等符号来传达，钟鼓玉帛就是用来传达礼的意义的，也即是说"没有意义可以不用符号表达，也没有不表达意义的符号"（赵毅衡，2016b，2）。玉帛、钟鼓皆是传达"礼"的精神的符号，因为"礼"的意义不在场，所以需要玉帛、鼓乐等符号形式来表达，"礼"这一解释项是整个社会文化约定的。玉帛这一符号形式需要解释，其经过解释"礼"这一意义才会凸显出来，但是玉帛本身并不是"礼"，玉帛只有放在礼乐文化的符号系统中解释，其"礼"的意义才能实现。

如果说礼仪是符号表达面（"能指"符号），那么礼义则可视作符号的内容面（"所指"意义），任何礼义的传递，都需要借助一定的礼容，如果没有礼仪，那么礼义将无所附丽。这一点在《论语·八佾》中就有反映："子贡欲去告朔之饩羊。子曰：'赐也！尔爱其羊，我爱其礼。'""告朔饩羊"是一种古礼，"天子颁朔于诸侯，诸侯藏之祖庙，至每月朔必朝于庙，告而受行之。于是乎以腥羊作献，谓之饩羊。"（程树德，2014，250）羊在这里是一种献礼的行礼之物，《论语注疏》指出，鲁国自鲁文公始将政礼荒怠，"始不视朔，废朝享之祭。有司仍供备其羊。子贡见其礼废，故欲并去其羊也"（李学勤，1999，39），尽管鲁国国君不去参加告朔之礼，但是有司依然保留着杀羊献礼的礼仪形式，也即是礼仪尚在，子贡认为既然国君不去参加告朔之礼，那么不如干脆将礼仪也一并撤销，但遭到了孔子的反对。孔子认为，"羊存犹以识其礼，羊亡礼遂废，所以不去其羊，欲使后世见此告朔之羊，知有告朔之礼，庶几或复行之，是爱其礼也"（李学勤，1999，39），子贡眼中羊是作为一般事物，而孔子眼中羊则是作为行礼的。因此孔子眼中的羊，已经不再是作为实物的羊，而是礼的符号表征，如池上嘉彦所言："当某事物作为另一事物的替代而代表另一事物时，它的功能被称为'符号功能'，承担这种功能的事物被称为'符号'。"（池上嘉彦，1985，45）告朔之羊在此时已经承担了礼物的功能，因此成为礼的符号，礼的符号在场，才能表达礼的意义，如果将这只告朔之羊去掉，则告朔之礼的意义就无从附依。礼的意义是由礼物之羊来传达的，也即礼义需经礼仪礼物表达出来，没有表达面，礼义就无从谈起，孔子注目的乃是经由羊传递的相关的礼的意义，而不在于这只羊本身的价值和意义，这也正是孔子坚持保留告朔之羊的原因。以上为儒家礼学符号思想，接下来看其名学符号思想。

事物因其性状的不同而产生差异，如马有马之性状，牛有牛之性状，因为具有差异，在人类的认识达到一定的阶段之后，就对其进行分类，这就是《墨子》所言的"类"名："若实也者，必以是名也命之。"（吴毓江，2006，471）也即名是用来"命"实的，因为实的差异性导致了名的差异性，反过来，名的差异性反映着实的差异性，名的差异性才会使不同的"名"在名学系统中获取自己的位置和意义，而意义是在差异中产生的。

名产生后会因其稳定性而获得认同和交流，也即是名的稳定性保证了社会文化的稳定性。然而到了东周，出现了名实淆乱的社会乱象，是非皆由名生，圣人概莫能外。也正是因为如此，名的问题才引起了先秦诸子的思考，其对名学诸议题主动思辨，并进行了深度辨析，其与现代符号学理论颇有交融参发之处，值得我们探析。如论者所言："春秋战国时代，各个学派关于'名实'的论争，形成了中国文化史上对符号问题进行探讨的高峰时期。"（黄华新，2004，17）因为这是一个礼崩乐坏的大变动时代，传统的礼乐文化符号学系统遭到了破坏，语言交流、社会思想、文化象征等都出了问题，一句话，符号与意义之间的关系出了问题，由此引发了人们对符号问题的关注，如莫里斯所言：符号研究兴趣最高时期是在普遍进行社会变革的时期这一点是有启发的，如孔子时期，或希腊衰落时期……在这些时期，人们所借以生活在一起的符号开始丧失它们的明晰性和说服力，而适合于改变了的社会的新符号还没有产生。人们之间的交往不再是轻易的联系，因为新出现的意义同旧的意义相抵触。语言归于无效，文化象征成了问题，因为这些都不再能够认为是当然的东西。当符号不再好好为人服务的时候，人们就有意识地注意起符号来（莫里斯，2010，41）。儒家名学之"名"，主要是指政治伦理上的"名分"。春秋战国时期，传统的伦理道德体系土崩瓦解，各种僭礼妄为的事情时有发生，如季氏之"八佾舞于庭"等，所以孔子曾经感叹："觚不觚，觚哉，觚哉！"（《论语·雍也》）觚没有觚的样子，其名与其实相乖，由此孔子想到社会伦理中这种名实相违的现象，如君不君、臣不臣、父不父、子不子，乃至臣弑其君者有之，子弑其父者亦有之，长幼无序，尊卑失位，等等，因此儒家之名学，注重名分的对应。

儒家认为，名与实对应，社会伦理才不至于发生紊乱。任何事物之名都有其相应概念规范，指向一定的对象，而这些所谓的规范则是"礼"。从语义学的角度来看，即是符号（名）须与其所指谓对象相适应，其符码（code）则是"礼"，礼是儒家伦理符号学的一套系统规则，各种社会活动，必须在"礼"的规则下进行，"礼"这套系统保证了当时社会伦理生活的正常运行。"非礼勿视，非礼勿听，非礼勿言，非礼勿动"（《论语·颜渊》），以孔子为代表的早期儒家学者，强调符码的绝对权威。而随着时代的发展，儒家后期学者则更注重因实至名，"若有王者起，必将有循于旧名，有作于新名"（《荀子·正名》）。一方面强调要因循旧名，另一方面肯定要变更新名，因为随着时代的发展，事物的性质亦会发生变化，此时如果一味因循旧名，则不能反映新的实际情况，因此后期儒家学者在承认符码权威的同时，亦注重对符码的重新编码，使其符合新的社会情况。

孔子循名责实，要求实与名对应，如果实变化了，不是用新名去对应新实，而是要求变化之实返回旧有之名所建立的指谓关系之中。推而广之，社会、文化中的各种名实关系亦应作如是观，那么，这种名言主张背后的意识形态就逐渐显露出来了。社会文化诸领域名的完成之中包蕴了大量的意识形态内容，正名表面上是要求实返回到固有名的状态之下，而实际上是用传统的意识形态内容去规范新的事物，使之回到原有的轨道上来。由是，我们便好理解为什么孔子周游列国游说诸侯而不被见用。而如果将孔子的名学理论视作一套符号系统的话，那么其符码则是各种不同形式的礼，整个礼乐系统的集合，则可视作以孔子为代表的儒家元语言。

通观儒家礼乐文化符号系统的起源、发展，其与语言符号系统的创建有诸多相似之处。先民在社会活动中的礼仪仪俗逐渐约定俗成为一定的仪式，后经加工改造，注入了一定的新意，成为一套较为固定的符号系统。在新的社会背景下，孔子对礼乐文化符号进一步加工改造，普及到人伦日用之中，用礼乐教化来规训行为主体，使其由外在服从变成内在道德自律，个体道德的自律和完善则利于国家天下秩序的和谐统一，由是而引出修身、齐家、治国、平天下这一整套层层扩大的系统，由个体到集体，自下而上逐层推进。其最终目的与周公相同，是为了重建社会秩序，达到天下太平的理想政治效果。

经改造后的儒家伦理思想，一方面承认等级符号划分层级社会秩序的合理性，这一点成为后来维系君主专制下郡县制社会的发展动力；另一方面，礼乐教化的伦理化，强调个体生命的道德自律，克制自身的欲望，从修身生发开来，内圣而外王，达到治国平天下的目的，这对社会发展稳定本是有好处的，当它的一些观念符号如忠孝走向极端时，就成了愚忠、死孝，这反而成制约古代社会发展的动力。

道　家

祝　东

　　道家是中国古代的一个重要哲学流派。《汉书·艺文志》认为"道家者流，盖出于史官"，指出道家学术源于史官，这是极有见地的看法。从职能上看："左史记言，右史记事"（《汉书·艺文志》），可见史官主要担任历史文献的记载工作。童书业指出："既有世族，必有世禄世官，无待多言矣。"（童书业，1980，147）世族世官制并非春秋时期的新创，实际上童氏指出从西周铜器铭文中可以发现世族世官制业已形成，史官也是世官，世代掌管文化典籍，其对历史文化的认知自然要更为深刻。故史学家吕思勉认为："道家之学，实为诸家之纲领。诸家皆专明一节之用，道家则总揽其全。诸家皆其用，而道家则其体。"（吕思勉，2011，26）吕氏对道家之学的推崇不可谓不高。然道家之学，不仅有体，亦有其用。如果说以老庄为主的原始道家以体为主，那么黄老道家则是其用，司马迁《史记·太史公自序》引其父司马谈《论六家要旨》云："道家使人精神专一，动合无形，赡足万物。其为术也，因阴阳之大顺，采儒墨之善，撮名法之要，与时迁移，应物变化，立俗施事，无所不宜，指约而易操，事少而功多。"这里所言的道家即是黄老道家，"其为术也"，道出了黄老道家的用世之意。质言之，道家中的老庄一脉，以体为主，黄老一脉，以用为宗。论及道家符号学思想，须兼顾二者。老庄一系的道家注重道与言之关系，为形而上的"体"，黄老一系则注重刑名法术这类形而下的"用"。

　　道家学派的老子在《道德经》首章就提出了道与言的关系问题："道，可道，非常道；名，可名，非常名。"在道家哲学看来，所谓"道"即是天地万物的根本和本原，作为本原的道，如果能够言说，能够命名，那就不是道家所言的"常道"或"恒道"。魏人王弼注谓："可道之道，可名之名，指事造形，非其常也。故不可道，不可名也。"（王弼，2008，1）也即是用可以识见的有形之物来描述、表达"道"的话，那都不是"常道"，因为道家之道是一种抽象的万事万物的本根，如果用具体的形、名来表述的话，那就失去了"常"的根本特性。从这个意义上来说，"道"与"言"一开始就面临着表意的矛盾，所以《老子》第二十五章谓："有物混成，先天地生。寂兮寥兮！独立不改，周行而不殆，可以为天下母。吾不知其名，字之曰道，强为之名曰大。大曰逝，逝曰远，远曰返。"作为天地万物的本原，道在逻辑上先天地而生，它独立存在，循环运行，永不衰竭，这种本根性的"道"不能用"名"来命之，古人制名指实，实以定名，名与实是一种对应关系，道因其终极性和超越性，不可能为具体之实，否则就失去了"常道"的特征。故而老子用"字之"来表示，如笔者此前所言："这里老子用'字'来曰'道'，实际上就是指出'道'乃是解释出来的意义，也即相当于皮尔斯符号的三分构造中的解释项"（祝东，2015，30），在这个意义上，不同的诠释主体对"道"会有不同的解释，"道"向无限衍义开放。

据高亨考证，"吾强为之名曰大"中的"名"当作"容"解，"大""逝""远""反"都是对"道"的形容，而非"道"之名（高亨，1988，61），从"大"到"远"，符号的意指运动被无限延搁（孟华，2004，27）。人类通过语言符号系统来对天地万物进行模塑，这样使原本混沌不分的世界获得了一种秩序感，如时间的划分，空间的切割，当然，这种模塑绝对不是原本的天地自然，所以老子笔下的"道纪"——道的形态性质是一种"无状之状，无物之象"（第十四章）的"忽恍"模糊状态，而老子对道的模糊表达，其实际上也认识到人类对天地万物认识的一种局限性，作为本原的道本身也是忽恍的，对道进行形容的语言是不能够完全反映道之真实情况的，在这种不断的遮蔽过程中，人类用语言符号交流传递的意义要打上很大的折扣。

庄子之学，实出于老子，学界老庄并提，已为通论。庄子在某些方面，甚至比老子走得更远。如在道与言的关系问题上，庄子认为："道不可闻，闻而非也；道不可见，见而非也；道不可言，言而非也！知形形之不形乎！道不当名。"（《庄子·知北游》）可以见闻言说的道，都是符号化的结果，符号化就意味着片面化，而孕育有形之物的是无形的大道，故"不当名"，因为"名者，名形者也。形者，应名者也"（《尹文子·大道上》），名是有形的具体事物之名，道是抽象的形上规律，是超越具体之物的，故道不能命名。

又如言意关系问题，在庄子看来，语言在传释意义的时候，其实是有问题的："可以言论者，物之粗也；可以意致者，物之精也；言之所不能论，意之所不能察致者，不期精粗焉。"（《庄子·秋水》）语言能描述的只是事物的粗浅部分，这其实是没有深达思维的精细部分，同时还存在大量语言不能描述、思维不能意会的也无法用"精粗"概念去概括的事物。在《天道》篇中，庄子用轮扁斫轮的寓言对此做了进一步的申述，在轮扁看来："臣也以臣之事观之。

斫轮，徐则甘而不固，疾则苦而不入。不徐不疾，得之于手而应于心，口不能言，有数存焉于其间。臣不能以喻臣之子，臣之子亦不能受之于臣，是以行年七十而老斫轮。古之人与其不可传也死矣，然则君之所读者，古人之糟魄已夫！"轮扁斫轮是一种经验性质的东西，只能意会，不能言传，以此推之，古人诗书并没有真正传达古人之意，其实是否定了语言符号在表意意义上的功用。

在庄子看来，不仅语言符号无法把握世界、认识自然，甚至包括整个的认知主体的人，都缺少这种能力，在《秋水》篇中，他做了一个比喻："井蛙不可以语于海者，拘于虚也；夏虫不可以语于冰者，笃于时也；曲士不可以语于道者，束于教也。"井蛙因为受到空间视域的限制，不可以语海，夏虫因为受到时间的限制，不可以语冰，曲士因为受到既有知识教化的限制，不可以语教。也即是说人类的智识会受到来自时间、空间和既有知识条件的限制，因而人类对天地万物的认识只能是一种阶段性的认识，不可能是绝对的真理。

作为学术流派概念的"黄老"屡见于《史记》之中，如司马迁认为申不害、韩非之学皆"本于黄老"（《史记·老子韩非列传》），慎到、田骈等"皆学黄老道德之术"（《史记·孟子荀卿列传》），这其中的"黄"是指黄帝，"老"则是指老子。黄老之学盛行发展与齐国稷下学术的发展密切相关，已为学界公论，但陈鼓应指出，"黄老思想的起源或可能早于稷下道家，但它盛行于全国各地而成为战国显学是因着稷下道家的倡导"（陈鼓应，2007，22）。田齐处于战国变法图强的关键时期，为了自身的发展，开辟稷下学宫，延揽人才，于田齐统治者而言，通过稷下学宫"争人"，其目的在于"争天下"，因而稷下学者实际上承担了学术与政治的双重功能。在这里，通过黄帝这一媒介将统治阶层要求的社会规则、禁忌系统导入理论系统之中（曹峰，2015，27），道家的天道自然思想才能落到实处，才具有可操作性，这才是黄、老合璧而成的黄老之学的学术旨趣。从现存文献资料来看，稷下学者被列入道家的人数最多，如彭蒙、田骈、慎到之属皆是，但是这些学者在进行学术活动的时候，其现实的政治目的是相同的，也即为田氏齐国的政治发展服务。他们借黄帝之言，将高妙玄虚的老子之学拉回纷乱复杂的现实人间，将其与作为统治者黄帝的治术熔于一炉，是为刑名法术之学。

黄老之学结合的第一步就是将作为万物本原的"道"和作为世间万物秩序的"法"进行了整合，提出了"道生法"这一理论："道生法。法者，引得失以绳，而明曲直者也。故执道者，生法而弗敢犯也，法立而弗敢废也。（故）能自引以绳，然后见知天下而不惑矣。"（《黄帝四经·经法》）道作为宇宙万物运行的总规律，法是人类社会行为的总原则，"道生法"意味着人类社会行为的秩序法则以道的运行规律为指导。法一旦创制生成，则成为辨别事物行为曲直的准绳，不可违犯废弛。

接下来，黄老学者进一步分析了如何在道的指导下规范秩序："虚无有，秋毫成之，必有形名，形名立，则黑白之分已。故执道者之观于天下也，无执也，无处也，无为也，无私也。是故天下有事，无不自为形名声号矣。形名已立，声号已建，则无所逃迹匿正矣。"（《黄帝四经·经法》）统治者在"道"的指导下，就可把握任何细微事物的形和名。

"形"一般认为是事物的形体、状态等，而"名"则需要解释一下。《墨子·经说上》云："告以文名，举彼实也。"孙诒让《墨子间诂》谓"此篇'之'字多误为'文'，此'文名'亦当作'之名'。'之名'犹言是名，与'彼实'文相对"（孙诒让，2001，338）。《墨子·小取》"以名举实"亦可印证。谭戒甫《墨辩发微》谓"盖凡物在未举之先为实，在既举之后为名"，（谭戒甫，1964，108）姜宝昌《墨经训释》引范耕研《墨辩疏证》云："文即是名。自其出诸口者言之，则谓之名，自其箸于竹帛者言之，则谓之文。"（姜宝昌，2009，35）由是可知，无论"之名"还是"文名"，"名"都是表征"实"的语言符号。有一事物之形必有一事物之名（符号），正好与符号学家皮尔斯"外部世界是符号意义的主要来源"的观点趋同，合乎"世界-认知-符号"这一符号学的认知（薛晨，2015，11）。

形名关系对应确立之后，作为语言符号的名的边界就成了形的边界，而天下的万事万物都可以在形名对应的情况下确立自己的边界，如此逆推，把握形名符号即是把握了万事万物的秩序。作为统治阶层的"执道者"所执之"道"就不再是"玄之又玄"不可见闻的东西，而是实实在在的可以掌控的形名，但是形名又不是强制推行的秩序系统，而是"自为形名声号"，这实际上又是对老子"道法自然"的一种回应。

黄老之学结合的第二步是将老学的自然观念注入黄学的秩序调控规则之内，调控意味着干预，但干预有顺、逆："物各合于道者，谓之理。理之所在，谓之顺。物有不合于道者，谓之失理。失理之所在，谓之逆。逆顺各自命也，则存亡兴坏可知也。"（《黄帝四经·经法》）合于道者为"顺"，反之则为"逆"，而顺逆又关乎"存亡兴坏"，所以在《黄帝四经·经法》中明确提出了"顺治""逆治"的概念，前者即是遵循自然规律，后者则是违背自然规律，顺则成之，逆则败之。在《黄帝四经》中，特别强调"自""顺""因"，这几个词也是其高频关键词。

名实相应则定，名实不相应则静。物自正也，名自命也，事自定也。（《黄帝四经·经法》）

内外皆顺，功成而不废，后不逢殃。（《黄帝四经·经法》）

名实相应则社会安定，反之则会出现纷争（"静"读为"争"），所以把名实问题捋顺了，物、名、事也就自然而然地"自正""自名""自定"，这也正是对前文所言老子贵"自"的肯定和回应。因而作为"执道者"，只需"夫并时以养民功，先德后刑，顺于天"（《黄帝四经·十大经》），顺应天时，遵循自然规律法则，也即是"因天之则"（《黄帝四经·称》），赞助人事，如此才能"功成而不废，后不逢殃"。"因"即是因顺、顺应而不横加干扰之意，"因天时"实际上也是稷下黄老学者一再强调的内容，在《经法》和《十大经》中都曾论及这一主题。

因此，黄老学者在建构秩序规则的时候，通过援法入道，将道家自然和谐、尊重符号域内部发展规律的思想引入秩序调控之中，强调因顺自然，反对倒行逆施。这一方面使为道为学高妙玄虚的老学转化为实用性较强的社会治理法则；另一方面又去掉了人为粗暴干涉的弊病，兼顾了理论的科学性和实践的可操作性，这也正是稷下法家自觉接受黄老之学并自觉将其应用到法家社会实践之中的深层原因。黄老道家在这里被发展成为循名责实之学，"执道者"通过考察形名声号来捋顺自然与社会的各种秩序关系，因道全法，贵因重权，将道家自然和谐、尊重符号域内部发展规律的思想引入秩序调控之中，这对汉初黄老之治产生了重要影响。

总而言之，道家不仅有出世的老庄一脉，注重对道与言的思辨，也有黄老入世一脉，注重对自然与刑名的思考与应用，而符号与意义的关系则是其理论思辨与实践应用的一条根脉。

名　墨

祝　东

　　早期中国、古希腊、古印度的先哲都曾经对符号与意义的关系问题进行了有效思辨，而以中国古代墨家、名家为代表的古形名学对名实关系的思考与探索，被认为是早期中国符号思想研究的集大成者，用现代符号学的理论与方法去激活古形名学，对促进中国传统学术思想发展与弘扬优秀传统文化等方面都有重要意义。

　　名辩之学与逻辑学关系密切，而逻辑学与符号学又紧密相连，如符号学家皮尔斯就认为"逻辑学在一定意义上只是符号学的别名，是符号学带有必然性的或形式的学说"。（朱前鸿，2005，29）符号学家吉罗亦云："逻辑学的目的在于确定可以在实体之间或在各体之间建立的各种类型的关系，并保证这些关系的真实。它表明在这些的情况下，它就是一种编码。"（吉罗，198，68）中国学者李先焜也在 20 世纪 80 年代中后期先后撰文《语言、逻辑与语言逻辑》（1986）、《指号学与逻辑学》（1988），剖析逻辑学、符号学二者之间的关系，他指出逻辑学本身研究的对象就是一种符号，但效果影响似乎并不理想，"由于它跟传统的观念相距太远甚至背道而驰，因此很难为逻辑学界一些同志所接受"（李先焜，1988，8，61－68）。根据后面的实际研究情况，我们也可以看出研究队伍确实比较小。直到 20 世纪末，中国学者才开始惊呼："今天我们应该走出误区，抛弃过去的研究方法，采用现代符号学理论，重新探讨和评价名辩学。……名学从其整体上说，主要是关于词项符号的理论；辩学史研究辩论学的学问。名辩学的许多问题，必须用符号学分析才能解决。"（林铭钧，2000，361）由是我们可知名辩学与逻辑符号学关系紧密，中国古形名学中的名辩学确实含有丰富的符号学思想。这其中又以名实论与指物论所讨论的议题最为集中。

　　名与实究竟是一种什么关系，这是先秦语言符号学界思考的焦点问题之一，较早从语言符号学角度对这一问题进行有效思辨的是杨朱学派，杨朱学派认为"实无名，名无实。名者，伪而已"（《列子·杨朱》）。随着认识的发展和论辩的深入，名与实的关系被进一步深化理解，名家公孙龙对名实关系，以一言一概之："夫名，实谓也。"（《公孙龙子·名实论》）谓即是称呼，也即是说，名是用来称呼实的，沟通名实二者的即是这个"谓"字，如庞朴所言："名是主观加于客观的，谓是沟通主观和客观的。"（庞朴，2010，89）关于命名原则的问题，《尹文子·大道上》开篇提出："大道无形，称器有名。名也者，正形者也。形正由名，则名不可差。""大道"的特征是恒常，因而不可言说，一旦言说，诉诸符号，就失去了其常道的特征，因为"符号化其实是一种片面化"，（庞朴，2010，89）所以"大道无形"，有形则会演化为具体的事物，而具体事物是有名称的，也即"称器有名"。《周易·系辞上》谓"形乃谓之器"，高亨注曰："器尤物也。……具有形体者谓之物。"（高亨，1998，430）庄子甚至认为"凡有貌象声色者，皆物也"（《庄子·达生篇》），公孙龙子亦认为"天地与其所产焉，物也"（《公孙龙子·名实论》），谭戒甫注云："夫天地之为物，以其形也；则凡天地之所生者，亦皆以其形为物。"（谭戒甫，1963，57）所以除"大道"天地万物皆有其名，名称是用来反映事物形体的，这就是前文所言名之"文"，它是一种图像符号，"依类象形，故谓之文"（段玉裁，2006，425），事物能否得到正确的表征，那就是由"名"是否正确反映形来决定的。"名者，名形者也；形者，应名者也"，名是命名形体的，王弼《老子指略》也曾指出"凡名生于形"（王弼，1980，199），名由形出，如日月山川等名即是，形体是与其名对应的，名与形应该相符，"故形、名者，不可不正也"（《尹文子·大道上》）。

谭戒甫论及公孙龙《名实论》"物以物其所物而不过焉，实也"时指出："物其所物者，物，相也；所物，谓所相之形色也。"（谭戒甫，1963，57）物呈现给人的是一种形色之类的观相，为人所感知、认识，如赵毅衡所言："事物呈现为对象，对象提供感知作为符号，这过程的两端（事物与符号）在初始形式直观中结合为同一物，是意向对象的两个不同的存在于世的方式。二者的不同点是，事物可以持续地为意识提供观相，因而意识可以进一步深入理解事物，而符号则为本次获义活动提供感知，要进一步理解事物，就必须如皮尔斯说的'与其他符号结合'。"（赵毅衡，2015）基于此，就方便我们理解这段文字的意思了。

"物"在人意向性压力之下，成为认知的对象，此时其"名"也即概念尚未产生，呈现给人们的主要是形状，如虎呈现的是虎的形状，马呈现的是马的形状，作为对象的虎与马可以为人们进一步深入了解其形质提供观相，而虎之所以是虎，马之所以是马，是人们从虎与马的差异性中逐渐认识形成的，当认识达到一定的深度，就可以根据其形质进行命名，这就是"形以定名"（《尹文子·大道上》），进而得出虎之名或马之名，形成相关的概念谱系。

这种"名"的产生是以事物形质为基础而来的，实是第一位的，表征实的名是第二位的。概而广之："凡事无大小，物自为舍。逆顺死生，物自为名"（《黄帝四经·道法》），万事万物都是在一定时空中的存在，事物的性质决定其顺逆死生，人们也可以根据事物的性质形状去界定事物的名称。这个墨家表达得最为简洁："以名举实"（《墨子·小取》），即是"用名称或概念代表现实事物的意思。概念是事物的本质属性反映在人们的意识中而形成的，人们用概念就可以代表现实事物"（陈高傭，2016，324）。

陈氏还举了《墨子·经上》的"名若画虎"以证之，虎是人们在与其他事物（如马）的比较中逐渐形成的认识，然后用"虎"之名去表征这类动物，"画虎"指出虎之名与其实之间的理据关系，《墨子·经上》说"举，拟实也"。《墨子·经说上》说"举，告以文名，举彼实也"。《墨子·小取》说"摹略万物之然"，强调的重点都是相同的，因为无论是"拟""摹"，还是"文"，都是对实的摹拟表征，只不过前者强调的是这种过程，而后者重在其结果，如前文所言，文是"依类象形"的产物。

如果事物的名确定下来，就会形成约定俗成的东西，人们不得随意更改，必须遵从"名实耦"（《墨子·经说上》）的要求。对此，公孙龙有更详细的论述：

> 天地与其所产者，物也。物以物其所物而不过焉，实也。实以实其所实，（而）不旷焉，位也。出其所位，非位；位其所位焉，正也。以其所正，正其所不正；（不以其所不正），疑其所正。其正者，正其所实也；正其所实者，正其名也。其名正则唯乎其彼此焉。（《公孙龙子·名实论》）（董英哲，2014，678）

公孙龙首先对名、实、物做了一个界定，天地所产者为物，物在意向性压力下获得了各自之名，如牛、马之属皆是，牛之为牛，马之为马，而不相混淆错误，正在于其"实"，何谓"实"，王琯认为"其某物之自性相，即谓之实"（王琯，1992，88），董英哲认为实是"实质，即事物特有的属性，是'名'所反映的内容，为概念的内涵提供了客观依据"（董英哲，2014，679），由此可知，"实"不同于"物"，物是具有形状色彩的个体事物的综括，而实则是从物中抽象出来的一些具有共性的本质，名是表征实的，同时又可指称物。这就涉及指与物的关系问题。

从物与物之间的差异性来识别物只是认识物的第一步，欲对物性有深入的了解，还需要随着人类对事物的深入认识来进一步发掘，这就是由物到"指"的过程，以及对指与物关系的辨识。

"指"，《尔雅·释言》谓："观、指，示也"，邢疏谓"示谓呈见于人也"，并引《论语·八佾》"指其掌"为例，"谓举掌以示人也"（李学勤，1999，58－59）。本乎此，就便于理解"指"义了。也即是说，"指"是"物"示于人的部分属性，并被人认识、掌握，形成对某物的某个观相认识和理解，如陈高傭所言："指即物所以成其为物的东西，即今语所谓属性。属性显现为形形色色，人们的感觉可以感觉到的，是属性的现象。"（陈高傭，2017，15）如苹果的红色、香味等即是。

从"物"到"指"，事物逐渐为主体所认知、掌握，从形成对这一相关事物整体上的认知，这个就是"实"，对这种相关事物之"实"的表征，就是"名"。笔者曾经在辨析名、实、物的关系时指出，"实"其实是不同于"物"的，"物"是对具有形色的个体事物的综括，而"实"则是从杂多的众物中抽象出来一些具有共性的本质，而名则是表征实的，同时又指称物（祝东，2018，40），如公孙龙白马之论的马，这里的马如果指客观存在的马，那就是物，如果指属性上属于奇蹄目马科这一类的马属哺乳动物，这就是其"实"，其在汉语中的符号表征就是"马"，在英语中的符号表征就是"horse"，无论是"马"还是"horse"，都属于名的范畴，只不过汉语与英语属于两种不同的符号系统，前者表意，后者表音，名家主张"形以定名"（《尹文子·大道上》），即是根据事物之形来确定其名。

如汉语中"马"这个符号是根据马的形体特征来确定的，名确定后，就是对所有这一类事物的"拟实"（《墨子·经上》），名从实在之物变成观念之物，此时之马并非指某一匹马，而是统指所有的马科动物，《墨子·经上》谓"告以文名，举彼实也故"说的就是这个意思，如告以马名，所言的就是所有马属动物，当马这一名"约之以命"（《荀子·正名》）之后，在这一符号系统内，他人就可"因名以得实"（《尹文子·大道上》），如一个没见过马这一事物的人可以因马之名而知道关于马的属性。"物以物其所物而不过焉，实也。实以实其所实（而）不旷焉，位也。"（《公孙龙子·名实论》）例如马之所以是马而不是牛，是因为马属动物具有马之实，也即马科动物的属性，而马属动物的属性之所以属于此一属性而非彼一属性（如牛科动物的属性），是因为其有自己的"位"，也即属性范围，如果超越此一属性范围，那就不再属于此一属性范围之物。所以到了战国后期，韩非正式提出"名实相持而成"（《韩非子·功名》），虽然历来注家将此处"名实"解释为君主之名与势位之实，但实际上这里的"名实相持"也指出了名实须相持相待这一符号学问题，因为自春秋以来，"名实之相怨久矣"（《管子·宙合》），而如何实现"名实耦"（《墨子·经说上》）则是诸子百家共同思考的议题，当然君主之名与君主之实权也在这一议题之中。

　　由此也可以理解伍非百指出的《指物论》之所由作，"大恉谓名实不能密合"（伍非百，2009，539），毕竟人类对事物的认识永远处在一个逐步深入的过程之中，始终存在"指不至，至不绝"（《庄子·天下》）的现象，《列子集释》论及惠施"指不至也"引卢解谓"凡有指皆未至也。至则无指也"（杨伯峻，1979，141）。如果"指"至，则意义活动结束，符号就失去了存在的意义，因为"意义一旦已经被解释出来，符号的必要性就被取消"，（赵毅衡，2016，46）毕竟"指"只是人类感觉到的那部分现象的呈现，意义的实现，还需要一个过程，而这其实就是一个符号现象学的议题。

禅 宗

孙金燕

佛教是印度的产物，禅却是中国的发明，在中国传统思想文化的渗透影响下，印度佛教内化为中国禅宗。从"藉教悟宗"的如来禅，到"教外别传"的祖师禅，以及发展到后来的"超佛越祖"的狂禅，禅宗蕴含着丰富的符号学思想。

禅宗不强调"佛性"，而讲求人的"自性"，所谓心性本净，佛性本有，觉悟不假外求，顿悟自性便能成佛，这是对主体性的高度要求。

"性"，在佛教教义中指万相本来具足之性质，"佛性"即指众生成佛的依据、条件，它与"人性"是不完全相容的。慧能《坛经》很少提及"佛性"，一般以"自性"称之，甚至偶尔以"自性"代替佛性："若言归佛，佛在何处？若不见佛，即无所归；既无所归，言却是妄。……经中只即言自归依佛，不言归依他佛；自性不归，无所依处。"（郭朋，1983，47）且《坛经》中对"自"的强调无以复加："见自性自净，自修自作自性法身，自行佛行，自作自成佛道。"（38）"心中众生，各于自身自性自度（44）。"禅宗倡导"佛心不二""自性即佛"，将"佛性"与"人性"等同，主张崇高的"佛性"就在"自性"之中。于是，二位一体的"佛性"即"自性"，便既是宇宙的实体、世界的本源，又成为众生的本性、人性的实质，即个体之性。禅宗利用"自性"这一概念，将人与佛统一起来，它一方面是众生对自我先天具有的清净本性的体证，另一方面也是对宇宙万物的最高精神实体的契证。

禅宗认为识得自性即佛，具有自明性和普遍性。一切事物如"云在青天，水在瓶"，佛性自在其中，普通自然并不神秘。故此，禅宗提倡任运平常，随缘而行，在日常生活中开启智慧法门，在朴实自然中获得对世俗的超越与解脱，将宗教的道德修行渗入世俗生活，以实现自我本性的觉悟，禅"把'心'本身提升到终极地位，提出清净心就是修行的目标"，"把自心的澄明当作佛陀境界，就消解了戒律与道德的桎梏，使人生的超越变成了感觉的空明。"（葛兆光，1996，34）传统佛教一般要求通过学习经教、念佛、坐禅等各种修行仪式获得解脱，与这种在宗教教义中思辨、在与世隔绝的参禅中打坐冥想的修行方式相比，慧能禅反对以与世隔绝的打坐冥想进入"三昧"，它主张悟道之契机遍于十方世界，所谓"青青翠竹皆是法身，郁郁黄花无非般若"，"森罗及万象，法法尽皆禅"。在"当下即是"中悟道，以一颗自在无碍、随缘自得的心灵与万物冥合，进入寂照圆融的境界便可顿悟自性。

更为突出的是它一直强调"上根器"的人才能顿悟自性："此是最上乘法，为大智上根人说"；"汝师（神会）戒定慧，劝小根智人；吾（慧能）戒定慧，劝上人"；"如付此法，须得上根智。"只有具有"上根器"的主体性才能破人我与法我，识得自性，这些都说明禅宗的"自性"是不仅突显人的主体性，而且其所突显出的主体性不是普遍性的、公众的，而是极端个体性的。

禅宗发现自性的方式是非知解的。纵观《坛经》，除从宗教实践的角度提出"识心见性"的要求之外，凡是涉及自性，慧能均只说明自性"如何"或"怎么样"，从不说自性是"什么"。慧能曾斥责神会"汝向去有把茅盖头，也只成个知解宗徒"，可以看出慧能禅反对以知解悟道，而提倡以行动悟道，将佛教信仰从理论教条转移到生活实践中，由此也影响了禅宗对语言的处理方式，呈现出否定式的修辞格特征。

首先，在传道语言上，禅宗与有义学倾向的佛经语言相疏离，走向与日常生活息息相关的平常语。"'神通并妙用'的宗教实践体现在'运水及搬柴'上，那么，'神通并妙用'的语言也必然是运水搬柴人的语言"（周裕锴，1999，7），如禅宗语录里随处可见禅师们信手拈来的日常语："老婆""阿谁""麻三斤""干屎撅""入泥入水"等。这也意味着禅宗的自性不是思辨的、理解的，而是行动的，它以行动使宗教理想在具体实践中付诸实施，同时在宗教实践中发现自性。这种"当下即是"，显示的是一种生存的、行动哲学，"自性"只在自己的生活中呈现，传统的、既成的观念权威不能提供发现"自性"的途径。

这种由"自我"抵达"自性"的悟道方式是通过绝对的否定性实现的，既是对上述宗教可以在理性思辨中客观认识、悟道可以依附于外在经教权威的否定，也是自我对自我的否定。所谓"心中众生，各于自身自性自度"（郭朋，1983，44），首先它是一种自我意识，即"我把自身当作对象"，但这又是一种"我执"。要破除"我执"，即进入"我不把自身当作对象"耗散"我把自身当作对象"，然后才能进入"我即是佛，佛即是我"终极状态。这是生存个体对理性思辨所支撑的对外在世界反思的一种重新反思，关系到个体内在的生存和体验，是个体的一种内在选择。并且，它在自我对自我的跨越中，以自我的生存实践确立生存的意义以及获得宗教意义上的肯定性——"自性"。

其次，禅宗"不立文字"，要破除语言之"执"。拈花微笑、心心相印、不立文字的传说，便强调了这种语言观。它也是自 5 世纪 70 年代中土达摩禅开始，禅宗一直坚持"不立文字"的缘故。尤其"一阐提皆有佛性"思想在 6—7 世纪的南北朝的普遍被承认，使佛教中的禅学在中土获得了有力理论支持，更间接使"不立文字"语言观获得认可：人人皆有佛性，解脱自我可以凭借自觉而无须依赖外在，包括不必依赖外在的言语分析；安心的法门在"禅"，沉潜于幽冥的内心修行体验，不涉及义理、知识。"本性自有般若之知，自用智慧观照，不假文字。"（郭朋，1983，54）语言是纠缠禅理的葛藤与遮蔽本性的理障，虽能传递意义，却也能遮蔽意义，分析只能剥开思想的外壳，却不能触及真理的本原。所以，禅宗既"用"语言文字，又去除语言文字之障，不落空不渗漏、见月亡指，所谓"但参活句，莫参死句"（普济 1984，935），其语言运作是从破除语言理据性开始的，以相对思维和佯谬语言运作"于相而离相""于一切法上无住""不染万境而常自在"，否定语言指称意义或世界的惯习与"常识"，企图以"任意性"割断语言理据再现的透明感，在活泼无碍的想象中自觉自性。这是对语言－世界二元理据架构的否定与超越。

西方学界尤其关注禅宗符号思想与西方现代哲学如心理分析、存在主义等方面的契合。日本禅宗研究者铃木大拙运用弗洛伊德的无意识、自我概念来谈论禅宗的禅修、公案中所体现的主体意识；美国心理学家弗洛姆、马蒂诺等对禅与心理分析进行比较，认为两者在拯救心灵创伤、寻求人生答案、充分把握世界、超越自我、迈向心身健康之路等方面，都具有异曲同工之妙（铃木大拙，1986）。

此外，关于禅宗符号思想与美国反主流文化的碰撞也是研究的重点。代表性研究如钟玲《中国禅与美国文学》，从文化移植的角度，讨论禅宗"一切众生皆有佛性"的思想与美国反主流文化的碰撞及对美国文学的影响，指出中国禅帮助美国文学开创了前所未有的新境界，尤其是禅宗符号思想使美国文学作品出现了不同于西方二元对立的思维方式，加深了作品内涵中自我反省的层次，以及作品中呈现一种异于欧洲中心思想的、精神上的醒悟（钟玲，2009）。中国学界关于禅宗思想及其语言运作方式的研究极为丰富，钱锺书、李泽厚、葛兆光、赵毅衡等都曾有相关讨论。此外也有将禅宗符号思想与西方符号学、后现代理论做互动研究，如文玲、左其福《中国古典文论与西方符号学的理论互动》、方生《后现代主义与禅》等。目前关于禅宗语言符号思想的讨论成果卓著，如周裕锴《禅宗语言》按照"语言与世界"的哲学性思路考察禅宗发展各阶段言说方式的演变，并破（译）大量荒诞、玄妙的禅语密码（周裕锴，1999）；赵毅衡对禅宗语言理据问题的分解以及对建构现代禅剧艺术门类的影响等研究；（赵毅衡，1998）陈仲义对禅宗语言破坏常规世界语码的规约的发现；（陈仲义，1993，1996）孙金燕对禅宗否定式符号思想的探讨；（孙金燕，2014，2）李建春从符号学的角度探讨禅宗不可言说的言说方式；（李建春，2014，4）贺良琼对禅宗公案中符号的意义生成机制的分析（贺良琼，2017，4）等。

禅宗符号学思想提供了把握世界本体的思维观照方式，为自性的高扬极大地扩展了心象，使其既能在思想层面与现代主义、后现代主义产生精神上的契合，也能在现实层面为诸种困境提供超越的路径。随着现代性反思的持续，禅宗符号学思想的理论发掘与应用将有更广泛的空间。

阳明心学

董明来

明代儒者王守仁（1472—1529），自号阳明子，亦称王阳明，是心学之集大成者，史称阳明心学。阳明心学包含了丰富的符号学思想。

阳明心学中第一个与符号学研究相关联的论题，是阳明本人关于知识的言说。众所周知，在阳明本人的时代，阳明学说首先是作为程朱理学传统的挑战者出现的。根据朱熹说法，儒学的最终目的是通过功夫的修养而存天理去人欲，从而让主体自身成为圣贤。而功夫的基本次序，则是《大学》中所提及的，从格物致知到治国平天下的过程；作为这一过程之起点的格物致知，在朱熹看来乃是知识性的学习——这种学习既包括了对自然本质本身的理解，亦包括了对于儒家经典的学术式研习。

而阳明的功夫方法论，则从不承认学者式的阅读作为功夫之基础和起点的地位。也就是说，阳明虽然承认宋明儒学意义上的天理乃是儒学经典的内容，但是他不认为其对儒家文本的理解，在功夫的意义上有任何必要之处。这意味着天理可以通过非符号的方式直接呈现。阳明的著名命题"心即理也""性是心之体"，说明的就是天理意义的这种直接呈现。也就是说，天理意义先天地存在于主体内部，或者说，就是主体的先天能力。心之本体的先天能力可能被人欲遮蔽，故而大多数人需要功夫来摆脱人欲。

当人心不能完全按照其本体而运作时，被遮蔽的天理内容当然仍可以是符号所关涉的对象。正是因为这样，朱熹才一方面也同意心包含了天理之性，但是同时仍然坚持"读书明理"在功夫中所起的基础性作用（朱熹，1986，94、161）。与之相反，在阳明看来，关于儒家道德原理的符号文本，甚至有可能对修养功夫是有害的。这体现于其对"支离之学"的批判，以及他的"知行合一"的学说。

阳明对于"支离之学"的反对，首先显然是针对其同时代的程朱学者的。在体现其后期思想的《大学问》中，这种倾向表现得颇为明显：

天命之性，粹然至善，其灵昭不昧者，皆其至善之发见，是乃明德之本体，而即所谓良知者也……后之人惟其不知至善之在吾心，而用其私智以揣摸测度于其外，以为事事物物各有定理也，是以昧其是非之则，支离决裂，人欲肆而天理亡……（王守仁，2014，1066）

在阳明看来，对知识的追求有两个潜在的问题：首先，作为文本之所指而呈现的知识，有可能根本并不关于天理本身。从其关于"格竹"的著名言说来看，阳明应当将事事物物之定理理解为与具体的自然、社会现象相关的，"科学性"的东西；从儒学的角度来说，它们都是"形而下"者，最多仅是形而上之理的发用，而非理本身。这样一来，对内在的心以及心之内容的遗忘，就是符号文本可能造成的结果之一。这就是"支离"这个形容的本意。

阳明还认为对支离之学的追求不但会造成"天理亡"，而且可能使"人欲肆"。也就是说，对符号文本之追求本身就向人欲敞开。这首先当是说，文本本身的形式可以令人耽溺。比如说，在传世的重要文献《答顾东桥书》中，阳明就提出，在三代之后"有记诵之学，而言之以为博；有词章之学，而侈之以为丽"（王守仁，2015，115）。在这里，博学和富丽之言辞不再是通向天理的路径，而变成了目的本身。对这种不同于天理所规定之事物的享受，就可以被定义为人欲。更进一步的，阳明认为虽然包括文辞和行动在内的各类符号可以表达关于天理或者合乎天理的内容，但是这些符号本身，可以被用来撒谎：

世之学者如入百戏之场……功利之毒沦浃于人之……相矜以知，相轧以势，相争以利，相高以技能，相取于声誉……记诵之广，适以长其傲也；知识之多，适以行其恶也；闻见之博，适以肆其辨也；辞章之富，适以饰其伪也。（王守仁，2015，116）

戏乃是表演性的文本。在阳明看来，当时受过教育之士人的知识、技能与词章虽然可能有合乎儒家律条的内容，但是这些符号之在场并不意味着对象的在场，反而意味着对象的缺席。由朱熹式的"知识主义"所造成的对于文本的强调，因此在社会的层面上为主体逃避其儒家式的伦理责任准备了舞台。

如果说阳明对支离之学的否定强调的是天理本身应该越过符号被把握，那么其知行合一的学说，就讨论了合乎天理的爱憎对象的直接到场。他指出：

未有知而不行者；知而不行，只是未知……故《大学》指个真知行与人看，说"如好好色，如恶恶臭"。见好色属知，好好色属行，只见那好色时已自好了，不是见了后又立个心去好；闻恶臭属知，恶恶臭属行，只闻那恶臭时已自恶了，不是闻了后别立个心去恶……如鼻塞人虽见恶臭在前，鼻中不曾闻得，便亦不甚恶，亦只是不曾知臭。就是称某人知孝、某人知弟，必是其人已曾行孝、行弟，方可称他知孝、知弟；不成只是晓得说些孝、弟的话，便可称为知孝、知弟。（王守仁，2015，10）

根据《大学》，恶恶臭、好好色乃是合乎明德的。而根据包括阳明在内的宋明儒者的理解，明德即是天理。因此，对事物的合乎天理的爱憎，就是所谓的"知行本体"。此处本体并不是指心之本体，而是作为"心之所发"的"意"的本真样态。阳明认为某物是令人厌恶的这样的"话头"分裂了知与行，因为在意的本真样态中，"知"并不是指知识，而知识对事物的合宜的把握；这种把握又可以同时被描述为行，因为好恶的"一念之发，便已是行了"。

最后，阳明关于文学文本的认识，也可以通过上面提到的他对文本之地位的理解而得到澄清。表面看，阳明对文学的理解不离儒家传统的"文以载道"之说——他认为《韶》《武》以及合适的戏曲都应该只是教化的工具（王守仁，2015，245）。但是如果我们将此言说放到他的整个理论框架中，就会注意到他之所以只将文学当作有限的工具，正是因为他认为文本只能以极为间接的方式切近道；换句话说，包括古乐和戏文在内的文学与艺术，最多只能帮助主体体认到自身内部的天理，而非将天理从外部灌入。

总的来说，阳明学说中的符号学要素，体现在他对表达与道之间关系的理解上。这种理解是他的儒学功夫论中一个重要环节，同时也体现了他对于整个儒学传统来说的复杂意义：他既是宋明儒学一系列理论的继承者，又通过反对表达而挑战了这一在传统中占据统治地位的程朱理学。

五 行

兰 兴

在古代中国的思想世界中，五行是最为完备且影响深远的符号体系。从西汉末年开始，五行就逐渐成为解释天人关系中最有说服力的符号体系，并且这样一种解释传统以《五行志》一类的史志为载体，在中国的历史书写中长久地保存了下来。公元 79 年，由汉明帝亲自主持的白虎观会议提出了"人事取法于五行"的主张，从此之后，人伦纲常等概念也需要借助五行符号加以解释；而到了隋朝初年成书的《五行大义》中，五行这套符号系统发挥作用的范围更是大大扩展，以至于后来有的学者给出了这样的评价："吾国学术思想，受五行说之支配最深，大而政治、宗教、天文，舆地，细而堪舆、占卜，以至医药、战阵，莫不以五行说为骨干。"（齐思和，1935，22，12）

虽然在今天看来，五行已经成为一个十分庞大甚至已经无所不包的符号系统，但是这个概念最初并非如此。关于五行，目前可考的最早的文献记录是《尚书·洪范》篇，而在这篇文献里，五行只是指代金木水火土这五种日常所能接触的普通事物：

> （五行）一曰水，二曰火，三曰木，四曰金，五曰土。水曰润下，火曰炎上，木曰曲直，金曰从革，土曰稼穑。润下作咸，炎上作苦，曲直作酸，从革作辛，稼穑作甘。

从上文可以看出，五行概念在这里的含义十分朴素，并没有任何自身之外的意义。所以，这一时期的五行并不具备成为符号的条件，因为根据丹尼尔·钱德勒的研究，虽然"符号能够以任何形式存在，比如说词语，形象，声音，味道等"，但是"除非被解释为符号，否则任何事物都无法成为符号。而任何事物都可以成为符号，只要它被解释为指代或关联自身以外的事物"（C. Daniel，2002，13）。因此，五行之所以能够成为这样一套宏大的符号系统，必然是其被解释成为自身以外的事物。而这样一个解释过程，也可以说是符号学视野下有关五行研究的一个中心问题。

关于这个话题，古代学者并非完全无动于衷，在他们的著作当中留下了一些带有朴素符号学思想的讨论，比如《史记·孟荀列传》当中就有相关的记载：

> （邹衍）乃深观阴阳消息而作怪迂之变……其语闳大不经，必先验小物，推而大之，至于无垠。先序今以上至黄帝，学者所共术，大并世盛衰，因载其礻幾祥制度，推而远之，之天地未生，窈冥不可考而原也。先列中国名山大川，通谷禽兽，水土所殖，物类所珍，因而推之，及海外人所不能睹。

上面这段引文讨论的是战国末年思想家邹衍对五行思想的推演，而其中我们可以发现不少内容很大程度上契合了皮尔斯的现代符号学理论。首先是皮尔斯有关试推的讨论，在皮尔斯看来，一个新的符号系统最初形成也往往是从试推开始，而试推并不是我们证实假设的过程，而只是我们对意外事件做出合理解释的过程。它力图发展出一个新的假设来检验那些不能用现存假设来解释的事件，而上述材料中邹衍"必先验小物，推而大之"这个过程十分符合皮尔斯关于试推的定义。而在得到验证之后，邹衍按照这个思路继续对五行符号加以解释，以至于"推而远之""至于无垠"。这样的一个过程，和皮尔斯所提出的"无限衍义"也非常相似。

20世纪六七十年代以后，随着结构主义思潮的兴起，一些汉学家也开始思考这个问题，最有代表性的要数英国汉学家葛瑞汉。相较古代学者笔下那些朴素的符号学思想，葛瑞汉的讨论无疑要直接许多，他将五行思想分别放在结构主义框架下的"结构段"与"聚合体"两个概念下加以讨论，有意识地揭示出五行符号系统的建构运用了在相似性基础上的类推，并且认为在结构主义的基础上，五行思想的"解释与暗示成了依框填空"（艾兰、汪涛、范毓周，1998，2）。同时，葛瑞汉一方面认识到五行符号类比当中存在一些粗疏或者牵强的地方，但同时也试图去理解这些类比的理由，并且讨论某些具体的类推及其类推中的某些相似性，将木比作春，秋比作金，是因为春天枝叶生长，而在秋天变硬，变脆，像金属。葛瑞汉关于五行符号化进程的讨论可以说是别出心裁，但是这样一条研究路径在此后并没有很好的延续下来。不过在今天，随着中国本土符号学研究的日益发展，关于五行符号学的研究很可能会成为其中不可或缺的一个重要课题，五行符号化以及相关解释项的推理阐释问题也因此可能得到更多的关注。如果要深入讨论五行思想的符号化进程，我们很有必要先了解对研究这个问题有所帮助的两个符号学概念，分别是利科的"基础象征"

(primary symbols) 以及艾柯的封闭漂流（hermetic drift）。

　　首先来看"基础象征"，在利科看来，基础象征这样一类符号的第一个特点是其具有很强的生成能力（generative power），它们最初的本质往往都是极其简明的符号，此后通过连续的类比，逐渐获得新的含义。此外，基础象征和普通符号之间一个重要的区别在于解释机制，相较普通符号稳定且精确的解释机制，基础象征的多元性往往使其可以与某些模糊的生活经验加以互动（Doeringer，1982，309）。再来看"封闭漂流"。在艾柯看来，一个事物之所以能被另一种事物所指代，一个必要条件便是二者之间具有某种相似性，而"封闭漂流"概念的核心观点在于，符号的解释过程并不是只有一个回合，而往往是连绵不断的，前一次推导的解释项往往成为下一次的符号或者被解释项（Eco，1990，26），这样连绵不断的基于相似性的推导，便是"封闭漂流"的最重要特征。

　　之所以提及这两个概念，是因为在五行思想符号化不断延展的过程中，上述两个概念都参与其中。一方面，在五行的符号化进程中，并不是每一次类比在我们看来都能做到十分精确，类比往往是建立在某些直觉的感知甚至生活实践上。其次，五行解释链的发展中，通常是一层推论过后联系着下一次推论，而不是完成一次推论后就戛然而止。我们不妨通过一个例子来说明：

　　　　邹子曰："春取榆柳之火，夏取枣杏之火，季夏取桑柘之火，秋取柞楢之火，冬取槐檀之火。"（李学勤，1999，796）

　　　　改火之木，随五行之色而变也。榆柳色青，春是木，木色青，故春用榆柳也。枣杏色赤，夏是火，火色赤，故夏用枣杏也。桑柘色黄，季夏是土，土色黄，故季夏用桑柘也。柞楢色白，秋是金，金色白，故秋用柞楢也。槐檀色黑，冬是水，水色黑，故冬用槐檀也。（皇侃，2013，466）

　　第一段材料讲述了邹衍通过五行符号规定"春""夏""季夏""秋""冬"这五个季节所对应的"改火之木"，光是从这样一段材料，我们很难找到这其中的理由。而第二段材料则完整展示了这个推论的经过，从季节推论到所用的木材大致可以分为两个环节。在这里，我们以"春天"这一组概念为例。第一个环节是将五行中的"木"和季节联系在一起。春天在五行的序列中属木，原因很可能是葛瑞汉所说的"将木比作春，是因为春天枝叶生长"。之所以能从春天推导到"木"，是因为二者在草木生长方面的相似性。第二个环节的推论是将五行中的"木"与相关的木材联系在一起。在这段材料看来，"木"的颜色是青色，虽然我们无法获悉产生这个论断的原因，不过想必这和树叶草木的颜色有关系，而榆树和柳树也都是青色，双方具有颜色上的相似性。然后将这两轮推论加以组合，我们就能清晰地观察到整个过程。这其中，这两轮推论中关于相似性的阐发并非来自某种严格的推演，而是来自可能较为模糊的且仅凭经验的视觉观测与感知，这里符合"基础象征"的含义。同时，这样一个推理阐释过程并非一蹴而就，而是将两轮推论组合而成，这里也符合"封闭漂流"的特征。这样一个案例也能够大致为我们解释五行解释项延展提供一个基本思路。

综上所述，由于术数等方面的影响，五行思想往往给人一种扑朔迷离、难以接近之感，但是结合上面的讨论，我们可以得知，五行的符号化进程中即便有些环节在今天看来有些牵强或者过于粗略，但其实每一步都是建立在相似性基础之上的。如果能有意识地考虑到这个认知，我们对五行符号学的研究也将有一个较为明晰的出发点。

谶纬五术

宗　争

何为"谶纬"?《说文解字》:"谶,验也。有征验之书,河洛所出书曰谶。"纬,《释名·释典艺》称:"纬,围也。反复围绕已成经也。"按《四库全书总目提要》,"谶者,诡为隐语,预决吉凶……纬者,经之支流,衍及旁义"。在此,"谶"即是预言,或具有预言性质的符号,故又分为谶言、图谶、符谶等。"纬"则是相对经书而言的纬书,是对经书的再阐释,故有"纬学"一说。因纬学本身涉及很多神秘的表述,亦有预测的意味,而谶言、图谶等也需要经典的背书,所以"谶纬"常常连用为合成词。"谶纬"源自先秦,最初是中国古代对谶书和纬书的合称,后指对未来的政治预言,再后则泛指预决未来吉凶祸福的隐语和对经典文献的神秘解释。谶纬之学流行于汉朝,宋朝之后逐渐转入民间。

谶纬之学在汉朝蔚为大观,其从官学体系中剥离出来并逐渐没落,经历千年的历史。南朝宋大明(457—464)中始禁图谶,后隋炀帝也加以禁毁,但到了唐朝仍然继续流行。《唐书》和《新唐书》中,仍有"经纬"和"谶纬"之目,《九经正义》中仍遵信谶纬。

纬学传统在宋朝被彻底灭绝,主要的推动者是"唐宋八大家"之一的欧阳修,他在《论删去九经正义中谶纬札子》中建议将九经里面的谶纬之学全部去除,这道奏折引起了朝野上下广泛的赞同。后来,大儒魏了翁作《九经要义》,删去了全部谶纬之说。自此,纬书遭到毁禁,篇目散佚,仅在民间流传。然而,谶纬之最大宗,星相学或占星术,其实一直被宫廷内学所把持,从来没有被删除过。

谶纬之学本来就与先秦阴阳家的学说有极大的关联,并杂糅了神话、巫术、仙术以及道家的诸多理论,随其在官学体系中的兴衰,民间开始有组织地吸纳、改造和传播这种文化,最终促成了道教的兴起。道教作为正式的宗教团体,始于东汉末年,即张(道)陵于公元142年创立的"正一盟威之道"。魏晋南北朝时期,玄学盛行,融合了儒家和佛教的思想,道教与玄学则彼此兼容，相互融合，并随着谶纬之学在官学体系中的彻底革除，它最终转型为一种彻底的民间神秘文化形态。

谶纬五术，指具有预言功能或未来指向性的，五种彼此相互联系又各自独立的文化实践活动，分为"山（仙）、医、命、相、卜"五类，因道家和玄学皆与其有所关联，都将其作为具体实践活动的外化显现，民间亦称"玄学五术"或"道家五术"（此处的"道家"即指道教，与先秦道家并无关联），具体涉及气功养生、中医、命理学、相术、占卜等多个门类。

所谓"山"，亦名"仙术"，就是通过食饵、筑基、玄典、拳法、符咒等方法来修炼"肉体"与"精神"，以达到改变身心的一种身体修炼方式。魏晋直至唐宋，文献中不乏文人炼制、服食丹药的记载，甚至在某些历史阶段成为一种文人风尚。

所谓"医"，是利用方剂、针灸、灵治等方法，以达到保持健康、治疗疾病的一种方法，亦包含符咒、祷告、招魂等形式来祛病除恶。"中医"是对应于"西医"所言的，古代并不称"中医"，只称"医"，巫医同源，医带有明显的巫术性质。

所谓"命"，就是通过易理命数的方式推测命运，推命所依据的主要有"紫微斗数""子平推命""星平会海"等方式，均是以人的出生时刻作为推测未来走向的基础。

所谓"相"，包括面相、手相、痣相、体相、墓相（风水）等，是以人体或家宅的外在显现作为观察对象，判断人的性情禀赋与未来运势，或家宅、墓地的吉凶祸福，并通过人为干预来趋利避害的方式。

所谓"卜"，它包括占卜、选吉、测局三种，其目的在于预测事情的未来发展，以"奇门遁甲""太乙神数"为代表。

谶纬五术是谶纬之学的衍生和外化，也是谶纬之学被儒学系统剔除后，在玄学或道教等宗教体系内的再发展。与思想史的发展脉络不同的是，谶纬五术拥有实践性的技术，具体施用于人与事物，亦有口传心授的传承，是一个动态实践发展的过程，不同于其他相对比较固定的思想文献。

谶纬文化的形成和发展经历了漫长的时间，中国古代各个历史时段对其的认知和传播均有差异。学界尚没有一部系统论述谶纬五术形成发展历史及其内在结构和文化逻辑的专著问世，更没有以此为专题的全面整理、系统解读和归纳总结的学术研究。上述情况，影响和制约了我们在面对作为古代神秘文化之一的谶纬文化时的基本态度，进而也影响了我们对中华文化进行全方面把握、传承的历史进度。

　　而道教或玄学研究，多集中在道教典籍的文献整理和道教文化思想层面，极少涉及具体法术的研究或考证。从对"中国知网"的检索情况来看，以"谶纬五术""道教五术""玄学五术""道家五术"等为主题词搜索，均未得到任何搜索结果，而以"道教法术"为主题词的检索结果，也仅有 50 余条记录，其中，绝大部分又集中在文学研究领域，主要是从历史文化语境佐证相关内容的文学批评。江西师范大学张泽兵的《谶纬叙事研究》是少数从传统叙述学角度对谶纬文献进行研究的专著，但他的研究对象亦主要集中在纬书和史书等古典文献上，对于道术本身并没有专门的研究。

　　人们对谶纬五术的产生与发展，及其内在逻辑关联和结构谱系上的认知尚存在分歧，系统性研究尚无重大进展。囿于资料的缺乏，传统的三重证据法目前在面对神秘文化的解读上力有不逮，在方法论上需要创新和突破。

　　对象性的符号学研究已经开始关注谶纬之学的一些部分，比如本书所涉及的河图洛书、堪舆风水等符号学研究或符号学思想的探究，但是从总体上对谶纬之学，尤其是谶纬五术的实践活动，缺乏系统性和总体性的认识。

　　谶纬五术，具有共同的"预测"特性，也就是从具体的现象出发，经由某种系统性意识和观念的阐释，指向另一对象，而该对象通常具有明显的未来性时间向度。

　　符号学至少可以从三个维度对这一课题进行探索。第一，谶纬五术实际上是一个具有内在统一性的系统，由于种种原因，其作为研究对象时，被割裂为各个彼此不相关的门类，符号学理论能够给予该对象以整体观照，对于重新发现其内在因缘关联能够发挥相应的作用。第二，谶纬五术既是思想和观念的呈现，又是具体的实践活动，传统的思想史研究方法无法深入具体的交互行为活动中，也无法脱离文献的桎梏，而谶纬五术的符号学研究则从具体的行为方式出发，不将道术仅仅视为道法的衍生物，而是从符用学的维度建立其对道术的整体认识。第三，关于道术的研究必然至少涉及人类学、历史学诸学科，这也恰恰体现了谶纬五术在历史上的特殊地位——作为一种从官学体系中逐渐剥离出的民间神秘文化，仅靠单一学科的研究范式很难窥测其中之谜，符号学作为人文学科的共同方法论，具有整合学科资源、构建交叉学科共同研究的意义。

堪舆风水

王雨馨

堪舆是我国一种独特的文化形式，是中国先民选择适宜环境的经验总结，其中凝聚了中国人对于人与自然关系的理解。堪舆文化分为两个层面的内容，一是堪舆理论，它可以指导人们选择生者住所与逝者葬地，堪舆的最初目的是选择对人的身体和精神健康都有益处的自然环境，帮助人们获得更好的生存体验；二是堪舆实践方法，这些方法与中国传统的术数占卜法有关，理论与实践形成了一个比较完整的堪舆文化体系。

堪舆文化起源于中国，经历了漫长的发展历程，产生了如郭璞、管辂、杨筠松等许多知名的堪舆师，及《葬书》《宅经》《撼龙经》《管氏地理指蒙》《发微论》《雪心赋正解》《葬经翼》《地理人子须知》等一系列堪舆经典理论著作。堪舆文化大致可以分为形势派和理气派两大派别，两派理论都依托于中国传统的"生气论"。形势派强调由勘察自然环境的地理形势入手进行环境选择，探讨"龙""穴""砂""水"等环境因素之间的配合，这一派认为地形变化反映了土地中生气的变化，通过地形可以判断某地气的好坏；理气派则重视方位理气，即认为不同方位的气有好坏之分，利用五行八卦等学说精细地分出不同的方向，再借助罗盘寻找环境中气比较好的方向。

"堪舆"与"风水"两个名称，在当下的文化环境中是同义的，相比之下"风水"一词的口语化色彩更突出，在民间流传的范围更广。据学者考证，"堪舆"一词最早见于西汉时期淮南王刘安主持编纂的《淮南子·天文训》中（刘安著，2017，129-130），而"风水"一词，学者们一般认为它出自署名晋代郭璞编纂的《葬书》。"堪舆"与"风水"建立联系，最早可以追溯到班固对"堪舆"一词的解释，他认为"堪舆，神名，造《图宅书》者"（班固，1962，3523），即"堪舆"是写《图宅书》的神仙。通过汉代思想家王充在《论衡·诘术》中对"图宅术"的描写可知，它是汉代非常流行的一种根据屋主的姓氏与方位相匹配来选择住所地址的占卜方术——"五音相宅术"，这曾是堪舆文化发展历程中一种重要的实践方法，自此"堪舆"和"风水"正式建立了联系，随着堪舆文化的发展，两个称谓逐渐合并，到现代已经成为同义词。

堪舆文化对中国社会产生了深远的影响，它的影响力在古代就已经辐射到了东亚、东南亚地区，20世纪后更远渡重洋，辐射到了西方国家。可以说堪舆文化是中国一项重要的文化资源，但长久以来，学界却缺乏对堪舆文化自身话语意义的适宜研究角度。

除了堪舆文化内部的理论构建，学界对于堪舆文化研究比较深入的领域主要有三个。第一是对堪舆理论本身的批判与反思。比如汉代的王充、唐代的吕才、宋代的晁公武等，他们都认为堪舆理论不可以尽信，一味迷信堪舆会导致社会上出现许多不良现象。对于堪舆的批判随着晚清时期的西学东渐而变得更加猛烈，郑观应、陈独秀等学者纷纷撰文抨击民众盲目迷信堪舆导致的社会陋习，从西方科学角度驳斥堪舆的合理性。第二是历史文化和人类学领域。西方来华传教士最早在这一领域展开对堪舆的研究，如利玛窦（Matteo Ricci）、何天爵（Chester Holcombe）、欧理德（Ernest John Eitel）、艾约瑟（Joseph Edkins）等，传教士们经历了对堪舆文化完全陌生到逐渐熟悉，并尝试从西方科学角度发掘堪舆理论中的合理因素的过程。在此基础上，学者高延（Jan Jakob Maria de Groot）、弗雷泽（James George Frazer）、韦伯（Max Weber）、弗里德曼（Maurice Freedman）、李约瑟（Joseph Terence Montgomery Needham）、渡边欣雄、林耀华、李亦园等，从人类学和科技史角度对堪舆文化进行了比较深入的研究。第三是建筑学与环境设计领域。这一领域学者的研究受20世纪西方生态危机和生态主义思潮的影响，重点发掘堪舆理论中的生态价值，如林奇（Kevin Lynch）、艾吉莫（Göran Aijmer）、尹弘基（Yoon Hong-key）等，他们认为堪舆理论中包含着丰富的生态因素，如果将它们引入建筑和环境设计，将有助于改善生态危机。这一思想潮流也影响了中国学者，王其亨、于希贤、刘沛林、俞孔坚、何晓昕等学者都以发掘堪舆理论生态价值为出发点，对堪舆文化进行了深入的研究。

尽管学界针对堪舆的研究成果很多，研究涉及的领域也很广，但这些研究普遍面向实践应用，对于堪舆话语模式本身包含的意义并不关注。研究者们普遍将堪舆文化默认为是一种"符号"，在研究中直接使用"风水符号"这一名词，这里"符号"的含义与符号学领域对于"符号"的定义有所不同，研究者们也没有对堪舆符号系统的符号性质进行过分析。

事实上，堪舆文化是中国古代先民们在选择适宜环境方面的经验总结，它诞生于古代先民与自然交互共生的过程之中，先民们尝试认识自然环境中的种种景观和现象，并为其命名，从陌生的自然环境中寻求意义，堪舆符号是他们借由表达、传播、解释意义的载体，于是，堪舆符号属于自然符号，具有山川、河流等物质性的源头。先民们通常将"天"构筑为堪舆符号的发送者，只有对这些自然符号进行解释，才能了解并顺应"天意"，保证个人和族群能够生存。堪舆符号在接收者解释的过程中经历了丰富的衍义过程，在漫长的封建社会，堪舆符号在衍义过程中逐渐得出了被中国古代堪舆解释者社群普遍认同的解释项，衍义过程暂时停止。到了现代，由于文化语境的变迁，堪舆符号又产生了一系列新的解释项。

笔者认为，堪舆符号自身具有理据性，且在符用过程中，由于前文本、副文本等伴随文本增加，而经历了理据性上升的过程。通过对堪舆符号文本的双轴关系分析可以发现，其组合轴上是各种自然环境要素，如何选择、调配这些自然环境要素则是聚合轴上的操作，堪舆理论中有"寻龙""点穴""察砂""观水"等一系列的甄别、调配符号的方法。调配得当的堪舆符号文本是适宜人生存或是作为葬地的良好自然环境，通过探讨中国人利用堪舆理论进行环境选择双轴操作的过程，可以开掘人类实践活动与自然之间的关系。

对堪舆符号，人们还可进行元语言分析，主要讨论语境元语言。语境元语言中潜藏着同一文化环境下人们的共同意识，堪舆符号的语境元语言除儒家伦理观念外，还包含着中国传统生态观当中的"天人合一"思想。堪舆符号元语言中的"天人合一"思想，建立在中国传统的"气论"之上，认为自然万物同根同源，人与自然是一个整体，人类应当顺应自然而非凌驾于自然。堪舆符号元语言中的"天人合一"思想集中体现了堪舆理论中包含的生态因素，凸显了堪舆文化的当代价值。

河图洛书

黎世珍

　　河图洛书是中国文化中一组极为典型的符号。它不仅有漫长、丰富的嬗变史，而且有意义先行、图像后出的特征。将其置于符号学的视野，一方面有助于突破传统的研究思路，不单从历史学、考证学的角度来考察；另一方面，也是对河图洛书内在理路的一次整理和澄清。

　　河图洛书的符号学研究目前尚少，人们多从河图洛书的嬗变历史入手，往往集中于对某个点的梳理，比如汉代河图洛书神话的种类、宋代黑白点阵图书等，而针对河图洛书总体研究的成果不多。极为可贵的是已有少数论文提到河图洛书的符号思想，比如王永宽的《河图洛书结构主义和符号学的实例》。徐瑞的博士论文《〈周易〉符号结构论》探讨了河图洛书结构，但也只以宋代黑白点阵河图洛书为主要研究对象。金志友的博士论文《易道基本符号系统研究》中亦有小节探讨河图洛书，简要说明了河图洛书的历史和推演。河图洛书的符号学相关研究虽少，但不少学者对中国传统符号思想的开掘做出过巨大努力。李先焜对《周易》《墨经》《名实论》中的符号学思想进行过较为深入的研究，孙中原对《墨学》的研究也相当仔细。这两位学者多从逻辑哲学角度切入。王明居的《叩寂寞而求音——〈周易〉符号美学》一书，较早从符号美学方面来谈中国传统经典《周易》，具有一定的开创性作用。

　　正如不少学者指出的那样，河图洛书是符号学的实例。最先出现的河图洛书只是一种祥瑞，一个单纯的意象，但是先贤哲人不断发挥出新，实际上又创造和深化了不同的意义。从已有研究成果来看，目前学界没有注意到河图洛书是直接跨越了指称对象获取更为深层意义的符号，每个阶段的侧重点不一，或者说河图洛书作为一个元符号所呈现出来的意义是开放的，即使是在同一时期也会有不同的意义产生。

　　笔者认为，河图洛书是一个元符号。元符号的特点决定了河图洛书的特殊性、唯一性，也验证了人类思考的惊人延续性和深层次性。这有助于解决河图洛书长期以来许多悬而未决的问题。例如："无象河图洛书"与"有象河图洛书"是否如表面一般大相径庭？河图洛书长期的嬗变历史是否有一定的内在理路（黎世珍，2017，129-137）？

　　研究河图洛书的符号思想，首先要正视其历史渊源，厘清其意义先行、图像后出的特点，并对其中的关键词语进行符号学解释，努力做到最大限度的就"世"论事。

巴蜀图语与汉字

胡易容

"巴蜀符号"又称"巴蜀图语""巴蜀文字"，是从 20 世纪 20 年代开始，在四川盆地陆续出土的青铜器上的图案、戈文、印章符号的统称。李学勤指出："巴蜀文字是一种'古文字'是研究者公认的，且我国先秦的文字，除汉字外可确定的只有巴蜀文字。"（李学勤，1982，1，8-43）近年的不少研究表明，巴蜀图语与古彝文字有一定关系（沙马拉毅，钱玉趾，2018，4，22-25）。无论巴蜀图语的文字类属如何界定，其研究的推进对中华文字文化谱系的重要价值不言而喻。此外，"巴蜀图语"及其青铜器物的发现，也是"巴蜀文化"这一概念的主要源头。当时卫聚贤三赴成都，搜集青铜器物，其间，反复出现的"特异形状的花纹为手与心"引起了他的注意，并导致他将自己定名《蜀国文化》的文稿改名为《巴蜀文化》（卫聚贤，1941，1-34）。

尽管公认巴蜀图语为先秦文字符号，但在涉及其符号特性时，尚存在不同意见。李复华称之为"巴蜀图语"，孙华、刘豫川、严志斌等称为"巴蜀符号"，李学勤、童恩正称为"巴蜀文字"。这些称谓及其反映的不同观念，分别指向了现代符号学中，符号的像似性、指示性和表音规约性的不同偏向。并且，它们均能在巴蜀图语中找到一定依据。

从符号形制结构来看，巴蜀图语中有较多象形符号，这也是其得名"图语"的原因。根据目前收集的 272 种符号归类，大致可分为人形、动物形、植物形、器物形、建筑形、几何形等六类。其中，"人形符号 12 种、动物符号 26 种、植物符号有 33 种、器物符 31 种、建筑符号有 20 种。"（严志斌，洪梅，2017，90-99）不过，巴蜀图语并不是完全象形，其中也有不少较为抽象，已经无法简单地按照象形来辨识。在李学勤对巴蜀符号的两种分类中，"巴蜀文字甲"就包括一些经过简化抽象，不易看出象形的符号（李学勤，1982，38-43）。

对于巴蜀图语的表音特性，学界也存在争议：钱玉趾从巴蜀符号与古彝文的关系推测，这些图符可能是 2400 多年前的一种拼音文字；而童恩正从文字结构考察认为，这种文字是方块字，而非拼音字，是直行而非横行。它与汉字一样，应属于表意文字的范围。此外，目前发现的巴蜀符号多为单符，没有连接结构或句法关系，从语言逻辑可判断，表意其带有对象指向性；结合其主要出现于铸造成本较高的青铜器物上，也可推测其可能具有较强的象征性。

与甲骨文相比较，"巴蜀图语"的图像性更加明显，作为一种早期造字的符号例证，它有助于从更立体的维度呈现中华文字谱系不同支脉的演化。同时，巴蜀图语还具有较大的内部差异性。李学勤将其分为两类，"一类是'符号'，有的"与铜兵器上的铸文相同，另一类则是'似汉字而又非汉字者'。为了方便，我们把前者称作巴蜀文字甲，后者叫巴蜀文字乙"（李学勤，1982，38—43）。结合文化考古情况，通常认为巴蜀图语是由许多兄弟族团融合而成的文化共同体产物。这又说明：巴蜀图语是研究文化交流导致的符号融合演化的极佳样本。这两种特性，令巴蜀符号作为中国符号学研究对象具有双重价值。不过，巴蜀图语对符号学基础理论的特殊重要性，还在于它作为中华书写符号谱系之一，其具有的语言符号规律，长时间被西方符号学理论忽略。

巴蜀符号与汉字具有独特的符号学价值。以中国汉字为代表的表意文字符号，在西方传统中有时受到偏见甚至污名化对待。现代符号学的开创者之一索绪尔，将他的语言符号学研究范围界定为"以希腊字母为原始型的表音体系"（索绪尔，1980，51）。在索绪尔的理论体系中，符号系统的基础是规约性，而"理据性"则被视为偶发的，因而不被纳入符号范畴。在他看来，"语言学的对象是由口语单独构成的，而不是语言与文字的结合，而文字存在的唯一理由是为了表现口语"（索绪尔，1999，47）。他进而断言，"（口语主导的）语言是不断发展的，而文字却有停滞不前的倾向"（索绪尔，1999，52）。上述偏见，实际上是植根于西方文化中心主义的"线性符号达尔文主义"（胡易容，2018，158—166），其与文化的"多样性"本质相悖。在学理和历史维度上，这种"线性符号达尔文主义"都忽视了一个基本事实，即东西方文化处于两个不同演化系统中。在符号形式上，他们集中体现为书写文明与语音文明的区别，且植根于各自文化信仰。例如，尽管不同文明普遍认同"语言符号"赋予人类以超越性力量，但东西方所指向的符号类型并不相同。

在西方信仰的叙述中，人们通过协作而拥有了建造通天巨塔的力量，主说，"看那，他们彼此协作，没什么事情是他们不能做成的了。我们下去，变乱他们的语音（speech），使他们彼此无法沟通"（《圣经·旧约·创世纪》11：6—7）；而在东方中国，语音并不是什么了不起的力量。所谓禽有禽言，兽有兽语（元·宫大用《七里滩》四），在中国古人看来，这是自然不过的事情。

赋予人类超越性力量的符号，明确指向"文字"——仓颉作文字，天雨粟，鬼夜哭（《淮南子·本经训》）。张彦远解释说，"造化不能藏其密……灵怪不能遁其形"（张彦远《历代名画记·叙画之源流》）。上述解释也是"书画同源"说的最早来源。这反映出，中华书写符号体系中的图像理据植根于文字的发生和演化，极大区别于属于表音语言体系的西方文明的语言符号系统。

未纳入图像理据性的索绪尔语言符号系统，在对象范畴上是偏狭的，其理论的普遍有效性也受此限制。现代符号学的另一位开创者皮尔斯的逻辑修辞符号学模式，在理论架构上一定程度弥补了前者的偏颇，但作为一种"逻辑学"，它几乎不涉及具体文化对象。如此一来，又使符号学成为一种"符号形式逻辑"，在偶发性和具体文化例证方面存在不足。

如何在理论逻辑普遍有效的基础上，充实以具体的文化对象，是当今符号学的重要方向之一。目前，在西方学界勃兴的一般图像符号学，就是这种努力的体现。不过，"一般图像"在"非语言"范畴中展开，又导致"语言"与"非语言图像符号"构成了两个巨大的不对称体系。不得不说，一般图像研究固然重要，但并不能构成对索绪尔的"语言符号"范畴缺失的对称性补充——语言符号学中缺失的"图像理据性"与文字研究依然未能得到有效弥补。

由此，要找一种既具有系统的完整规约性，又保留高度理据性的文化符号样本的话，纵观整个人类文明史，中华语言文字无疑具有典范性，比较适合。不过，甲骨文作为较为成熟的文字体系，其图像理据性已经在句法化中高度系统化了。相对来说，巴蜀符号单个符号特征，恰好使它可能保留较为明晰的图像理据特征，对甲骨文是极佳的补充。

古希腊逻辑理性传统，在现代西方符号学模式中得到了良好的传承：无论是索绪尔的"结构符号"或是皮尔斯的"逻辑修辞"，只是这种传承的不同分支。可惜的是，无论是被视为第一套人类经验符号化表述的"周易"，还是与古希腊斯多葛学派几乎同时探讨名称与意义的中国"名学"，都未在今天符号学基本模式中占据一席之地；而本文主要讨论的中华文字符号，更是在西方语音中心主导的符号学体系中被严重边缘化了。

近代以来的中国，伴随封建帝国的没落和百余年外辱入侵，一度跌入文化自卑。受西方启蒙思想影响的中国知识分子，如鲁迅、谭嗣同、蔡元培、钱玄同等都一并接受了语音中心的偏见，将落后根源归咎于文化。他们甚至直接将矛头对准文字符号，尝试废除汉字的拉丁化运动。设想若去汉字化运动成功，其造成的断裂将超过任何文物器皿的损毁。文化自卑的理论谬误在于：混淆了"文化"与"文明"（"物质文明""科技文明"）的基本概念指向。从"文化"

作为一种意义生活的"差异"来看,中华文字系统是承载东方中国文化生活,且区别于西方的独特显现。在信息全球化引发的信息平均化中,文化身份日渐销蚀,而文字语言符号却是建构文化身份的重要标志。

综上,从包括巴蜀图语在内的中华文字立体谱系,来建构一种基于图像理据的文化符号学,不仅将有助于立体化呈现中华文字文明谱系,也将构成中国符号学理论体系的重要对象范畴。例如,以孟华为代表的汉字符号学家,已经对汉字主导的文化及其思维模式提供了很好的体系化、学理化建构。相信随着包括巴蜀符号在内的中华文字符号体系研究的推进,总体上建构起不同于西方表音体系的中国符号学理论体系成为可能。当前,中华文化的主体问题空前凸显——符号学作为"文化意义之学",当有所作为。

《周易》

苏　智

《周易》以卦爻符号配合文字来表述上古先民对宇宙和生存环境的认知。

《周易》作为儒家五经之首，历代学者均高度关注。随着现代西方学术传入中国，《周易》研究也逐渐突破了传统易学专注象数和义理的固有模式。就《周易》本身而言，其中蕴含了错综复杂的符号表意体系，包含了多层次的图画和文字符号系统。符号学是专门研究符号表意的学问，运用符号学来探究《周易》可以从现代角度来发掘其符号系统表意的规律和特点，对理解传统典籍的表意逻辑与文化内涵具有重要意义。《周易》复杂而神秘的符号结构与现代符号学理论相结合，为当代易学研究开辟了新的视角和进路，也为中西方思想文化交流提供了助力。

从符号学角度来研究《周易》可追溯到 17 世纪末，德国哲学家莱布尼茨发现《周易》六十四卦符号与二进制数的排列具有相通性，这应该是最早运用现代西方学术视角来观察《周易》的符号特征。20 世纪 80 年代，符号学伴随诸多西方理论传入中国，对《周易》表意系统的符号学探索也随之开始。然而相关成果多为论文，且总量并不大，均是以《周易》个别问题结合符号学观点的研究，尚不能构成体系。现有专著中，王明居《叩寂寞而求音——〈周易〉符号美学》将研究的着眼点放到了美学上，系统论述了《易经》符号美学的意象论、逻辑判断、二律背反、生命意识、太极论、阴阳刚柔论、方圆论、中和论等美学范畴。徐瑞 2013 年出版的《〈周易〉符号学概论》专章陈述符号学的历史和发展流变，深入阐释《周易》的文本特征与符号思维，分别论证《周易》中"象""数"等体系的符号关系。李定 2017 年出版的《符号学视野下的易学》，从字源学和文献学等角度提出易卦本于指掌的假说。

该领域研究的论文成果中，陈良运的《论〈周易〉的符号象征》梳理了《周易》符号象征的形成过程，论证了符号象征具有多义性、自觉性、可变性和辩证性的特点。陈道德的《论〈周易〉符号的象征意义》，通过《周易》符号象征的语义关系建立了一个哲学阐释系统，论证了《周易》符号象征的广泛性、一致性和变通性。李先焜《论〈周易〉的符号学思想》，从符号学的视角切入研究，将《周易》作为中国符号学传统的发源，探究其中蕴含的语义学和语用学原理，对《周易》中立象尽意、分类推衍、言行关系以及修辞方法等诸多问题进行了全面论说。

21世纪以降，每年刊出《周易》符号学研究方向的论文增多，该课题在学术界的关注度也逐渐提高。祝东曾对此课题研究状况做出总结，"纵观学界对易学符号学的研究，主要从四个方面展开，即易学符号思想研究、《周易》的语言符号学研究、《周易》的符号美学研究、《周易》身体符号学研究"（祝东，2012，5）。

事实上，近年来《周易》的符号学研究不乏优秀成果问世。金志友的博士论文《易道基本符号系统研究》，以"现代哲学与自然科学的研究方法和学术理路"，最大限度地"呈现"易学研究"一切现象"的"全面彻底的全息系统整体的世界观和方法论"（金志友，2015，Ⅱ）。周山《〈周易〉的文本结构及其言说方式》论证了阴阳爻的符号性和《周易》表意的类比思维，并指出象与辞比喻的意义言说方式为中国文化带来了深远影响。张再林《再造"太极图"——重构中国传统哲学理论体系的一点设想》提出"要使一种以'身'为本而非以'思'为本，体用并重、道体与器用兼综的中国本体论的理论图式得以生动展示"。

除此之外，《周易》伦理符号思想研究也有了新突破。随着符号学研究的发展，伦理符号学日益成为研究的一个热点。由于文化背景不同，中西方的伦理思想具有极大差异。不少学者关注到这个问题，从而展开了中国传统伦理符号思想的研究。杜海涛《伦理符号学与〈周易〉符号伦理思维》，在对比西方伦理符号学的基础上，分析了《周易》中"象思维"的推理模式，提出《周易》符号伦理思维是一种象思维形式，具有整全性、感通性和非主客性特征。祝东、王小英的《中国符号学传统与社会伦理重建——中国古代伦理符号思想研究的进路》，在符号学的视域下重新界定了传统文化中的"伦理"内涵，指出中国传统伦理符号学思想研究的方向和重要意义。

从现有的文献数据来看，当今学术界越来越关注《周易》的符号学研究，从成果数量、符号学方法运用、思路广度以及论证深入性都可看到长期以来研究逐步提升的发展态势。然而，以现今研究的总体状况而言，问题同样很明显。首先，成果依然比较有限，论文数量虽有增加，但总量仍不多，专著则只有寥寥几本而已。其次，研究关注的问题和角度较为分散，《周易》符号思想还不能建构出全面系统化的理论。此外，现有成果的分析深入程度不同，很多问题还有进一步探讨的空间。

笔者在专著《〈周易〉的符号学研究》（2018）中，曾对《周易》经传文本的符号理据、系统结构、思维逻辑以及文化意义专门展开过分析。《周易》的符号系统既有图画和文字的不同类别，也分为别卦、经卦、爻等不同层次。结合皮尔斯符号再现体、对象和解释项的理论可以探究《周易》中图画和文辞如何作为文本内的再现体去关联意义对象，进而在系统中相互诠释，相互影响，共同规约解释项的意图定点。在此基础上，对《周易》经传文本中的卦画、文辞等符号做出分类和对比，进而分析其符号表意建构与理据特点。

就《周易》经传的系统结构而言，利用索绪尔与巴尔特等人的符号双轴与修辞理论来分析卦爻符号的排布特点，可以深入探究《周易》经传结构层次中包含着符号的聚合关系与组合关系，并在符号的表意过程中体现其隐喻与转喻特征。《周易》基本的爻画、卦画和卦象等方面反映出符号的隐喻性和解读中的阐释漩涡；爻位和卦序的排列则反映出文本叙述中的回旋跨层现象。

《周易》符号系统的表意规则体现意义指向的思维逻辑。通过分析《周易》文本的话语范式，我们可以发现其中的语言逻辑和符用特点。"联想""取象"以及"类比"等方式皆是确立符号意义指向的关键性思维。《周易》被应用于卜筮占问，这样也就使具体卦爻符号被带入主体事件当中，因此具有主体和时间向度，从而有了叙述性特征，符号阐释中的"同喻多边"和叙述跨界也非常值得关注。

《周易》经传作为经典对中华文化和传统伦理价值的生成具有重要影响。在对符号文化意义的解读中，结合洛特曼等人的符号模塑相关理论，探讨《周易》经传符号的模塑体系与传统文化和伦理价值建构的关系，对符号表意的深层文化内涵与社会意识观念做深入研究，有利于重新审视传统文化的生成与变革。

《周易》的符号学研究涉及易学研究、符号学理论以及古代哲学等诸多领域，文献的搜集和整理是研究的基础工作，却也是相对繁重的工作。易学研究历时年代久远，《周易》经传的解读文献更是不可胜计，因而对资料的选择和辨别尤为重要。同时，梳理历代对其经传图像文辞的阐释也是一项颇为细致复杂的任务。《周易》是一部哲学性很强的著作，对文献的理解和掌握势必要结合当时的历史环境和哲学背景，这也要求研究者对古代文化有更为广泛和深入的了解。此外，运用符号学研究中国传统经典带有跨文明的思想碰撞意味。《周易》的符号学研究并非单纯运用西方理论对中国文化做一番改写和复述，而是应以符号学的现代科学精神去挖掘《周易》特有的传统符号理论思想。面对当今世界文化多元发展和中国国家软实力不断增强的现状，以《周易》为代表的中国传统文化也必然随着当代政治、经济发展，与时代同步，融入现代多元的文化体系之中，而传统与现代结合则是一个必须解决且亟待解决的问题。

《山海经》

康亚飞

　　《山海经》全书虽只有三万一千多字，但图文并茂，包罗万象，其"所叙故事光怪陆离，所记文化吉光片羽"，（郑晓峰，2015，1）其内容涉及地理、气象、医药、神话、宗教、历史等诸多方面，不仅有神有人，还有花虫鸟兽、大山大海，尤其保存了中华民族的大量神话传说。正因为如此，《山海经》一直被人们视为"古之奇书"。现存的《山海经》有十八卷，毕沅将其分为《山经》和《海经》两部分，其中《山经》五卷，《海经》十三卷，共记载了约"四十个邦国，五百五十座山，三百条水道，一百多个历史人物和四百多个神怪畏兽"（马昌仪，2000，6），马昌仪认为它是当之无愧的"中国上古文化的珍品"。

　　基于方法论视角，关于《山海经》的研究主要集中在以下几个方面：第一，从叙述学视角出发，阐述古人的时空叙述或对未知世界的神话叙述，如昆仑、大荒，以及《山海经》中的方位等体现的就是古人的"空间观"；第二，从形象学视角出发，对其中的神兽形象进行阐述，或进行中外对比、古今对比研究；第三，从文化人类学视角出发，将《山海经》看成中国传统文化的一部分，重在考据其对中国文化发展的影响和当代价值。

　　现有的《山海经》相关研究，涉及的符号学思想非常少，更多的是集中在符号学以外的领域。赵毅衡在其《哲学符号学：意义世界的形成》后记中提道："中国是符号学大国，《易经》是人类史上第一个解释世界规律的符号体系。"（赵毅衡，2017，336）中国古代文化是座思想的宝库，除了《易经》，《山海经》也体现了古人对世界规律的解释，也不乏符号学问题，值得探究。因此，用符号学视角来解读和研究《山海经》是一条绕不开的路径。

　　虽然有关《山海经》的符号学研究稍显缺乏，但我们可以从相关研究中窥见一二，如祝东进行的先秦符号学思想研究，对古人的思想、文化、时空秩序观进行了探讨，可以为我们研究《山海经》与古人的关系提供参考；叶舒宪从历史的、神话的逻辑出发所取得的丰硕的成果，为我们从神话符号学视角研究

《山海经》开辟了道路；胡易容进行的符号形象学相关研究，恰好也适用于《山海经》神怪形象的传播符号学探讨，这也为我们提供了一种新的思路。由此可见，符号学者已取得的成果也可以给我们提供诸多借鉴。

笔者对《山海经》的研究，主要是从神怪形象出发，做传播符号学的分析。《山海经》所述四百多个神怪形象，并非纯粹的动物或人的形象，而更像是不同物种的拼接，如"人面马身神""羊身人面神""人身龙首神""彘身八足神"等，甚至连女娲也是"人头蛇身"。这些神怪都是将人与动物的身体、器官进行增减、异位、夸张等变形和组合后出现的怪诞形象。这并非随意组合，而是遵从"双轴关系"的产物。双轴操作是人类认识现实世界的基础，因为事物只有在一个结构或系统中被选择、邻接才能被理解到，也才能表意。正如雅柯布森所说：比较和连接，是人的思考方式与行为方式的最基本的两个维度。通过双轴操作，人们将自然物变成符号，才开始具有表意功能。如《南山经》中的鯥。鯥是一种集鸟、兽、鱼、蛇四个物种特征于一身的怪鱼，它有鱼身、蛇尾、鸟翼和牛头。虽然从外形看，这些奇怪的动物似乎脱离生活，但是细细观之，我们不难发现其外形的来源仍是生活，并未真正脱离当时人们的周围世界。可见，《山海经》中的神怪形象的最终形成，比如用哪个动物的身体，或者给某物种加几只脚、几个头、几条尾等，是人们根据与自然的关系和对周围世界的合理想象进行的选择，这是典型的聚合轴操作。

各种神怪奇特形象之形成，遵从聚合关系，而其形成后的物种功能，则遵从的是组合关系。《西山经》所载："黄山有鸟焉，其状如鸮，青羽赤喙，人舌能言，名曰鹦䳇。"《尔雅翼》对鹦䳇也做了简单解释："此鸟……其舌似小儿，故能委曲其音声以象人耳；又鸟目下睑眨上，唯此鸟两睑俱动如人目。盖羽虫之能人言者，必有人形之一端。"（马昌仪，2019，150）由此可知，在《山海经》中，不同物种的不同功能是依据简单的各种动物的"零件"黏合而实现的，黏合后的物种，哪怕是个"四不像"，但只要有相对应功能的"零件"，就会整体上具有不同的功能。不同动物的不同部位组合在一起而形成的神怪形象，并非简单的物理拼凑，而是一种充满意义的结构。比如鹦䳇有了像人的舌头，就会说人话；飞鱼有了鸟一样的双翼，就会飞。这种依据其部分功能而组合为整体的换作就是典型的组合轴。通过双轴操作，自然物和人们的现实世界发生了勾连，自然物脱离了原有的纯粹无意义状态，被人们带入到思维中，成了有意义的符号。

对于《山海经》的符号学研究，尚有较大可挖掘的空间。其一，《山海经》中神话丰富，可与神话符号学联姻，探讨古人如何通过神话构建周围世界；其二,《山海经》中的时空观、宇宙观和生死观,与今天人们所感知的"生存秩序"已大不一样,其中蕴含的符号学思想有趣、有意义,值得探讨;其三,在历史的演变中,以《山海经》为底本进行的改编或创造不计其数,如当今的玄幻剧、网络手游等,都是其体现。因此,《山海经》可被视作"元符号",也可看作各种改编版本的"前文本",甚至可以用历史哲学观对其中蕴含的符号学思想进行深挖,等等。

《山海经》流传至今已千年,其中蕴含的古人生存之道和思维方式确实值得我们探讨。它既是传统文化的一部分,也是人与自然沟通、相处的一种思维模式的体现。对于今人来说,《山海经》作为地理志、药书、巫书等的"物"的作用已渐渐淡化,而变成追溯古人思想的"符号"。中国古代文化中蕴含的诸多符号学思想,尚需各位学者共同探讨。

《文心雕龙》

于化龙

  《文心雕龙》讨论的对象是文字文本。在《文心雕龙》中，"文"的含义十分丰富。它除了有"文字"之意，还包含了"天地之文"。所谓"天地之文"，就是所有自然事物的直观形相。它上包天象（日月叠璧）、下含地理（山川焕绮）、中及万品（包含龙凤藻绘、虎豹炳蔚、云霞雕色、草木贲华等图象以及林籁结响、泉石激韵等音象）。面对天地之"文"，作为"三才"之一的人类，扮演了"参之"的角色，既与天地相互交融，又为万物赋予意义，既"观天文以极变，察人文以成化"（《原道》），"既随物以宛转……亦与心而徘徊"（《物色》）。《文心雕龙》虽然是以文字文本为核心对象，但是它的背景、视野，已经包含了广义的符号。

  除宏大的背景，《文心雕龙》还有深远的旨归。这一旨归就是"经纬区宇，弥纶彝宪"（《原道》），回归"礼乐"，正本清源。"礼乐"即是儒家经典记载的一套规范。它既规范了言辞，又指导了行为；既规定了文化体制，又明确了权力层次。在《文心雕龙》中，刘勰之"文"虽然已经变成了狭义的文辞，但是仍然保留了"文"的礼乐旨归与社会情怀：一方面，刘勰之"文"并不只是为了审美，其作用还可以延伸到"政化""事迹""修身"等礼乐文化领域；另一方面，《文心雕龙》把儒家经典作为"文"的源始规范，明确了艺术的标准，暗含了礼乐的旨归：《征圣》引用《易》之"辨物正言，断辞则备"，《书》之"辞尚体要，弗惟好异"，即是为了符合"礼乐"、捍卫"礼乐"。

  因为拥有宏大的背景与深远的旨归，《文心雕龙》呈现出同辈难以比拟的视野与胸襟。它不但研究了许多文学文体，而且探讨了许多应用文体。在《文心雕龙》的上半部分，刘勰认真研究了不同文类的演变历史与个性特征，从《明诗》到《书记》，《文心雕龙》介绍了赋颂歌诗、杂文谐讔、章表奏议、符檄书移、史论序注、箴铭碑诔等三十四类文体。《文心雕龙》凝视写作之内，又超出写作之外。比如《程器》认为，真正的文人，不应皓首穷经、枯坐书斋，必须步入社会、参与国事。

  目前，学界运用符号理论研究《文心雕龙》的成果可以分为两类。一类是揭示《文心雕龙》蕴含的符号学思想，一类是运用符号学理论分析《文心雕龙》的具体问题。冯宪光的《〈文心雕龙〉的符号学问题》以"文"与"心"的沟通为中心，对"文心"之"文"的符号特质与"文心"之"心"的主体特征做了较有意义的阐说。李正荣《〈文心雕龙〉的语言符号思想研究初论》，基于刘勰对语言、形式的关注，揭示了《文心雕龙》的内在符号思想。张劲松的《〈文心雕龙〉符号学研究——传统释义话语的叙事与结构符号初探》揭示了《文心雕龙》的符号结构特征。王毓红的《能指中和：施译〈文心雕龙〉文类术语的符号学考察》与《所指中和：施译〈文心雕龙〉文类术语的符号学考察》，运用巴尔特的"中和"理论，分析了施友忠（Vincent Yu-chung Shih）英译本《文心雕龙》的翻译问题。彭佳的《试论〈文心雕龙〉的物感符号过程——以符号现象学观之》深入探讨了《文心雕龙》"物感"理论所包含的符号行为原理。李卫华的《从伴随文本释"文之为德也大矣"》运用伴随文本理论，剖析了"文之为德也大矣"的理解问题。

还有不少学者运用广义形式理论，研究了《文心雕龙》的形式问题，比较并揭示了中西文论的内在同异。赵毅衡的《说复义——中西诗学比较举隅》、李国辉的《含混与复意：燕卜荪与刘勰意蕴论比较》、冉思玮的《〈文心雕龙〉与英美新批评关于文学性的共同"诗心"》、车向前的《新批评"复义"理论与刘勰的"隐秀"思想之比较——以〈复义七型〉与〈文心雕龙〉为例》，都是对刘勰之"隐秀"与燕卜逊之"复义"的比较与分析。郭勇的《〈文心雕龙〉"比兴"论解析——兼与新批评隐喻观念比较》，连秀丽的《西方形式主义与〈文心雕龙〉的形式美学观》，都揭示了比兴与隐喻的关联；黄维樑的《精雕龙与精工瓮——刘勰和"新批评家"对结构的看法》、冉思玮的《新批评派与〈文心雕龙〉批评方法略论及文本运用》，比较了"六观"与"细读"，前者甚至运用"六观"的方法分析了小说《骨灰》，为古文论的现代化贡献了宝贵的尝试；而汪洪章《形式派的"陌生化"与〈文心雕龙〉的"隐"和"奇"》、李胜利的《通与变：陌生化与〈文心雕龙〉的殊途同归——陌生化理论与中国古代文论的比较文学研究之一》，则认为《文心雕龙》中的"隐"与"奇"，"通"与"变"，均与俄国形式主义的"陌生化"异曲同工。由于俄国形式主义与英美新批评同样关注形式问题、意义问题，与符号学共同构成了形式论的一部分，所以上面两类比较研究仍可以为《文心雕龙》的符号学探索提供学术背景与参考对象。

《文心雕龙》的符号学研究仍有较大空间，期待更加系统、更加深入的学术成果。

第三部分

传播符号学

传　播

胡易容

传播学与符号学的学科发展时间起点相近而路径不同。符号学的学科化始于索绪尔于 1907—1911 年在日内瓦大学讲授的"普通语言学"课程，其以语言符号为对象系统阐述了结构主义符号学的基本理论框架。传播学则始于1905 年布莱尔在威斯康星大学开设的新闻学课程。正如语言之于符号学，新闻则成了传播学的第一个门类及核心对象，学界至今仍将"新闻"与"传播"并称。

在百余年的学科发展进路中，尽管符号学与传播学发展路径截然不同，但两者理论逻辑的深层联系又将两者密切联系在一起。施拉姆在《传播学概论》中辟专章写"传播的符号"，并指出"符号是人类传播的要素"（威尔伯·施拉姆，2010，61）。符号学在经历三代学人并发展出四种典型模式之后，近三十年来的重要发展方向之一就是与当代传媒诸现象结合。

法国学者皮埃尔·吉罗认为，传播学与符号学从某些方面来说是"同义语"；约翰·费斯克则将传播学分为注重研究"意义"的"符号学派"和注重研究效果的"过程学派"（John Fiske，1990）。我国学者陈力丹对传播学的基本定义是"研究人类如何运用符号进行社会信息交流的学科"（陈力丹，2007）从学理上讲，传播学需通过"传播的符号研究"以洞悉"意义"的实现；反之，符号学也必须跨越狭义的"语言"而进入当代传媒文化这一最庞大的符号景观。对两个不同发展传统的学科来说，符号学可以从理论繁复的"玄学"处落地于具体的文化传播现象；传播学也可以借助符号学丰富理论提升学理性。受美国新闻传播学传统的影响，当前，我国传播学过多倚重社会学方法，故而学界有观点认为，传播学应归属于社会科学而非人文科学。我们暂时搁置这个争议，仅就传播内容而言——其作为"符号"构成的"文本"，具有无可争议的"意义属性"。作为研究"意义"的学问，符号学可与社会学研究方法互为补充，为传播学提供基础理论。

从当今传媒文化发展的现实来看，传播学与符号学对彼此的需求更加迫切。人类正在经历由互联网引发的传媒第三次突变（赵毅衡，2016，1），传播研究的问题正在从"信息匮乏"转向"意义需求"。20世纪兴起的传播，以电视、广播、报纸等大众传媒为主。此时传播学研究的关键点，是信息如何到达、获取——这与"信息论"方法是相适应的。若将此问题置于当今"传媒的第三次突变"背景下来看，"后真相"时代社会信息的需求，已经从匮乏转变为"在过载的信息中寻找意义与真知"。"人类命运共同体"这一宏大命题的基本条件，不仅是经由全球化媒介实现的信息通达（这在技术上早已经不构成壁垒），而且必须包括人类整体的"意义共同体"。即，当代传播学应对"传媒突变"的策略，必须以更开放的姿态从"信息到达"向"意义交流"转进。一方面，"传播"应回归于"交流"这一受传交互的意涵；另一方面，"信息—通达—行为"的过程结果论研究，应向"意义的共享、认知与认同"深化。

当前，打破学科间的壁垒正在成为国内外学术发展的共识和趋势。国际上将"符号学""传播学"的融合领域通称为"符号学与传播学"。该领域影响较大的学派包括法兰克福学派、巴黎学派、布拉格学派、伯明翰学派、塔尔图学派、列日学派，等等。目前，国际上众多知名高校设立了"传播学与符号学"专业或课程，如美国宾夕法尼亚大学、康奈尔大学，加拿大圣劳伦斯大学，澳大利亚昆士兰大学，保加利亚索菲亚大学，丹麦哥本哈根大学，意大利都灵大学，等等。世界著名的德古意特出版集团从2011年开始推出"符号学·传播·认知"（semiotics·communication·cognition）大型系列丛书，迄今该丛书已出版数十部专著。

国内学界也很早就注意到了符号学与传播学的学理共性。陈力丹在《符号学：通往巴别塔之路——读三本国人的符号学著作》（陈力丹，1996，1）中指出：符号学不仅是传播学的方法论之一，而且应当是传播学的基础理论。随着符号学在中国的不断扩展，将符号学和传播学结合起来研究的学者越来越多，话题也越来越广。"传播符号学"已成为新闻传播学研究的重要发展方向。

从1991年开始，我国传播学与符号学各自获得了长足的发展，应用上的边界频繁交叉。传播研究对于符号这一术语基本上无法回避。符号出现在传播学的各个门类中，如：教育传播、电视新闻、广告、艺术设计、建筑。这些文献大多运用了符号学术语与典型分析方法。其中，比较多的是应用索绪尔的能指与所指结构关系及其各种延伸形式，理论深度有限，且这一时期的应用多处于一种对问题解释的自然需求状态，缺乏从方法论本身进行学理性反思。丁和根将1994年到1999年称为国内"传播符号学"的"起步期"，并认为此后进入一个"发展期"。（丁和根，2010，6）20世纪的最后几年，传播符号学的学科方法论受到了更多重视，如周军的《传播学的"前结构"：符号活动的社会根源和基础》、陈道德的《传播学与符号学散论》。但此时具体研究新闻或电视的门类符号理论仍然占据较重要位置。如：唐迎春、徐梅的论文《论新闻传受的不对等性——从符号学角度的解读》；刘智的专著《新闻文化与符号》。2000年之后，学界明确提出"传播符号学"，以之为研究主题的学者的发声逐渐成为传播学领域的一种声音。

李彬较早地系统介绍传播符号学。他从狭义和广义两个层面界定了传播符号学的学科范畴，提出狭义的传播符号学，是"为新闻传播学所关注、由新闻传播学所推展、被新闻传播学所吸纳的与符号学相关的研究内容……"；广义的传播符号学则是"一切与新闻、传播相关的符号、话语、文本、叙事等方面的研究"。（李彬，2007，3）他这一时期的文章随后结集为专著《符号透视：传播内容的本体诠释》。该书中开篇即指出："……其实，传播符号不仅是人类传播的'生命基因'……而且也是人类文明的'精神细胞'。"（李彬，2003）从研究方法和理论立场来看，李彬的研究有两个特点：一是将符号学作为传播内容研究的方法；二是将符号学归于传播学批判流派的方法之一（李彬，2005，5）。

丁和根从话语分析与意识形态分析论入手，关注意义的生成与批判，并上升至方法论的学理性探讨。他的《大众传播研究的符号学方法论》是这一时期传播符号学方法论讨论最为周详的文献之一。他认为，话语（文本）分析和叙事学的研究取向，已经成为整个传播符号学的重中之重。因为"话语分析最能够体现符号学的整体性思维和研究方法，是传播学研究借鉴符号学方法的便捷之途"（丁和根，2010，6）。同时，他也倾向于认同符号学路径的批判取向。他认为，传播符号学虽然不能等同于批判学派，但与批判学派理论有着天然的内在联系和共同的学术取向。符号的方法更着眼于深度思辨而不是表层量化，为批判学派提供研究方法和理论资源，是传播符号学重要的意义和价值之所在。

上述两位学者的共同特点是将传播符号学作为传播学中的批判传统看待。如果将他们的研究称为传播符号学中的"批判分析学派"，那么李思屈、隋岩、曾庆香等则偏向于"符号实践与建构"。

李思屈从广告及消费文化入手，进入消费洞察与建构性操作。从1998年开始，他贡献了一系列广告符号学的论文。主张建构又富含思辨的思路在李思屈两部代表性著作中体现得也非常充分。在《东方智慧与符号消费》中，他结合中国传统智慧，提出了用以指导广告传播实践的"DIMT"模式；而《广告符号学》是国内冠以"符号学"进行广告研究的第一部系统著作。这一思路在他近年的研究中一以贯之，如《传媒产业化时代的审美心理》，立足符号学，兼备质性与量化分析，对当代大众传媒产业和大众消费案例做出了翔实的分析。隋岩的《符号中国》从理论、实践两个维度探讨符号的含指项、同构、元语言机制、自然化机制、普遍化机制；并从中国文化符号传播实践中梳厘出象征中国的历史符号的变迁，思考如何提炼、打造代表中国、传播中国的强符号。曾庆香偏重从新闻话语入手，以新闻传播的符号叙事为基础分析了网络符号、新闻报道、北京奥运会等案例（曾庆香，2009，5）。她注重建构实例分析，并注意到图像符号这一常常被话语分析所忽略的领域。

前面已经提及，一些学者从不同角度对我国传播符号学的发展进行了观察和分期。如果从传播符号学的总体发展来看，2008 年是一个不可忽略的节点。这一年传播符号学领域不仅研究数量大幅攀升，更有内在结构的质变。这一年，尤其值得一提的是，已回国任教于四川大学的赵毅衡成立了符号学－传媒学研究所（ISMS），并创办了国内第一本打通传播学与符号学的学术期刊——《符号与传媒》。此后，他带领的符号学－传媒学研究所为中国传播符号学打开了全新的局面。

纵观当今国际符号学界，多元化、流派融合的学术话语为新理论提供了足够多"素材"——它们就像一锅适合新事物产生的"原子汤"。更重要的是，当今传媒文化的剧变，为符号学乃至整个人文科学供了理论创新条件，同时也提出了亟待解决的现实问题——物理学对宇宙起源解析的突进冲击了哲学与宗教的世界观；人工智能正在改写"智域"的主体和边界；媒介剧变重铸着人类社会连接结构；生物工程，尤其是基因科学的进展，让人类不断尝试僭越造物主的角色。

与此相对，在技术文明进步的同时，人类的生活意义却陷入了空前危机：消费社会的物化和异化使传统社会的信仰边缘化且伦理缺失；数字化生存的现实让"真""谬"关系发生了某种不对称的"后真相"转向；诉诸感官沉浸的碎片信息令传统文化生活的仪式感走向消失。在内爆的信息冲击下，人们失去了对意义的追寻方向。国与国之间、民族与民族之间的文明冲突却没有因媒介技术带来的传播便利而稍减——恐怖袭击、暴力冲突甚至大屠杀有了更大规模的杀伤性手段；核威胁、生化武器以及具有更恐怖杀伤力的人工智能武器，仍是悬在全人类头上的"达摩克利斯之剑"。

由上，摆在中国学者面前的课题，是对传播学和符号学的双重创新——既融通传统中国文化符号遗产，又与当下独特的中国传媒变革现实接轨。在这场学术创新话语竞赛中，中国学者提出的理论模式或贡献，应当是基于中国问题生发的，同时关涉"人类意义共同体"的一般规律。

　　由此，当下中国传播符号学者在国际学界的发声，也应有意识地从追随西方理论的阐释，转向融通中西与新意独出并重。其中，涉及中国的对象问题的思考，则必须走出"东方主义"式二元对立框架，以超越仅仅通过与"西方"的比较来实现自身意义的存在。同时，中国传统文化符号思想所蕴含的"意义"必须在"人类意义共同体"的整体语境下被观照和阐发。

媒　介

杨登翔

　　"媒介"是传播研究最核心的概念之一，也愈发被文化研究、科学哲学等领域重视，然而这一概念却始终未被讨论清楚。不同学科、同一学科内不同范式的学者对"媒介"的理解往往各执一端、莫衷一是。学界对"媒介"的探索受困于术语和研究路径的混杂，发展滞缓。符号学作为"人文学科的数学"，将它引入"媒介研究"，有利于厘清此领域各路研究的理论逻辑，更有助于摆脱术语混乱的困扰。

　　"媒介"（the media）这一概念最早在传播研究领域被纳入学术讨论，因此对它的理解至今带有这一学科的特征。早期传播研究所持的媒介载具论深受香农信息论的影响，研究者理解的媒介只包含一类专门的"内容载具"，基本等同于"大众传播技术"，对它的考量也停留在如何扩大传播范围、如何消除"噪音"的技术范畴。然而香农信息论本就是服务于通讯工程领域，将它套用在人类传播活动中的解释力有限。香农的兴趣只在于如何通过数学操作来编码和解码通讯信号，然而人的传播活动不同于机械通讯，它是一个开放的系统，除了信道所运载的"内容"，更受到社会文化、传播技术等等因素的影响。弗罗曼（Bernd Forhman）就认为：香农和韦弗对信息的解释作为一种理论和数学模型而言是严谨的，但那并不是对信息这个概念的具象解释。出于对媒介载具观的修正，麦克卢汉提出媒介研究奠基性的命题："媒介即讯息"，以强调媒介本身对社会文化的强大影响力。在麦氏的理论推动下，研究者对媒介的理解逐渐冲破了"大众传播"的束缚，将"一切的人造物"都纳入讨论；而后欧陆"中介化""媒介化"理论更将北美环境学派鲜有涉及的社会经济、政治活动等也纳入媒介范畴，将这一概念扩展到人的一切交流和互动方式，至此媒介几乎与广义的"中介"同义。总体而言，随着研究的深入，"媒介"不再局限于某种可经验观察的实体，而是转向社会关系的隐喻。

　　"媒介关系论"意图修正"载具论"的工作，显然尚未成功。就在关系论者驳斥载具论视域狭隘、忽视了人类活动应有的多样性和开放性的同时，关系论对媒介所指范畴的扩展也受到了传统经验研究者的抵制。批评者斥责关系论所谓的"媒介"层次混乱、不知所谓，更打破了一个学科应有的界限。两种观点的冲突表面上是对"媒介"理解的差异，核心矛盾更在于二者所秉持的学术范式的差异。正如王阳所指出的，两种媒介观的转换背后反映的是哲学认识论的变化——由实在论转向建构论，以及社会科学研究取向的变化——由结构功能论转向知识社会学。实际上，当媒介概念被拓展到一切关系的连接，所谓"媒介研究"在某种程度上已经超越了传统（大众）传播学的范畴，它讨论的是人如何存在于文化世界、意义世界中，实际已经一只脚跨入了符号学范畴。詹姆斯·凯瑞就认为：当文化这一观念进入传播研究时，文化必须首先被看作一系列实践，一种人类行动模式，一种现实由此被创造、维系和改造的过程。这种研究实际是一种关于文化的理论，或也可以看作意义的理论、一种符义学或符号学。符号学关注的是意义，而意义是"意识与各种事物的关联方式"，可以说，意义问题在某种程度也是一种"关系"问题，符号学与媒介研究天然存在通达之处。

将媒介研究与符号学结合，有利于双方理论的互补。符号学理论为纷乱的媒介研究带来了一套归纳、理解杂乱的媒介研究成果的理论体系。胡易容从符号学视角出发，指出载具观念下的传播研究实际是一种"信号传播学"，媒介载具论所描述和解释的实际只是意义活动中单一层次的部分片段，载具论和关系论这两种观念分处逻辑的不同层次。厘清两种不同媒介观念的逻辑关系，有助于我们搁置那一部分无意义的争论，明确媒介研究的方向。

借由符号学理论，关系论视域下"万物皆媒"的合理性得到了充分证明。符号学强调个体生活在人化的意义世界中。万事万物要进入人的意义世界必须要能被感知、进而在主体意向性压力下符号化，之后才能为我们所理解。而感知本身是需要被承载、传送的；赵毅衡指出，符号是感知的载体，媒介则是传输和储存符号的手段，二者只有在出现表意的时空距离时才有区分的必要。也就是说，在不存在表意时空距离时，媒介即符号。而在存在表意距离时，符号才需要异质性介质承载，即媒介。

媒介不是中性的，它在物理层面限制了符号的形式和尺度并借此为内容符号文本赋予了某种秩序，实际构成了另一层次的符号，一种元语言文本。叶尔姆斯列夫就直接认为媒介即符号系统的"表达形式"，这也是麦克卢汉"媒介即信息"的旁白。媒介研究中所指的"媒介"实际包纳了符号及其存储和运输的手段，也即我们与外部世界进行交道的手段，这种视角下媒介活动涵盖了我们构建意义世界的一切实践活动和思维活动。在这种观念下，媒介形塑了他者，形塑了世界，更形塑了我们，媒介在此与语言哲学中的"语言"同义，我们或许也可以说"媒介之外无一物"。

亚文化

陈文斌

　　研究亚文化（Subculture），最先遭遇的问题就是如何界定文化，进而才能明晰何谓亚文化。事实上，对于文化的界定并无定论，英国人类学家泰勒视文化为"一个复杂的综合体，它包括知识、信仰、艺术、道德、法律、风俗以及作为社会成员的一分子所获得的全部能力和习惯"（泰勒，1992，1）。而作为文化研究奠基人之一的威廉斯则以历史梳理为线索，将文化的定义划分为三，即"艺术及艺术活动（文化意义之一）；习得的、首先是一种特殊生活方式的符号的特质（文化意义之二）；作为发展过程的文化（文化意义之三）"（阿雷恩·鲍尔德温，2004，4）。不同角度的界定都有其合理性，符号学也给出了自己的界定，卡西尔判定："所有这些文化形式都是符号形式。"（卡西尔，2013，45）文化必然被符号所承载，格尔茨在《文化的解释》中也有过界定："我主张的文化概念实质上是一个符号学（semiotics）的概念。"（格尔茨，2014，5）赵毅衡在《文学符号学》一书中提出："文化是一个社会中所有与社会生活相关的符号活动的总集合。"（赵毅衡，1990，89）以上论断确证了文化与符号的关联，以及从符号学角度审视文化的理据性。

　　人们对于亚文化的判定，始终建立在对文化的总体考察上。波普诺（David Popenoe）在《社会学》对亚文化的界定是"从广义上来说，亚文化通常被定义为更为广泛的文化的一个亚群体"（波普诺，1999，79）。

　　作为文化的一部分，亚文化往往被视为与主流文化相区别的另类文化，人们对于亚文化的认识也总是建基于与主流文化或统治文化的区隔。对于亚文化，诸多研究始终带着符号学的视野，布雷克（Michael Blake）认为亚文化是"由处在从属结构位置的群体中发展出的一套意义系统、表达方式或生活方式，以回应占主导地位的意义系统，它表明处于从属地位的群体试图解决那些从广泛的社会背景当中产生的各种结构性的矛盾"（Blake，1985，8）。又如贝克尔（Howard Becker）将亚文化群体的形成归因于社会文化符号互动的结果，即社会群体制定规则，而将越出规则的人群贴上越轨标签，强势人群制定符号标签归类圈外人，道明了亚文化群体形成的社会根源。

总体来看，亚文化研究主要经历了三个阶段。第一阶段，芝加哥大学社会学系自 20 世纪 20 年代起对移民、犯罪青年、流浪汉、妓女等群体展开了系统研究。在都市化进程中，旧有的社会结构和道德秩序瓦解，由此导致了大量的边缘群体出现，他们被主流社会排挤从而形成亚文化。第二阶段，伯明翰大学"当代文化研究中心"开展流行文化与青年亚文化研究，聚焦青年亚文化的符号象征意义，即用仪式抵抗政治。这一路径关注到亚文化对于主流文化的反叛与挑战，这些亚文化群体，如泰迪男孩、光头仔、摩登派、朋克和嬉皮士等，通过特定行为方式和物件形成了自己的符号风格，以此标出自身，想象性地解决自身与主流文化的矛盾。第三阶段，全球消费文化席卷，符号消费蔓延，亚文化群体更趋流动、混杂与变异，难以捕捉。基于这一情况，"后亚文化研究"（post-subcultures sdudies）兴起，并指认了亚文化仪式抵抗的消解，其生存的物质基础和社会组织也存在巨大动荡，亚文化成为无关政治的流动身份，在符号消费的娱乐中寻找归属。

以上划分较为粗疏，笔者主要想廓清亚文化群体的演变与亚文化研究路径之间始终是动态变化的。从主流/边缘的二元区隔，到仪式抵抗的符号象征，再到混杂流动的群体特征，人们对于亚文化的审视早已摆脱了绝对贬义的色彩，对于亚文化群体的认识也应该走向理性辨识维度。伴随互联网技术的勃兴，消费浪潮的席卷，亚文化群体既有外在符号风格的标识，如杀马特、萝莉装、jk 制服、cosplay 等，也有内在的文化诉求与群体归属，如饭圈、动漫宅、网文圈、同人圈等，这些群体内部还有细致划分，如 lolita 洋装内部还有甜系、cla 系、哥特系、基佬系、中华风等风格细分。亚文化的多元性、混杂性、流动性特征增加了研究的难度，从符号学切入实际上可以从符号风格、符号象征、符号消费等多个角度正视这些变化，并总结出其中的形式规律与文化意义。亚文化与主流文化的区隔日益模糊，资本对于亚文化的收编使亚文化群体与主流文化之间的关系从对抗走向了共生。符号学的标出性理论、符号自我理论等，可以为文化标出及翻转的演变过程、亚文化群体的自我建构需要提供理论解释。

很难想象，整个社会文化只有单一规划好的面貌，所有人都遵循统一的文化秩序与符号风格。亚文化的出现正是文化多元化的表现，研究亚文化本质上是对于多元文化的理解与追求，人类生存在意义世界中，而我们必然要面对不同的文化。

情感符号现象学

谭光辉

　　情感研究是一个古老的课题，但是情感符号学研究是一个新课题。从人类文明诞生起，各种文化都不得不面对情感。各种文化都要研究情感、利用情感对人类社会进行管理，恰如人类必须研究身体以及药物一样。早期文化对待情感的态度主要靠经验积累，有很多宝贵的关于操控情感、利用情感的观念，但是不注重解剖分析，以致人们对情感的产生机制、运作原则、组成结构只知其大概，且随意性很强。总之，人们对情感的描述，既缺乏系统性，也缺乏统一的术语和方法。

　　西方近代哲学注重理性思维和分析思维，开始出现对情感进行解剖性分析的人物和观点。较早对情感进行分析性研究的包括霍布斯、斯宾诺莎、休谟等人。霍布斯在《利维坦》中用了较长篇幅分析情感的构成，他把欲望（或愿望）与嫌恶（即厌恶）视为最基本的两种情感，并以此为起点定义了三十余个情感概念（霍布斯，2017，35-44）。斯宾诺莎的《伦理学》分为五个部分，第三个部分专门谈"情感的起源和性质"，第四个部分专门谈"人的奴役或情感的力量"。斯宾诺莎试图用推导的方法考察情感，先下定义，再设公理，然后得出命题，最后在命题中去理解有关情感的术语，其中快乐和痛苦是具有本源性的两种情感。休谟在《人性论》用了一卷篇幅讨论情感，他在各种情感分析中大都运用了情感组合的分析方法，认为只有爱和恨是两种没有任何混合或组合的情感，其他多数情感都是复合情感，他继而细致地分析了多种情况的复合原理。应该说，在休谟的时代，他对情感的分析算得上是最深入、最详细的了。

　　与笛卡尔等理性主义者一样，这些哲学家的情感分析有一个共同点，先找出他们认为不能再进行分析的两种情感，然后以这两种情感为基础，再逐个分析其他情感是如何由这两种情感组成或推演出来的，恰如数学用五个公设推导出整座数学大厦一样。不过，哲学家们的看法不尽相同，比如霍布斯认为具有本源性的两种情感是欲望和嫌恶；斯宾诺莎认为是快乐和痛苦，爱是由一个外在原因的观念所伴随着的快乐，恨是被一个外在原因的观念所伴随的痛苦（斯宾诺莎，2007，111）；而休谟的看法则大不一样，他认为爱和恨才是本源性的，给其下定义完全不可能，无需根据其本性、来源、原因和对象对它们加以描述（休谟，2016，361）。哲学家们的矛盾让我们看到了情感分析的复杂性。

现象学兴起之后，对情感进行分析性研究又掀起一波热潮，其中影响最大的当数舍勒。舍勒并没有对情感进行系统的描述，而是对数种情感进行了深入的现象学分析，比如爱、同情、羞感、怨恨、悔悟等。与近代哲学家的做法一样，舍勒也设定了不可再分解的基础情感"爱"，以此为基础来解释其他情感的结构。舍勒的情感分析不乏精锐的见解，但他更重视的是讨论这些情感的伦理价值。在此之后，情感分析研究一度沉寂。

20世纪80—90年代初期，法国符号学家格雷马斯以及他的学生封塔尼耶等人另辟蹊径，开始尝试用符号学的方法分析情感。格雷马斯对情感的分析主要采用语义分析的方法，比如分析"愤怒"，他细致地考察了"愤怒"一词所包含的义素结构是"挫折"→"不高兴"→"侵犯"（格雷马斯，2005，230），然后再继续分析包含于这些小概念中的词中之义素，从而分析出"愤怒"一词复杂的内涵，从中窥见愤怒这种情感到底是如何产生的。20世纪90年代初期，他与封塔尼耶合作出版了《激情符号学》，为情感词建立了模态矩阵图，他们通过对法语情态动词的分析与组合描述各种情感词所表达的意义，为考察情感的内部结构提供了有益的方法，并得出了很有趣的结论。此后，法国学派多人参与此项工作，包括科凯、埃诺、贝特朗、塞尔托、P. 凯莱、埃尔蒙、佩兹尼等人。但是，法国符号学派的情感研究并未得到世界其他国家的响应，且由于其分析过于烦琐而导致其理论失去了简单易懂的优点。

21世纪，人工智能发展迅速，在数学运算、理性思考、数据记忆等方面均有突破性进展，在多方面均已超过人类智能；但是，人工智能的发展遇到了瓶颈——情感问题。虽然现代技术已经在语音、表情的情感识别方面取得了一些进展，但让机器人拥有自主情感却始终难有突破。科学家们认为：只有那些"既有理智又有情感的系统才能成为名副其实的智能机器"，"问题不在于智能机器能否有任何情感，而在于机器实现智能时不能没有情感"（李蕾、王小捷，2016，236）。但是，人类对于情感内部结构认识的局限，限制了人工智能的进一步发展。因此，建立情感符号现象学，对情感的发生问题、内部结构问题进行简单可行的描述，就成为当务之急。笔者近年来的研究，就是对解决此问题做出的一个心灵内部反省式研究的尝试。

笔者将情感视为生物进化过程中获得的一种生存能力，其工作原理是心灵对叙述及其判断做出的反应。心灵的情感意向性、情感直观、情感先验与情感经验、情感逻辑、情感分层、情感间性等问题的澄清，就可以在心灵与叙述之间搭建起必要的沟通渠道。快感和痛感是身体与世界的连接方式，叙述快感和叙述痛感是心灵通过叙述与世界连接的方式，这几者为存在感的获得奠定了基础，存在感对于情感的产生具有开启性意义。然后，笔者以存在感为基础，将情感主体和客体分别分为"在"和"做"两种模态，将连接方式分为"肯定"和"否定"两种模态，获得喜、悲、欲、惧、爱、恶、恩、怨 8 种基本情感，再由这 8 种基本情感互相组合得到 24 种复合情感，笔者分别对其组合方式和功能进行了阐述分析。更为复杂的情感，也可以通过复合情感分析的方法而得，比如羞感、耻感、幽默、幸福感、艺术情感、信仰等。

这种分析尝试，可以为我们探明各种情感的内部构成找到叙述方面的原因。除此之外，笔者还对情感交流方面的多个问题展开了讨论，比如元情感、附加情感编码、虚构情感、风格和修辞与情感的关系、无情、八卦与情感交流、情感病毒和免疫、情感在社会结构中的位置、可能情感等。

情感研究是一个极其复杂的问题，如何对其进行准确而可靠的描述始终是一个问题。对情感结构描述不清会导致情感模拟、人工情感等面临巨大的困难。虽然笔者殚精竭虑反复思辨和清理，但仍感觉力不从心，留下了诸多未解的问题，甚至前后自相矛盾。这显示出情感本身具有的抽象性和复杂性，需要更多强大的大脑对此展开思索。笔者坚信，在人工智能实现的过程中，人文学科工作者对情感的这种内省式思辨研究，必然会对人工智能的实现做出自己的贡献，也将为文学、美学、哲学、伦理学、法学等人文社会科学研究打开新的局面。

交互主体性

董明来

只要略微考察现代符号学的基本历史，就会发现这一历史自始至终带着对于交互主体性问题的强烈兴趣。结构主义体系中的"规约"概念，显然已经假设了作为交互主体性网络的社会对符号解释的基本作用。而在雅柯布森、艾柯等人将现代信息论中的编码－解码范式引入之后，符号学对交互主体性的研究更是成为其与广义的传播学的交会之处。实际上，甚至从其古典开端开始，符号学就将自己定义为一种讨论主体之间交流的学说，虽然"主体"这个概念在古希腊思想中，似乎尚未完全出现。根据托多罗夫的考察，在亚里士多德的符号学研究中，符号表达就被理解成了"约定"的东西，亦即生长于精神主体所构成之社会中的东西。

当然，在从泰勒斯到希腊化时期的漫长历史中，西方思想家往往把语言符号放在与逻辑、真理等概念的关系之中考察，而甚少将符号的交互主体性作为一个专门的课题加以研究。但是，在奥古斯丁的学说中，符号的观念则明确地与诸主体之间的关系关联到了一起；而奥古斯丁则被很多现代符号学家视为西方历史上第一位符号学家。在其《论教师》中，奥古斯丁将符号现象规定为交流的工具：对于意义而言，它不是必需的——也就是说，它不是主体把握意义的必要条件；后者有赖于圣灵在主体甚至在属灵人类灵魂之中的"无声言说"。甚至在忏悔的过程中，主体灵魂与神之间的"交互主体性"交流，也并不依赖于符号。但是，在人与人之间的交流中，符号却是必需的。这意味着，在奥古斯丁这里，由符号所关联起来的交互主体性，属于拥有肉体的主体们。这种对符号之交互主体性的具身性理解，对后世思想影响巨大。

与奥古斯丁类似，霍布斯把符号尤其是语言认定为交往的工具：唯有通过符号，人类才可能记录并且传承知识；但是和奥古斯丁不同，霍布斯认为，语言的使用与意义的产生息息相关。在这个意义上，霍布斯可以被理解为一位"现象学式的符号学家"：也就是说，他已经关注到了符号与表达问题在意识之中的生成这个问题。在其整个政治哲学体系之中，符号的交互主体性品格扮演了重要的角色。

从其"现象学"的一面来讲，霍布斯把符号的产生理解为记忆过程的延伸：通过使用作为记号的符号，人类主体能够更好地发挥其记忆力，并且形成关于诸过去经验的，整一的抽象知识。也就是说，在霍布斯这里，语言符号与理性之间的关系，被倒转了——理性乃是语言的造物，而农业、工业、商业，以及科学等只能经由人类的交互主体性合作才可能展开的行动，则又依赖于人类的理性。

更重要的是，霍布斯意识到指向对象之符号本身对于主体而言，可以是爱憎的对象：他指出，语言可以令人愉悦，也可以伤害人；荣耀本身，也可以被理解为对未来之安全和臣服的符号——而人类对此类符号的特殊喜好，正是导致人类尤其危险的重要原因之一。也就是说，在霍布斯这里，由对符号形式的不理性的喜恶，乃是政治这种人类独有的交互主体模式的基础。

可以说，霍布斯是最早地洞见符号对人类交互主体性之塑造力量的思想家之一。而在晚期现代性的视域下，马克思以及各类马克思后学们，实际上也正是沿着类似的思路展开其对资本主义体系的批判的，虽然马克思本人在对资本拜物教进行思考时，或许并未直接受到霍布斯的影响。但从符号学的角度来说，马克思对商品拜物教之分析，可以说是"符号学式的"：他分析的资本，首先是社会劳动的符号；然而，作为资本符号体系自身的运作逻辑，正是主体以及社会被异化的根源之一。

马克思对资本主义的批判，可以被理解为对一种符号系统的批判；此符号系统之所以会把哈贝马斯所说的，建立在互相尊重之基础上的交互主体性关系扭曲成一种工具理性的关系，正是由于在此过程中能指（货币）本身成为社会性主体行动的目的。后世批判理论对这一思路的延伸，在本书"符号的主体建构"一节已有论述。而在更为晚近的思想史阶段中，对于符号之交互主体性这一论题而言最为重要的思想流派，毫无疑问乃是由胡塞尔所开拓出来的现代现象学思想；毕竟，"交互主体性"这个术语本身，就是经由胡塞尔的思想而进入现代学术之一般术语列表的。因此，在此有必要对胡塞尔本人的交互主体性思想，做一介绍。

根据《笛卡尔式的沉思》与《纯粹现象学与现象学哲学的观念》（第二卷）这两部著作，他人的主体性是通过他人的身体而进入我的意识之中的。这一过程经常被描述为"共情"的过程。也就是说，我之所以能够意识到他人乃是另一个主体，是因为属于他人的身体与我的身体"类似"。当然，他人身体并非在视觉外观的意义上与我的身体类似。把我的身体和他人的身体关联起来的，是一种"行动的合理性"。根据胡塞尔的看法，他人被呈现给我的方式，乃是我的经验。这意味着他人也只能作为意向对象而在我意识的构建性行为中展开其自身，因为其心智上的主体性，只能作为物理行动的"另一面"才能出现。某一外部对象的外貌完全是一块石头，只要它按照某种特殊的方式行动，我也可以通过共情的过程将之把握为属于一个主体的身体。

胡塞尔分析中的他人之身体性呈现，在某种程度上也可以被符号学式的理解，因为在他的理论当中，他人主体之意识行为本身只能是他人之反思性意向的直接对象；对于我的直接意识把握而言，这些意识过程则是"封闭"的。我通过他人身体行动对他人主体性的"推测"，也就是把他人的主体性作为符号解释项来把握。用胡塞尔本人考察意义与表达的术语来说，我对他人之意识的符号性把握，永远也不可能真正地获得充实。同时，虽然"我"不能以"他"的方式意向在"他"视域中的东西，但是"他"的视域本身，却与"我"的视域有着某种联系：这种联系的实质在于，此两个视域都处于一个更大的，具有包容性的视域之中。甚至处在交互主体网络中所有主体的视域，都共享着一个最大的总视域——这个总视域，叫作"世界"。用克劳斯·黑尔德的话来说，世界乃是"普全的绝对非课题性的视域"（克劳斯·黑尔德，2003，64）。这就意味着通过我与他人之交互主体性承认而建立起来的世界，从一开始就是一个由"他人的身体符号"所构成的世界。

如果说作为符号的他人身体乃是交互主体性世界得以呈现的基础的话，那么对其他类型文本的读解，则是在这个交互主体性世界本身之中展开的。在笔者的《在现象学视域内对符号真值的分析——与赵毅衡老师商榷》一文中，笔者分析了交互主体性的世界如何使不同文本类型之区分成为可能。笔者提出，处于交互主体性世界之中的主体，只能从自身被限定的视野出发经验世界，或者理解文本；但是，与他人主体在此世界之中的共在则给出了视域的可融合性。唯有能够在世界之中为诸主体所共享的经验，才可以说是"属于我们这个世界"的经验；而唯有当一个符号文本的对象乃是这种被共享之经验的意向对象之时，这个文本才是一个"可证文本"，亦即可能正确或者错误地描述了"我们的世界"的文本。

同时，笔者提出，通过"分享视域"而构成了世界的诸主体之间的联系，并不需要直接的交往：他们之间的关联性，类似于维特根斯坦所谓的"家族相似性"。简单地说，与我分享世界这个总视域的某个主体，可以从本质上不可能与我发生直接的交往（她可能在我出生前就已死去，或者在一百年后才诞生），但是，如果处于我视域中的第三个主体的视域中，有第二个主体，那么第二个就也和我分享着一个世界。通过这种邻接性，我能追溯到对任何一个"此世界之内"对象的直观经验。而如果一个文本描述的对象无论如何追述，都不可能为一个与我同处于交往之家族相似性网络之中的主体所经验到的话，那么这个文本，就是一个虚构的对象。

总而言之，在现代视域下，符号学不但已经突入了传播等对交互主体性的，具体的研究领域，而且仍然携带着来自各种哲学传统的，关于交互主体性的本质知识。在这个意义上，符号学可以说既是交互主体性哲学传统中的一环，又是从此哲学传统中生发出来的诸学科的交会之所。

空符号

胡易容

　　"空符号"是传播符号学中非常重要却常被忽略的课题。人们通常认为，一旦符号缺失，过程不完整，似乎就越出了基于信息论背景"传播学"探讨范畴。李特约翰的《人类传播理论》列举的九种传播类型，是围绕"传播是否必须具有意图"和"传播是否一定要被接受"两个问题展开的，而空符号很可能处于发出者意图之外，仅仅是读者感知的结果。

　　总体来看，传播学对"空符号"的探讨较为缺乏，但"空符号"在传播学中的重要性并不亚于任何"实有"符号的可能性。空符号无处不在，且在传播中起到重要作用。无论是意图不明显的"信息沉默"，商业广告中的刻意留白，还是"开天窗"，都是传播学领域中极具研究价值的课题。作为一种意义的形式论的符号学在思辨性地考察这些"不传播处的传播"时，极具启发性。

　　不过，符号学本身对空符号及其相关研究的术语、观念乃至定义并不统一。在术语方面，空符号临近的概念有"零符号""空符号""无符号"等，且这几个术语长期混用，有待厘清。印度语法学家巴尼尼（Pānini）在他的梵语语法《八书》中就已经涉及"zero"概念。索绪尔在讨论语言的静态与演化时指出，"对于观念的表达，实体性的符号并非不可或缺，通过'有无的对立'就可以满足语言表达的需求"，（Saussure，1969，86−87）他还在英语和法语的比对中谈到了"零符号"的语法表达。日本语法学家时枝诚记（Tokieda Motoki）早在 1935 年就提出句法中的"零符号"（零记号）概念，通常是指"句中被表达的内容不用语言形式表示"的情形。（刘耀武，1983，6）巴尔特则将"零度"解释为"有意义的缺席"，强调了"缺席"的意义。

　　在诸多差异当中，"缺席"是令人无时无刻感受到其存在且印象深刻的一个关键词。"缺席"是西方"存在论"问题中与"在场"对应的一个重要概念，指的是"存在"的缺失状态，即"存在"隐蔽于此时此刻，可以理解为一种"空白""不在场"。在符号学中，符号释义的基本动力正是因为意义的"缺席"，意义不在才需要符号，意义在场了，符号的必要性就消退了。此处的

"缺席"指的是符号意义的阙如。而对空符号进行系统、全面研究的则是韦世林的专著《空符号论》。

"空符号"并非"无意义",其空缺仍可被感知且带有意义,只是符号化过程往往要通过"以有观'无'",实现"'无'中生有",视具体的符号系统或情境而定。韦世林将符号分为空符号与实符号两类,认为"任何符号系统都离不开空符号",缺少了空符号的符号活动不是真正意义上的符号活动。赵毅衡将符号看作"符号载体"的感知与其携带着的意义之间的关系。但感知到的符号载体不一定是物质,也可以是物质的缺失,只要缺失可以被感知,且经常携带着重要意义,如画中留白、音乐休止符等。陈宗明认为,"空符号就是符形空位的符号"。曾庆香指出空符号的能指为能被感知到的"无声无色无形"的空无,但具有确定的所指对象。杨锦芬认为,空符号不仅是静态的,也可以是动态的,分为消极空符号和积极空符号,二者可以互相转化。

不少学者从语言学角度分析了空符号。王希杰认为空符号只具有所指,并无能指,自身还不是符号,却可以被符号化。徐国珍认同王希杰的说法,将物质社会中客观存在着而语言社会中却没有相应的语言符号的现象,称为"语言中的空符号",空符号在不断被填补的同时又在不断地产生,新词在不断产生的同时又在不断地消亡。曹慧通过对潜词、空符号和缺位三者之间的关系入手,着重分析了汉语称呼语缺位的类型及其成因。何晓兵、王凌雨经过文献梳理与翻译比对,指出"乐舞"概念在英语世界中是一个空符号,汉语的"乐舞"概念无法与英语概念对译。

空符号在叙述文本分析中得到应用。韦世林认为"空符号"具有美学价值,体现在参与文本艺术美的创造及欣赏过程中。汤文莉把广告中的留白视为携带意义的空符号,能发挥以少胜多的作用。王丹宇认为只有将战争空符号放在图片所展现的实符号系统中加以阐释,才能获得摄影师的终极意旨。

笔者在《艺术文本中"空符号"与"符号空无"辨析——电影人物影像符号"不在之在"的表意机制》一文中对"空符号"相关术语提出了更细致的区分:"零符号""空符号""无符号"之间对符号过程诸形式要素的抽离有一个渐进的过程:"零符号"抽离了赋值的偏向,指向符号"零";"空符号"抽离了符号对象,更接近数学上的空集,但符号形式边界仍是可追溯的。"无符号"最具哲学意味,它没有确定的赋值释义(因为其不必然进入感知),而是一种意义的待在,当且仅当被获义意向感知,而逆向建构出"空符号"并实现意指。从符号归类逻辑角度,区分"符号的空无"与"空符号""零符号"的关系更有利于澄清符号自身的范畴。

噪 音

何一杰

噪音通常被看作一种干扰，它在信息论及受其影响的学科中指削减信号的东西，比如多余信号、错误信号、静电干扰或失真，在符号学中噪音有时和意图关联，可解释为"不想要"之意义。

针对传播噪音的大量研究始于第二次世界大战末期。为了优化控制系统，破解敌方情报，很多数学家、物理学家和工程师开始关注噪音问题。其中对现代传播学影响最深的专著是香农与韦弗的《通信的数学原理》。香农将意义排除至体系之外，将一般理解的传递意义变为在一点精确地或近似地复现在另一点所选取的讯息。他意识到人的解释是传播的重要环节，但通信工程不需要研究这些解释——它不能进行数值的量化，不能通过技术进行控制，由此意义被排除在信息论之外。

随着信息论影响力的增加，噪音这个概念进入了各个学科之中。除了理工学科领域，符号学、传播学、艺术学、心理学、哲学等很多人文学科领域都开始使用香农意义上的噪音概念来解决各自领域中的问题。在这个过程中，意义问题开始重新附着在噪音的讨论之上，但排除了意义的信息论概念如何讨论意义问题的矛盾，这一问题尚未得到很好的解决。

传播学因为受到信息论的影响，其对噪音问题的研究自然沿袭了香农的模式。柯思科认为噪音的出现将如同混沌理论和模糊逻辑一样，成为科学关注的重点。噪音的客观表现是信号，而在主观上，噪音是我们不想要的信号，是一种价值判断。噪音破坏个人所希望的良好信号或者宁静，当噪音的数量足够多时，这种危害就上升到了公共领域（Kosko，2006）。努纳斯集合了对错误与噪音的逆向思考，即在新媒体文化中错误与噪音对主流社会文化结构稳定性的破坏。信息的流通减少不确定性，而诗性则保持文本的含糊性，由此增加意义的可能。于是在新媒体文化中，错误与噪音呈现诗性，以反叛的姿态挑战主流权威（Nunes，2011）。在一些传播学的论著中，噪音被视为媒介信息的喧哗。拉金以尼日利亚的电影为文本，分析在不同的文化语境下电影中信号与噪音，即被解释为意义的信息与被忽略的信息的变化（布莱恩，2014）。拉金的论述主要从人类学出发，对媒介技术与殖民统治的关系进行了思考，无论是题目中的"信号"还是"噪音"，都成了更为抽象的比喻。其中的噪音——基础设施概念与技术的冲突——的确是传播学中所谓最广泛的一种影响传播的形式，但若将噪音的外延扩大至此，那么噪音的范围就太过广泛了。

弗雷德曼将追求安静，远离喧闹的理想大众传媒视为一种自治权，指出强制性的传媒信息出现在各个地方，而且越来越难以提防，媒体的噪音是自由的对立面（Freedman，2009）。弗雷德曼显然处于一种精英阶层的解释规范中，预先设定每个接受者都是自主的，有辨别欣赏能力的，于是与之对应的传媒信息成了噪音。他在这种单一的规范之内进行的细致而深刻的论述，同样也勾勒出了一个对立的规范阶层：那些渴求娱乐与消遣，希望在传媒的幻象中满足自己某种欲望的社群。对于这样的社群而言，噪音就不再成立，对噪音的指责和抗争反而成了新的噪音。

符号学以意义为研究的核心，但在处理噪音问题的时候，依然借鉴香农模式。西比奥克和艾柯都在其著作中讨论了噪音的问题，但大多是借用这个信息论的概念来分析符号文本，将其作为佐证他们建立的符号学体系的对象，简单提及。

巴尔特对噪音与艺术的关系进行了深入探讨，但是在其不同时期的著作中，二者的关系并不固定，甚至是矛盾的：巴尔特早期认为艺术无噪音，后期则认为艺术就是噪音。他在《流行体系》指出，对于描写服装的语言来说，"任何东西都不能干扰它所传递的单纯意义：它完全是意义上的，而描述是一种无噪音的言语"（巴尔特，2000，18）。但他对文学的看法则恰好相反："假若设定此双重理解远远逸出双关语或含混的有限框架，并以各种形式密切渗透入全部古典写作的深处（就是根据它对多义的喜好），则文学实为'噪音'艺术。"（巴尔特，2000，246）服饰系统是封闭的，因此其中没有噪音；文学写作则是开放的，其中充满了噪音，但同时文学又是包容这些噪音的，所以在这样的文学观念下，文学就是噪音的艺术。在巴尔特后期的论述中，信息论的"噪音"已经与意义混杂了，他已经接触到了科学体系与人文体系面对同一个概念的不同判断，但并没有在那些散文一般的论著中进一步思考这个分野和矛盾。

哈曼提出了三种随时都包围着对象的噪音形式。其一，在我们的感知中，虽然注意力会集中于感知对象的主要部分，但仍有一些琐碎细节并不是注意力的直接对象，且无法忽略。其二，即使物的本质没有改变，其表现形式也在不断变化；这些在知觉恒常性周围变动的表现形式成了一种噪音的形式。其三，物总是被混沌包围，同时这种混沌又不会影响物本身。物的本质与在其轨道上展开的诸种感知考验相抗衡，即是与噪音的抗衡。哈曼将这种与物相关联的混合状态中物似（object-like）的品质称为黑噪音，而将需要被人思维指认为噪音的那种尖锐刺耳的混乱品质称为白噪音（Graham Harman, 2005）。对噪音的这种思考是具有启发性的，它从哲学上扭转了对噪音的负向认识，噪音不再是一个被排斥的对象，而成了我们认知中的一种建构力量。

赵毅衡在《哲学符号学》中指出，噪音是感知区隔中应当但未能被悬搁的部分，区隔在划出意义的活动区内外的同时确定了符号感知中的噪音。噪音与意向性有关，是应当被意识悬搁但偶然进入解释的观相。这便将噪音回溯至意义产生的原初，产生噪音成了人意义活动不可避免的结果。随后在论及噪音与冗余关系的时候，赵毅衡将噪音看作冗余的一种，并论述了艺术与冗余的关系。

另外一些值得关注的噪音研究从其最初始的声音范畴出发，展开了意义层面的讨论。阿达利提出"音乐政治经济学"，认为噪音即是对差异的质疑，音乐（秩序）则是对差异的继承。音乐与政治经济学的关系是指从音乐的内容形式与传播接受中察觉出意识形态，噪音预言了意识形态和社会变革。希翁认为声音是一个技术、倾听、思考以及词汇整体介入的认知行为，整个声音都是人为的产物（希翁，2013）。他将噪音仅仅视作一个词语，噪音无论如何定义，总会有一些违反定义的显现场景，于是他满足将诸多噪音的定义、研究与宣言列举出来，指出其中的矛盾之处，而不对噪音这个词汇显露的意义矛盾进行深入的思考。

以上对噪音的研究主要从符号与意义的角度展开，思考噪音出现与识别背后更为宏观的文化与意义世界。除此之外，人文学科领域还有相当多基于香农模式的符号传播噪音分析，本文不再一一列举。

噪音这个词汇不是信息论原创，而是借用了人类文化中一个古老的声音概念。香农之后，"噪音"一词在使用中被赋予了越来越多的意义，相关的研究领域也越来越多。噪音的外延早已从最初的声音中突破出来，并且持续呈现出扩大的趋势。不同的学科在研究中不约而同地找到了某种对象物的相似性，并且都欣然接受了噪音的命名，这种现象值得关注。

当然，最简单的解释就是信息论的影响，但当符号学与传播学将意义的审视投向这种噪音共性的时候，信息与意义的矛盾应当获得重新解释。更进一步说，噪音的出现或许意味着在香农之前就早已出现的一些形而上学的预设，将传播研究（不论是纯粹技术还是纯粹意义的）进行了限定：意义的产生、传播、解释始终应当是确定的、清晰的、可知的，因此对意义的研究也应当努力探索一个确定性的体系。当这样的预设有了足够广泛的延伸和探索，并且在人类文明无穷无尽的意义产物中获得了理论乃至实践的正向检验时，"噪音"这个词汇留下的阴影不应当被忽视，这或许就是符号传播研究中的一朵乌云。

礼 物

赵星植

礼物交换是人类社会中最基础、也最复杂的符号交际行为之一。有关礼物的研究，早在 20 世纪初由法国学者马塞尔·莫斯（Marcel Mause）揭开序幕，并作为一种"元范式"而广泛渗透到整个人文社会科学领域。莫斯在《礼物：古式社会中交换的形式与理由》（1927）一书中把古式社会的礼物交换视为"总体的呈献体系"（Systeme des Presentation Totale）（莫斯，2002，9—10），是古式社会经济-道德、法律-习俗及其背后人性基础的基本社会实在。相对于以商品交换为基础的现代社会，礼物交换是古式社会再生产的最底层规则。

莫斯的这一礼物研究路径，启发了 20 世纪几位重要的法国符号学者的符号学理论建构。而这一礼物符号学研究理论模式，缘起自列维-斯特劳斯，他通过结构主义符号学范式，将莫斯的经典范式转化为整个社会无所不在的集体无意识的精神结构与各种文化象征体系，进而建立了一种具有普遍象征性的社会交换体系理论。沿着列维-斯特劳斯这一逻辑，布尔迪厄、鲍德里亚等人，发展出所谓"文化资本与象征力"（布尔迪厄，2012）、"象征交换"（鲍德里亚，2006，46）、"文化再生产和文化消费"等理论。

上述三位符号学者对礼物的探究，尽管研究立场不同，但逻辑非常一致：当今社会"符号交换"已取代"礼物交换"，成为社会再生产以及权力和意识形态斗争的基础，因而符号/象征、能指/所指，便如古式社会的礼物一样，成为决定当代社会和个体生活的结构性力量。显然，这种象征交换的文化批判研究范式，已超越礼物研究的论域，成为当今文化社会研究的重要视域之一。

而在另一端的英国，被誉为符号学之母的维尔比夫人（Victoria Lady Welby）则早在 19 世纪的晚期展开了她对礼物的表意学（significs）研究。她指出礼物的逻辑（gift logic）应当成为符号关系的构成要件（constitutive component），而这种意义关系决定了符号意义生产与实践的全过程。（Welby，1897）维尔比的符号学是以"他者"（otherness）理解和对话为导向的，暗含的是诸如批评创造性、责任、呼应性和远离偏见与教条主义的自由等价值观念的培养。因此，维尔比所谓的礼物逻辑，实则是指礼物交换中所体现出来的互惠原则，以及以他者为参照的符号交流特征；而这成为符号表意过程中对"基于他者的互惠式对话原则"（Petrilli，2007，108−120）的隐喻。

可以看出，20 世纪以礼物为中心的符号学以及其他人文社会科学研究，均是以礼物交换的互惠模式为基础，将研究延伸到礼物交换以外、更为宏观的其他社会交往与表意活动。实际上，除了上文所提的几位符号学者，20 世纪人文社科领域的诸多学者，以礼物交换作为一种"元范式"，作为其理论研究出发点：从葛兰言（Marcel Granet）到巴塔耶（Georges Bataille）对礼物习俗和仪式与献祭意义的深入发掘；从古尔德纳（Alvin Guldner）到萨林斯（Marshall Sahlins）、韦德（Annette Weiner）对莫斯"礼物之灵"的再阐释；从马利翁（Jean-Luc Marion）到德里达（Jacques Derrida）对"礼物现象学"与"解构礼物"的纯哲学思辨。论者所及的"礼物"，均在抽象意义上的"符号交换关系"，以及在此交流机制上形成的社会意义解释规则与伦理规则。

20 世纪晚期至今，礼物研究已经逐渐融合为一个高度跨学科的学术议题。这一跨学科的趋势，与礼物这一研究对象的本质有根本的关系：作为一个关系符号，礼物所携带的复杂多样的人际关系象征意义及其表意过程，不得不让符号学学者们细致处理。此外，作为人际传播中的一个基本现象，礼物也是传播学者们感兴趣的议题。特别是近年来短视频直播平台的兴起，"礼物打赏"与虚拟社群互动成为一个日益凸显的传播学议题。同样，礼物经济的兴起，礼物与商品在现代社会中的相互关系，也引发了经济学、社会学、人类学学者们的共同注意。然而这些领域的学者，均没有把自己的研究称为"礼物符号学"，尽管他们自觉地把礼物符号问题纳入研究之中，拓展并丰富了礼物符号学的研究视野。

但这也从侧面说明，建立一门系统的礼物符号学（semiotics of gift−giving）理论迫在眉睫。这首先是因为当代礼物交际中形式与意义问题凸显，使有关礼物的意义研究呼之欲出。从本质上说，礼物是一种"关系符号"（建议西文译作：Tie−sign，赵星植，2014），是馈赠者表达双方关系意义的所采用的符号载体，而礼物交换则是一种符号表意实践活动。当今社会中的礼物符号交际行为，明显地朝向"物−符号"的两极化发展。

一方面它作为符号表达关系意义的价值正在收缩，另一方面它与商品的边界变得模糊不清。礼物馈赠变得如商品一样，其携带的人际意义，可以用物的实际价值衡量。正如德国学者赫尔穆特・贝尔金（Helmuth Berking）所述："礼物的馈赠行为在当代社会呈现出越来越多'量'与'质'的重要性，更为重要的是，它自身还经历着一系列语境化与社会道德规范归属的形成过程问题。而这样的形塑过程恰恰与现代社会的道德基础的相关问题紧密相连。"（Berking，1999，2）

我们深刻地感觉到，不从意义规则层面去探究礼物作为符号的本质及其所携带的一套独特的表意模式，当今社会仍将陷入对礼物形态与意义的双重迷失之中。礼物交换就是馈赠主体间建立意义、表达意义、维护意义的符号过程，那么，符号学作为意义学，就应当是礼物研究的用武之地。因此，"礼物符号学"的任务，便是探究礼物这种典型的"符号－物"，在具体交际过程中的表意特征，以及由此带来的社会与文化后果。

其次，礼物形态与意义的变迁，同时也带来了当今社会对礼物价值的评价危机。从公共领域退回到私人领域的礼物，现已不再是社会再生产的核心环节。但社会元语言更迭的滞后效应，使礼物交换在当今社会中的价值评估产生阐释旋涡。这导致当今社会礼物价格高度溢出，礼物与"贿赂"边界模糊，送礼动机从"高尚"变得极具功利等具体的社会问题出现。同时也让参与礼物符号交际的馈赠双方，无法对礼物的意义与价值做出合理的评价。

这种评价危机，既是一种伦理危机，更是一种意义危机：文化社群围绕礼物符号解释所建构的社会元语言及其意识形态机制，暂时无法跟进礼物形态变迁的脚步。因此，礼物符号学的另一个任务，便是探明礼物符号背后所携带的元语言体系及其变迁方式。正如伦理符号学者佩特丽莉所言，符号学应当与礼物研究形成一股合力，从而在"社会泛爱主义的逻辑"下更好地理解激烈的社会变化。换言之，符号学应当为作为社会符号交流之重要组成部分的礼物表意系统的伦理价值及其流变做出相应的判断。

再次，理论与范式扩充有其必要性。即便礼物研究已有百年的历史，但相关研究要么脱离了礼物这一研究对象自身，从抽象意义上讨论与礼物交换模式像似的社会文化生产机制；要么把研究限制在某种文化社群（特别是后进社会）某类礼物的研究中。这导致我们很难在总体层面梳理人类礼物交换的意义模式，更难寻找当代社会中礼物交换的价值与定位。因此，礼物研究的第三个重要任务，便是站在整个人类文化表意层面、从共识与历史两个方向探究礼物表意的符号形态及其整体的意义变迁规律。

国内外学者现已着手开始建构系统建构礼物符号学。在国外，以德国学者贝尔金为代表，在其专著《馈赠的社会符号学》（贝尔金，2016）一书中，他把符号学与人类学和现象学相结合，仔细检查礼物馈赠行为是如何贯穿整个人类文明史、参与人类从蒙昧走向社会化整个进程的。他指出礼物馈赠本质上是一种人与人关系的能指，而馈赠仪式反映了人类的文化变迁、社会关系和价值追求。

从古代社会在礼物交换中通过"符号暴力"（如"夸富宴"）制造权力不对称结构，进而形成社群间的融合或冲突；再到现代社会"宾客制"的形成，利用非生产性财富的无限支出积累荣誉和提升名誉，使礼物原本丰富的文化意义扁平化。贝尔金的研究表明：作为符号的礼物，始终伴随人类文化发展的全过程；它在不同的元语言环境中，呈现截然不同的意义表达方式并会导致不同文化社会结果。

通过符号学文本意向性与人际关系的时间性维度，人们对人类文化中存在的各种礼物类型及其功能进行分类，试图从意义与形式的角度厘清礼物符号的边界。在此基础上，对不同类型礼物在社会交际中的主导表意功能偏移（赵星植，2013），以及符号修辞对礼物表意的具体影响（赵星植，2014）进行了细致辨析，试图从符形、符用与符义层面，搭建一个完整的礼物符号学体系。

赛　博

赵星植

　　交流或传播（communication）是符号学关注的中心议题，因为它关涉符号、信息与意义的生成与交换过程。随着生物符号学模式的崛起，西比奥克（Thomas A. Sebeok）把传播置于该学科的中心：通过对物种内外部符号交流的研究，可以更好地了解人类交流的独特性。生物符号学致力于探究动物以及其他生命体是如何被赋予用特定符号进行交流以生存的能力，以及人类符号活动与符号活动之间的区别与联系。因此，它将提炼物种间与物种内部的符号交流活动的共性，从整体性方面归纳为理解符号交流与现象。

　　生物符号学的这一符号传播与交流研究路径，在北欧学派得到了发展。以霍夫梅耶尔（Jesper Hoffmeyer）为代表的第一代北欧学者，其理论特色就是把信息学、控制论等理论应用到对生物符号活动的探索之中。该路径被丹麦学者索伦·布瑞尔（Soren Brier）在 21 世纪继续拓展为"赛博符号学"（cybersemiotics）。他又把这一学科称为"赛博生物符号学"（cyberbiosemiotics），旨在把控制论、信息论、现象学以及人文科学领域的重要思想同时引入生物符号学范式之中，从最广泛的意义上探索生命体信息、认知与交流的相互关系。

　　　　这一关于信息、认知与传播学的超学科（transdiciplinary）框架，被称为赛博符号学。它试图利用皮尔斯生物符号学（peircean biosemitoics）去说明如何结合自然科学、生命科学、社会科学以及人文科学的相关成果，去探究意识的各个面向。（Brier，2014，3-53）

　　毫无疑问，赛博符号学是高度跨科学的，这与 21 世纪符号学运动的跨学科特性高度契合。布瑞尔认为，信息、认知、传播、智能（intelligence）与意义是早已有之的哲学议题。但随着维纳（Winner）的控制论以及香农（Shannon）的信息论提出，该议题逐渐汇聚在计算机、信息系统以及互联网这一跨科学语境下。但若综观整个生命体界，无论人类、动物还是细胞之间的信息交流与传播现象，现有任何单一的学科都无法解决在各级传播活动中的信息认知与传播等问题：

> 认知与传播散布在社会之中，也体现在生物－物理领域与文化领域。存在一种传播与交流行为与生命实践融合，也把语言博弈与生命形式融合，还把交流能力与广义的社会文化能力融合。（Bier，2013，220－263）

这也就是笔者将该学科"Cybersemiotics"译为"赛博符号学"的原因。在互联网时代，以赛博空间为语境的信息理论随之兴盛。正是在这种背景下，赛博符号学应运而生。他关注的不只是控制论（cybernetics），而是把所有关涉"信息"与"传播"的相关领域融合到一个学科框架下。在其专著《赛博符号学》（*Cybersemiotics: Why Information is Not Enough*）一书中，布瑞尔进一步指出为何需要从超学科的视角去探索认识与信息问题：

> 把"认知"与"传播"概念化，使其能共存于科学与心理学之现象学层面的理论框架之中。并且，现有关于意义与传播的社会科学理论往往把这两个概念视为人类专有的能力。因此，该科学将致力把生物学、以及处理生命与认知关系的动物行为学，置于中心。（Brier，2008，5）

因此，赛博符号学的目标是建立一种"超学科"（transdisciplinary）框架，把广义符号学理论（主要是皮尔斯符号学）、生物符号学与信息论、系统论、认知语义学以及语言博弈论等学科融合成一个统一的理论框架（Soren Brier，2008，4），处理信息、认知与传播之相互关系问题。

布瑞尔建构了赛博符号学这一超学科框架的五个主要层次。

第一层次，是物理学所谓的"量子真空"（quantum vacuum）领域。传统观点认为该领域发生的因果关系（causality）是无生命的，也就是无意义的。控制符号学则把该领域视为第一性的主要部分，它包含感觉质（qualia）与纯感觉（pure feeling），是其潜在意义的存储之地。

第二层次，是有具体效果的因果作用层面，也即皮尔斯所谓的第二性。这一领域在本体论上由如动力学、热力学等经典物理学理论主导。但对于皮尔斯符号学来说，作为一种意义活动领域，它是思维之意志（willpower of mind）的展现。

第三层次，是正式的因果作用显现的层面。即规律性或第三性成为固定模式（pattern）之间互动的关键因素。这一层面在本体论上由化学科学所主导。而该层面在本体论特性上的差异，是区别物理学与化学之关键。

第四层次，是生命自我组织活动（self-organized）以及具体符号互动行为显现的领域。这一领域存在于多细胞组织内部即西比奥克所谓的"内符号活动",也作为一种"符号博弈"(sign games)存在于生命体之间。这一框架基于生物符号学,即信息概念可以在化学分子层面被分析。但生物符号学不能够详细分析生命系统如何作为一种交流的、动态的组织闭环而存在。赛博符号学将在这方面进行补足。

第五层次,是人类语言博弈活动、人类自我认知现象的层面,它伴随理性、逻辑思维以及创造性推断力(智性)的产生。这一领域的关键,是符号表意与解释活动中的试推(abduction)能力。该能力意味着自然界中的任何事物,会形成一种解释习惯,被符号化。同时也表明人类心灵可以把自然界中的某种规律性与稳定性认知为某种具有固定价值的,解释项关于这五个层面的详细论述。(Brier,2008,34)

赛博符号学作为北欧生物符号学派在 21 世纪的最新发展趋势,已展示出巨大的理论抱负。它试图打通自然科学与人文科学之间的壁垒,建立一个可以描述普遍信息与符号传播规律的超学科符号学。但从目前来看,相关研究主要停留在理论框架建构阶段,其理论适用性还有待进一步检验。

名 流

闫文君

　　名流文化在全球都可谓引人注目的传媒景观，既引领着大众消费，也影响着社会价值观的建构。名流文化成为当代文化的重要构成绝非偶然。从传播学的视角观照，这是大众传媒为迎合受众而与商家共同制造出的消费神话；从社会学的视角观照，其实与社会意识形态和文化的变迁密不可分。对名流进行研究，正是要通过"名流"这一特殊的群体揭示其所携带的社会文化内涵，而符号学即意义学，因此符号学理论是研究名流文化的恰当视角。事实上，名流文化与传播符号学的联姻也是相关学术研究避不开的一个维度。

　　名流文化的发展与大众传媒的繁荣及消费社会的兴起密不可分。当然，由于生产力决定生产关系，事物与经济的联系必然会反映到社会文化的其他领域。围绕上述几个方面，自 20 世纪 80 年代起，国内外陆续出现了名流文化的研究论著。尽管其对符号学理论的系统运用极为鲜见，但为数不少的名流文化研究都涉及了一定的符号学概念。

　　名人符号在消费社会建构过程中的引领作用是名流文化研究着墨最多的方向。大卫·马歇尔（David Marshall）在 1997 年出版的《名人与权力：当代文化中的名声》一书中认为，名人是当代社会文化权力的一种表现形式。围绕这一论点，马歇尔从三种不同的理论视角对名人文化进行了分析。符号学理论正是其中的一种。他用符号学理论分析了名人符号的生产与消费，并论述了名流在消费社会建构过程中所起到的意识形态引领作用。此后其他学者的著作无不将名流文化与消费社会的关系作为论述的必备要点之一，但又各有侧重，如名流文化与媒介的关系、名流文化对受众自我认同的影响及名流文化与权力的关系等。

　　大众传媒与名流文化的发展在某种程度上可以说是一体共生的，大众传媒造就了名人，而名人身上的光环效应又转而促进了当代以大众传媒为平台的注意力经济的诞生。比如，19 世纪末，电影这一大众传播媒介的出现，直接促进了好莱坞这一影片生产基地与明星制的形成，而明星的发展史与影像媒介的发展史几乎同步。杰西卡·埃文斯（Jessica Evans）的《媒介对名人的作用》就谈到了媒介怎样制造名人与观众怎样参与了名人制造，从历史、文本、生产、受众等四个方面对名人进行分析，而且提到了名人符号的形成。帕米拉·丘奇·吉布森（Pamela Church Gibson）的《时尚与名流文化》分别论述了"时尚与电影""时尚与文化"和"时尚全球化"，并以名人与时尚的关系为线索，以时间为顺序，以电影、电视、杂志等媒介景观为参照，分别论述了"明星是时尚标志""名人是品牌"等从过去到现在名人与时尚的关系，揭示了名人在展示生活范式与营造传媒幻象等方面的作用。

无论是符号消费引领还是注意力聚焦，名流文化影响的对象都是受众，可以说受众的认同与仿效是名流文化形成的基础。苏·霍姆斯（Su Holmes）与西恩·雷蒙德（Sean Raymond）在《造星：名流文化新动向》中指出，名人文化的中心议题是奉承（adulation）、认同（identification）及仿效（emulation），认为名人不仅在媒介中存在，而且具有文化、政治等社会价值，通过名人使真实与虚拟之间产生牵强附会的关系，引导人们的符号消费。雷蒙德在《名流》一书中进一步阐述了名流不仅仅是公众的杰出代表，还影响着现代人的身份认同。

国外学界对名流文化更深入的研究集中于名流文化与权力的关系层面。克里斯·罗杰克（Chris Rojek）的《名流》（Celebrity），论证了名流和传媒的关系，剖析了追星族的精神和心理，阐述了名流文化对世俗社会的整合功能，认为名流文化创造了全球性的需求，成为世界范围内大众效仿的最佳资源。雅克·蒂莫西（Jacques Timothy）的博士论文《名流：意识形态的具象化》则重在名流文化与政治的关系梳理，揭示了名人和媒体在过去的几十年中，是怎样通过意识形态的渗透扮演了重要的社会角色：资本主义意识形态对个性、个人政治、消费的关注是名人私生活被打量的原因，而包含这些意识形态的名人，被作为这个经济体系中一个理想化的行为样本；名人的吸引力将人们的视线从社会问题拉向物质主义，创造出民主的幻象并进而影响政治进程。

由以上著作可以看出，西方对于名流文化的研究不仅越来越深入，而且与符号学的关联也越来越紧密。虽然并没有出现以系统的符号学理论架构全篇的论著，但符号学理论显然已经成为名流文化研究中普遍提及的概念。在中国，名流文化对国人生活的全方位渗透也是近十年才显山露水，所以国内对于名流文化的研究起步较晚。自21世纪第一个十年的末期起，国内陆续出现了一批研究名流文化的论著，符号学是其中一个重要的理论视角。

名流与经济的关系研究首当其冲。其中名人广告符号学研究者最众，代表性学者有苗艳、左友好、陈晓云、岳璐、陆正兰等。名流的政治影响则是研究的另一个维度，陈晓伟、闫文君都指认了名人符号是国家软实力的重要标识。名流的经济功能与政治影响研究都侧重于功能分析，在此基础上，还有研究试图深入至本质认识。李启军的"影视明星符号学研究系列论文"分析了 20 世纪不同年代的明星符号所代表的内涵，认为明星符号构成了当代人日常生活、思想沉思、艺术想象、社会批判的文化语境的一个重要方面。闫文君的几篇文章从不同方面论述了名流与文化的关系：其《"名人场"的解构与经典重估》提出，传统的精英名人场的解构是全球文化经典重估运动的一部分，揭示出名流文化的演变与全球文化的演变密不可分；《论名人神话的意识形态性》通过古今神话中的名人符号演变，揭示了人类认识自我的心路历程及社会价值观的构建过程。

　　通过对国内外研究成果的梳理我们可以看出，名流文化研究虽仍然注重名人符号与大众传媒合谋的消费引领功能，但已渐次突破了以往多从广告学与传播学出发的理论范畴，转而向纵深层次发展。同时，我们必须清醒地认识到，作为一个新的学科交叉点与文化研究切入点，名流传播符号学的研究还远称不上成熟。

　　首先，名流传播符号学研究时日尚短，成果不够丰富系统。国内外名流文化研究成果均集中出现于近二十年间，且由于人们多将之看作喧嚣肤浅的传媒奇观，相关研究成果并不多，国外相关研究论著约 30 本，国内则多为论文，从成果数量上就能看出这方面的研究还较为薄弱。

　　其次，相关研究的深广度尚有待发掘。从广度而言，现有名流文化研究成果，研究范畴未能实现全面覆盖，研究对象集中于影视明星。明星显然只是名人的一部分，这样单一的研究视角显示出名流文化研究现状的片面性。研究对象的单一化也导致了研究视野的开阔度不足，也使当下的名流文化研究更多集中在文化产业领域。

　　基于上述认识，笔者在参考已有研究的基础上，以名人的意义和价值这一对互为因果的概念作为研究线索，著述出版了《名人：传播符号学研究》一书。从理论体系架构上看，该书是第一本以系统的符号学理论对名流文化进行全面纵深打量的论著，试图于历史文化的背景之中打量名人符号的变迁与社会文化意义变迁之间的关系。该书新发现主要如下：自古至今，名人符号都是社会集体情感的投射，名人符号的意义变迁代表了人类认识自我的心路历程，这些可反映在名人神话与社会文化意义流变、名人场的解构与全球文化运动，以及名人符号的能指漂移与社会价值观转向等诸种关系之中。从应用价值而言，该书从互文性角度针对愈演愈烈的名人崇拜现象加以剖析，宏观地分析了名人符号与社会的联系，发掘出其影响力产生的本质原因及转化机制，对名人狂热这一当代文化病，从根源上找到其发生原因，以期引发社会的反思。

基于名人的文化内涵及其在当代产业中的重要地位，我们可以进一步推断当代名流文化的两大特征为符号化与产业化，即象征意义与商业价值。二者关系密切：前者透过现象看本质，是对社会文化内涵的探索；后者是在前者的基础上实现的，重在与社会生产和消费的关系。所以这两方面的研究都是名流文化研究的题中应有之义，而且二者应进行统合研究方显其科学性。因而，进一步的名流文化研究需将原本割裂开来的两个研究方向弥补并融合起来，进行社会文化内涵研究时应在思辨之外，引进传播学、社会学等学科领域的调查研究及认知实验等实证的、定量的研究方法；而进行文化产业方面的研究时，则应在数据支撑的基础上兼具思辨能力与更宏观的理论视角，以发掘现象背后的深意。

游　戏

李俊欣

　　游戏，作为一种古老的人类活动，在人类的意义世界中有着不可或缺的重要地位，它既是一种指向自身的意义形式，也是人存在于世的基本方式。早在古希腊时期，赫拉克利特（Heraclitus）就以"游戏"比喻一个自由、规则和多变的世界。在道家庄子的世界里，游戏之"游"，也是一种绝对自由的"逍遥之游"，游戏则代表的是人性的本真状态。席勒（Friedrich Schiller）在《审美教育书简》第 15 封信里提出："只有当人是完整意义上的人时，他才游戏；而只有当人在游戏时，他才是完整的人。"（席勒，2009，48）赫伊津哈（Johan Huizinga）在《游戏的人》一书中总结了游戏的重要特征：自由、非功利、规则、隔离性。（赫伊津哈，1996，30）卡约瓦（Roger Caillois）在此基础上提出游戏必须具备"自由、隔离、无产出、规则掌控、佯信"（Caillois，2001）的特征。

　　电子游戏兴起之后，游戏研究分为"叙述学"（Narratology）和"游戏学"（Ludology）两大范式。"游戏叙述学"借用文学理论将故事情节置于游戏研究的核心，如詹金斯（Henry Jenkins）认为电子游戏是一种多媒体的讲故事的方式。（Jenkins，2004）关萍萍将游戏视作一种基于玩家个性化选择之上的"过程叙事"（关萍萍，2012）样态。"游戏学"则认为游戏的核心意义在于结构和规则，如弗拉斯卡（Gonzalo Frasca）认为游戏建立在选择性符号结构——"拟真"（Simulation）之上（弗拉斯卡，2011，2），白志如总结了游戏的六大特征：虚拟性、自由性、自足性、规则性、竞争性和运动性（白志如，2019），宗争认为"游戏是受规则制约，拥有不确定性结局，具有竞争性，虚而非伪的人类活动"（宗争，2014）。如果说"叙述学"和"游戏学"的研究传统强调的是游戏文本的特征和结构，那么传播学领域关于游戏的讨论，按照约翰·费斯克"过程学派"和"符号学派"（Fiske，1990）的分类法，同样可以分为两大类：一是以人为主体的传播过程和效果研究，包括游戏体验与情感、身份认同、沉迷现象、游戏消费等；二是以游戏文本的意义建构和互动为核心的传播符号学路径，包括游戏的媒介特质、符号场景、虚拟社群等。

在传播学界，麦克卢汉（Marshall McLuhan）最早在《理解媒介：论人的延伸》中系统地讨论过游戏。他将游戏视作一种媒介（麦克卢汉，2011），游戏也是人的延伸，但这种延伸并非我们个体的延伸，而是社会自我的延伸，原因在于任何的游戏都包含着相互作用的意义。斯蒂芬森（William Stephenson）提出了著名的大众传播游戏理论，认为人们读报纸、听广播、看电视，就像儿童玩过家家一样，主要在于消遣娱乐，以便把自身从成人化的工作环境中解放出来。（Stephenson，1988）克莱恩（Stephen Kline）等人则从媒介技术、市场和文化三个角度对游戏研究进行了总结，他们认为：媒介技术关注游戏的设计及其带来的感知重组，政治经济学从产业和市场角度强调游戏带来的社会效益以及背后的资本扩张，文化路径则聚焦游戏作为媒介文本的表征、叙述以及主体地位（subject-positions），这三种研究路径各自独立又相互交织。（Kline，2003）而在传播符号学的视角下，游戏研究既包含了结构层面的文本意义，也包括了宏观层面的社群传播。陈静、周小普将游戏媒介的意义生产视为由规则、随机性、符号三种平行的意义单元相互作用的整体机制，这种机制能够与玩家所处的现实世界中的意义系统发生关联与呼应（陈静、周小普，2018，10）；白寅、陈俊鹏认为游戏中的各类符号内容和形式合成了游戏场景，书写了新的现代审美（白寅、陈俊鹏，2019，7）。张芹通过仪式、比赛模式和符号形式探讨了网络游戏的社会意义（张芹，2011，1）。

笔者曾就新闻游戏（Newsgame）的文本意义和新闻专业主义问题进行了相关思考。我们对新闻游戏的分析不能只停留在文本特征和叙述风格上，而忽略它的社会影响和价值，亦不能单方面拿新闻专业主义的标准对它进行讨论和批判，而应该将新闻游戏的文本特征、表意模式与互动传播、新闻专业主义相结合，从而建构出新闻游戏的传播符号学分析框架。笔者认为，新闻游戏是数字化语境下新闻与游戏的杂交形式，它是对新闻报道的符号化和再媒介化，通过程序修辞使受众看似拥有自主选择权，而其实质上更加被动（李俊欣，2018，9）。

梅罗维茨（Joshua Meyrowitz）在《消失的地域——电子媒介对社会行为的影响》一书中指出：电子媒介的广泛使用创造了新的社会环境，这种环境塑造行为的程度远远超过了它要传递的信息具体程度（梅罗维茨，2002）。从印刷场景使"童年"的概念发生到电子媒介使其"消逝"，从电报的空间控制对地方时间的扼杀到电视和网络媒介所成就的娱乐时代，不同的媒介技术具有不同的符号结构和物理特征，从而具有不同的意识形态偏向。游戏作为一种全新的媒介景观，影响着人们尤其是青少年感知和认识世界的方式，传播符号学对媒介形式意义的关注，能够为我们提供新的研究游戏的视角，游戏所呈现的交互方式便是一种新的符号感知结构。总之，笔者认为，我们既不能只停留在对游戏形式特征的分析，也不能只以效果为导向关注游戏的体验过程，而是应当将两者结合，由内而外，弥补单一学科研究范式的不足。

摄影媒介

梅 林

作为这个星球上一种特殊的存在，人类总是有一种"捕捉时间""留下痕迹"的冲动。在前图像时代，人类闭上双眼后便将世界遗忘，而图像时代，摄影的惊鸿一瞥则巨细无遗。这种植根于照片之中的能力，令所见成为实质，赋予其永恒。这种诗性让摄影"真实"反映出这个星球乃至广阔宇宙的林林总总。

将"摄影"作为符号学研究的具体对象，主要有以下几个面向。首先，是将摄影作为一种"媒介形态"，以其技术发展作为线索，重新审视摄影的本体论，时空构架等维度。其次，是将摄影作为"符号文本"，探究其表意机制，伴随文本，以及符号修辞等维度。上述两个面向看似平行，毫无关联，实则相交共生，最终汇聚在对摄影的"哲学思考"层面，也即"意识"的层面，从而思索在一个被技术支配的世界里，为自由开辟空间的可能性及其意义，思索人类如何能够在面对死亡之必然面前，赋予生命之偶然以意义。

在不到两个世纪的时间里，摄影在视觉文化渗透的当下，作为一种遍在的视觉媒体样态，从有钱人的玩物变成最被广泛接受的艺术形式，以至每年有超过万亿的照片被拍摄出来。但在摄影术诞生之初，学者们对这种"新"媒介的态度是质疑甚至恐慌的，波德莱尔表达了"摄影很快就会取代艺术，或索性毁掉艺术"的担忧（波德莱尔，1988，28），他担心摄影经由器械而来的"真"将使艺术的"美"毫无容身之地。本雅明在《摄影小史》中探讨了摄影本身的历史与本体，而他的另一本著作《机械复制时代的艺术作品》则从"复制"的视点把握摄影，讨论了由复制引起的知觉的变化，并由此提出了著名的"灵韵"（aura）概念。桑塔格的《论摄影》一书，讨论了照片以何种方式作用于人的感性并将其引导至何种方向。她还考察了摄影与"现实"的关系。卡蒂埃－布勒松准确地注意到了摄影中"形式"与"内容"之间关系，他提出："我们在发现自己的同时，又发现了周围世界——这个世界既塑造我们，也受我们影响。这两个世界之间，必须建立起平衡的关系。"（伍小仪，1986，24）卡蒂埃－布勒松最著名的"决定性瞬间"理论，是在更深层次上，从形式和内容两个方面和谐把握世界的问题。不管是对艺术的取代，还是机械时代的复制，抑或是摄影的现实性，文艺理论家和摄影批评家们对摄影的研究可以说是"类符号学式"的，虽然研究提及了"仿真""再现""形式""内容"等符号学观念，但他们都并未明确地表明自己的研究基于符号学或自己的理论工具是符号学。

巴尔特在《神话——大众文化诠释》一书中，开始尝试运用符号学理论对一些视觉文化现象展开分析，在《摄影的信息》与《影像修辞学》中，他分别从新闻摄影和广告摄影入手，分析了作为符号的摄影的外在传播的样态。他在《明室——摄影纵横谈》中最后总结道："摄影的真谛很简单，很平常，没有什么深奥的东西：'这个存在过'。"（巴尔特，2002，180）他在此时已经注意到了摄影的"意识"层面。

把摄影明确地与符号学研究联系在一起的研究者，大多将焦点聚集在"再现"问题上，他们以皮尔斯对符号的三分为基础，重点讨论了摄影的再现属于哪一类符号。早期的一些符号学家，如巴尔特和莫尔斯，认为存在一种直接的理据性，将符号与对象联接在一起，他们认为摄影是像似性的。一些人则认为照片的独特性在于它的指示性本质。从照片是"现实世界的机械复制"这一早期的观念出发，部分学者进一步提出了摄影的额外定义：一幅照片也是现实世界的有形踪迹（trace）或指示符号。克劳斯认为，照片"是一种符号类型或视觉相似性，与其对象形成了一种指示关系"（Krauss，1985，203）。这就意味着照片是指示性的像似符号，或者通过其指示性而成为像似符号，克劳斯由此引入了"指示性的像似符号（indexical icon）"这一概念。上述符号学研究的集大成者是索内松，他撰写的"摄影符号学"（"Semiotics of Photography"）一文中，总结了之前研究者对于摄影符号的不同分类，并提出"照片是图像符号的一种特殊构造变体，摄影符号区别于以像似符号为基础的其他符号的主要因素是，它主要基于指示符号"（Sonesson，2015，417-483）。目前，这一观念在国外学界已成为主流。

相较于国外学者，国内学者对摄影的研究起步较晚，大多集中于"摄影批评"的论域，如鲍昆、胡武功、顾铮、陈建中、海杰等摄影理论家的著述。摄影相关的硕博学位论文则多偏重"艺术研究"维度，大多集中于"某种具体的摄影手法""某个特定的摄影风格"，或是"摄影作为一种媒介与绘画的对比"，抑或是"某理论家的思想脉络研究"。

较为"直接"的摄影符号学研究，有彭焱恺所著《影像的力量——符号学视野下的摄影艺术研究》，做了一次大胆的尝试。该书从艺术符号角度分析拍摄者艺术意图，从艺术符号的非实用意义分析摄影作品的艺术性，并从"解码"和"编码"两个角度去分析摄影作品，以四种影像修辞手法分类，从影像修辞角度分析摄影符号隐喻性的构成。其研究具有一定创见性，但未达成建立体系的目标。

是故，建立起一个摄影媒介符号学的分析体系显得尤为迫切。首先，媒介形态的日新月异，新的技术让摄影进入了"人人皆是生产者，传播者，消费者"的时代。影像呈现方式的变化，使当代摄影已经超越了特定媒介的定义。VR 和 AR 等技术逐步走向成熟，"观看的语法"成为"行动的语法"，虚拟和现实之间已经没有了明显的界限，缺憾、选择、排除与聚焦不再成为困扰摄影媒介的问题，时间空间也不再是摄影媒介的限制，摄影的本体论和时空观受到了巨大的冲击和改变，因此，必须要重新审视这一"媒介形态"的变迁。

笔者将摄影符号学研究的重心，置于摄影媒介的时间性之上，力图用符号学与传播学的结合部——传播符号学去探寻摄影时间性的奥秘。人类生活在一个符号化的世界，当我们尝试着去了解一个符号的时候，事实上我们产生了更多的符号，与其说人类是在不断了解世界，不如说人类是在不断了解如何用符号去描述世界，因此，理解摄影符号，亦是理解我们自身。最后，将媒介形态与符号文本最终汇聚到哲学思考的层面，不断思考影像这个"有意义的切片"的意义，这一条寻找意义的路，正是人类"向死而生"的最佳例证。

粉　丝

程　娟

　　粉丝研究，又称迷研究，在西方已经历了三次研究浪潮。乔纳森·格雷（Jonathan Gray）等主编的《迷群：一个媒介世界中的身份和认同》（*Fandom: Identities and Communities in a Mediated World*）一书，介绍了粉丝研究的三次浪潮。在我国，粉丝研究是随着 2005 年湖南卫视"超级女声"节目的热播兴起的。随着近两年养成类节目的热播，又有许多学者关注和研究粉丝文化。网络是当下粉丝们活动的主要阵地，新浪微博俨然成为粉丝活动的大本营。

　　国内的粉丝研究跨新闻传播学、文艺学、经济学、心理学、文化人类学等多个学科。作为当下重要的文化符号现象，粉丝文化涉及文化、经济甚至政治领域，还有许多未发掘的意义。用符号学研究粉丝文化，不仅能对粉丝文化进行新的有效的阐释，而且能对现有粉丝文化理论和符号学理论进行批评和改造。

　　运用符号学研究粉丝文化可以发现，当下新媒体中的粉丝文化呈现出了巴赫金所说的狂欢文化的特征。从整体上看，新媒体是一个狂欢广场，新媒体粉丝文化弥漫着狂欢的氛围。巴赫金的狂欢文化强调非官方地看待人与人、人与世界的关系。人与人之间的等级、地位、身份等被搁置一边，人们回归纯粹、平等、亲密、插科打诨的交往关系。巴赫金所说的狂欢广场，是形形色色的人聚会和交往的地方，是狂欢演出的舞台，是全民性的象征。在狂欢广场上，人们能够毫无顾忌地亲昵接触（北冈诚司，2002，282）。新媒体让追星成为粉丝公开的狂欢活动。在传统媒体时代，粉丝与明星的互动是通过打电话和通信这类私下的、非公开的方式。新媒体为粉丝与明星的直接互动提供了平台，使粉丝的追星行为从后台走向了前台。新媒体的互动性使粉丝与偶像、经纪公司、传媒机构的关系变得平等，为粉丝与偶像、经纪公司、传媒机构提供了平等对话和合作的可能。新媒体的匿名性则使粉丝能摆脱日常生活中的阶层和身份，在网络上无拘无束地表达，亲密自由地接触，不再畏惧和恭敬。

粉丝是重要的文本生产者。费斯克（John Fiske）在《理解大众文化》中写道，成为粉丝意味着主动、热烈、狂热地参与文本。着迷主要以两种行为为特征：辨识力和生产力。辨识力表现为粉丝对文本的选择，生产力表现为粉丝因着迷而生产自己的文本（Fiske，1989，146－151）。粉丝的文本生产力是指，粉丝不以盈利为目生产和传播与所迷对象相关的文本。粉丝文本通常不以赚钱为目的，他们普遍对谋利行为持不信任的态度。与官方文本的广泛传播不同，粉丝文本大多是在粉丝群体内部传播的"窄播"文本。粉丝的文本生产不仅包括新文本的生产，还包括参与原始文本的建构，粉丝会参与到对工业化文本的重组和再造中（陶东风，2009，9－13）。在分析粉丝创造的文本时，可以运用符号叙述学理论和方法进行文本细读，包括粉丝创作的宣传偶像的文案，粉丝给偶像写的信，粉丝制作的视频和表情包，甚至是作为文本的"养成系偶像"本身，等等。

目前，粉丝经济已经成为现代经济中理所当然的一个部分，需要对其进行符号政治经济学批判。要运用符号学研究粉丝文化，可以结合情感经济和情感劳动理论探讨粉丝的生产和消费活动。粉丝的生产和消费基于粉丝对偶像的狂热喜爱情感。新媒体中的粉丝是典型的生产型消费者。虽然粉丝的生产活动体现了粉丝的生产力和创造力，但有时粉丝也会沦为资本利用的免费劳动力。粉丝的生产通常是一种免费的情感劳动，许多粉丝也知道这一点，但粉丝们能从中获得情感的满足，也就心甘情愿地为偶像付出。粉丝通过消费表达对偶像的支持，有时会变得盲目和狂热，也因此成为商业资本剥削的对象。但长期的对粉丝的金钱和精力的剥削，就会引发粉丝追星活动中情感能量的降低，导致粉丝退出"饭圈"。运用符号学理论和方法研究粉丝的生产和消费活动，可以深入洞察现代人的生活世界。

表情包

魏清露

网络交流已经成为人际交流与沟通的重要方式，交流方式由单一的文字交流逐步扩展到图文相间，并进一步发展到一些简要清晰、表现情绪的网络表情符号。这些表情符号进入交流场合，逐渐成为一种重要的、必不可少的交流形式。在此背景下，网络表情符号作为一种新的事物被广泛接纳与使用，甚至成为网络空间中人际交往的重要手段，因此，网络表情符号可以视为理解当代网络文化的钥匙，伴随网络表情符号发展较快的大背景，学理化研究亟待展开。

首先，符号学是一门研究意义的产生与传达的学科，而网络表情符号也是一种形式的意义产生与传达。网络表情符号研究既是网络文化研究的一部分，也是一个与传播学、心理学等其他学科相关的跨学科研究领域，使用符号学理论对网络表情符号进行研究，不仅可以为当前学界扩展研究路径，更对我们理解网络表情符号提供了新的思路，对于使用网络表情符号的功能、网络表情符号为何流行等问题的探讨具有很大价值。

其次，现有关于网络表情符号的研究多聚焦在实证研究方面，如传播与使用效果、性别差异、趋势发展等，将网络表情符号作为文本单位，进行内部分析的文章还不多，故而形成了一种缺少内部认知的状态。如果能够从符号学角度切入，遵循符号结构进行研究，是较为理想的，符号学作为方法论，能够为我们理解与解释这样一种文本提供更多可能性。

目前关于网络表情符号的研究较多，国内外学者均有相关成果问世。国内的相关研究多从实证角度切入，从符号学角度讨论网络表情符号的文章还不多。国外对于此话题的研究开始得较早，也较为全面，已经出现第一本以网络表情符号为主要研究对象的学术专著（Danesi，2017），从研究视角来看，已有成果从网络表情符号的特点、网络表情符号的分类、网络表情符号的意义生成机制、网络表情符号的功能等问题展开了不同程度的讨论，但以上问题的研究都还有继续推进的空间。

如今，网络交流已成为重要的交流方式之一，对网络表情符号的表意机制进行符形、符义及符用三个层面的分析与解读，分别对应网络表情符号从发送者到接收者的整个表意过程。符号学可以系统梳理该过程中的新特点、新现象，进而总结出网络表情符号的表意机制。

笔者在符形层面运用双轴理论，以表格形式梳理出了属于网络表情符号的组合轴与聚合轴，直观呈现出其构建规则。在符义层面，提出网络表情符号的出现使表意模式从指称性转变为偏向两端、重视交际、自携元语言的全新表意模式。在符用层面，网络表情符号最突出的功能是缓解网络交流中的尴尬情境，并且具体分析了尴尬情境产生的原因、表现以及网络表情符号缓解尴尬的具体手段，包括迅速建立"交流场"，增强交流的在场感与体验感、营造"欲说还休"的气氛，使交流具有联想性与发散性、通过反讽在交流中增加戏剧性，使尴尬在戏剧化的交流气氛中逐步化解、增强现场感，突破文字局限，缓解信息不畅，无话可说和没有下文的尴尬。

以上研究尝试为我们理解网络文化、网络符号消费及网络交流提供新的路径，也为我们看待网络表情符号的未来与发展趋势提供了判断依据。符号学不仅能够帮助我们在整个网络环境中理解网络表情符号的存在、特点及分类，还能够聚焦具体文本，开掘网络表情符号解释的多种可能。在全球化进程中，网络表情符号渗入网络空间的趋势确已到来，但这并不代表它能够取代其他表达方式。我们对待网络表情符号的态度，也应该更加客观与理性，承认其功能价值，更需要反思与警惕符号的泛滥使用。毕竟，这个诞生三十多年的符号产物在今后会如何发展，才是值得我们继续关注的问题。

丧文化

李佳悦

2016 年年末，"葛优躺"作为一种表达颓废状态的现象级符号，入选由国家语言资源监测与研究中心等权威机构盘点的"年度十大网络用语"。这标志着它所代表的"丧文化"这种新型网络亚文化现象广泛进入舆论视野并产生影响，更反映了网民对现实议题的集中强调和集体焦虑心态的迫切表达。

可以认为，丧文化的发展，是当前后现代主义思潮盛行的情况下，网络亚文化在中国的本土化符号抵抗实践；而丧文化表达的内在逻辑，是基于"反讽"逻辑构建的。丧文化天然具有戏谑、自嘲、反讽的基因，故而从符号学角度深入探究其符形、符义、符用多个层面的特征，不失为洞察这一中国网络亚文化代表案例的上佳路径。

若想深入了解丧文化，首先势必明晓其文本风格。丧文化得以迅速发展，与媒介技术的更新和社会文化风潮密不可分。丧文化在发展过程中，形成了两类代表性文本：以文字为载体的"毒鸡汤语录"和图文复合载体的"丧文化表情包"。就文本编码方式而言，这些文本从"直抒胸臆"到"反转消解"不断发展，其文本风格也逐步积淀。丧文化的符号文本在表意时不但表现出正常项与标出项的"合作而分歧"，亦反映出具体场景中文本本身与多种伴随文本的"配合与矫正"，这使丧文化的"反讽"意味映照出了该群体的意义寄托，并呈现出充满表达张力的娱乐化特性。

如果说丧文化的文本是该群体对其意图的"编码"，那么如何解释丧文化群体的意图意义，将丧文化置于更加宏观的社会文化生态与学理逻辑下扫描，就显得很重要。通过对丧文化进行"解码"，我们可以把握丧文化的群体诉求及其背后反映出的文化思潮与时代特点，且可以洞见丧文化的群体身份构建与文化意义的社会播撒——这种别具风格的丧文化文本得以形成，背后既有后现代主义思潮在宏观层面对整个网络文化环境的影响，又有移动互联网时代新媒介技术在中观层面对网络文化生产的渠道与内容加持，更有基于网络虚拟社区实现的微观层面之亚文化群体自我身份构建与认同。

丧文化群体通过"丧"式的状态与心态表达,解构主流、宣泄情感,以期在一种"以退为进"的象征式抵抗中抱团取暖、博得关注。但同时,本以"小众化"维持的亚文化异项身份也在此过程中走向了自身的反面:在主流意识形态与商业领域的合力收编过程中,以"消解主流"为特点的丧文化终究反被消费主义所"消解"。

然而,这种"消解"并不意味着丧文化的消亡。恰恰相反,丧文化亦通过自身的变异和发展努力继续维持其异项身份。故而丧文化的流变问题以及其背后的社会文化变迁问题同样值得研究者关注。丧文化具有内部与外部两方面的流变过程:从内部而言,其表达方式和代表风格存在阶段性差异和演进规律,具体表现为从直抒胸臆到反转叙述,再到"佛系文化"的高度象征化;从外部而言,在一个更加宏观的视野上,不同网络亚文化之间亦存在从先在形式向丧文化的过渡;而丧文化同样存在向新型网络亚文化变化的趋势,表现为中国网络亚文化从黑客文化、宅文化、吐槽文化到"屌丝文化"、丧文化再到尬文化的变迁。

从更加宏观的角度来看,丧文化是多种文化思潮流派共同涌现与交融的结果;而具体文化形式背后有文化演进规律提供推动力。从"四体演进"理论的角度观之,丧文化的特殊性具有文化演进节点之意义:于人类与社会发展史角度,丧文化处于维科和曼海姆所称的"自由主义"和"颓废"时期,亦即符号修辞四体演进理论所指示的"非符号"阶段,这与丧文化自身自由散漫的颓废特质形成了某种契合;于文化思潮而言,丧文化是后现代主义与中国网络亚文化语境结合的文化产物。从这个层面讲,丧文化并非一种偶然性的网络语言狂欢,而是宏观的"反讽"文化思潮在网络意义空间的一次集中的具象化呈现。因而,丧文化内部充盈着"反讽"的文化意义,成为中国网络亚文化语境下反讽文化的重要代表。

丧文化从文本到社群再到意义都凸显着标出性风格。首先,定调风格——"颓丧"的状态与心态。丧文化之所以称为"丧"文化,即是因为它是对"颓丧"状态及心态的定调。正因为如此,即使丧文化自身的文本、社群意义经历变迁,其"消极、颓废、厌世、自我放弃"的内核也一直存在。

其次,文本风格——毒鸡汤式"反转叙述"。经由"颓丧"风格定调的"反转叙述"是丧文化的独特文本风格。无论是毒鸡汤还是丧文化表情包,它们都将"丧"的状态作为意图定点,围绕这一定点展开丰富的身份与情景叙事:本来以为是一段温暖人心的"鸡汤"文字,结果最后居然是极为丧气的话语,造成受者期待与现实的落差,从而给人以意想不到的"欺骗"乐趣。

　　这种"欺骗"之所以实现，是因为丧文化的意义风格——符号反讽。丧文化在中国网络亚文化发展四体演进周期中恰位于反讽时期，相较于其他阶段，丧文化的意义建构与表达呈现出言不由衷的意义张力。文本层面的"颓丧"落在意义层面却是一种无奈自嘲和故意调侃，通过丧文化文本风格的规约，丧文化群体内部形成了一种"共通的意义空间"，在反讽风格下，网络亚文化群体在丧文化这里实现从"对意义的关注"转向"对文本趣味的关注"。

　　最后，丧文化的意义风格集中通过丧文化群体风格来表达——丧文化群体风格为"身份的模糊"与"价值的短暂认同"。二者都是后现代主义下群体的"碎化"与网络空间的虚拟性和异质性产生的结果。丧文化在中国网络亚文化坐标中的特殊之处在于，因"心态状态"定调导致文化社群准入门槛极低，因准入门槛低导致丧文化文本的充分涌流、广泛使用和迅速发展，因文本的广泛使用而失去对真正"丧"的状态的代表性，丧文化的意义服务于丧文化文本的"诗性"表达。上述过程进一步模糊了丧文化群体的身份并强化了群体价值认同的"短暂性"特征，最终实现丧文化内部各个风格的自洽与循环。

语　讳

白姗姗

　　"讳，忌也"（《说文解字》）。讳是指出于一定原因有所顾忌而需避免的意思。根据现有文书，学界较为普遍的看法是，中国避讳制度最早起源于周朝。西方也有普遍的避讳现象，弗雷泽在《金枝》中就专门对避讳现象做过详细的分类。语讳指避讳在语言中的体现，经过几千年的发展，语讳出现多种不同的形式，例如使用同义、类义等方式的字义替代，或使用同音、近音等字音替代，也有缺笔、增笔、分写等字形替代。汉语语讳的研究对于史学、古籍资料校勘阅读等大有裨益。语讳并不只是历史古物，依旧是存世的语言现象，网络平台中的语讳也作为网络语言的子类继续发挥其社会功能。

　　从古至今，语讳都是一种特殊的语言现象，它通过人为方式为对象创造了新再现体，以实现精确达意与委婉表意的双重目的。使用符号学研究语讳现象有助于在以下几个方面厘清语讳的基本问题。一、语讳的理据性。语讳的产生机制在历史变迁中不断演化，但讳称与原词（再现体）之间或与原意（对象）之间依然存在某种理据性，通过符号学原理对语讳进行研究，有助于掌握语讳的产生规律。二、语讳的表意过程。语讳在表意中通过打破原词与对象之间的社会规约性，使用新再现体（讳称）对语言的理解进程实施短暂的人为阻断，从而实现委婉的表意形式。这一方面要求讳称与对象的理据性具备一定的社群基础，从而保证语讳的传播效率，不至于在沟通中出现巨大障碍，另一方面则要求讳称与对象的理据性还未成为规约，以保证讳称的委婉表意功能，这就使语讳必须处在动态与流变中，不能使用固定的再现体，这也是语讳的特殊性所在。三、语讳的社会符号学分析。语讳是社会结构与社会关系的一种映照和解释。在古代社会，语讳是对等级森严的封建社会的妥协式表意，也是中国传统社会差序格局下的交流模式。在网络社会中，语讳的续存既是网络圈层化背景下的亚文化风格，也是对网络内容审查机制的绕开，因此从社会符号学的框架下理解语讳现象，有助于理解语讳产生的社会动因，是对语讳背后的社会结构的透视。

关于语讳的研究，目前学界基本在语言学体系内进行，主要针对语讳的避讳规则与避讳类型进行考据，实现了对传统语讳的分析和归纳。陈北郊首先在国内提出"语讳学"这一学科概念，认为"语讳学就是研究语言中一些忌讳词语及其代词语的学问。它的性质是属于词汇学的范畴，包含着历史词汇学与普通词汇学的一些内容，与……语义学与语源学有着密切的联系"。（陈北郊，1991）可见，这一研究还是将语讳现象集中在较小的词汇学领域进行研究。卞仁海则将语讳现象置于广袤的社会语境中，"联系古代社会和汉民族独特的文化心理，用社会学、文化学等诸多人文学科的多维视角"，"把握中国古代语讳独特的人文内涵"（卞仁海，2006，68-72）。在此基础上他对古代语讳的心理动因、权力话语本质以及交际工具本质进行探究。王新华、向熹也以考证的方式对古代语讳现象进行了梳理与归纳。由此可见，专门的语讳研究都主要针对古代语讳现象，且部分学者认为语讳现象本身就是封建社会产物，在当今社会已经被逐渐淘汰，没有注意到网络语讳在新媒体社会的延伸，并继续发挥其社会功能。

另有部分关于语讳的研究主要作为委婉语、模糊语研究的分支出现。邵军航对委婉语的委婉机制进行了翔实的论证。辜同清（2015）则从社会语言学的角度，较为全面地探讨了委婉语的使用模式、共时历时的特征及其对语言系统和人类思维交际的影响，且对英汉委婉语进行了对比研究，这有助于将语讳研究延伸至跨文化传播领域。

还有部分语讳的研究从属于社会语言学的"反语言"或"隐语"研究。"反语言"（anti-language）来自语言学家韩礼德，韩礼德受伯格和卢克曼关于现实的建构主义理论影响，认为"反语言不仅与反社会相辅相成，甚至可以说反语言生成了反社会"，"而个体的主观现实的创造与维持依靠个体与其他'有意义的他者'的互动"（Hallidaya，1976，570-584）。如果从反语言的视角出发，那么语讳也就成为一种寄生于主流语言之上的语言现象，这种理解有助于我们透过语讳观照社会关系与社会结构，并从中体察出社会亚文化与主流文化或与主流意识形态博弈的过程。而关于隐语的研究历史则源远流长，至今隐语研究至少在以下层面达成了共识，即隐语是特定社会群体的语言变异现象；隐语本身具有动态流变性；隐语与主流语言之间相互作用。隐语的研究成果为语讳研究，尤其是当代网络语讳研究提供了值得思考的角度，如将网络语讳视作网络群体的隐语，有助于将网络语讳纳入网络圈层语言风格研究的视域中，且有助于将语讳视作不断变化发展的特殊语言现象。

可以说，以往语讳研究文献主要体现在三个视角：语讳学研究，模糊语、委婉语研究，反语言、隐语研究。这三个视角依次是语讳现象从微观至宏观的考察，这种思路也厘清了语讳研究的三个层面，微观层面对语讳形成机制、理据分析的研究；中观层面从传播符号学角度对语讳的使用模式、传播特征进行分析；宏观层面从社会符号学角度入手探究语讳作为亚文化语言风格的展示，其与社会主流文化及意识形态的博弈。

针对语讳的符号学研究暂为空白，但以上学科视角为从符号学对语讳现象进行分析提供了可供参考的思路和理论框架。根据目前笔者的研究，人们主要针对网络语讳现象进行了微观与宏观层面的解释，微观层面尤其探讨了语讳中理据性与规约性之间的矛盾与平衡；宏观层面则集中在网络语讳的不确定性表意上，体现了网民在使用语讳时的矛盾心理，是对其身份、关系、权力、意义的不确定性表达，并以此为入口考察了主流文化与亚文化在语言场域内的博弈与抗争。

简而言之，语讳作为特殊的语言现象，实际上需要进行综观的研究。这涉及语言学、社会学、历史学、心理学、符号学、传播学等多个学科体系的交叉探索。使用符号学的理论与框架能够将语讳从最微观处至最宏观处进行全面考察。同时，符号学也应当与历史学进行纵向交叉，探究语讳的变化规律，对古今不同的语讳形式进行比较研究，着重考察语讳的表征形式及社会功能的演变，这样对语讳的历时考察，才有可能对当今语讳的发展做出合理的预测与判断。

乡村生活直播

陈紫欣

　　随着信息传播技术的飞速发展和移动互联网的迅猛扩展，人们的信息来源和内容需求更加丰富多元，依托互联网的沟通互动也愈加密切，由此，互联网虚拟场景的交流与互动成了当前社会全新景观。2016 年，因市场上出现了超过 200 家直播平台被称为"直播元年"，2017 年至 2018 年随着技术的发展和市场的激烈竞争，网络视频直播又有了进一步的发展变化，二代农村网红陆续走红，在秀场直播、游戏赛事直播之后，乡村生活直播开始登上网络舞台。

　　符号互动论涉及符号在人类互动中的关键作用，因此可以用来解释群体生活和农村主播进行互动，以及大量城市居民观看农村生活直播这样的社会行为。戈夫曼的自我呈现理论受到米德的符号互动论影响，认为人们在日常生活中的行为都是表演，是为了根据对不同环境的认知塑造自我形象，而这一行为是基于自我互动产生的。在乡村生活直播情境中，乡村主播与观众进行社会互动，主播和观众产生交换，主播获得经济收入，而观众通过消费时间或金钱获得情感能量。在这样的互动过程中，双方构建了新的虚拟身份，并获得了身份认同。

　　2003 年，国内开始对网络视频直播进行研究，最初是从技术角度论述如何搭建网络视频直播平台，研究网络视频直播质量控制技术等。为了适应新媒体时代的到来，传统媒体在 2009 年开始寻找其在新媒体时代的生存依据，探索如何建立多媒体立体网络。2013—2015 年有关刑事庭审网络直播、高校平台视频直播建构等方面的论文开始出现，仅 2017 年就有 972 篇与网络视频直播有关的论文发表，它们主要是运用传播学、社会学等理论对网络视频直播进行传播机制、内容生产、受众方面的研究，以及传统媒体与直播的融合发展方面的研究。

　　目前网络直播的符号学研究较少，但也已引起人们重视。关萍萍在《网络直播的符号互动与意义生产——基于传播符号学理论》中认为网络直播由人物符号（网络直播中的主播）、内容符号（语言与非语言的传播）、情境符号（直播房间与网站互动功能）三方面构成。肖畅和郝永华在《拟剧论视角下泛娱乐直播中的表演行为》中从直播的场景建构、直播中的角色行为和心理动机三个维度研究了主播和观众的表演行为。学界目前尚未对网络直播文本进行分节，也未区别网络直播中符号资本与情感能量对参与者的重要性。网络直播的技术在飞速发展，与之对应，网络直播技术的研究也层出不穷，目前国外对于网络直播的研究主要侧重网络直播技术，主要有直播平台研究、网络直播的效果研究及直播技术研究三类，对网络直播在发展中具有的文化和其社会影响研究较少。

笔者运用符号互动论对乡村生活直播进行分析，提出乡村生活直播是以"乡村生活"为共同关注点，排除了局外人，主播和观众在对"乡村生活"有共享情感和认知体验的基础上，聚集于网络直播间中进行的互动。在乡村生活直播互动过程中产生了个体情感能量、群体符号、群体团结和道德感，其中主播作为互动领导者拥有最高的情感能量，在互动中产生的群体符号延长了群体团结的作用，起到了维护乡村直播社群的作用，使群体中的个人都建立起了群体道德感。笔者认为在乡村生活直播中，相较于符号资本，情感能量对观众进行互动行为会有更大的影响，促进了受众长期参与乡村生活直播行为的互动仪式链，并将乡村生活直播互动的动因总结为共同的情感想象，"虚拟道具"背后的消费推动以及人们对网络社交中"归属感"的需求三个层面。

结合戈夫曼的理论，笔者将乡村主播视为表演者、观众视为被看角色，乡村主播通过表达自己控制观众对自己的行为，同时其后台行为也被表演行为影响，逐渐与前台行为同化。乡村生活直播在互动过程中形成了不同的戏班，为了互动的顺利，参与者存在妥协与一致行为，乡村生活直播作为一种表演具有一般的表演特征，主播和观众都会通过表演、互动控制他人对自身的印象，在这一过程中，主播作为主要表演者具有戏剧表演的忠诚、纪律、谨慎等特征。

乡村生活直播是网络直播发展到流媒体直播的第三阶段，是经历秀场直播、游戏赛事直播后，泛生活直播中的一个垂类。乡村生活直播的出现与国家城市化推进速度加快相关，乡村生活作为集体记忆通过网络直播以新的方式实现文化回归，在人们观看乡村生活直播的同时，乡村生活也逐渐被媒介景观化。乡村生活直播是社会发展进程中城乡居民进行对话互动的新形态，双方在这一互动过程中重塑了乡村形象，也在一定程度上打破了不同阶层的隔阂，促进了城乡融合。乡村生活直播的研究具有一定社会意义与研究价值，值得符号学界的持续关注与深入探究。

远距家庭传播

李巾豪

　　家庭传播研究在西方由来已久。家庭作为一种社会建构的观点被多数传播学者接受，家庭传播的本质被视为通过一系列互动来塑造家庭身份、明确家庭认同，家庭传播研究的话语和实践取向就此发展成主流。但在中国传播学语境下，对家庭的研究远未达到该有的重视程度。如今，由于人口的大范围流动，城市新移民增多，随之出现的远距家庭面临各种冲击与挑战，"传播"在维护家庭凝聚力和家庭认同感上发挥着越来越重要的作用。符号学为我们理解当下远距家庭如何通过传播实践延续与重建"家"的情感归属、"家"的观念和意义提供了重要帮助。

　　目前来看，家庭传播学者主要关注传播作为人类用来创造意义的符号过程。因此，以这种方式来思考家庭传播，传播不仅是传受双方之间简单的信息传递，而是塑造构建、维护延续家庭的核心。在这一视野下，家庭传播是指我们在社会交往中共同创造意义、身份和关系的方式；也就是说，我们如何构建自己和我们家庭关系的方式。因此，家庭实际是通过拥有同一生活背景的成员的一系列互动（interaction）过程构建起来的，并通过这一过程完成对家庭的认同。由此，"关系"与"认同"自然也就成为了家庭传播的研究重点。符号互动论（symbolic interactionism）、叙述表演理论（narrative performance theory）等理论视角被逐渐广泛应用于家庭传播研究领域。

　　叙述表演理论（narrative performance theory）强调了叙述在集体意义建构和意义赋予过程中的重要作用，家庭在这方面则表现为通过叙述者和观众之间的交流，以讲故事的形式来建构家庭认同。人们将家庭叙述视为家庭文化的有力部分，讲述家庭故事可能会影响家庭整体满意度，产生亲近归属感。家庭作为一个集体身份的叙述越多，家庭成员的参与性就越强。家庭叙述不仅塑造了"我们"，而且"我们"也在讲述中塑造了家庭故事和家庭认同。

　　从人类学、社会学视角展开研究我们可以发现，仪式能有效团结群体成员。家庭仪式是由整个家庭共享的、具有特殊符号意义的家庭传播活动。仪式的象征性组成部分保证了家庭随着时间的推移也能共享意义，通过创造归属感来强化家庭认同。仪式不仅通过回忆维持了家庭集体记忆，仪式本身也成为家庭集体记忆、家庭认同的一部分。

法国人类学家弗洛伦斯·韦伯（Florence Weber）向我们明确指出，建立在血缘基础上的家庭关系并不是连贯的整体，家庭关系是由日常生活中的一系列连续时刻所建构（也被摧毁）的过程，且依赖于日常生活事件和行动者对事件的认知和解释。对家庭的关注，需要回到对行动者话语、经验和互动的研究。简单来说，通常所认知感受到的"家庭"，只存在于日常生活的互动过程中，如沟通交流、家庭事件、仪式参与等，正是行动者的家庭传播实践创造的一系列联系，赋予家庭以丰富的意义，家庭成员也由此获得了家庭身份认同。

正是借助一系列的传播过程，家庭才从一个抽象的模糊概念日渐变得清晰，意义内涵愈发丰满。然而，远距家庭普遍都面临传播主体在线化、传播内容单薄化、传播渠道单一化、传播对象隔空化、传播效果递减化等多重挑战。远距家庭因受空间阻隔，成员倾向寻求彼此的通信联系和情感支持，前期情感将分散的家庭关系黏结成网，因此分居状态下实践亲属对象相对也更有限。定居他乡的新移民会着重花心思在父母和兄弟姐妹间关系的持续维护上。

对此，他们也做出了一些有针对性的调整，形成了一套独有的远距家庭传播策略。首先，基于通信联系的情感问候是最常采用的途径，"沟通"的行为本身大于沟通的内容，演变为程式化的日常生活仪式。其次，借助金钱礼物的情感性表达也是异地分居时最常采用的方式，礼物是承载情感意义的文化符号，建构和再生产了远距家庭关系。除此之外，身体共同在场的互动情境仍然是最有效的情感沟通和关系维护手段，能在最短的期限内激发最强烈的情感能量。

家庭实际上是通过拥有同一生活背景成员的一系列互动过程建构起来的。基于生物学意义上的描述显然不能够准确反映城市新移民面对的远距家庭生存现状，对他们来说，家庭正是在语言和非语言的交流中维持的，在与家人的互动中划定界限，在传播过程中完成自己的身份认同。因此，城市新移民的远距家庭实则更像是高尔文强调的"话语依赖的家庭"（discourse-dependent families）。在远距家庭关系维护中，人们可以很清楚地看到话语实践对家庭认同的创造性力量，他们通过谈话、分享、仪式等传播实践来管理家庭边界，与远方的家人共享一套具有高度排他性的家庭意义系统。远距家庭传播呈现出明显的"话语依赖"特征，在语言和非语言的交流中维持家庭认同。

"家"是日常实践、生活经验、风俗惯习、社会关系、记忆情感等多方要素交叉相连的物质和情感空间综合体，在人们居住的经历中产生着自我意识以及"家"的感觉。个体的流动导致了身体与地方的物理分离，离家后这种感觉固化为被称为"乡愁"的情感认同，对"家"的情感依恋成为远距家庭传播中最原始的动力。情感不仅是城市新移民参与远距家庭关系维护的核心动力，同时也是他们进行家庭传播实践的重要目的。这也导致了弱情感连接的亲属被排除在实践范围之外，家庭规模缩小化、亲属网络内收化在城市新移民这里表现得尤为明显。

　　未来的研究可综合考虑城市移民和家乡家庭成员的互动实践，挖掘远距家庭传播背后深层的文化动因和意义生成模式。

种　草

秦　洁

在这个被商品充盈的社会，消费逐渐成为人们日常生活中非常重要的一部分。而随着技术的不断发展，传播媒介也在不断革新，我们进入了互联网的连接和获取更加方便和快捷的新媒介时代，人与人，以及人与商品的连接方式也发生了改变，商品说服人的方式也出现了变革与创新。在这样的背景之下，"种草"一词开始不断被提及。"种草"本意指草的人工养殖，在网络流行语中意指分享推荐商品，以激发他人购买欲望的一种行为。"种草"凭借新媒介时代下连接更为紧密的人际关系网络，不仅成为新消费主义时代的表现之一，也慢慢促成了当代商品说服方式的转型。

互联网的发展不仅使人与人之间的连接更为紧密，也使商品信息能够更为便捷地随着人际关系网络的建立得以传播。"种草"作为一种新型的网络口碑传播，也是由广告说服转型而来的商品说服模式，同时人际关系网络是"种草"说服的基础，并在其中扮演了重要角色。关于"种草"的研究，主要围绕口碑传播研究、广告说服研究、消费者意见领袖研究展开。而在广告说服的相关研究中，也有研究者从符号学的视角，通过探讨符号文本对意义场域的建构来探讨广告说服的实现，这对"种草"说服的研究有一定启发。

通过文本的表象，挖掘深层的意义，是符号学作为一种研究方法为大众文化研究所提供的思路之一。"种草"作为当今社会重要的消费现象之一，是消费文化研究的重要部分。商品也是一种现实社会中无所不在的符号，对商品说服的研究，从符号学的视角展开，也在情理之中。符号学方法能为这一现象的研究带来新的视角和新的发现。而作为当代消费文化一部分的"种草"，早已融入了人们的日常生活之中，其形式也在短时间内发生了许多变形。

依托符号学理论分析种草的动机我们可以发现，对发送者来说，"种草"是一种分享行为，基本动机是自我呈现的需求。发送者"种草"的动机主要有社交、功利、炫耀、利他四方面。对接收者来说，接收"种草"是一种模仿行为，认同则是模仿的动力。因此接收者接收"种草"的直接动机是对信息获取的需求，深层动机是创新和身份认同。

就"种草"的传播机制而言，受广告真实的启发，"种草"说服实现的前提是要保证"种草"的真实性，"种草"的真实性则有文本融贯和社群真知两方面。同时"种草"借助人际关系网络进行说服，因此在熟人关系、意见领袖、网络社群三种不同的人际关系中"种草"说服路径也不尽相同。"种草"说服机制也可从认知和态度两个层面进行讨论，认知层面关联商品与消费者，态度层面实现感知、情感与理解的结合。而说服效果则主要借助真实的消费者身份、文本修辞中的刺点以及直观的商品展示来实现和增强。

就"种草"的影响而言，在网络消费的背景下，"种草"缩短了人们的消费路径，也带来了新的消费模式，而对"种草"的模仿消费也导致了消费仪式的出现。由于商品作为意义传递的中介是意义的主要呈现载体，因此通过讨论商品意义的建构过程，可以对"种草"导致的外部文化世界、商品和消费者三者之间的意义流动进行分析。通过"种草者"的文本呈现，将外部文化世界的意义传递至商品，而"种草"引导的模仿消费以及消费仪式则将意义从商品传递至消费者。在"种草"—消费—"种草"的循环中实现意义的流动。

当然，对"种草"的研究需要顺应时代的变化。对"种草"现象的进一步研究，不仅需要对其说服机制和手段进行深入剖析，阐明其中的符号运作机制，同时也需要根据技术和受众偏好的变化，阐释"种草"背后的经济、文化动因。

梗

陈 谦

通过百度对"梗"进行关键词检索，我们发现共有相关结果约 100,000,000 个，其百度指数趋势，是在 2014 年 6 月底超过它的整体日均值并维持在此之上，可以推测，"梗"作为网络流行语在 2014 年之前已逐步流行并在该年大热。如今"梗"已然达到司空见惯的程度，现有"小鸡词典""萌娘百科"等作为解"梗"网站，百度有"梗吧"，B 站百大 UP 主"吃素的狮子"开辟了"梗百科"专栏，新浪新闻联合推出"解梗词典"。

学术上对此问题的研究，相对较早的资料是 2010 年 9 月 2 日一论坛网友的回复引用，"'梗'是从既有的名词误念、误写的结果。'哏'哪！ㄍㄣˊ，笑话，或形容好笑的人或事……电视公司听写字幕的人员「无知的创造」，我们如今才会经常将该写成「哏」的字，写成了「梗」字……还硬是使得「梗」字居然有了「好笑」、「可笑」之义"。这是引自中国台湾相声演员冯翊纲和台湾辅仁大学中文系讲师张大春的观点。

无独有偶，大陆相声演员郭德纲于 2017 年 8 月 21 日也在自己的微博上发表"所谓的梗，是哏……梗从港台又带回了内地"。有三点可以肯定的，第一，"梗"就是对"哏"的误用；第二，"梗"的这种用法是从港台地区流传回来的；第三即"天堂俊"说的是"综艺节目"，后又有"电视公司听写字幕的人员"，也就是说这种流行至少得益于传统媒体的传播。还可以作为补充的另一种说法是，"起源自英文中笑料（gag）一词，因此梗被认为是 gag 的音（译）"（杜恒，2019，8，179 - 180），而"gag"在 *Oxford Advanced Learner's Dictionary* 的解释，作名词时指"（informal）a joke or a funny story, especially one told by a professional comedian"。《汉语大词典》解释"梗"为"有趣，滑稽。亦指有趣、滑稽的语言或动作"。于此，对"梗"，我们都获得了一致的基本意义。

从现有的研究资源来看，除了阐明"梗"和当代互联网亚文化状态存在多少契合程度，另有至少两条路径可以靠近这一问题。首先是对"梗"的传播政治经济学考察，也就是说在亚文化研究中融入抵抗这一实质问题的同时，会发现每一个"梗"都存在规模不一的注意力中心，而该文本的作者总是主动或被动地占据这些中心，从而进行二次售卖，达拉斯·斯麦兹（Dallas W. Smythe）称为受众商品论。迪克·赫伯迪格（Dick Hebdige）在《亚文化风格的意义》中认为"青年文化的风格会以象征性的挑战而展开，但不可避免的是，他们注定要以建立一套新的惯例，通过制造新的商品、新的产业，或者重新激活旧的产业而终结"（赫伯迪格，2009，96），将这两者结合也可得出有益结论。

　　另一条路径是符号学的。即通过对各类"梗"进行文本分析，探讨各类文本构成所采取的修辞格，或者这些文本各自的表征。借鉴巴尔特神话学分析方法，我们可以探究其含蓄意指在表达当代青年普遍心理状态方面的意义与重要性，在这一方面，"符号学是对各种符号以及它们作为文化意义运载工具的一般作用的一种研究或'科学'"（霍尔，2003，6）。"梗"是一种庞杂的型文本，把它置于亚文化符号学研究中，我们最终想要聚焦的是：在互联网中，当代青年在政治经济、生活方式甚或意识形态等诸方面的变化，以及变化背后的影响与意义。

第四部分

文学艺术符号学

艺术哲学

周尚琴

　　艺术哲学作为一门学科，从产生源头来说源于美学，尽管艺术哲学与美学学科之间有着密切的关系，但二者应该是两个存在交叉而实则相互独立的领域。具体来说，传统美学包括艺术本质和审美经验两个核心问题，艺术哲学除了艺术本质这一核心问题，还包括与艺术本质相关的艺术定义、艺术本体、艺术经验、审美经验等多个重要问题，因此艺术哲学的范畴较美学宽广。

　　在西方哲学从本体论向认识论和语言学转向的潮流中，将符号学应用于艺术哲学，从符号学的视角对艺术哲学的诸多议题进行审视，成为艺术哲学研究的一个重要支流，主要见于卡西尔、朗格（Susanne K. Langer）、莫里斯（Charles William Morris）等新康德主义符号美学家，以及古德曼等分析美学家的研究。

　　卡西尔以康德理论为基础，他在《人论》中指出人和动物的根本区别在于人发明了符号，从而同时生活在物理世界和符号世界中，作为符号世界的组成部分，艺术是与神话、宗教、历史、科学、日常语言不同的符号系统。在与科学、语言等符号系统的对照中，卡西尔将艺术的本质定义为通过想象、虚构、变形，借助线条、色彩、形状、音符等媒介，对物理世界进行创造性的再现和表现后形成的符号系统。这一符号系统是我们内在生命的真正显现，在对可见、可触、可听的外观之把握中给予我们秩序，不同于科学在思想中给予我们秩序，道德在行动中给予我们秩序。

　　卡西尔的符号学思想对朗格的符号学美学影响深远。在《情感与形式》中，朗格一方面延续卡西尔的划分，进一步以表现性符号体系和推论性符号体系区分艺术与非艺术。艺术作为表现性符号，为具有种种特征的人类情感赋予了形式，从而实现了内在生命的表达和交流。同时，朗格将这一情感符号的理论体系建立在对绘画、雕塑、建筑、音乐等门类艺术的具体分析上，印证艺术的本质是人类情感符号的创造，从而调和形式论和表现论。

　　纳尔逊·古德曼（Nelson Goodman）在《艺术的语言》中指出，艺术符号与非艺术符号的分水岭在于"何时为艺术"而非"什么是艺术",借助指称论、记谱理论等符号学概念,他将"什么是艺术"转移到"在某个时刻艺术做了什么"。古德曼实际上建立了一套区分艺术的语法规则,每一次区分实践都是这套规则的一次实际语用,关键看阐释者如何对符号文本的句法密度、语义密度、多元指称等五大症候进行阐释。此外,秉承皮尔斯(C. S. Peirce)思想的查尔斯·莫里斯从符用学角度对艺术符号价值交流性给予关注,认为艺术符号的独特性在于它是像似符号,即符号本身的特点与指称对象的特点一致。

国内对艺术哲学符号学的研究相对零散,且多是将皮尔斯符号学理论应用于艺术哲学,对艺术本质、艺术本体、艺术定义、审美经验等进行研究和反思。赵毅衡《从符号学定义艺术:重返功能主义》从功能主义的角度给出艺术的定义,即"在组成文化的各种表意文本中,艺术是藉形式使接收者从庸常达到超脱的符号文本品格"。这一定义既是对历史上的艺术定义的超越,也是对伏飞雄《从符号学定义艺术》、赵奎英《艺术符号学基础的反思与现象学存在论重建》的某种回应。

陆正兰《论体裁指称距离——以歌词为例》以歌词文本为例,展示文化规定性对体裁语言指称距离的影响,在本体论层面明确了艺术符号与普通符号的不同;《"无处不在的艺术"与逆向麦克卢汉定义》论述了后现代的新媒介使艺术从标出项转为非标出项,体现了对现状的敏锐性。彭佳《试论艺术与"前艺术":一个符号学探讨》,更是将目光扩至跨人类的视域,以其具有连续性证明人类艺术符号的合法性地位;《艺术的符号三性论》对艺术符号像似性、自反指示性、反规约性的论述,是对艺术符号与对象三种关系的探讨,拓展了传统的再现和表现理论。

胡易容《论原物:艺术符号意指对象的多重分解》更进一步揭示出,现代艺术从符号再现体到对象的表意过程中,直接对象隐退、动力对象凸显的特征。不同于以发送者和符号文本为原点的研究,唐小林《布洛说反了:论审美距离的符号学原理》将审美距离置于符号学的视域观照下,提出是文本内部的"形式"距离决定观者的心理距离,而非相反。

以上国内外的研究,运用符号学理论对艺术哲学的诸多问题域进行了探究,对艺术是什么、艺术品该如何存在、艺术与审美的关系等问题进行了回应。学者们通过对艺术的本质、本体、定义等问题的探究,揭示了艺术符号的独特性,确证了艺术自律的合法性,具有比较明显的现代主义色彩(古德曼是例外),与新批评主义、结构主义等存在共同之处。

然而,后现代艺术对艺术与生活边界的僭越,使 18 世纪以来自西方形成的"美的艺术"（Fine Art）的内涵和外延开始变化。卡罗尔指出艺术哲学的基本任务是将正在出现的新作品，尤其是革命性的作品，归为艺术家族而提供理论手段。反观当下的艺术哲学符号学研究，存在的问题主要为缺乏后现代维度和该维度下的门类艺术的研究，缺乏与其他流派的艺术哲学观的对话，这可与受符号学影响颇深的图像学研究进行对照。

以潘诺夫斯基为代表的瓦尔堡学派深受卡西尔符号学理论的影响，作为图像学的现代阶段，瓦尔堡学派针对弗莱、贝尔、沃尔夫林为代表的形式主义，将焦点对准线条、色彩、形状等艺术媒介背后的意义问题，到了米歇尔的后现代图像学，便引入话语、权力、意识形态等理论，主张对图像产生的语境进行研究。

相比图像学具有的历史维度、对话意识和门类意识，符号学视角下的艺术哲学应该在与其他流派的艺术哲学观进行对话的前提下，将艺术的本质、本体、经验置于后现代主义的语境中探究，为电影、音乐、建筑、舞蹈、设计等后现代革命性作品确证艺术身份和研究艺术经验提供理论手段。

为此，笔者与陆正兰近年做了一些尝试，先后撰写发表了《从前现代到后现代：艺术符号主导因素的历史变迁》《从符号学看艺术哲学：评安静〈个体符号构造的多元世界：纳尔逊·古德曼艺术哲学研究〉》《由感官之眼到心灵之眼——从不同审美纬度看现代艺术》等论文，并以分析美学家卡罗尔的艺术哲学及其电影、舞蹈、绘画哲学作为博士论文的研究内容。

笔者对艺术哲学的后现代维度的研究，主要体现在艺术符号作为艺术的本质、物-符号-艺术符号作为艺术的本体，在前现代、现代、后现代的变迁中，所经历的主要变化和共同特征。

在前现代社会，本体论的美学思想占主导，观者的主体审美意识尚不自觉，艺术符号、物、普通符号三位一体，统筹于"技艺"的范畴之下，艺术的使用性与实用表意功能占主导，艺术表意功能大多被悬置。现代社会审美现代性出现，在认识论美学的转向下，观者主体性凸显，一种静观式的审美出现，艺术符号成为物和普通符号的标出项，使用性与实用表意功能被悬置，而艺术表意功能成为主导。后现代社会进入泛艺术化时代，表现为介入式审美，使用性、实用表意功能、艺术表意功能全面凸显。尽管艺术的本质和本体在每一个阶段的主导因素各有不同，但贯穿其中的线索为：形式-感知、意义-认知是艺术符号的一体两面，物-符号-艺术符号兼具自律论和语境论的融合。

笔者对后现代门类艺术的哲学符号学解读，主要体现在对现成品艺术、民谣音乐等当代艺术的审美经验研究。面对当代艺术，必须既要有感官之眼，也要有心灵之眼。观者和艺术之间，既要有趋于纯粹的审美直观，也要有调动心灵阐释意义的参与关系。接受者的审美经验是审美感知和意义阐释，感官之眼和心灵之眼在符号学维度的统一。

笔者对艺术哲学符号学与其他艺术哲学观的对话研究，主要在古德曼和卡罗尔之间展开。古德曼和卡罗尔同为分析美学阵营的成员，但二者的艺术哲学思想不尽相同。古德曼的审美经验理论降低了审美价值问题的重要性，具有认识论转向的色彩；卡罗尔则主张审美经验的复兴，将审美和认知视为艺术经验的不同面向，其"超越美学"的思想正是基于认知经验和审美经验的中和。

艺术符号的推陈出新和自我否定，是艺术哲学的众多议题不断自我更新和自我超越的原动力，不论是用符号学理论对艺术哲学的研究，还是深入具体艺术门类的研究，都亟待从方法论和本体论两个面向挖掘更多西方学者的符号学理论，并发展出中国本土的符号学思想，从而对更多艺术哲学议题做出回答，以此来回应不断创新的艺术实践。

诗　歌

乔　琦

　　在世界范围内，符号学理论与诗歌研究的结合研究相当丰富。雅柯布森在符号动态功能图示中论述诗性，尤其在诗性与元语言性、诗性与指称性的对抗中凸显诗性。雅柯布森的"主导""诗性""标出性"等理论均有益于探讨诗歌的本源性问题。里法泰尔的《诗歌符号学》乃符号学诗歌理论的系统呈现，在"主型—模式—文本"理论框架之中巧妙融内容、形式为一体，既避免了对诗歌符号所指向的对象的过分关注，又勾勒出符号直指解释项乃至完成意义传达的过程。《诗歌符号学》一书贯穿始终的一条深隐线索是对"不通"（ungrammaticality）的探索，从诗歌符号学阅读理论来看，"晦涩""不通"以及各种反常形成的症候反而有可能是诗意的突破口。此外，卡勒、克里斯蒂娃、洛特曼、巴尔特等符号学家都为符号学诗歌研究提供了多种可能性。

　　雅柯布森的大部分著作是对于俄罗斯诗歌形式的分析，但其为数不多的诗学单篇论文极具影响力，推动了结构主义文论、结构主义人类学和哲学，乃至叙述学、符号学的发展。他隐藏在语言符号学当中的诗学资源，还有待清理，比如"标出性"，基本集中在语言学领域讨论，若将此引入诗歌研究，或能推进诗歌文体探索。

　　诗性理论的提出，是雅柯布森对文学理论和符号学研究的巨大贡献。当符号表意侧重于信息本身时，诗的功能占据主导地位，诗性得以体现。诗性的核心在于符号的自指性，而不是指称性，符号文本本身吸引着解释者的注意力。不同时期、不同种类的诗歌分别具有其实现诗性的独特方式，关注并寻找诗性构建的过程，也即不断趋近诗体演变之内核的过程。元语言性与诗性相对，元语言功能为解释提供依据，保证符号能够被读解；诗性则将意义锁定于符号自身，在一定程度上给意义披上了神秘面纱。

　　另一位对诗歌符号学做出重要贡献的学者是里法泰尔。他在《诗歌符号学》前言中开宗明义地指出："我把诗歌当作一个整体，因为我认识到诗歌独有的意义单元是文本有限的、紧密的存在，理解诗歌话语最有效的方式是符号学的而不是语言学的。"(Riffaterre，1978，4)他把一首诗的各个部分视为相互紧密联系在一起的单元，若抛开系统，单个词语、单个诗行、单个诗节都无法完成意义的传递。"诗歌符号的生产，取决于核心语的变体：当一个词，一个词组，涉及先存的词组时，就获得了诗性。"(Riffaterre，1978，23)

核心语（hypogram）是里法泰尔诗歌符号学的一个关键概念，从文本内部而言，当一系列符号共同指向一个符号的时候，这个被指向的符号就是核心语。换一个向度思考，核心语派生出系列变体，这些变体分别成为核心语的转喻。从互文的关系来看，一个文本中的符号若在之前的文本中反复出现，或者虽没有在具体文本中出现，但已存在于社会习语中，这样的符号也可能是核心语。核心语常常没有被直接言明，它隐藏于文本的沟沟壑壑中，"诗歌迂回地表达概念和事物"，是里法泰尔提出的基本原则，在他看来，诗歌意义的迂回表达有三种可能的途径，即替换、变形和创造新意。

里法泰尔在《描写性诗歌结构：处理波德莱尔的〈猫〉的两种方法》一文中，曾对雅柯布森的诗歌分析方法提出批评，他指出，对一首诗所做的语法分析仅能告诉读者这首诗的语法。封闭框架里的语法分析远不能满足他的追求，《诗歌符号学》贯穿始终的一条深隐线索正是对"不通"的论证和探索。在符号学方式下，里法泰尔的理论对诗歌文本形式的分析、文本深层结构的发现、诗歌晦涩问题的思索等方面做出了重要探索。

卡勒构建了结构主义诗学，又参与解构主义文学活动，他谈到，解构主义并没有拒斥结构主义和符号学。卡勒超越了结构主义和解构主义的限制，坚持诗学追求的总体目标。

从结构主义阶段到解构主义阶段，卡勒对文学研究有相对一致的要求："作为一个学科的文学研究的目的正在于努力去理解文学的符号机制，去理解文学形式所包含着的诸种策略。"(柯里尼，2005，127)在某种特定的理论形态之上，卡勒始终执着于大文学理论观，即坚持文学本体论方面的探索。他在肯定《诗歌符号学》成就的同时，无法容忍里法泰尔过分沉醉于对具体文本的阐释，他指出："里法泰尔把意义的研究等同于阅读的研究，诗歌符号学实乃讲述读者处理或理解文本的方式。"(Culler，1981，80)卡勒虽然对里法泰尔所作的诗歌符号学建构多有推崇，但认为他对读者的自由限制过多，没能坚持对"文本和读者之辩证关系"的分析。卡勒认为，当里法泰尔断言"阅读诗歌就是揭示词语或句子如何生成，以及词语或句子中的每个成分如何变化"时，"他侵犯了批评的得体"(Culler，1981，91)。在卡勒看来，里法泰尔对诗歌深层结构的挖掘和建构，存在还原主义的倾向，比如把描述统一的主型作为诗学阐释的目标。卡勒认为，我们无法知晓一首诗的作者的精确意图，即使作者本人也无法确切地说出写作某首诗的完整意图；读者对文本意义的寻找和揭示更是千差万别；文本意义不是文本客观具有的，它存在于发送者、文本、接收者等因素相互作用的动态过程中。诚如赵毅衡所言："意义之有，是符号接收必要的工作前提，接收者真正的解释，不一定也不太可能回到意图意义或文本意义，解释意义的有效性只是解释本身有效（使解释为一个解释），不需要对表意的其他环节对应。"（赵毅衡，2010，8）因此，任何给出文本确定意义的企图，都难以实现，对文本意义而言，也不存在所谓有待发掘的原初的真实。由文本而读者，由阐释而理论，卡勒为诗歌阐释打开了一扇通向无限的大门。

符号学诗歌理论从形式论的角度丰富和展拓了诗歌研究的视野，我国虽没有系统的诗歌符号学理论，但一些学者对建构这一理论体系做出了卓有成效的探索。赵毅衡的《文学符号学》最早列出专章，从符号学角度讨论诗歌，为该领域的研究提供了重要参照，他的符号学系列论文中卷入的刺点、理据性滑动、阐释漩涡等理论，又蕴含着符号学诗歌研究的新方向。周晓风的《现代诗歌符号美学》论著，从总体上论述了符号美学对于现代诗歌美学的意义及其局限。陈仲义的《现代诗：语言张力论》是一部关于现代汉诗的形式论力作，精准捕捉到现代诗语的力量。赵毅衡的《刺点——当代诗歌与符号双轴关系》和陆正兰的《诗歌作为一种"刺点体裁"》，把巴尔特用来谈论摄影的"刺点"概念引入诗歌研究当中，并明确指出"刺点"所指向的正是诗歌文体的本质特征，表现出符号学诗歌理论的创新。陈仲义在《现代诗索解——纵横轴列的诗语轨迹分析》中以其独到的诗性思维对接符号学，巧妙推出中国新诗的诗性魅力。李骞的《论诗歌结构艺术的审美层面》在不同文本之间、不同文化之间以及文学与文化的编织之间展开动态研究，是"形式论-符号学"的一次结构探险。李心释的《语象与意象：诗歌的符号学阐释分野》和董迎春的《诗体通感与通感修辞——诗歌符号学之视角》都从当代诗歌语言的符号学研究角度剖析新诗流变中的问题并展望其未来走向。陆正兰的论文《用符号学推进诗歌研究：从钱钟书理论出发》打通了雅柯布森、巴尔特、里法泰尔等人的符号学诗歌理论与钱钟书的诗学观念。孙金燕的《从符号修辞学论禅诗之现代如何可能》《否定：一个禅宗诗学的核心命题》不只是借用"诗性""反讽"论述禅宗诗学，反过来也正是在对现代禅诗的分析过程中使符号学相关概念的理论维度得到拓展。这些论文，在西方符号学诗歌理论与中国诗学之间展开了有效对话。乔琦的《核心语及其展开：里法台尔诗歌符号学的一个关键概念》，结合中国当代具体诗作对"核心语"的基本类型及其与文本深层结构的关系做出了分析。符号学和具体诗论的视界融合，有助于理解和发现新诗探索者们如何从形式上推动新诗的历史，从而解决中国新诗发展中的实际问题。

音　乐

陆正兰

音乐符号学早在 20 世纪五六十年代就已发展，且主要集中在古典音乐传统深厚的欧洲，最早的研究对象大多为欧洲古典音乐。

为音乐分析做了大量前期研究的纳梯埃（Jean-Jacques Nattiez），强调系统的皮尔斯符号学研究方法；另一位音乐符号学的领军人物埃罗·塔拉斯蒂（Eero Tarasti）研究方法更接近巴黎符号学派的路子。至今，纳梯埃的《音乐与话语：走向音乐符号学》（1975）与塔拉斯蒂的《音乐符号》《音乐符号学理论》（1994），是这个领域中最扎实的成绩。爱丁堡大学莫奈尔（Raymond Monelle）的两本著作《语言学与音乐符号学》（1992）与《音乐意义：符号学论文》（2000）也对音乐符号学做出了极大贡献，莫奈尔重视符义学，提出音乐若没有意义就不可能被解释的重要观点。哈顿（Robert Hatten）的两本著作《贝多芬的音乐意义：标出性，纠正，阐释》（1994），《解释音乐的姿势，主题，修辞》（2004），从解释角度进一步推进了音乐符号学研究。

音乐符号学的发展与语言符号学关系密切。早在 20 世纪 30 年代，民族音乐学家乔治·赫佐格（George Herzog），就把音乐看成是某种语言。这种与语言类拟的传统延续到当代，例如民族音乐学家曼特尔·胡德（Mantle Hood）创造了一个术语"双音乐性"（bi-musicality, 1971），用双语者能掌握两种不同的语言类比，说明一个人掌握两种不同的音乐语言的能力。鉴于音乐分析更依赖直觉且并无体系，这项工作的确比较困难。但在民族音乐学中，音乐能力可以与语言能力比较：在每一种独特的音乐风格中，都有一个"隐藏"的语法。

音乐符号学最早的研究模式就是基于索绪尔的语言符号学和人类符号学家列维－斯特劳斯（Claude Lévi-Strauss）对音乐与神话模式的研究（1958）。20世纪 50 年代，斯泼林格就提出，言语和音乐都可以看成是"被组织的声音"（Springer, 1956）。这两种形式在结构上互相回应：两者都有音调的属性，声调的变化，长度及音量。因此，对音乐符号学研究最有推动力的一本书，是语言学家乔姆斯基（Noam Chomsky）的《句法结构》（1957）。在这本书中，乔姆斯基提出了一套语言语法转换和生成理论。20世纪六七十年代，许多音乐符号学家热衷于寻找乔姆斯基式的"音乐语法"，如辛哈·阿罗姆（Simha Arom）和尼古拉斯·鲁韦特（Nicolas Ruwet）。

最早将语言学的研究方法应用于音乐分析的，是尼古拉斯·鲁韦特（Nicolas Ruwet），他对德彪西的歌剧《佩利亚斯与梅丽桑德》（Pelleas et Melisande）的序曲和中世纪时期盖斯乐歌曲（Geisslerlieder）形式的分析可以看成是符号学研究的语言学模式。他提出人们在阅读乐谱的时候，就像在阅读一个神话，这就如同列维-斯特劳斯对俄狄浦斯神话的分析，将相似的音乐动机一个接一个地放置在一个框架里，通过此框架，一眼就能明白整个乐曲的分布。后来，让-雅克·纳提艾（Jean-Jacues Nattiez）发展并改造了鲁韦特范式分析法，在其《音乐与话语：走向音乐符号学》（Nattiez，1975）中，他将音乐符号文本细分成中性层，创造层和接受层，以此说明，除了音乐制作、信息接受，音乐符号学必须澄清自身范式分析所隐含的标准（埃罗·塔拉斯蒂，2015，57）。

音乐符号学在世界范围内形成气候，始于音乐符号学的首次国际会议。1973年，第一届音乐符号学国际会议在贝尔格莱德召开，由意大利音乐学家基诺斯·史蒂凡尼（Gino Stefani）等人组织。这次音乐符号学盛会，不仅汇聚了来自世界各地的音乐研究者，而且对推动音乐符号学作为一门独立于符号学与音乐学的学科发展，起了重大作用。这些学者们虽然学术背景相同，但都积极地将自己的研究和符号学结合，比如被誉为当代音乐符号学家先驱者的蒂凡尼，就致力于发展一套用于音乐教学、音乐治疗和文化动漫的音乐符号学理论。他在其代表作《音乐能力》（La Competenza musicale，1982）一书中，提出了两种不同的音乐能力：通俗的和博学的，并通过研究，提出了一种基于"语言全球性"（globality of language）的胎儿原生音乐共性（musical universals of prenateal origin）研究。如今，史蒂凡尼的学生，像马可尼（Luca Marconi）、贝格利（Marco Beghelli）和马蒂内利（Dario Martinelli）都已经成为当代音乐符号学领域的佼佼者。

对音乐符号学的发展做出重大贡献的，还有塔拉斯蒂。他是符号学家格雷马斯的弟子，塔拉斯蒂将结构主义符号学家格雷马斯的理论运用到对音乐的神话意义的研究上（Tarasti，1979）。塔拉斯蒂提出，音乐可以从神话中获得它的意义，整个神话意义网可以概述成以下几种义素：自然神话、英雄神话、魔幻、寓言、民谣、传说、神圣、恶魔、梦幻、神秘、异国情调、原始主义、民族音乐、田园、姿势、崇高及悲剧型。塔拉斯蒂的音乐符号学理论也基于格雷马斯的生成过程的四个阶段：（1）同位现象；（2）空间，时间，因素类别和他们之间的结合/脱离；（3）模态；（4）人与技术相融合。或许这些阶段中最重要也最具原创性的是音乐模态性："意愿""知道""必须""能"和"相信"。他指出，这些模态性起源于语言的同位素理论，它们也能用来作为纯粹的音乐术语定义（Tarasti，1992d，1994a）。

格雷马斯的符号学理论影响极大，很多学者都将格雷马斯的概念应用于音乐，并创造出了一系列音乐符号学成果，比如斯托依诺娃（Ivanka Stoianova，1978）创建了结合心理分析的语调理论和符号学的原创性理论。葛瑞宝泽（Marta Grabocz，1986）是匈牙利音乐学家威法鲁西的学生，他把同位素概念运用到了李斯特的钢琴音乐和电子乐曲分析中等。

在民族音乐学里，布莱金（John Blacking）等学者也在运用符号学观点。布莱金在他的著作《音乐即人》（*How Musical is Man*，1976）中研究了印度吠陀音乐的音乐语义学。鲍雷斯（Charles Boiles）阐明了使用特佩华语（Tepehua）的印第安人如何用音乐表达意义（1973），德丸（Yoshihiko Tokumaru）在日本传统音乐研究中运用了符号学（1980）等。

英国爱丁堡的雷蒙德·莫奈尔（Raymond Monelle）著有《音乐中的语言学和符号学》（*Linguistics and Semiotics in Music*，1992），另一著作《音乐的意义》（*The Sense of Music*，2000），在音乐分析中运用了结构主义思想。该学科在英国的先驱奥斯蒙德－斯密斯（David Osmond-Smith），创建了音乐中内在像似性理论（1975），在现代音乐研究中运用了符号学理论（Berio）。

音乐符号学最广泛的研究项目集中在"音乐意义"（musical signification）这个项目中。此项目自 20 世纪 80 年代开始，来自世界各地的 300 多名学者参与，汇集了形形色色的符号音乐学家、传统的音乐理论家、民族音乐学家、计算机理论家、认知科学家、精神分析学家、历史学家和许多其他领域的研究者，这也意味着音乐符号学已经扩展到上面所说的各个领域。到目前已经举行了 14 次国际会议。这些专题讨论会的论文已由各种国际学术出版社出版。该项目已成为世界上最大的音乐符号学家聚会，它有助于推动世界各地的高校建立音乐符号学这一新学科。该项目还包括一个国际博士和博士后研讨会，每年在赫尔辛基大学举办，博士研讨会的论文和文集定期发表在芬兰的符号学学报等系列文献上，并由伊马特拉的国际符号学研究所和印第安纳大学合作出版。

中国国内的音乐符号学研究，在 20 多年前就已出现，但成果较少，基本集中于 20 世纪 80 年代朗格及汉斯立克等几位国外音乐美学家的名著讨论。随后陆续有一些新的相关译文和译作出现，例如宋瑞强、许丽华翻译乔斯·凯塞尔斯的文章《意义：音乐、语言与符号学》，汤亚丁对纳蒂埃《音乐与话语：走向音乐符号学》的译介，陆正兰翻译的埃罗·塔拉斯蒂《音乐符号》、黄汉华等翻译的《音乐符号学理论》，以及近年于润洋、张前主编的译作中的《音乐的意义与表现》等，但真正的音乐符号学理论专著和论文并不多。黄汉华的著作《抽象与原型——音乐符号论》《符号学视角中的音乐美学研究》和《音乐符号意义生成之行为模式及互文性研究》，是这一领域的重要成果。

近年，随着传媒技术的发展，音乐符号传播成为音乐符号学的重要分支，被学者关注。音乐传播也是音乐符号编码和解码的过程。最早关注音乐传播的是瑞士音乐学家本特森（Ingmar Bengtson）。他的传播模式如下：第一，作曲家创作了音乐；第二，他把他写在了一个符号系统中；第三，表演者阅读这符号；第四，用他或她的乐器来演奏；第五，声音被创造出来；第六，最后，声音效果到达收听的接受者（Bengtson，1973）。在这模式中，音乐被看成是一种被渠道传送的"信息"。

美国音乐学家西格发展了这一理论，并进一步提出音乐传播有六种信息：音乐、言语、图表、人工制品、身体传播、嗅觉。它们中每一种都有自己的系统，也许不会在每个时刻同时起作用，却通过听觉渠道、视觉渠道和触觉渠道三种不同的渠道联合起作用。

中国学界关注音乐传播的研究较晚，其中有曾田力《中国音乐传播论坛》、曾遂今《音乐传播学理论教程》以及张锦华等《中国当代流行音乐的传播与接受研究》等。对音乐符号学传播做出较大贡献的，是从薛艺兵的《音乐传播的符号学原理》开始，此文从音乐传播的概念出发，系统地讨论了符号活动模式、音乐的符号特性以及音乐传播的文化代码等问题。随着媒介的发展，音乐符号传播越来越被人们重视，学者们借助传播学的相关概念，讨论音乐传播的方法、模式、把关人等。比如，赵志安的论文《音乐传播"信息"论》《音乐传播的"模式"研究》，学理性较强，分别从音乐信息的特殊性、美学特征以及音乐两种传播模式"在场"和"媒介"出发，详细探讨了音乐的传播特点，关注了音乐的符号传播和符号互动。汪森和余烺天的《音乐传播学导论——音乐与传播的互文建构》从音乐信息论出发，分析了音乐传播学的各种概念，并探讨了广告音乐、背景音乐等现代音乐种类的传播现象（汪森、余烺天，2008）。王亦高的《在时间中聆听：作为符号而传播的音乐》则引入符号学的视角，总结了音乐传播的特质（王亦高，2012）。张韵的《音乐传播媒介的符号学解读》直接用符号学和传播学理论，对音乐传播的两大类型自然传播和技术传播做出了符号分析。

　　笔者本人多年也关注这一课题。或许值得一提的是笔者 2012 年出版的国内第一本音乐传播学符号学译作《音乐·媒介·符号：音乐符号学文集》。全书分别讨论音乐与电影，音乐与电视，音乐与技术以及"音乐迁移与音乐中介"等最前沿问题。诺伊迈耶的《动与静：摄影，"电影"，音乐》一文将符号学大师巴尔特的"展面与刺点"（Studium / Punctum）理论，恰到好处地用来分析电影音乐中的运动与静止是如何得到一种秩序与断裂相间的表意效果。其他文章也从不同的角度，探讨了经典音乐是如何在当代语境中进一步发展的，如巴赫作品在艺术和当代音乐商业的双重压力下，是怎样通过马友友之手蜕变再生的；而"进步摇滚"对穆索尔斯基《图画展览会》的改编，又是如何在符号学家艾柯的"开放文本"与"封闭漂流"之间游走的。这些研究都有力地证明了符号学作为人文－社科各学科的一个共同的方法论，是如何在音乐这块试金石中生发光彩的。

　　在过去的四十多年里，音乐符号学作为符号学与音乐学的交叉学科，一方面聚焦于音乐符号学话语的自主性与独创性，另一方面也融入了其他学科，包括最近的认知研究，音乐符号学作为其一个特殊分支，积极探讨音乐符号对人类大脑神经网络模型的影响。可以看出，在音乐符号学发展前期，学者们主要在音乐学中研究音乐符号，如今，音乐符号学指向了整个音乐文化甚至人工智能。

仪式音乐

魏云洁

按照薛艺兵的界定，仪式音乐是指在形式和风格上与特定仪式的环境、情绪、目的相吻合的，可对仪式参与者产生生理和心理效应的音乐。（薛艺兵，2003）仪式音乐形成于特定的社会及其文化传统，并依存、归属和受制于其社会和文化传统。仪式音乐研究不是纯音乐的或艺术音乐的研究，而是涉及宗教学、仪式学、民族音乐学、人类学等多学科方面的内容。也就是说，仪式音乐不仅在音乐形态上具有综合、动态的特征，同时也具有多重人文维度。因此，现代音乐学将音乐作为独立艺术门类，以音乐文本本身，尤其是音调曲目为主题研究对象的方法，对于仪式音乐研究来说略显单薄。将音乐从意识过程中抽取出来进行单纯的音乐本体的分析，很难把握其特点及全貌。仪式音乐的研究应该是文化的研究。符号学是关于意义的学问，符号的意义取决于惯例、关系和系统，或者说文化准则。因此，对于仪式音乐的研究，符号学提供了一个恰当的切入视角。

对于音乐符号学的研究，近年来国内外颇有成果，但直接关注中国传统仪式音乐符号学的学者较少。具有代表性的有《神圣的娱乐》（薛艺兵，2003，2），讨论仪式音乐是否能在仪式中担当和其他可感知符号一样的象征能力，其分析落脚于音乐是否具有语意表达能力，将仪式音乐的音乐行为与音乐本身区别讨论，认为仪式音乐是一种"美感符号"，能够产生普遍效应，在仪式的"动人展示"部分发挥重要作用。赵书峰《瑶族"还家愿"仪式及其音乐的互文性研究——以湖南蓝山县汇源瑶族乡湘蓝村大团沅组"还家愿"仪式音乐为例》《仪式音乐文本的互文性与符号学阐释》（赵书峰，2013，2），通过对仪式音乐文本的构成、生产理论、阅读等问题进行的互文性与符号学分析，使我们从更微观的认知视角来审视和透析仪式音乐文本内部文化符码间的结构与互动性指涉关系。熊晓辉《音乐人类学视野下的音乐符号特征》指出在音乐人类学家看来，音乐是最具有直感性的符号，是可感知符号构建起来的象征系统，具有象征意义、思维意义和功能意义。

笔者认为，音乐的"自律论"一直强调音乐的音响形式是其存在的基础和意义，而内容在音乐中是缺失的，我们一般认为这样的符号是"表象性符号"，即"艺术符号"；然而，一旦我们将音乐置于其产生的整体环境当中，在其所产生和发展的文化符号系统中来观照时，其内容的指向就会趋于明确，从这个角度而言，音乐符号也能够被认为是"推理性符号"。

仪式音乐作为一种音乐符号，事实上是"推理性符号"与"表象性符号"的双重结合。一方面，仪式音乐的产生本身就不是单纯的音乐创作的结果，而是一种社会现象，是文化的产物；另一方面，仪式音乐本身所产生的情绪感受，包括庄重、肃穆，或者和谐、欢乐等，都是音乐本身作为艺术符号对于人类感受的直接击中。

对于中国传统仪式音乐而言，其一方面能够作为"艺术符号"，在意识过程中直接唤起人类情感。这种情感的唤起被一些学者认为是具有文化限制的，可能存在集体无意识。但也有观点认为，这种音乐音声对情感的刺激，是直接的、普遍性的，适用于所有能够接收到音响的人。因此，在这种观点的基础上，所有的仪式音乐都具有唤起人类情感的功能。

另一方面，中国传统仪式音乐符号具有语言符号的特点。相较一般传统音乐的意指来说，传统仪式音乐意指的确定性更强，作为遵循典范和规制的产物，其律、调都有一套严格的标准，其使用，包括演奏、场合、对象等也都往往有严格规定。可以说，在中国传统仪式音乐之中，所有的音乐符号都有较为明确的所指。比如，黄钟宫音对应于皇帝的联想是中国古代音乐的一个基本观念。但同时，对于参与仪式音乐的局内人而言，在仪式音乐的展演过程当中，其意义和内容也可能产生差异。而随着时间的不断推进，仪式音乐发生的文化符号系统也在不断地发生变化，因此，这也是一个随社会文化发展的动态过程。

可以说，中国传统仪式音乐是中国传统社会广阔的符号意义域。信仰体系、仪式行为和仪式音乐三者之间的亲缘关系，决定了仪式音乐与其他音乐最大的区别，就在于仪式音乐的创作、表演和接受过程，都承载着相应的文化信仰。对中国传统仪式音乐而言，其与其他音乐最大的区别就是其产生于其中的文化符号系统的独特性，就是非常关注中国传统文化，尤其是天、地、人、社会与音乐的深层关系，以及以"礼乐"为核心的传统。当然，中国传统仪式音乐的种类繁多，从宗教仪式音乐、祭祀仪式音乐等以虚构对象为接收者的音乐，到宴会仪式音乐、婚丧仪式音乐等人们以人为接收者的音乐，几乎由上而下，涵盖了社会生活的主要方面。从这些仪式音乐之中，也能够反观其所处环境中的政治、文化、社会生活。

我们在对中国传统仪式音乐的研究中，并不能依照技术发展的逻辑，即随着时间推移，按照技术由简单迈向复杂来推论仪式音乐，仪式音乐的发展可能是正好相反的，或者至少可以说就整体直观而言是从难到简，间有曲折。因此，在研究过程当中，必须在中国历史发展的背景之下，以发展的目光审视中国传统仪式音乐，将每一种传统仪式音乐，都置于相应的文化符号系统当中，关注其内核和传统功能，同时关注其伴随文本，包括演奏空间、表演者等。

中国传统仪式音乐研究一直以来都是中国传统音乐研究的热门话题，但大多数学者倾向以人类学的方法来对现存的民间传统仪式音乐进行整理归纳，也有从符号学等角度对现有民间仪式音乐的一些分析，但明显不足。同时，在研究当中，传统仪式音乐经常会存在被仅作为纯粹的精神文化领域的纯粹艺术来对待的风险，从而失去原语境下符号所指的内容。因此，传统仪式音乐研究，应当明确它有自己的一套特殊的语言、乐音、表演，以及由信仰、政治等因素构成的复合表征系统，从而探寻其符号表意活动的符形、符义、符用特点，尝试以新的方法为传统仪式音乐带来新的认识。

流行音乐

陆正兰

　　流行音乐指的是在大众中广泛流行，尤其是经常被人演唱、被大众倾听并传唱的歌曲。不同于所谓"艺术歌曲"，也不同于历史悠久的民歌，流行音乐是当代文化中一种突出的现象。符号学应用于流行音乐研究，这项工作在全世界都只有零星的努力。迄今音乐符号学基本围绕着古典音乐，也多集中于作品结构分析，而流行歌曲的符号学研究，更应该关注流行音乐与文化及传播的关系。

　　早在 20 世纪 80 年代，国内外一些学者就开始从事流行音乐研究。比如英国流行音乐研究家弗里斯（Simon Frith）（Frith，1981），美国学者塔格（Philip Tagg）、米德尔顿（Richard Middleton）（Middleton，1990）、格林（Lucy Green）（Green，1997）、霍纳（Bruce Horner）和斯韦斯（Thomas Swiss）（Horner，1999）等人都注意到：流行音乐研究，应该是而且必须是跨学科研究。它不可能局限于已有学科，如艺术学，音乐学，或文学的范围。如果不考虑与流行音乐的音响特征、风格、功能、文体、演出情境和接受经验密切相关的社会、心理、影像、仪式、技术、历史、经济、语言学和文化等方面的问题，任何流行音乐研究都是片面的、不充分的。比如，霍纳和斯维斯在《流行音乐与文化关键词》中，就列出了和流行音乐研究有关的十八个关键词：意识形态、话语、历史、机制、政治、种族、性别、青少年、流行、音乐、形式、文本、图像、表演、作者、技术、商业和场景。同样，格林也提出，流行音乐特别注重具体的、现实的音乐文化实践，因此，表演、明星和录音传播效果等应该而且必须成为流行音乐研究的重要对象（Green，1988，5），她甚至还关注音乐中的性别符号传播与教育问题。而弗里斯的《表演仪式》（Frith，1996）一书将流行音乐的价值，集中于仪式化的表演交流研究上，从而得出结论，流行音乐是有关价值的理解和协商，是解决文化分歧的会话，流行音乐的仪式化演出，是实现这些功能的会话形式和文化策略等。由此可见，流行音乐研究以自身的文化体裁特点，决定了它研究的广阔覆盖面。

　　直接关注流行音乐符号学问题的是流行音乐学家塔格。1987年，他发表在《符号学》（Semiotica）杂志上的论文《流行音乐的音乐学与符号学》提出，应当建立属于流行音乐符号学的研究范式。在西方学界，也陆续出现了一些重要成果，代表性的著作有艾里克（Martina Elicker）的《流行音乐符号学：主流波普与摇滚音乐中的孤独主题》，全书围绕"孤独"这个具体的社会文化问题，但理论的覆盖面已开始显露。

　　中国国内对流行音乐研究已经有很多成果，但从符号学角度来关注流行音乐研究的还相当匮乏。符号学是意义之学，它直接关注流行音乐生产和传播中的意义问题，因此，流行音乐研究中的关键问题经常可以用符号学方法来解决。为此，近年笔者做了一些尝试，先后出版了《歌词学》《歌曲与性别——中国当代流行音乐研究》以及《流行音乐传播符号学》等著作。

　　笔者提出，流行音乐不同于纯器乐，它有一套特殊的语言、乐音、表演甚至图像构成的复合表征系统，其符号表意活动有它自身的符形、符义、符用特点，并遵从生产、传播、消费、认同等逻辑方式。

　　流行音乐的"符形学研究"，即音乐特殊的符号结构特点分析。它的呼应结构、类语言、姿势语、拟声达意、人称代词等特点，不仅构成其语言音乐化的倾向，而且表现出鲜明的符号学特征：文本的疏离性；体裁指称距离最远；从语言到类语言；褒义倾斜心理机制；共同主体性的实践典型。

　　流行音乐的"符义学研究"，主要集中于音乐符号的意义生产和传播特点，包括流行音乐传播中鲜明的伴随文本现象，以及歌手作为明星的符号意义，在音乐传播过程中能动歌手的创作式解码；音乐传播中的"文化代际"及"文化反哺"以及当代传播技术，譬如MV、KTV、在线音乐等对音乐传播的影响等。

　　流行音乐的"符用学研究"，即分析音乐的符号使用特点。主要关注流行音乐不同的媒介和不同的文化空间使用及传播问题。流行音乐和其他艺术样式的不同之处在于，它的跨媒介传播的能力比其他任何文化体裁都强，它可以自由地被不同的文化媒介和空间使用。比如，影视歌曲、广告歌曲、游戏音乐、商业背景音乐等，它既可以成为某种"形象歌曲"，也可以和不同的媒介、空间组合成新的意义方式。流行音乐既可作为自我传播、符号表达的工具，也具有强大的社群意动性。流行音乐在各种社会交流中更容易形成身份认同，社群意识、民族意识、文化认同。

　　流行音乐是社会文化传播中一个鲜活的符号意义域，流行音乐符号的多重分节作为带着重要指示意味的意义行为，建构了对象全域的秩序，指导人们如何选择、利用音乐来构建社会文化秩序。每个时代中间，每种文化，音乐都有着不同的双重分节法。当代音乐的多态复合符号分节是当代文化符号急剧扩张的结果，它可以作为当代文化的重要表征。

笔者还注意到，在流行音乐传播中，情歌占绝大多数。很多音乐带有性别文化意指，音乐的文本构造及生产和接受卷入的各种主体关系，比任何其他艺术门类复杂，因而流行音乐的性别文化建构更为复杂：其中，歌词、音乐、歌手、媒介、歌众等都参与了性别意识建构过程。流行音乐成为社会性别最明显的符号传播表征。

把流行音乐放到整个文化域中来看，流行音乐文化传播也是多层级的。音乐文化主要分为两大区域，中心区域和边缘区域。中心区域是音乐文化中最有序、最稳定的部分，也是最核心的主流部分，但这一部分也很容易失去活力和创新力。流行音乐在文化符号域中，处于远离中心的边缘区域，没有进入主流文化部分，有时却更有活力。边缘区和核心区应该形成一个互动关系，这种互动会成为一个文化的生命力所在。

总之，流行音乐作为一种广泛的大众文化形式，近30年来，随着传媒技术的发展，其影响力超过了以往任何年代。如果再考虑流行音乐在影视、旅游、教育等多领域的助推力，以及对各国文化的凝聚力，就不得不承认，流行音乐符号学研究，正成为国内外学界不得不重视的重要课题，还有很多空白值得发掘。

舞 蹈

海维清

舞蹈是一种通常伴随音乐（节奏），在特定时空中通过身体节律运动，以表达某种思想、情感，纾解某种情绪或能量，抑或纯粹沉浸于舞动本身愉悦感的一种古老的人体艺术形式。不同于其他艺术形式的物质材料，舞蹈艺术主要通过人的肉身得以知觉化呈现。舞蹈艺术是人类共有的文化现象，在人类尚未构筑精确表意语言的"前语言"时代，人类就通过肢体的动作、律动传情达意，交流意义。

如果要深刻认识舞蹈艺术自身对人类精神和意义世界的观照摹写与构筑作用，揭示舞蹈艺术作为身体文化在其编创、传播、阐释、回馈等环节中"意义"关系的独特内涵，需要引入作为"意义之学"的符号学研究。尤其是基于皮尔斯（Charles Sanders Peirce）"三元符号论"的符号学研究，是舞蹈自身及其理论发展的内在要求和必然趋势。

在舞蹈领域，以符号学或接近符号学的理论范畴进行研究，在全世界都有不同层次、不同角度的展开，目前主要围绕四个维度进行。

首先是身体问题在哲学、伦理学、美学、现象学等方向，如巴尔特、梅洛－庞蒂、德勒兹等著述中展开的身体研究和阐述的部分思想，上述研究涵盖了舞蹈研究的部分身体符号思想。

其次是以研究鲁道夫·拉班（Rudolf Laban）"人体动律学"动作分析及记谱符号系统为代表的"国际拉班运动图谱协会"（ICKL）和"美国纽约舞谱局"（DNB）的舞蹈记录、分析、应用符号研究。国内舞蹈理论家彭松、郑慧慧、武季梅、高春林等前辈老师的研究成果于 20 世纪 90 年代相继出版。近年来，北京师范大学舞蹈系在该领域加强了国际交流与合作，表明该类研究重新获得国内学界重视。

再次是基于舞蹈自身多媒介符号表征特性和交叉学科属性的跨学科研究：如在社会学、民俗学、历史学、宗教学、心理学、文化研究及与其他艺术门类的对比研究下，关注符号理论介入舞蹈与社群沟通，如朱迪思·琳恩·汉娜

(Judith Lynne Hanna) 的论著《舞蹈：作为人类非语言交流的理论》；后殖民舞蹈文化如艾普·安努斯（Epp Annus）使用洛特曼及巴尔特符号理论的论著《殖民地、国籍、现代性：苏联统治下波罗的海文化的后殖民主义观看》；舞蹈与身份、性别如乔伦·梅格林（Joellen A. Meglin）的论文《野性、性角色与符号学：18、19 世纪法国芭蕾舞团对印第安原住民形象的呈现》；地方性身体知识－传统舞蹈文化解码如尼古拉斯·基洛塔姆·阿卡斯（Nicholas Chielotam Akas）与玛莎·切蒂玛·珍缇（Martha Chidimma Egenti）的著作《土著舞蹈表演中的符号学：以尼日利亚艾克韦人的埃克勒克舞为范例》（Akas，Egenti，2016，214-235），此外，还有舞蹈与戏剧、舞动治疗领域的相关议题等。

在国内，舞蹈艺术的非物质性特征使以往研究主要依赖人类学方法，辅以历史学、文献学、考古学、训诂学或后期图像学、生态学、形态学等方法。这类方法在《中国民间舞蹈集成》的研究中较为典型地显现。目前国内大多冠以"符号学"的地方性知识（Local Knowledge）研究，往往受前述传统研究范式影响较深，则未有效体现对符号学理论本身的理解与思考。此种现状尤以民间舞蹈文化个案研究为盛。而比较符合符号学理论范式的个案研究，以青年学者孙慧佳、袁杰雄为代表，区别乃是前者以语言学理论为指导，后者以皮尔斯范畴为依托。

最后是基于语言学、符号学等理论框架下的舞蹈身体语言学或舞蹈符号学理论范畴、方法、话语的综合性建构议题。就国外研究而言，美国学者尼古列塔·波帕·布拉纳瑞尔（Nicoleta Popa Blanariu）在其论文《迈向舞蹈符号学的框架》中，勾勒了一个基于索绪尔语言学范式，结合皮尔斯"智识"（intelligent consciousness）理论和巴尔特"文化化"（culturalization）观点的习俗文化体系舞蹈符号论初步框架。法国学者恩里克·罗谢尔（Henrique Rochelle）发表论文《通过符号学的舞蹈理论反思》，基于语言学的框架，揭示了舞蹈理论借助语言学展开的基本维度，并初步涉及皮尔斯"指示符"（index）分类在动作符号研究中对舞蹈理论构建的某些借鉴意义。但上述论文仅给出了舞蹈符号学理论的某些话语及基本框架，目前较翔实的代表性论著尚未出现，国内外在该领域的研究基本处于同一阶段。

在国内，由于近年来学界在舞蹈形式分析、舞蹈身体语言学方向相关研究、著述的相继发表，使该领域的探索更具活力。例如刘建著有《舞蹈调度的形式陈说》，该著述立足调度的形式类别分析，侧重分析了舞蹈调度中的艺术形式意味和叙事功能。而王玫著有《舞蹈调度的王玫研究——来自舞蹈编创一线的理论研究》，该书从作者现代舞舞蹈教学实践的经验总结出发，探讨了诸如舞蹈调度、方位、空间、角度等因素的形式构成逻辑及意指关系。上述两位学者的研究虽未冠以符号学的理论，但实质上与沃尔夫林（Heinrich Wolfflin）建立风格学即"纯形式的"理论视点极为相似，属于舞蹈"符形"理论总结和舞蹈实践理论化总结的范例。

此外，张素琴与刘建合著的《舞蹈身体语言学》，以黑格尔"艺术的科学"思想为统领，基于索绪尔语言学基本理论范式，从身体语言的"性质、形成、发展、再造"四个层次旁征博引地展开系统论述，其目的在于："能给我们一种理解问题的方法……描述一个系统。"（张素琴、刘建，2013，9）该书乃是目前在语言学理论架构基础上建立的最有学术价值的舞蹈论著。

综上所述，纵观国内外研究，舞蹈符号学的各层次理论研究尚处于局部或零星推进的发展阶段，受前期语言学理论和结构主义符号论理论"惯性"的影响，尚未出现有效构建基于后结构符号思想和皮尔斯符号学范畴的代表性舞理论著。

受益于"川大符号学派"符号学理论蓬勃发展的积极影响，笔者于2016年发表了《舞蹈符号学初探》一文，以探讨舞蹈符号学理论建构为目的，从皮尔斯符号论的观点出发，总体分析了舞蹈符号的基本符号属性，初步勾勒了舞蹈符号学理论的部分先决议题与范畴。

笔者2018年的专著《有意味的形式——舞蹈符号视角下的中华"圈舞"的文化遗存研究》，作为国内首部皮尔斯符号论视阈下舞蹈文化遗存研究的学术专著，以"圈舞"符号的"形、义、传、变"为基础，重点探讨了"圈舞"符号调度方向的选择问题，解析舞蹈"前语言"符号的诸多本质特征等问题，提出"利手"现象、宗教观念与"圈舞"调度选择之间的"理据性"关系等符号论观点。

除此之外，笔者近期开展了名为"舞蹈表意与传播符号学研究"的社科课题研究，秉持"传播目的反馈至符号过程，符号表意协调于传播目的"的符号传播思想，从发送者、接受者、艺术符号三者关系入手，从"意指关系""能指优势""交往行动""主体间性""元语言""解释漩涡""媒介融合""经典化""跨文化传播"等议题展开，立足当下舞蹈实践，强调舞蹈传播符号学理论的落地。

舞蹈传播符号学的议题，在当今艺术不断跨界、融合的背景之下，在"景观社会"的虚拟仿象内部，在"后人类时代"的意义悬置之中，在"文化产业""美育教育""民族认同""国家形象"等一系列宏大叙事中的现实需要下，仍有巨大的理论空间和尚待填补的理论空白。

演　出

胡一伟

　　从符号叙述学角度切入对演出文本的研究有其理论优势。首先，符号叙述学适用于分析各种文化艺术，自然也包括戏剧演出；其研究方法从形式与意义问题出发，吸收了多种批评理论、流派的思想，具有跨学科、跨语境的优势。其次，符号叙述学是对经典叙述学与后经典叙述学的重新思考与融合创新，研究范围涉及所有叙述体裁，找出了广义叙述的一般规律，它考虑到了媒介的重要作用，又极具创建性地讨论了叙述时间问题。再次，符号叙述学可以更加集中地探讨演出的形式与意义问题，以深入地关注与思考人性问题，有助于真正深入人类演示的内核做逻辑论证。

　　演出研究与符号学理论之"接合"，最早从戏剧符号学的兴起中体现出来。戏剧符号学由捷克学者提出，从布拉格学派的奠基到 20 世纪 80 年代的成熟经历了五个阶段，及其对纸质剧本、表演形态、观众接受三方面渐进式地的研究路线。在研究方法上，涵盖了句法学、语义学和语用学。戏剧文本的结构、意义生成、接收问题等研究方面的深入发展，则开辟了戏剧符号学研究的另一条路径。《充满符号的戏剧空间》（胡妙胜，1989）一书借鉴国外戏剧符号学研究理路，分别从戏剧如何符号化；戏剧记号的类型及修辞；戏剧演出系统的分类；戏剧的"通讯"问题等展开了论述。费尔南多的《戏剧符号学：论现代戏剧的剧本与舞台演出》一书就剧本文本与表演文本的关系，从戏剧话语、文本、语境语义、接收者、剧场交流（模式）等方面依次展开分析。马尼斯的《演出符号学》一书则以戏剧表演文本为主——通过确立研究方法，确定了表演文本的范围，从符码类型、语篇语用情况、表演文本的结构、戏剧交流、文化与互文本、戏剧美学、接收者等角度对表演展开论述。曼弗雷德·普菲斯特的《戏剧理论与戏剧分析》则运用结构主义理论和话语分析方法，对欧洲戏剧史上各个阶段的代表性作品进行了细致深入的分析，内容涉及戏剧与戏剧性，信息的多媒介多层次传播，角色表演与故事叙述、舞台表演与叙述时空、时空变形与结构等。

可以说，后出的著作延续了戏剧符号学的研究方法，即从符号系统，剧场交流系统、文本系统三大方面展开研究。不同的是，后期的符号学研究转向"语用学"方向之时，还采用了皮尔斯符号学三分法对戏剧舞台表演的符号表意功能展开论述，强调了具体语境对观众的效用。另外，后期符号学研究也逐渐融合了其他学科理论，如阐释理论、分析哲学、文化批判方法，传播学、社会学、民俗学、人类学等学科从不同侧面渗透到有关演述的研究当中，也为演出的符号叙述学提供了学理依据。

数码表演理论、民俗表演理论、社会表演理论、人类表演理论从不同层面论及了演出，且有诸多可供借鉴和引申之处。比如：戈夫曼"前台""后台""角色扮演"等术语的重新理解对挖掘演出背后的文化因素具有启示作用；鲍曼从大量日常生活互动的观察中抽象出来的"框架"理论，以及对"元交流"的论述对演出叙述的文本形态以及"犯框"跨层问题有一定的借鉴作用；特纳的"阈限理论"有助比较与演出有关的体裁，尤其是仪式与戏剧、戏剧与影视；谢克纳的表演理论及其研究范式为理解演出叙述主体之间的关系以及交流模式，具有启示作用。

研究成果直接以"演出符号学"命名的论著，目前有袁立本的《演出符号学导论》、袁国兴的《非文本中心叙事：京剧的"述演"研究》。笔者的《戏剧：演出的符号叙述学》则是在明确"演出"的概念以及研究范式的基础之上，更为系统地就演出文本、叙述者、演出时空、演出媒介、在场观众等方面展开分析。从符号学角度对演出文本展开的研究更多见于单篇论文之中。譬如，陆正兰的《表演符号学的思路——回应塔拉斯蒂的〈"表演符号学"：一种建议〉》一文，不仅介绍了塔拉斯蒂的观点（塔拉斯蒂，2012，5），还提出了研究表演符号学的新思路。濮波则主要从空间切入，对不同演出文本展开了分析（濮波，2016，1）。还有诸多学者分别从身体、性别、新媒体等角度讨论演出文本，例如，刘涛对表演式抗争的剧场政治与身体叙事的研究，曾一果考察网络女主播的身体表演与社会交流，胡志毅论及新潮演剧中的男扮女装问题，厉震林分析电影明星的"中国式"社会表演，蔡骐重审网络直播中等风格化表演与仪式化互动，吕晟以微信朋友圈表演为例探析新媒体环境下"拟剧理论"的新发展，等等。这些研究均为演出的符号叙述学研究打开了新局面。

演出文本属于演示叙述，其实对演出文本的研究实际上也是对演示类叙述文本的一种研究。演示类叙述这一概念最早由赵毅衡在《广义叙述学》一书中提出，它指用身体一实物媒介手段讲述故事的符号文本，它最基本的特点是，演示叙述文本可以被接收者视为"此时此刻"展开。赵毅衡把这些具有展示性、不可预测与即时性、非特制媒介性、受述者可参与其中的符号文本归纳为演示类叙述这一体裁大类，这是站在符号叙述学角度，将所有叙述体裁按照再现的本体地位类型（纪实型与虚构型）以及媒介－时间方式（记录类与演示类）这两条轴线予以分类研究的。其中，演示叙述是人与生俱来的本能，与人性本质密切相关——人类的"叙述史"与人的诞生同时开始，凡是有人，就会用身体、语言、实物演示故事。因而，研究演示叙述最能贴近人性本质，体现不同时代的价值内涵。

唐小林则是根据媒介的不同属性，将所有叙述体裁分为两种基本类型：演述和讲述。前者是演示类叙述的简称，它对应"现在"时向，是以身体作为媒介的符号叙述；后者对应"过去"时向，是运用特有媒介符号进行叙述的一种符号叙述类型。演述作为基本的符号叙述类型，研究的是第一次媒介化、符号化的叙述，是讲述之"基本"——演述由人性本质所决定，在人类开始讲述前，已在人类意义活动中扮演极其重要的角色，讲述是对演述的创造性"再现"。而创构系统的演述理论，将敞开符号叙述学新的领域。

无疑，对演出文本的研究，或者说对演示叙述文本的研究是十分有价值的，并且这一领域是有诸多值得深挖之处的。其一，覆盖演述全域的系统理论建构还需假以时日，一旦真正进入演示类叙述的广阔领域，一扇巨大的门将敞开：创构日常生活传播符号学。其二，演示叙述所包含的多种体裁类型仍有待我们展开进一步研究，比如表演型、竞赛型、游戏型三个大类，而在新媒体语境与融媒时代之下，这些类型之间的"互动"，也值得被关注。其三，不同地域的同类演示叙述文本含有明显的差异性，对其进行横向的比较有助于加强我们对本土文化的了解，有利于更好地讲述中国故事。

纪录片

赵禹平

纪录片是一个符号系统，这个系统包括了自然的、多样的影像和生物形迹等内容。在形式论研究中，纪录片的符号学不容小觑。纪录片语言不单是使用实物的形象（影像）作为表意单元，而且要求纪录片制作者把这些表意单元的影像进行创造性的安排，以形成纪录片特有的语言。与天然的语言相比，纪录片不是完全自然的符号产物，单独的影像虽然可以展示事物，但纪录片通过与事实相关的影像的整合赋予了事实（或一部分事实）独特的意义。

纪录片的符号学考察，由"视听"的符号系统展开。实际上，黑格尔早在19世纪时就认定视觉和听觉是人类最具"认识性"的感官。哲学家威尔提出"视觉可以把握远距离对象""听觉不同于视觉的可以独立于对象，需要言者与听者联系而为之"（刘川，2011，16），这实际上也为符号学解读电视文化厘定了视听符号的基本特征。巴尔特已将符号学理论与电影电视研究相联系，这位研究先驱在他的著作《神话——大众文化诠释》当中，将符号学与电视、电影、广告等中蕴含的诸多意义元素进行合并分析，通过能指、所指等概念和形式，勾勒意义生成机制，为电视电影解读提供了理论基础。从现代电视电影理论开始的纪录片研究，不仅包括传统经典理论重视纪录片的创作实践，还侧重对语言学、心理学、人类学等跨学科的纪录片符号学分析。

总体上讲，以纪录片为研究对象的符号学研究主要集中在三大研究领域：第一是确定纪录片的符号学特性，讨论其符号特征；第二是分析纪录片作品（纪录片文本）的叙述语言和结构；第三是注重联系现实，进行纪录片的文化意义、多媒介融合等方面的分析。

艾柯认为，"为传导某种对象或者相应概念而再现各种具体对象（如一般动物的图画）的任何视觉的程序"（艾柯，2006，8）都可以称为符号。电视媒介的视觉效果正是以意义传达为追求，而创作者们巧妙地运用了符号传递意义。他的目标就是要在电影语言三重分解层面上寻找制约电影符号传意作用的规则系统，他在吸收皮尔斯符号学理论的同时，又扩大了符号的范围，突破索绪尔语言学中的模式，注重符号在交流中的问题。

罗伯特·艾伦在《重组话语频道》中提出："对于引申意指的研究，也引导我们走出电视文本之外，并且超越了符号学的领域。"（艾伦，2008，27）符号的阐释过程应该包括符号、对象、解释符三个基本项的互动过程，对象虽然是有限可解的，但是解释项是无限拓展的。根据解释者的教育程度、社会背景、历史经验等，用"一物代一物"的原则，可以得到妥帖的解释。无疑，视觉艺术作品是符合皮尔斯对解释项能够对解释者情绪、能量释放产生影响的艺术形式。基于符号学理论的纪录片解读，也不止步于纪录片的诗意表达，纪录片聚合、组合的符号特征，纪录片的伴随文本分析，而可以更多地深入到形象符号、音乐符号等具有的文化、情感意义。

查特曼的著作《故事与话语：小说和电影的叙事结构》，从外部和内部的叙述关注出发，通过对文学和电影文本的引述，突出了对虚构叙述话语（如"隐含作者"、人物"视角"等）进行各种理论分析。其主要理论被应用至纪录片符号学研究中，研究者们展开对纪录片的叙述视角与叙述语言的美学特征的考察，亦关注特定题材纪录片如文献纪录片的叙述空间、饮食纪录片的叙述方式，以及民族纪录片的叙述风格等叙述特征。伯纳德重视纪录片的故事叙述性，写成了《纪录片也要讲故事》，剖析纪录片创作者的缜密构思，试图揭露创作者如何从真实的生活出发，结合各种叙述技巧，凸显故事真谛、内涵。《影像中的历史：世界纪录片精品档案》通过对经典案例叙述语言、技法等的分析，经典纪录片文本中"经典场景"配合"经典画面"和"叙述语言"得以被解释，探讨如何在叙述中满足观众的审美需求，且重点关注了纪录片的叙述语言和叙述者。谭天认为纪录片就像电影，既是在讲故事，也由零碎的小故事叠加而成。景秀明关注纪录片的叙述艺术，将纪录片看作叙述文本，对其叙述语言、叙述者、叙述角度等多叙述因素进行了分析。

导演预设对话、"摆拍"对话场景、临时更改剧本、演员客串演出和情景再现等实践操作，也是纪录片的符号学研究中重要内容。刘丽在《符号学视阈下纪录片"纪实"特性的重新考察》便联系"一度区隔"理论，强调纪录片与虚构的影视符号文本之差异。笔者注重纪录片"摆拍"的符号学分析，既从区隔理论对纪实性文本和虚构性文本、纪实性文本与伪纪实主义文本做了明确的辨析，同时分析纪录片"摆拍""坐实探虚"，与虚构性文本"坐虚探实"截然相反：两者基于不同的语义场，寻找实在世界和可能世界的统一与文本特质的延续。视听艺术的符号学研究，必然讨论艺术手段的功用与意义。作为纪实性文本，对纪录片的符号叙述学分析，关涉其真实性的再造、体裁的确定以及受众的反应等内容。

霍尔将电影符号学家麦茨聚合、组合双轴选择关系拓展到电视符号研究当中，与费克斯的"编码—解码"研究如出一辙。鲍德里亚的"拟象"研究，认为电视所折射出的虚拟社会不同于真实的生活社会的观点，与纪录片符号学考察中所关注的纪录电视述真问题研究异曲同工。赵毅衡将广告、电影和电视等依赖媒介传达文字叙述的叙述文本纳入叙述学分析范畴，并在关于"用风格区分纪实虚构"的论述中，对纪录片在纪实风格中的影响提出新见。

媒介的多样化催生了多元的符号学研究。纪录片的符号学研究，逐渐融合了媒介学、形象学、广告学和新闻传播学等学科，例如有基于符号学和媒介环境学视域谈《舌尖上的中国》之成功缘由，或从皮尔斯的符号学讨论电视广告中的女性形象。当代研究成果在丰富符号叙述与纪录片综合研究的同时，也为纪录片的符号学研究发展开疆拓土。

值得注意的是，新媒体时代的纪录片从选题、创作模式到传播方式都在不断变化，微纪录片、VR纪录片等新型纪录片，也逐渐进入了符号学研究视野。当然，技术化程度越来越高的纪录片，始终在无声无息地探索传统美学如何与电脑动画完美相融。利用数字特效、电脑制作使纪录片产生虚拟时空等新颖效果，既给经典理论带来了挑战，也表明纪录片的符号学研究仍大有文章可做。

公共艺术

杨柳新

公共艺术，通常是指为大众创作，安置于某个特定的公共区域或自然公共空间的各种艺术作品，它主要包括城市雕塑、装置、壁画、街头演艺、城市景观小品等众多艺术形式。但"公共艺术"，作为一个特定的艺术观念，国内外学界至今还没有一个统一的定义。关于公共艺术的研究尤其强调三个方面，即公共艺术作品的"公共性"、公共艺术作品的受众、公共艺术形态本身。

国外对于公共艺术的研究较早，也更为具体。比如早在 1989 年，美国就创办了公共艺术的专业刊物《公共艺术评论》（*Public Art Review*），也涌现出了各种对公共艺术的见解。比如切尔·克劳斯·尼希特（Cher Krause Knight）强调公共艺术应当具备教育性、纪念性、娱乐性以及易懂性，海尔特·塞尼（Harriet Senie）更重视公共艺术与大众的交流等。除此之外，还有米歇尔（W. J. T. Mitchell）、苏珊娜·莱西（Suzanne Lacy）、马尔科姆·迈尔斯（Malcolm Miles）、和汤姆·芬克彼瑞（Tom Finkelpearl）等人的著作，都对公共艺术的发展及理念进行了深入探讨。

集中用符号学来讨论公共艺术实际上更早，主要聚焦于公共艺术的景观设计中。早在 1980 年，著名学者勃罗德彭特（Goeffery Broadbent）就建议，将符号学的研究方法运用到景观中。安·维斯特·斯本（Anne Whiston Spirn）的著作直接将世界看作符号的集合，将景观视为符号，以符号学为方法论，研究出景观语言表达。他提出："景观与语言的很多特征都类似，所有景观都包含了形状图案、结构、材料、形态和功能，与语言的成分无异。"（Spirn，2000）

国内直接用符号学方法探讨公共艺术的也有不少成果。比如赵刘的专著《城市公共景观艺术的审美体验研究》，从符号的意义生成、传达、接受出发，集中艺术作为符号具有多义性、公众指向性、场合限制性和意义嬗变性等特点，直接讨论"公共景观艺术的符号意义体验"。吴勇的论文《城市广场景观建设中城市符号的运用》通过对城市广场、城市符号概念的分类，总结了符号与景观的关系。刘捷的论文《基于符号学理论的"新中式"景观设计研究》将景观设计作为一个庞大的符号系统进行分析，探究景观设计的理论和方法。刘凌的论文《城市公园中的景观符号设计研究》讨论了景观设计中的符号修辞问题。

笔者也在公共艺术的符号学研究方面做过尝试，以获得红顶设计奖的成都地铁公共艺术为例，仔细分析了实地拍摄的 100 多幅成都地铁公共艺术展示（壁画，以及公共造型艺术设计等）。该研究从符号文本的聚合轴与组合轴两个向度展开，详细解析每个细小符号单元在整个符号体系中的意义效果，并从符号特性考察了公共艺术的理据性、任意性以及修辞等问题，最后从公共艺术的符号伴随文本，即生产性伴随文本及解释性伴随文本，剖析了符号生成、传达、接受的全过程，以展示成都地铁公共艺术的符号表意特点以及所承载的各种文化意义。

笔者认为，公共艺术最为重要的品质在于它的公共性。在公共艺术的符号双轴操作实践中，聚合轴上的各种风格的宽幅选择，使艺术的各元素丰富多元，组合轴在形态、色彩到材质、光影的自由组合，从视觉到触觉，都能最大程度地满足公众审美层面的不同需求，从而发挥出公共艺术的审美公共性。另外，公共艺术也需要结合地域特点，比如公共艺术中像似符号、指示符号、规约符号的修辞运用，若能基于地方文化的提取和挖掘，更容易融入地方文化属性，成为公众之间精神上的隐形纽带，有利于文化符号的保留和传承。

随着经济和文化的发展，公共艺术作为一个文化符号载体，作用越来越越凸显，尤其是城市文化。它不单纯是公共空间的一种造型艺术陈列，还涵盖了人类精神符号的品质。对公共艺术的符号学研究，在具体的公共艺术符号的符形、符义以及符用上还有很多可以深入开拓的空间。

书 法

于广华

　　书法是书写汉文字的艺术。汉文字是汉语言的书写形式，符号学与语言学有重要的关联，作为象形文字的汉字与西方文字有很大区别，部分学者通过符号学探究汉字独特的意义生成及符号表意机制，如孟华详细分析了象形汉字独特的文化表意系统，认为汉字是代表从自我身体近处出发，通过视觉理据性、象喻性地体味陌生世界的一种文明类型，并进一步探究网络新媒体语境之下汉字表意系统如何变化的问题。

　　汉字涉及民族式思维和表意机制问题，作为汉字书写艺术的书法，艺术意蕴的加入使其意义系统更加复杂。书法涉及文字美感、书写者的文化权力、文字的文学内容、接受者、书写及接受语境等诸多问题。对于书法的艺术符号意义，其艺术意蕴与汉字表意往往牵连在一起而难以区分。部分学者利用索绪尔的语言符号学理论探究书法，如傅京生认为书法"能指"即"具有情感符号属性的书法形象"，书法的所指即"审美接受者从书法'能指'中所引出来的观念的，精神的或者心理的审美因素"。韩丛耀在《书意文字：对中国书法的再认知》中分析了书法形态与书写符号之间关系，论证书法是中华文化独有的一种视觉文明形态——"书意文字"。

　　运用符号学对书法文本表意进行分析，这契合书法研究的现代学术研究立场。受当代艺术的影响，现代书法的出现引发了书法本体问题的讨论，诸多现代书法理论家探讨书法与其他艺术的界限以及书法的独立品格之所在。雅柯布森从语言符号学视角定义诗歌之所以为"诗"的那部分品质在于"诗性"，同样，我们可以借助符号学分析书法之所以为书法艺术的那部分品质，去阐释书法艺术本体以及"书法性"。

　　赵毅衡将艺术符号分为三层结构，进一步明晰了艺术符号表意成分，他将艺术符号分为使用功能部分、实用表意部分、艺术表意部分，并指出艺术表意功能越大，其使用功能和实用表意功能就越小，反之亦然。书法根本特质在于文字的形式美感，其文字沟通和表意功能是其次，艺术根植在其艺术表意功能上，对于书法而言，就是根植在文字的形式美感上。文字形式美感越凸显，其"书法性"也就越强。

书法自身也有一个艺术表意成分逐渐增加的过程，从整个中国书法史来看，在书法艺术萌芽时期，书法的文字沟通交流和表意功能是首要的，随着书法艺术的自觉，文字的形式美感才渐渐凸显，这也是书法自律性发展过程。书法艺术的表意，一方面在文字表意层面，另一方面，随着书法的发展，其艺术表意越来越凸显，这两层表意往往都能很好地统一在一部书法作品中，历史上流传下来的诸多名帖，都兼具文字表意功能和文字形式美感。

以往的书法符号学研究多集中于书法的能指与所指问题，较少涉及书法史及书法文化，赵毅衡进一步将符号学拓展到文化领域，大大增加了符号学的文化艺术的阐释效力，如我们可以通过符号学探究书法的本体意义，由此剖析传统书法史上的书法艺术符号意义的生成机制。笔者采用符号学分析晚明异体字书法现象，从艺术的非实用性看到异体字书法实用文字表意功能的弱化，以及晚明书法艺术表意及书法本体的凸显，由此看到晚明书法的革新意义。

符号学探究符号文本意义的展示与接受问题，如晚明时期书法的展示形式以立轴为主，立轴直接将艺术品呈现在我们面前，创作者利用立轴形式的意图就是"展示"。此外，书法文本的展示语境也对书法的艺术表意有着重大影响，书法文本的一系列副文本，比如装裱形式、展示环境、书家签章等，强有力地将某一书作指向具有重要艺术价值的艺术品。赵毅衡提出文化符号正项异项的动态性、历史性变动和翻转问题，对于探究书法艺术与社会文化历史的关系亦有着启发意义，如晚明时期的尚奇潮流就是当时社会异项文化思潮影响到书法艺术领域的表现。晚明部分书家求新求异，寻求书法变革，抛弃正项美感式的中正与典雅，以丑为美，在异项文化的影响下，书法艺术内部不断地反叛和标出，以彰显书法本体力量。

通过符号学探究书法，不仅有方法论的意义，也体现了书法研究的当代立场。我们可以探究传统书法史中书法符号意义的生成和转化问题，探究书法与社会文化的动态性发展过程，探究书法的副文本、展示和接受机制问题。符号学的新方法，可以产生出书法研究的新观点，需要立足当代文化背景，以新的方法论视角探究书法，对传统书法进行现代解读，由此拓展和深化当代书法研究。

第五部分

符号叙述学

符　号

伏飞雄

符号叙述学，目的是研究所有具有情节展开的符号文本的共通规律，因此又称"广义叙述学"（唐小林，祝东，2012，3），也有学者提出"跨媒介叙述学"，想法类似。

符号叙述学的出现，是各种因素合力作用的结果。20世纪七八十年代以来席卷整个学术界的"叙述转向"，无疑对固守文艺疆界甚至小说界域的经典叙述学与后经典叙述学构成了严峻挑战。它们无法无视其他人文社会学科所开拓的叙述研究领域、叙述研究方法与所取得的成果。当代文化实践中越来越多的大众化的叙述形式，比如电影、电视、广告、新闻、游戏（尤其是电脑游戏）、体育、图画、仪式、表演等，在社会、文化生活中扮演着越来越重要的角色，也促使现代叙述学转向。这些叙述形式，既非经典叙述学，也非后经典叙述学所能完全有效解释，而需要新的叙述学研究范式予以回应。

近年来，一些学者的影视叙述研究、戏剧剧本与表演研究、仪式或广义表演叙述研究、图画叙述研究等已表明，经典叙述学的小说叙述解释模式无法成为叙述学的"公分母"。后经典叙述学虽然打破了经典叙述学的结构主义范式、形式论立场，从西方其他文论思潮吸纳了新的认识论、方法论，吸收了席卷整个西方人文社会科学"叙述转向"的诸多成果，但它基本上还属于一种"门类叙述学"。赫尔曼认为"新叙述学"依然是小说叙述学，只是需要从叙述转向汲取养分。弗卢德尼克认为，不应一味反对将叙述学术语应用于不同学科，但也认为非文学学科对叙述学框架的占用往往会削弱叙述学的基础，使其失去精确性。

无论是热奈特还是普林斯，都坚持叙述的"重叙"特性（Genette，1987，58）——值得重视的是，普林斯2003年再版《叙述学词典》时已把"重叙"改为"传达"（Prince，2003，58）。如此看来，符号叙述学的出现，既是顺应整个人文社科学界"叙述转向"的需要，回应当代文化实践的需要；也是现代叙述学逻辑发展的必然。现代叙述学，无法不在突破既有理论视野与理论框架的基础上求发展。

符号叙述学，从形式论层面说，就是要为涵盖各个学科的叙述或涵盖各种叙述类型"提供一套有效通用的理论基础、一套方法论、以及一套通用的术语"（赵毅衡，2010）。正是基于这样的思考，赵毅衡于 2008 年发表了《"叙述转向"之后：广义叙述学的可能性与必要性》一文，率先提出构建广义叙述学的构想。（赵毅衡，2008）10 多年过去了，他已基本完成了他的"符号叙述学"理论框架的建构。这套理论框架，除了集中体现在他的《广义叙述学》一书中（赵毅衡，2013），也体现在他不断拓展、深化的系列论文中。

首先须提及的，是赵毅衡给予叙述的最简定义，"任何符号组合，只要再现卷入人物的情节，即故事，就是叙述"（赵毅衡，2013）。这个定义的符号学视野，首先避免了将叙述文本限于狭义语言文字文本，即限于口头叙述文本、书面文字叙述文本的局限，而把一切广义的符号叙述文本都纳入了叙述研究的范围。其次，这个定义也避免了把叙述限定于过去时、"重述"的局限，避免了使叙述陷于"非人格化"的尴尬。这里说的"再现"，是指相对非符号意义化的感知呈现而言的符号哲学意义上的"符号再现"。也就是说，这个"符号再现"涉及直接经验与符号文本这个首要的、根本的区隔问题。再次，这个定义突出了情节之于叙述的本质规定性。情节（或情节化）既意味着时间化，也意味着意义化，它"既是叙述文本符号组合方式的特点，也是叙述文本的接受理解方式"。这里涉及作者提出的"二次叙述"这个重要的叙述观念。它是其他理论家尚未重视的叙述观念。这个观念的提出，源于作者对皮尔斯"符号三元"中解释项的深化与拓展，认为只有"二次叙述"才把发生在文本形成过程的叙述化因素真正"实例化"为一个叙述（赵毅衡，2014）。

其次，是他对于叙述的分类。这个分类，主要从与"经验真实"关联的角度，区分为纪实型与虚构型两大基本类型。这两个基本类型又从时间向度、适用媒介两个角度分别细分为五大与四大类型。应当说，这个极其简单明了的分类，体现了覆盖叙述全域的努力。尤其值得一提的是，作者从适用媒介的角度，如语言、文字、符号、实物等，把叙述区分为记录类与演示类两个基本大类与其他交叉或过渡类型。这个基本区分，不但纳入了曾经不受重视却在人类历史上出现很早且至今大量存在的"行动演示"类，对阐明各种叙述类型的形式特征极为有用。

上述两点，涉及符号叙述学理论框架建构的地基。除此以外，作者从系统构建符号叙述学的角度，提出了富于解释力的基础概念框架与富于创见的系列理论。基于符号学最基本的"分节"观念的"区隔"论，为解决叙述与非叙述，虚构叙述与非虚构叙述之间不断深入的"二度区隔"提供了思考利器。其"框架－人格二像"形态论，是其区隔－框架理论的延伸，该论大大促进了解释叙述（者）主体，尤其是最麻烦的演示类叙述的"叙述框架"、叙述者主体的效力。"准不可能世界"与"三界"通达理论，并未步西方学者"可能世界"理论的后尘，而是首次提出了"准不可能世界"这一概念，以此作为文艺虚构、再现与理解所需的最基本品质。此论对于探讨文学世界与实在世界的关系，包括文艺指称论来说，都是极大的推动。另外，作者把心像叙述、意动类叙述纳入叙述类型，具有开创意义，其解释亦颇具新意。值得重视的，还有作者提出的全文本、伴随文本、副文本等概念，以及对底本与述本、情节推进方式、可靠叙述与不可靠叙述、叙述分层、元意识与元叙述等极富创新力度的讨论。

总的来说，国内其他学者目前对于符号叙述学的研究，主要是在赵毅衡所建立的框架下展开，或就他提出的某些具体概念、具体理论展开争论，或者利用其概念框架或理论框架对某些具体叙述类型进行进一步的理论建构与解释，或者对某些叙述实践进行应用式的批评。

笔者认为，以下一些问题似乎可做进一步研究。

第一，在人类"媒介文化"发展中研究叙述。一方面，出现在不同媒介文化中（原生口语文化、文字－印刷文化、次生口头文化、电子媒介文化、新媒介文化等）的叙述，其具体情形可能有很大差异。另一方面，现代媒介文化中的口头叙述（次生口语文化）、一些完全没有受到文字文化影响的族群的口语叙述，依然是叙述研究的薄弱点。

第二，是否需要打破不把与写作者有关的符号文本纳入文学虚构叙述文本解释的禁区？也许，我们可以从以下角度对该问题进行再思考：文字印刷文化对作者内省性、个体性甚至唯我主义的培育（翁，2008，52－78），存在论的语言观、主体观，符号主体对其发出信息的整体操控，文体学对文学虚构文本风格与作者关系的强调等。

第三，需要对西方现代叙述学的概念框架进行反思与推进。一些中国学者的叙述学研究，已经迈出了自己的步伐，因此，没有必要再因袭西方叙述学中一些本来已经混乱不堪的概念框架。比如，故事与话语是否与素材与情节构成对应，各自出场的理论语境是什么，似可再思考。事件（素材）、故事、情节似乎构成了叙述学最基本的概念框架，但故事概念的模糊性依然存在，需要我们做出清晰的界定。

第四，演示类叙述（戏剧剧本、戏剧演出，包括仪式、行为艺术、被偶然或主动观看的生活事件等广义的表演）的叙述者或叙述框架，是一个需要再思考的问题。是否有必要为这种叙述类型设置叙述者，或者其叙述者就是表演者或者是叙述框架？发生在日常生活中的事件是否是叙述，或者什么情景下的日常生活事件是叙述？第二个问题带来一个更基本的问题，叙述学把生活中的事件完全排除在叙述之外——完全站在文艺的角度看叙述，认为生活只是叙述的背景的看法，是否完全正确？我们是否可以站在生活本身的立场看叙述，比如把日常生活中发生的被偶然或主动观看的事件理解为主要以行动的方式在演示故事？等等。

第五，需要进一步研究心像叙述比如梦叙述这个难题。其中涉及回忆、想象是不是叙述的问题，涉及现象学中关于想象与回忆的理解与日常生活中想象与回忆体验是否有差异的问题。

认　知

云　燕

从符号叙述学的角度来看："一个叙述文本包含有特定主体进行的两个叙述化过程：1. 某个主体把人物参与的事件组织进一个符号文本中。2. 此文本可以被接收者理解为具有时间和意义向度。"（赵毅衡，2013）叙述文本由文本发送者创作出来，是"一次叙述化"，是叙述文本的生成。叙述文本被文本接收者理解为具有意义的故事，是"二次叙述化"，也是叙述文本的阐释，还是再次被另一主体在文本的认知线索的影响下第二次生成。根据符号交流模式，从文本发送者到叙述文本，再到文本接收者这个信息传递过程，"人是认知主体，"两次叙述化靠的都是"人类经验范畴之间的互动产生意义"。（郭鸿，2011，60）发送者和接收者都能够理解文本的基础在于二者有能够沟通的"经验范畴"——认知图式，与人切身相关的语境会影响人的认知图式的形成。人的交流必须通过媒介，所以就要设计出带有认知策略的符码赋予信息以形式。从人的认知心理来看，人对叙述文本信息的解读不仅仅是理解其意义，也会对其产生相应情绪，并改变人的认知能力。这是一个认知过程，认知叙述学的任务就是研究其中的规律。

戴维·赫尔曼（David Herman）给认知叙述学下的定义是："认知叙述学是一个跨学科领域，它将（经典）叙述学的概念和方法与源自认知科学（如心理学、人工智能、心理哲学等）的概念和方法相结合，目的是为从事叙述结构和叙述阐释研究的理论家们所提出的范畴和原则建构一个认知基础，以弄明白叙述生成和理解中起作用的符号结构和认知资源之间的关系。"（Herman，2003，20）叙述是人类的本能，是人保存生活经验和促进文明发展的重要手段。认知理论是从人的心智能力出发，研究人如何认识世界的理论。这两者的结合具有天然的合理性。从认知理论的角度观照叙述学，可以更加深入地理解叙述的本质，可以更深刻地理解叙述学这门学科的意义所在。认知叙述学既是叙述学发展的一个必然趋势，也是叙述学作为人类文明的一个重要继承者和推进者在新时代下的必然发展结果。

经典叙述学注重形式结构，有强烈的理论自觉，规避叙述阐释，而后经典叙述学却轻易跨越了这条鸿沟，甚至把文本意义的阐释发展到了政治学。这多少让人觉得其间有断裂之处。认知叙述学的出现弥补了这个缺憾，它注重叙述理解过程中的认知图式，而认知图式正是历史文化以及生物遗传的积淀，它深厚的学科根基使形式表征和主题意义之间的沟通成为可能。

认知叙述学肇始于莫妮卡·弗卢德尼克（Monika Fludernik）1996 年的论著《走向"自然"叙述学》（*Towards a "Natural" Narratology*），她的研究注重文本接收者对叙述文本的"体验性"，已经表明了认知叙述学的理论立场。"认知叙述学"作为术语最先出现于曼弗雷德·雅恩（Manfred Jahn）1997 年的论文《框架、优先及第三人称叙述阅读：走向认知叙述学》（"Frames，Preferences，and the Reading of Third-Person Narratives：Toward a Cognitive Narratology"），讨论文本接收者面对不同信息的认知策略。但西方学界一般认为"认知叙述学"被正式认为是一个新兴学科始于 2003 年赫尔曼所编辑的论文集《叙述理论与认知科学》（*Narrative Theory and the Cognitive Sciences*），这本书并非系统性的认知叙述学理论，而是不同的学者提出的认知叙述学研究成果汇总，方向不同，对认知科学的使用也各有千秋。论文集将这些研究分为四个方向：叙述和认知的方法、作为认知资源的叙述、认知叙述学的新方向和虚构思维。

弗卢德尼克开创的"自然叙述学"影响很大，她以"体验性"的口头叙述为基础，将叙述交流分为三个层次：一是以现实生活为依据的认知框架；二是五种不同的视角框架：行动、讲述、体验、目击、思考评价；三是文类和历史的认知框架。雅恩的主要理论有"窗口聚焦"（windows of focalization），他将叙述聚焦看作一个通向叙述文本世界的窗口，文本接收者通过这个窗口才能透视文本，他将聚焦分为四种：严格聚焦（strict focalization）指从一个确定的位置进行观察、环绕聚焦（ambient focalization）指从多个视角进行观察、弱聚焦（weak focalization）指从一个不确定的位置进行观察、零聚焦（zero focalization）指无明显视角。这个分类和传统叙述学分类差别不大，但是研究角度不同，也具有启发意义。莱恩（Marie-Laure Ryan）的重要贡献在于将可能世界和人工智能理论引入叙述学研究，《可能世界、人工智能及叙述理论》（*Possible Worlds，Artificial Intelligence，and Narrative Theory*）以可能世界理论为基础，认为虚构性叙述这种体裁类型建立在实在世界与被投射到文本中的如同实在世界一样起作用的其他世界之间的可能性关系的基础上。莱恩还把人工智能领域的"栈"（stacking）、"推入"（pushing）、"弹出"

（popping）、"窗口"（Windows）等计算机用语比喻性地用于叙述文本分析中。安斯加·纽宁（Ansgar Nünning）则尝试将认知方法与修辞方法综合起来对不可靠叙述加以研究。他认为研究不可靠叙述不能仅仅考虑文本结构或语义，而要重视读者的认知框架，同时也要重视作者的作用。所以将修辞方法与认知方法结合起来才能进行更全面的研究。

认知叙述学还有一个实证研究流派"心理叙述学"（Psychonarratology），代表人物是马瑞莎·鲍特鲁西（Marisa Bortolussi）和彼得·迪克森（Peter Dixon）。他们提出心理叙述学是对文本特征及其叙述结构相应的心理表征的研究，主要通过文本实验来验证提出的理论。这种研究已经偏向自然科学的实验数据法，主要靠通过数据总结出叙述文本的一些认知规律。

赫尔曼认为认知叙述学应该为经典叙述学提供认知基础，但是目前的研究实践还远远不能为经典叙述学的基本研究范畴建构适合的认知相关理论，对同一论题的讨论也各有见解。不过现今认知叙述学研究进入了蓬勃发展的阶段，不但像赫尔曼、弗卢德尼克、雅恩、莱恩、纽宁等著名学者仍保持着旺盛的学术创造力不断推进其发展，不少新的研究者也加入了认知叙述学的理论园地。但目前还没有达成其"诗学"体系的宏大志愿，没有形成一个统一的理论体系。

认知叙述学在中国的发展尚处于起步阶段，相关研究可以分为两个部分：一是对西方认知叙述学理论的推介和阐发，二是利用已有理论对具体文本进行分析阐释。认知叙述学是由申丹首先引介到中国的，她在2004年发表的论文《叙事结构与认知过程——认知叙事学评析》是国内最早对西方认知叙述学的介绍及评论。其后国内不少有志之士都陆续开始深入了解和阐发认知叙述学理论。尚必武在2010年前后先后翻译了普林斯、费伦、弗卢德尼克、阿尔贝等数位西方著名叙述学家论述后经典叙述学，尤其与认知叙述学相关的文章，并着重探讨了有关"不可靠叙述"的认知研究方法。申丹和王丽亚在2010年出版的《西方叙事学：经典和后经典》有专章讨论认知叙述学，基本收录了申丹之前的研究成果。张万敏在2012年出版的《认知叙事学研究》介绍了认知叙述学在西方的流变及其在中国的发展，并着重推介并阐发了鲍特鲁西和迪克森开创的实证性认知叙述学流派——心理叙述学的研究方法。唐伟胜在2013年出版的《文本 语境 读者：当代美国叙事理论研究》也辟出专章讨论了认知叙述学，主要包括认知叙述学的本质和研究任务、"可然世界"理论、图式理论以及叙述人物的认知理论几个方面，其中不仅有对文本阐释的程序——图式的研究，也有对文本结构和文本具体要素的功能性研究，属于对西方认知叙述学前沿成果的推介。尚必武在 2014 年出版的《当代西方后经典叙事学研究》中介绍了西方后经典叙述学目前的发展方向和态势，也涉及了认知叙述学的相关研究。

与认知叙述学相关的研究还包括认知诗学和认知文体学，不少学者都认为三者有混用的情况，但是认知叙述学坚持以叙述文本为研究对象，发展出叙述学相关理论。中国学者对认知科学和文学艺术交叉研究的兴趣还有相当部分集中在认知诗学或认知文体学层面，熊沐清、苏晓军、刘世生、孟胜昆、胡壮麟等学者都在这个领域有所建树，从 2012 到 2014 年期间还有三本研究专著出版。这些专著对认知叙述学也有重要的参考价值。

认知叙述学研究的重点在于怎样将认知科学和叙述学理论有机结合起来，这是认知叙述学研究要面临的学科是否能够成立的根本问题。首先，不少中外学者已经用自己的成果证明了二者结合的可能性；其次，需要在实际分析中证明认知叙述学的阐释力，实践出真知。有些学者质疑"认知叙述学的主要功能是为文本结构与叙述各主体之间提供认知心理解释，而不是帮助发现叙述文本新的意义"。而且仅仅靠借用认知语言学和认知心理学的理论，对意义复杂的叙述文本解释力有限。如何构建富有解释力的能够与叙述学理论相结合的认知叙述理论，是认知叙述学能否进一步发展的重要基点。

认知叙述学的研究偏重于意义获取的认知过程的分析，但是叙述作品往往是文学艺术作品，要诉诸人的审美情感。人理解外界信息的步骤可分为感知、思想或心理的意象、情绪三个层次，在人的认知过程中，三者密不可分。情绪常常会启动文本接收者的认知努力，也会改变其认知能力。认知叙述学研究目前对接收者情感方面的研究还比较薄弱，这也是认知叙述学应该努力突破的一个方向。

可能世界

张新军

　　"可能世界"概念最早由莱布尼茨提出，在 20 世纪后半叶被分析哲学发扬光大。20 世纪 70 年代以来，文学理论借用并改造可能世界思想来探讨文学虚构问题，理论先驱有艾柯（Umberto Eco）、帕维尔（Thomas G. Pavel）、道勒齐尔（Lubomír Doležel）等，后有瑞安（Marie-Laure Ryan）将可能世界思想同言语行为理论、人工智能、虚拟现实等相结合，拓展了叙事学的理论视野，丰富了研究进路。在赫尔曼所编《新叙事学》（1999）一书中，曼弗瑞德·雅恩（Manfred Jahn）将这一理论传统称作"可能世界叙事学"。

　　在哲学中，可能世界是分析模态陈述的理论工具，用以建立必然性、可能性、偶然性（contingency）等模态算子（modal operator）的逻辑语义学，以此为框架来讨论超出现实世界制约的命题的真值问题。其基本原则是：将各种可能性视为可能世界；说某事是可能的，是指它在至少一个可能世界里是如此；说某事是必然的，是指它在所有可能世界里是如此。

　　关于可能世界的本体论地位有两种基本的立场：现实论和虚构论。首先是大卫·刘易斯（David Lewis）的极端现实论：可能世界和我们的现实世界一样真实地存在着，它们只是在内容上而不是在种类上不同；"现实"是从指示性（indexicality）而言的，说我们的世界是唯一现实的，意思是它是我们生活的世界。克里普克代表温和现实论，只承认有一个现实世界，即我们自己所处的这个世界，依据这个现实世界的模态去解释可能世界；可能世界是一种抽象的可能性，不构成具体的实在，而是我们思维抽象的结果，但独立于我们的思维，因此是客观的。

　　模态虚构论（modal fictionalism）认为，可能世界不过是虚构的实体，通过虚构算子来分析模态话语，避免对可能世界的本体论承诺。罗森（Gideon Rosen）指出，谈论可能世界等于谈论范例上虚构的客体，如福尔摩斯。虚构陈述在严格的字面意义上讲是假的，没有纯粹可能的客体。字面真实是指根据可能世界虚构，事情可能是另外的样子。雷舍尔（Nicholas Rescher）坚持现实世界的独一无二的性质，现实世界的事实在存在秩序上有客观的基础，独立于人的心理；对现实世界的特定个体进行描述具有不可穷尽性，而虚构世界的个体则是认知深度有限；可能世界是心灵的建构而不是绝对存在的实体，具有本体论上的心理依存性。

可能世界之间的关系被称作"通达性"（accessibility）。一个世界可以通达它所属集合中的其他世界，这种关系被形象地描述为"看见"，也就是一个世界能够"看透"另一个世界。道勒齐尔将通达性界定为集合理论中的交集。按艾柯的论述，如果 W_1 的世界结构能够生成（通过控制个体与属性之间的关系）W_2 的世界结构，那么 W_2 对于 W_1 来说就是可以通达的；如果将 W_1 当作给定的现实世界，那么生成的可能世界 W_2 就不能通达 W_1。

从符号学的三大范畴（句法学、语义学、语用学）来看，经典叙事学的叙事话语研究可以视为句法学，后经典的语境主义以及跨学科叙事研究属语用学，可能世界叙事学则以语义学为理论取向。其主要关注两大类问题：第一是虚构性（fictionality），也就是虚构（小说）的逻辑地位、虚构同现实世界的关系、文本类型学等；第二是世界性（worldness），即故事世界的构成。在文学领域之外的延伸应用主要有：媒介研究、超文本、电子游戏、认知诗学、审美幻觉论等。

按照瑞安的说法，可能世界理论对文本符号学提供了两个概念："世界"这个隐喻用来描述文本所投射的语义域；模态概念用来对构成语义域的客体、状态、事件的各种存在方式进行描述和分类。可能世界进路将文本视为一个系统，具有自己的法则，同时又和现实世界相联系。其理论贡献可以从两个方面来评价：一是如何解释并重塑其他方法所描述的那些现象；二是能够讨论什么新的现象。在虚构性问题上，可能世界对叙事世界提供了一个本体论的说明，也为类型学描述提供了新的思路。可能世界提出的新现象是：叙事语义域中的虚拟性、叙事沉浸、跨虚构等。

可能世界叙事学的理论建构大致有以下五个方面。

一是虚构语义学。可能世界为叙事虚构提供了一种平行本体论，通过将指涉同存在相分离，把虚构指涉的基础从现实世界转移到可能世界，为非现实的可能实体、属性和事态的存在建立了合法性，解决了虚构话语的命题真值问题。比如，"俄狄浦斯弑父娶母"语句的命题为真，是指它在索福克勒斯那部悲剧所投射的虚构世界里为真；还能够评估叙事话语未曾明言的陈述的真值问题，如"福尔摩斯不是一个喜欢与女性交往的人"。瑞安综合了可能世界的指示现实论和心理建构论，提出"再中心化"（recentering），即以一个可能世界为中心重新组织整个模态系统。如果将现实世界看作一个模态系统的中心，替代性可能世界看作围绕它旋转的卫星，那么整个宇宙就能以围绕它的任何行星进行再中心化；从一个替代性可能世界的视角看，我们当作现实的世界反而成了一个替代。依此区分三个层次的世界：实在的现实世界（我们所处的物理现实）、文本现实世界、文本指涉世界。以最小偏离原则刻画文本现实对现实的寄生性。再中心化是将虚构世界的外部存在关系与内部存在关系连接起来的关键思想，也是建立叙事体验模型即沉浸诗学的理论基石。

二是模态结构。指叙事宇宙内部组织，由多重世界构成的整个模态宇宙，包括文本现实域和虚拟域。文本现实是人物所居住和共享的世界；虚拟世界主要是人物的私人世界，即人物对文本现实世界的心理表征，或是他们意愿中现实世界可能呈现的样子。道勒齐尔考察虚构世界叙事潜力的外延限制，提出了四种一般叙事模态：真势（alethic）、道义（deontic）、价值（axiological）、认知（epistemic）。瑞安将真势系统用于联系现实世界与文本现实世界，以其他模态联系文本现实世界和人物私人世界，由此构筑了叙事世界的模态系统：叙事宇宙的中心是（文本）现实世界，围绕它的是众多的人物私人世界。各种模态世界之间的张力构成了叙事发展的动力，情节就是文本宇宙中这些世界相对运动所留下的踪迹。在此过程中，某些世界在文本中现实化，某些则未实现而蒸发掉，或处于有待实现的虚拟状态。可以通过排列组合对模态世界之间的冲突关系进行分类。

三是文本类型学。可能世界的文本类型是一种分析文类，依据虚构世界同现实世界之间通达关系进行划分。迈特尔（Doreen Maître）按照虚构世界同现实世界的接近或疏远程度提出虚构作品的四大范畴：（1）历史事件（《沙之谜》）；（2）想象事态（《秋天四重奏》和《信天翁》）；（3）可能成为现实和不可能成为现实之间摇摆（《铜版画》《复制娇妻》《绝望》）；（4）不可能成为现实的事态（《风语河岸柳》）。基于对通达关系的创造性阐发，瑞安构筑了一个精细的文类系统。包括9大类型：A. 属性同一性；B. 存品同一性；C. 存品兼容性；D. 年代兼容性；E. 物理兼容性；F. 分类兼容性；G. 逻辑兼容性；H. 分析兼容性；I. 语言兼容性。这个模式固然可以通过赋值来精确计算文类之间的细微差异，甚至可以生成文学实践中所未曾出现的类型。但是由于过于复杂，在认知诗学里被简化为四种：（1）客体通达性；（2）时间通达性；（3）性质通达性；（4）语言通达性。

四是跨虚构性。虚构性概念处理的是文本与现实世界之间的关系，而跨虚构性（transfictionality）涉及的则是虚构世界之间的互文性关系。当两个（或多个）文本共享一些元素如人物、想象的地方，或虚构世界时，它们就展现出一种跨虚构关系。跨虚构性可以追溯到可能世界理论中的"跨世界同一性"（transworld identity）问题：当同样的个体存在于不同的可能世界中时，如何识别这些个体是同一个体？刘易斯的解决方案是对应理论，即存在于一个世界里的个体可以在其他世界有它的对应物；克里普克则提出历史因果的命名理论。总的来说，以文本方式建构虚构实体的手段有两种：一是由专名来指定，二是通过描述来指定；前者为跨文本、跨世界的虚构个体提供了同一性保障，后者则为跨世界个体的语义变迁提供了描述工具。跨虚构性实践历史悠久，在数字时代发展到极致，总体上唤作"跨媒介故事讲述"。瑞安将此现象刻画为两极之间的各色频谱。第一极称滚雪球效应（snowball effect）：某个故事特别受到消费者推崇，以至于应运而生了各种前传（prequels）、续集（sequels）、同人小说（fan fiction）以及跨媒介改编。有一个中心文本充当所有其他文本的共同参照。另一极则是一个系统，故事从一开始就被策划为一个项目，在不同媒介平台上发展，成为媒介特许（franchise）。

五是不可能世界。瑞安描述了四种不可能性：本体论不可能性（越界、源自不同文本的人物共处同一世界）、不可能的空间、不可能的事件、不可能的文本。这一类的文本没有提供坚实的目标以进行想象的"再中心化"（审美幻觉的核心），但并不全然失去了沉浸效应，因为它们的亚世界可以让想象力短暂定位。简·阿波（Jan Alber）将"非自然"界定为物理上、逻辑上或人文意义上的不可能世界，提出与最小偏离原则和最大偏离原则相关的五个阅读策略，将非自然情景自然化。包括：读作内心状态、突出主题、讽喻式解读、脚本整合、丰富框架。阿什林（William L. Ashline）提出了不可能虚构小说的五个类型：擦除的世界、"路径分叉""化圆为方"（悖论）、"违背讲述层次"（越界）、人物存在于不止一个虚构世界。

国内有关可能世界叙事学的研究，也取得了不少成果。傅修延《讲故事的奥秘：文学叙述论》辟专章从可能世界的角度讨论叙事世界，包括它的边界、规模、维度与密度，并依据同现实世界的距离划分了摹本世界、部分虚构的世界、全然虚构的世界、神奇的世界、荒诞的世界、悖谬的世界6个类型。张新军《可能世界叙事学》征用可能世界、量子理论来铺叙可能世界叙事学的理论模型，由三个范畴组成：（1）虚构性，描述现实世界与虚构世界之间的关系；（2）叙事性，描述叙事世界的内部结构及运动；（3）经验性，描述主体对叙事世界的建构与体验方式。赵毅衡《广义叙述学》第三章"可能世界与三界通达"讨论了可能世界与不可能世界的区分、实在世界的特征、纪实型叙述的世界、虚构世界、虚构世界中的逻辑不可能、通达与风格、通达的社会意义。周志高《虚构世界研究》以纵向上深入论述了虚构世界的本体、形貌、类型、认知；以横向上拓展了虚构世界与现实世界、叙事中故事与世界的联系，在思辨性的阐述中融入了定量分析。应用方面，乔国强将可能世界理论运用到文学史的分析中；谭光辉将中国当代文学六十多年的小说叙事模式刻画为从必然世界叙事到可能世界叙事的转变。

可能世界叙事学还存在较大的发展空间。瑞安认为可能世界理论最大的意义在于提供了一个关于叙事性的认知模型。可能世界的进路对叙事概念做了根本性拓展，追求的是一种广义叙事学。数字文本让现实与虚拟、通达关系等问题变得更加复杂化，比如，印刷文学的多路径、越界等主要还是停留在主题或结构意义上，但互动媒介却使之成为现实。在语义方面，故事世界内外的哪些元素能够激发受众的兴趣与情感；在表征方面，哪些媒介特征能够促进对虚构世界的这种介入等。随着叙事学的跨媒介演化，"故事世界"（storyworld）日益成为可能世界的替代词汇；"世界性"也是媒介研究学科的主流思想。"建造世界"已经成为重新思考媒介乃至更广泛的讲故事的模式。"世界性"可以是建立超越学科、媒介、文化的统一叙事理论的基石。

叙述与主体

文一茗

主体、叙述与符号，是一种天然的三项式关联模式。因为追逐意义，是人之本然属性。释意、达意与构意则是主体最根本的三大经验活动。正是在叙述化的过程中，人才得以将自身构建为一个主体。

作为研究意义的学科，符号学自然就会将主体作为贯穿始终之关键予以考察，在符号学发展过程中，曾有不少学者就"符号、意义与主体"展开了讨论。

首先，是索绪尔的符号学原理。他最先提出符号的定义，即由能指与所指所组成的一个封闭二元对立系统。由此定义，符号是任意的或具有相关性的。而意义正是形成于关联中的差异。索绪尔符号学之关键在于：差异与系统。符号示意在于两个方面：一方面取决于系统中，与之相似的其他符号；另一方面，取决于话语中与之邻近的符号。推而广之，任何文本表意皆是如此。该观点主要体现并运用于西方当代叙述学发展阶段早期，即以俄法为代表的经典叙述学。如托马舍夫斯基、什克洛夫斯基、普罗普及托多罗夫、格雷马斯、热奈特、高概等人对文本形式构成的讨论。这一阶段受结构主义形式论的影响，人们将文本视作封闭自足的系统，提倡新批评所说的"细读"。对叙述中的主体问题研究，主要集中于作为话语主体的人物，如何参与构成文本及其对文本主旨的影响。这方面具有影响力和代表性的观点，如高概专论"符号话语"时总结的"话语情态模式"，格雷马斯的叙述方阵对人物作为叙述的"行动元"所做的相关讨论，及其经典叙述学集大成者热奈特在其代表作《体格》《叙事话语：新叙事话语》中通过"叙述声音"所分析的叙述话语。总体而言，早期研究集中于文本内部构造，认为叙述学是描述性科学，尚未走向文本解释。

皮尔斯的符号学系统，对索绪尔的符号学理论做出了重大的突破，并具有寻找意义形式规律的普遍方式。皮尔斯认为，符号的各方面都是"三元方式"（triad），意义规律也服从三元方式的本质形式。符号本身也三分为：再现体（sign）（即我们通常所说的"符号"是符号再现体的简称）——对象

(object)——解释项（interpretant），从而打破了索绪尔的封闭系统，将符号的构成以及示意的模式视为涉及三方之间的复杂互动。意义不再是从能指到所指的任意直通车，而是通过从"二"到"三"的示意结构，多出了一个无尽衍义的世界。正是皮尔斯符号意义三元模式，发展出无限衍义的原则：即符号示意过程在理论上是不会结束的，实践中，符号表意虽然能被打断，却不可能被终结（赵毅衡，2014）。并且，无限衍义正是主体思维方式的本质特征。

就人类语言及认知这方面而言，解释项使人得以组织自身思维、观念并将之范畴化归类。而主体将一个符号替换为另一个符号系统的延展过程，实现了意义的阐明（articulation）（Liszka，2014，21）。而这个阐释循环圈——部分的意义取决于整体，反之亦然——似乎是许多后现代意义理论之基。后现代主义提倡用一种构建主义的观点来看待对象，即指符号的对象是由符号系统构建的，并非独立于所在符号系统的一种存在、力量或构成。

解释项的观点在其他符号学研究者那里得到了不同形式的回应与印证，如巴尔特指出，任何直接指向的意义是外延式示意（denotation）；需要由此二次生成的意义，则是内涵（connotation），即二度示意系统。而文学叙述是典型的二度示意系统，因为它依赖于语言，而语言本身是一个示意系统。叶尔姆斯列夫进一步指出：外延式的能指和所指共同构成内涵式的能指。换言之，二度示意系统会无限延展，更深地卷入了主体的个别具体意识。换言之，意义是能指与所指之外的第三物。

这为叙述中主体问题研究，提出了某种新的思考的方向：作为语言的产物，主体参与这链条之中，也通过语言来认知世界。正如对外在世界的掌握和认识一样，我们对自我的掌握和认知，同样受制于符号三元模式，即只能通过再现才可认知自我与他者。而这一点也在本威尼斯特关于语言与主体性之关系的论述中得到了回应。本威尼斯特认为：主体性建立在语言的运用上，是指说者将自身定位为"主体"的能力。通过语言，人才得以将自身构建为一个"主体"。

我们所留意的思想史中的主体，从古典时期（那个安之若素的自我），滑向现代主体（那个极度自恋，并因此焦虑空虚的孤影）的运动轨迹是：叙述的重心从自我之外，转而指向自我本身，并深入自我之内，涉入后现代的自我迷宫。叙述，不仅在审视自我的行为与诸种符号之间的链接，更在意我是如何感知那个被称作"我"的造物。这一认知转向解释了后经典叙述学中，叙述研究（从北美修辞学派到欧洲认知学派）的中心转移。

1962 年，布斯在其《小说修辞学》中提出"隐含作者"概念（并在生前最后一篇论文《隐含作者的复活：为何要操心?》中）从修辞方式出发，强调文本价值源于一个"执行主体"（executive author），由此形成坚持"布斯方向"的北美叙述学家们所发展的"修辞学派"（以布斯的学生詹姆斯·费伦为代表）。其将重心转向文本意图的发出，认为文本是作者全部主体意识的实现，文本生成时具有充分实在的主体性，因此其研究重心在于，作为真实作者的第二自我，文本如何得以展开。但以纽宁夫妇和弗卢德尼克、塔马尔·雅可比等为代表的德国和北欧叙述学家，形成了新叙述学或后经典叙述学。从文本的接收与理解出发，形成与之相反的认知学派，认为所谓隐含作者，是读者推导出的拟人格（deduced author）及其主体意识，从而将关注重点转向如何从对文本的认知推导文本的发出与构建。这一阶段的核心问题是围绕主体的发出与推导而展开的"不可靠叙述"及"隐含作者"两大问题研究。

与之对应，当代叙述转向中的叙述理论研究重点，更聚焦于叙述形式的自反性，其中，以下几个方面或许尤为值得关注。

叙述方位的自反性。对叙述方位的研究，包括叙述视角与叙述人称。任何叙述的展开，首先需要落实的是叙述方位的选择。而任何叙述的接受，也都始于对叙述方位的分析。因为这一叙述形式为文本接受者规定了信息接收的方向和范围，从而在一定程度上迫使文本信息呈现出某种倾向性，使之以一种塑形的样态展示于接受者，从而提供意义感知的方向性。叙述方位涉及一系列关于叙述主体意向性的形式问题：如叙述视角、叙述态度、叙述距离等。这一叙述形式指示着叙述者"选取"某个特定的身份来认知世界，它隐含了一个符号化的自我，并将之投射于其认知对象的形象之中。而叙述深入对象的面，及掌握对象的方式，反过来指示着叙述主体自身的认知水平。

不可靠叙述：从经典到后经典。不可靠叙述涉及主体分化过程中的意义偏离。隐含作者与叙述者所呈现的价值出现差异时，就形成了不可靠叙述，即叙述者对隐含作者而言不可靠。隐含作者的定义经历了从修辞学派到认知学派的变化，对不可靠叙述的研究，也呈现出与之对应的重心转移。作为一种叙述形式，不可靠叙述所指涉的是：一个文本中所承载的多方主体（叙述主体、接受主体及人物主体）意识之间的竞争。

叙述修辞格局：从隐喻到反讽。詹姆逊和卡勒基于维柯的"四体演进"，总结出符号修辞学中的修辞四格，即从主体认知的角度，将叙述修辞格局的演变总结为外在的统一性、内在的统一性和内在的异质性，即隐喻、提喻、转喻、反讽四体演进模式。从隐喻开始（同一性），通过提喻（外在性），转喻（内在性）最后进入反讽（否定）。随着人的认知以及随之而来的叙述体裁的复杂化，主导的精神转向是自我批评，反讽成为当代文学发展的一大趋势。

元叙述转向中的自我认识。20 世纪以来，西方文艺理论就呈现出这种回到自身，纵深内省的气质。元意识在文本中呈现出主导趋势，破除了人们赋予"叙述"这一符号行为的传统使命——"再现"。帕克里夏·沃在其《元小说》中所总结的，在充满"自我怀疑和文化兼容"的当代，虚构作品是对于"一种更为彻底的感受的回应，这种感受的要点是：不再有永恒真实的世界，只存在着建构的系列、技巧以及非永恒的结构。"（Waugh，1984，8）自我的构成本身，是一个符号文本。其边界范围规范着自身在世如何确立。也就是说，元叙述文本对我们的最大启示在于：叙述，是一种构成，一种过程化（Huntcheon，2013）。这是文学叙述的认知转向的结果，指向"文学文本之外世界可能有的虚构性"。

叙述的接收与理解；阐释主体。叙述研究的重心转向了叙述文本的意义生成机制。叙述主体通过各种叙述形式引导文本的感知与接收，接受者的每一次理解行为，都是对文本的激活与重构，并因此成为阐释主体。而意义最终取决于叙述文本与阐释主体之间的关联。此外，皮尔斯提出"探究社群"（inquiry community）与费什的接受美学遥相呼应，认为解释是开放的，应当具有对话性，因此只有社群才能保证无限衍义，从而影响对叙述文本的解释标准的研究。

近几十年随着利奥塔对"科技知识"与"叙述知识"的划分，以及新历史主义、符号学对人文社科各领域的影响，"叙述转向"呈现出跨媒介叙述的趋势。一方面，叙述学受到其他领域思想（尤为语言符号学）的影响，如语言哲学中赛尔·奥斯丁理论对叙述意动性的影响，符号学中皮尔斯的符号"解释项""阐释社群"等概念对文本解释标准以及解释方式的影响等。另一方面，叙述学研究发展呈现出"广义化"的趋势，向其他学科形成明显冲击。如 Nobert Wiley 的社会心理符号学论著"The Semiotics Self"，借鉴皮尔斯的符号定义，剖析了作为话语主体的人及其社会存在中的叙述本性。James Holstein 主编的 *The Self We Live By: Narrative Identity in a Postmodern World*，总结了在后现代社会语境中，叙述如何界定、规范主体的存在方式。Kaja Silverman 的 *The Subject of Semiotics* 结合西方的经典文学文本和电影文本，系统地梳理了作为主体如何通过叙述这一符号活动，表达自我、阐释他者、传达意义。Benjamin Lee 的 *Talking Heads* 运用奥斯丁的语言学分析叙述化过程中话语主体的属性及特征。

当下叙述学发展的趋势体现为以下两点。第一，对传统结构主义和形式论的突破。作为高度人文化的符号意义方式，叙述研究将重心落在文本意义的感知与阐释上。赫尔曼在为《新叙事学》一书所作的《引言》中，对此趋势做了全面的概述。此外，具有代表性的著作有居里的《后现代叙事理论》，卢德尼克的 *Towards a Natural Narratology*，巴尔的 *Narratology: Introduction to the Theory of Narrative*，凯南的 *Narrative Fiction: Contemporary Poetics* 等。第二，广义叙述学的趋势。即一门覆盖全部叙述体裁的符号叙述学，把所有的符号媒介创造的叙述（尤其是互联网时代层出不穷的新体裁）都包括在视野之中，予以叙述学一个新的审视角度。这方面总结性的有布鲁纳、雷斯曼等人的著作。当下面临的叙述学转向，从而将传统结构主义叙述学突破了语言学模式中的封闭系统，进入后结构主义阶段。注重叙述与意义之间的理据关系。叙述文本成为叙述者、人物与阐释者多方主体之间话语争夺的结果。

作为自我最为根本的属性与形式条件，叙述在传递自我信息的同时，也遮蔽了自我的真相。人到底是语言的主人，抑或依赖语言所恩赐的身份才得以延续；对于自我而言，叙述究竟意味着什么？这可能是我们今后思考所应涉猎的方向。

叙述与时间

伏飞雄

现代叙述理论对叙述与时间的关系的研究，主要表现为四种模式：西方经典叙述学对文学虚构叙述中事件时间与叙述时间的差异关系及表现形式的研究，广义叙述学对传统时间概念框架假定的反思与时间概念的重建，叙述哲学对叙述与时间关系的研究，基于文学史（附带思想史、文化史）考察归纳文学虚构叙述中的时间表现形态、演变及其意义。

经典叙述学对文学虚构叙述时间形态的分类，基于这样一个假定：被叙事件的时间，按照日常生活中的自然时间进行。这种自然时间，就是西方近代钟表发明以来的时间，其特点是顺序（不可逆、不重复）、匀速、连续、数字刻度化。正是有了这个假定，叙述时间对被叙事件时间的变形才得以可能。经典叙述学的理论框架的建立，也正是基于这种时间差。

托多罗夫最早为经典叙述学的时间研究建立了基本概念框架与叙述方式分类。在《文学叙述的范畴》一文中，他提到了故事时间与话语时间之间的差异：前者多维（故事中多个事件可同时发生），后者线性（话语讲述的线性特征）（Todorov，1966，125-151），强调话语讲述基于艺术目的打破事件的自然连续性而有意扭曲时间。该文也提到了写作时间与阅读时间，但指出将阅读时间引入叙事结构的天真性。在《诗学》一书中，作者具体提出了表现两种时间差的三种形式——时序、时长、频率，及其叙述方式分类——追叙、预述；中止、省略、场景、概括等；单一性叙述、重复性叙述、综合性叙述。

热奈特《叙事话语　新叙事话语》一书对两种时间差关系的论述最为系统，他在托多罗夫的基础上建立的概念与分类，成为其他经典叙述学家理论家讨论的基础。实际上，他们的讨论也总是伴随着对种种假定的犹疑。有些犹疑是不成熟的表现，另外一些值得后来研究者重视。热奈特与里蒙-凯南都从实质上把叙述时间看成了"伪时间"。其"伪"主要表现在他们把叙述时间理解为阅读时间——文本在阅读中呈现为线性空间布局，因而属于空间范畴（里蒙-凯南）。阅读时间成为讨论叙述时间的一块"鸡肋"。热奈特认为它不具操作性，因而放弃以之作为讨论时长的参照，同时又不得不从叙述文本的速度恒量（匀速）这个纯理论性的零度参照假定去比较故事时长与叙述文本长度（篇幅、空间）之间的关系，并力求从宏观层面，即从大的叙述单位层次追求测量统计上的近似值。

另外，里蒙-凯南甚至也因故事时间的"约定俗成"而把它看成"伪时间"，而热奈特、巴尔等人都强调了故事时间这种参照的假定性或想象性。这里需要指出这些理论家使用概念的不一致或混乱。一些理论家使用的"故事时间"，含义是模糊的，另一些理论家则把它看成被叙述的事件（作为素材）的时间。因此，巴尔直接使用"事件时间"更具合理性。这得益于她对"故事"概念的清晰理解（故事属于被编排、结构化的结果）。

值得注意的是，这些理论家的一些分类形式并非完全属于形式论，而是不同程度涉及它们所蕴含的艺术、心理、文化等层面的意义或功能。比如热奈特对追叙、预述的主观、客观之分，巴尔对"事件时间"这种时间形式所蕴含的对真实性的理解的强调，对时间顺序蕴含的艺术与心理效应，比如对事件的解释、预期与实现之间的微妙差的强调，甚至对时间顺序的含混本身所蕴含的叙述文本之艺术、文化意义的挖掘等。

另外，查特曼在《故事与话语》中对小说与电影两种媒介在时间表现的对应与差异上的研究，也值得提及。他没有硬套小说的时间艺术，而是分别指出哪些时间形式适合哪种媒介形式，比如他把电影"解说"看成追叙或预叙一种解释功能，而非其亚类，指出溶入、拂拭、晕入、晕出这些电影转换技巧是文学叙事无法使用的，指出电影剪辑可能传达省略，但它仅能简单地呈现为空间的转换，等等。不过，查特曼对话语时间与故事时间的定义与其具体讨论并不完全一致。

形式论立场的时间概念设定与分类是经典叙述学的贡献，也是其局限，形式的意义，时间作为主题的意义，需要我们深入挖掘。

赵毅衡建立了广义叙述学。他对不同媒介与体裁具体处理叙述与时间关系方式的研究，对各种叙述中时间性的共同点与不同点的辨析，涉及对传统时间概念假定的质疑与新概念的建立（赵毅衡，2013）。他认为叙述时间是个模糊的伞形概念，应区分为四种差异极大的时间范畴：被叙述时间、叙述行为时间、叙述文本内外时间间距、叙述意向时间。这四种范畴，需配合时刻、时段、时向三种不同形态，才能说清各种时间关系。

被叙述时间是对情节时间、故事时间、所指时间等概念的替代。这种替代涉及对事件时间这个基本假定的解构："经验现实"很难确定，因而它不是指客观经验现实中事件发生的时间，而是指叙述文本内以各种符号标明的时间。作者由此细致讨论了被叙述时间在各种体裁中的"标记"：明确时素、伪明确时素、模糊时素、形象时素等。关于众说纷纭的被叙述时间是否可以"度量"的问题，作者明确提出了篇幅、空缺、意义三种衡量方式，认为这三者综合起来才形成了叙述的时间框架。叙述行为时间是对讲述时间、述本时间、能指时间等的替代。他认为，叙述时间与被叙述时间属于两个不同世界，本无可比，但由于两个概念都落到同一个文本中，就不得不对比。他在此引入了时段概念，区分了不同体裁中的四种情形，如时段同步、时段弹性、时段比喻、零时段。叙述内外时刻间距概念，被具体化为被叙述时段、叙述时刻、写作时段与阅读时间（时段与时刻）四者之间的关系。他指出，前两者是文本内时间轴上的关系，后两者是文本外时间轴上的关系。这四者有的是时段，有的是时刻，有的是时段加时刻，四者组成因体裁而异的三种关系。另外，他对"二我差"、演示叙述的时间特点的分析，也给人耳目一新的感受。

可以看出，赵毅衡没有简单否定经典叙述学关于时间关系的一些假定，而是注重细化与落实这些假定，其对不同媒介、体裁的具体分析，既避免了混乱，大大推进了叙述与时间关系的分类与解释，也加深了我们对叙述时间本质的理解。

丹图敏锐地意识到人类言说无可避免地蕴含着时间维度与时间性信息，如果从语言中抹去时间维度，我们将无法谈论许多事情，因而力图从分析哲学认识论立场分析历史在语言中被谈论的方式，其研究集中体现为对叙述句子之时间结构的分析。（周建漳，2008，56—61）他主要从历史著述的角度讨论叙述句子的一般特征：叙述句子只描述在前的事件，但至少牵涉两个在时间上分开的事件，即参照了在时间上晚于被叙述事件之后来的事件，因此，后来的事件对于现场观察者或当事人来说是无法认识的。这说明，叙述句子从时间上看"是一个未来参照的结构"，历史书写本身具有双重时间视野，叙述者只能作为旁观者进行历史叙述。推而广之，不少命名也只能是历史命名。针对历史事件的当事人或现场目击者是否因此将被剥夺整个语言行为这个问题，周建漳主张引入"活动词项"与"目标词项"对叙述句子进行细分，于是就会出现有的叙述句子不参照未来的情形。显然，不少文学虚构叙述理论的建构受到这种历史叙述观念的影响。不过，这种历史叙述观念并不完全排除历史向未来开放的立场，更不完全排除人类依靠历史、生活经验对当下事件的判断与预测。当下一些文学叙述还往往重视书写事件当事人对当下事件的认识与理解。

利科从哲学解释学对时间与叙述关系的研究，值得提及。他的《时间与叙述》三大卷主要讨论了历史叙述与虚构叙述如何塑造时间，对应与解决时间疑难的问题。历史时间被称为"第三种时间"，它调节（连接）了宇宙时间与生活时间这个时间现象学没有解决的问题。历史再塑形时间第一大形式的日历时间，就以"均有所借"的方式调和了物理时间、生活时间、现象学的"现在"、语言学的时间（涉及话语）。第二大形式的遗迹，"解决"了历史过去（性）与当下现在的悖论。它"在时间中"被"去空间化"，也"在时间中"给历史性带来了"意义剩余"，属于一种"效果记号"。作为重要形式的"代际延续"，也解答了海德格尔的个人时间与公共时间之间的二律背反。因为，生者对死者在量与质上的替代表征了历史的连续性、传统与革新的节奏。虚构叙述解除了宇宙论时间的限制，使现象学时间的主题与疑难发生了富于想象力的变化。这种想象变化所展开的每个虚构时间经验，都是不可被"总体化"的、独特的、唯一的世界。换言之，它们以完全新颖的假定问题的方式，动用种种叙述策略、手段，言说可能的时间经验。这样，它们既例证又协调地回应了现象学的主要疑难，显示了现象学的局限。总之，作者对叙述之于人类时间意识与时间经验之不可缺少中介的认识，具有革命性的意义。

杨义对中国叙事时间的还原研究，是基于对中国思想史、文化史、文学史的考察来进行的。他致力于挖掘中国古人对待天道、时间和人心三者关系的思维方式，且致力于重构中国人的精神原型。中国古人敏感于日月星辰等天象的运行，既以其运行轨道与位置标示出人间年岁、季节、月份和日子，又以其与人们的生命感受与人生态度同构。于是，中国古人把天道、时间和人心交融一体。在杨义看来，这种时间整体性以天地之道赋予部分以意义，而"这种以时间整体涵盖时间部分的思维方式，深刻地影响了中国叙事文学的结构形态和叙述程式"。他由此提出了中国叙述作品特别明显的"叙事元始"结构，首先展示一个广阔的超越的时空结构，即高于文本叙述主体部分叙述层次。另外，他特别分析了独特的时刻，比如生日、节日在中国叙述作品中所传达的文化多义性，特别强调了中国语言时态的附加性而非原生性、动词的无时态性所带来的时间表达形式的丰富性与灵活性。

巴赫金对西方小说的时间形式或时空体形式的出色研究，完全立足于西方文学史的演变。小说时间形式或时空体形式的文学史演变，折射了西方历史、社会生活的演变：时空体决定着文学作品与现实生活关系的艺术统一性，它在作品中总是包含着价值的因素与感情的色彩。作者既按照时代归纳表现时间形式的小说类型，也按照表现时间的形式归纳小说类型，他对每一种小说类型的分析，无不是对小说时间形式与事件、情节、空间（场景）、人物性格/生活/

行为/命运、主题等安排之关系的历史性分析——包括合理与否的分析式。因此，每一个时间概念、每一结论的出现，都具有相当具体的历史、文化与文学背景及逻辑。

　　巴赫金认为，时空体决定了体裁的类别，而时间在文学中属于主导因素，作为形式兼内容的范畴，时空体在很大程度上还决定着文学中人的形象。这启示我们，从思想史、文化史、文学史视域出发具体分析叙述与时间的关系及表现形式，具有抽象思辨无可比拟的价值。

梦

方小莉

目前学界对梦叙述的研究主要关注梦作为叙述的合法性问题，梦作为一种叙述逐渐得到学者们的肯定。吉尔罗（Patricia A. Kilroe）认为"所有梦都是文本，但不是所有文本都是叙述"。在吉尔罗看来，梦文本常常但并不总是具有叙述结构，而梦文本的叙述性也有度的变化，从碎片式的快照，到史诗故事（Kilroe，2000，125）。可见吉尔罗认为不是所有梦都具有叙述结构，碎片式的梦不能算叙述，只有那些具备完整故事的梦才算叙述。蒙特内格罗（Jacques Montangero）与吉尔罗虽然在概念的使用上有些差异，但观点类似，他认为梦具备叙述特征，但梦叙述的构成又不具备经典故事的特点。（Montangero，2013，157－172）赛波里（C. Cipolli）和波里（D. Poli）提出梦叙述在形式上与典型的故事包含相似的元素，包括人物、场景和分层的事件结构。（Cipolli，Poli，1992，133－142）佩斯－肖特（Edward F. Pace－Schott）则认为做梦是一种人类讲述故事的本能。故事式的结构是梦经验（dream experience）的特征，而不是梦醒后回忆梦而强加的（Edward，2013，159）。史戴茨（Bert O. States）通过比较梦与故事讲述，提出做梦是所有虚构性故事讲述的原始形态（Ur-form），梦和虚构性的故事讲述都能够将存在压缩成为感觉意义的叙述（Bert，1993）。龙迪勇是国内最早肯定梦是一种叙述行为的学者，他在《梦：时间与叙事》中指出"梦实质上是在潜意识中进行的一种叙事行为"，他主要通过案例分析的方式，讨论了梦文本所具备的叙述特征：梦叙述包含了叙述所应有的基本元素："人物、事件、空间、开端、发展、突变、结局"，从而肯定梦是一种为了抗拒遗忘，寻找时间的叙述行为。赵毅衡则提出梦是媒介化（心像）的符号文本再现，不是直接经验；其次它们大都卷入有人物参与的情节，梦者本人就直接卷入情节。总的来说，梦叙述的符号学研究是指将梦视作人类潜意识的一种心像化的叙述文本，借用符号叙述学的相关理论来研究梦的文本性、叙述特性、修辞，以及梦在艺术作品中的再现等一系列问题。

在《广义叙述学》一书中，赵毅衡首次将梦作为一种以心像为媒介的独立叙述文本，并从叙述学的角度研究了梦的文本性与叙述性等问题。赵毅衡认为梦叙述的叙述者与受述者是同一个主体分裂后的产物。梦叙述是"主体的一部分把叙述文本传达给主体的另一部分"。（赵毅衡，2013，52）如果我们把现实世界的"我"（sleeper）视作发出梦的主体，那么也即是梦的作者（dream-author）。这个作者入睡后，大脑分裂出一部分，产生了梦的叙述者（dreaming-narrator），这个叙述者负责进行梦的讲述工作。与此同时，大脑又分裂出另一个部分，即梦的接收者，即受述者（dreaming-narratee），来接收这个故事。而这个叙述既"没有记录的文字或图像媒介，也没有演示的肉身－实物媒介，它们的媒介是心灵感知的视觉图像，即心像"。（赵毅衡，2013）在大多数情况下，主要人物似乎是梦者自己，然而"事实上我们只是梦见我们是那个人。这个梦中的人物只是我们的再现"（Stephen LaBerge，59）。也即是说这个梦中的行动主体显然不是梦者，而是一个被心像再现的虚构人物（dreamed-character）。他既不是梦的叙述者，也不是受述者，当然更不是入睡的作者。但值得注意的是，他虽然是想象创造出来的，却是入睡的作者的投射。从心理学上来讲，这个人物是现实世界中梦者本我的投射。

笔者认为梦叙述中的主要人物并不是梦者，而只是一个创造性的再现，这一点还可以体现在，梦叙述中的主角并不总是我们自己。有时候我们只是梦的接收者，而并非梦的经历者。不过此时梦叙述的主角虽不是我们自己，但笔者依然倾向认为他是梦者的投射。弗洛伊德也强调"梦是纯粹自我中心主义的，如果自我没有在梦内容中出现，那么自我则是通过认同作用隐藏在他人背后，那么他人则成为自我的隐喻"（弗洛伊德，2007）。也就是说，梦叙述中创造了另一个人物来代替自己，从而也就从侧面证明了梦中主角人物并非"我"本人，他只是一个心像媒介化的再现，而梦的接收者只是认同此人物。梦作为一种特殊叙述，不仅具有一般的叙述特性，而且具有其特殊的叙述特征。笔者在《梦叙述的三种特性》中探讨了梦的虚构性、演示性和拟经验性特征。

根据赵毅衡的观点，纪实性叙述只有一度区隔，而文本如果在一度区隔之上建立二度区隔，那么则是虚构性叙述，也即是说虚构性叙述都包含了双层区隔。然而梦叙述却出现了特殊的区隔特点，即透明梦。所谓的透明梦是指"我们意识到我们正在做梦，而梦依然继续发生"（Stephen LaBerge，6）。拉伯奇（Stephen Laberge）提出"透明梦的梦者对物理世界来说是睡着的，因为他并不能有意识地感知它；然而对于梦的内在世界来说梦者又是醒着的，因为他们与梦世界处于有意识的交流中"（Stephen LaBerge，6）。透明梦的梦者虽然知道自己在做梦，但他是在梦中知道自己在做梦，而不是经验世界中"我"的清醒意识感知。笔者认为透明梦的梦者处于"无逻辑"的梦世界与意识世界的中间区域，也即是说在透明的梦中，因为梦者的犯框，使区隔框架显现，从而划出了梦叙述中的另一个区隔世界，也即是透明梦的梦者所在的中间区域。那么当清醒意识被隔断，梦本身可以产生双层区隔。透明梦的虚构世界产生的第一度区隔是透明梦的梦者所处的世界，在这个虚构的一度区隔中又产生了二度区隔，也即是虚构二度区隔。

梦叙述虽然采用特定的心像媒介，与演示类叙述有异，但梦叙述在此时此刻发生，意义当场实现，下一刻文本就消失了。梦叙述不仅不可预测，而且会产生即兴发挥的情况。一方面，人在做梦时，受到外界环境的影响，会临时往梦中加入新内容，或者说梦因为外界环境的影响而即兴产生，例如外界环境突来的噪音致使梦里非常吵闹；或是经验世界下雨，梦里也在下雨等。在透明梦中，梦叙述也并非完全不受梦者控制，受述者在特殊情况下也参与梦的互动，影响梦叙述的情节发展，干预梦的进程。

梦叙述的第三个特性是拟经验性。以哈特曼（Earnest Hartmann）为代表的一派通过相关的科学实验，认为梦是由情感主导，梦中意象之间的联系是由情感联系起来。梦，特别是梦中的核心意象表达了梦者的情感或是情感因素，情感越强烈，梦中的核心意象也就越清晰（Hartmann, 2011, 5）。梦者在醒过来后，虽然意识到梦境是假的，但由于梦者在梦中受到情感支配，其喜怒哀乐就像真实发生过一样，因此容易产生移情，从而有一种强烈真实的感觉。拉伯奇的一系列实验也表明梦与经验之间的相通之处，他提出"梦中发生的行为所需要的时间与经验世界该行为实际发生的时间对等"（Stephen LaBerge, 48）。除此之外，拉伯奇还通过实验证明梦者在梦中发生性行为、在梦中唱歌、数数等时，他们的大脑或身体的感知变化与经验世界中真正发生的该类行为类似。

有关梦与文学、电影的研究可能是梦叙述研究成果最为丰富的领域。这类研究通常是讨论梦的影响，主要是关于梦对创作者的影响；或是分析艺术作品中的梦如何表达意义，也就是关注梦的再现和解释。这类研究虽然并不将梦视作一种独立的叙述体裁来探讨梦的特性，但也通过对梦的影响研究，以及通过分析文本中的梦来反映梦的叙述特性和功能。从符号叙述学来研究梦与文学、电影主要是将梦视作一种独立的叙述体裁，探讨梦与小说、电影的结构性相似。

梦在以语言为媒介的虚构性叙述文本中的记录可谓历史悠久，从早期的史诗到后来的小说、戏剧中都很常见。梦与小说的联系，不仅体现在小说中有大量梦的再现，还体现在梦与小说也具有某些结构性的相似点。梦与小说的结构性类似，首先要关注的便是梦与现代主义小说的对比研究。梦以图像为主要语言，图像序列以并置性取代语言文字的线性时间顺序。现代主义小说的结构也打破了传统的线性时间逻辑，小说呈空间化或图像化分布，在多个层面以并置取代线性时间顺序。梦与小说的结构性相似，还体现在一种特殊的梦叙述形式——透明梦。在透明梦中，梦者识别梦的区隔框架，恢复了自反性，因此既意识到梦的虚构性，也看到梦的整个建构过程，甚至还能够干预或参与梦的进程，这便是叙述中的犯框现象，其原理与元小说极为相似。

电影在形式上具备了梦的特性，梦不仅与电影文本在产生与发送方面存在相似性，梦者做梦与观众观影的经验也有颇多相似之处。从结构上来讲，电影与梦的叙述者都主要呈现为框架，且均不显身；两种叙述的主要语言均为图像，都是通过图像将所要表达的情感或思想具象化，因此，用电影造梦，原理上比语言或其他形式更适宜。梦叙述的叙述者及电影的源头叙述者都始终隐藏在叙述框架背后，总是呈现为框架，这个框架以图像为语言向观众讲故事。梦者做梦和观众观影的体验也有了相类似的经历。电影院的黑暗环境让观众进入一种睡眠环境，既降低其清醒度，也降低其自反性，电影图像非常具象，再加上连续运动的电影图像所产生的动态效果，使电影观众在看电影时有一种强烈的真实感，这种体验与做梦十分相似。

梦的修辞研究也是梦的符号学研究中相对成熟的研究，早在 20 世纪 80 年代便有专著世世。弗洛伊德认为梦的运作方式遵循压抑机制，梦是愿望幻想式的满足，是被压抑的欲望变形的表达。与弗洛伊德不同，史戴茨认为梦的运作并非遵循压抑机制，反之梦是思想的表达，他认为梦可能是最不受压抑的一种思想形式。在史戴茨看来，梦并非压抑性的，而是表达性（expressive）的，梦将人们的心之所想变为可视性的。因此，史戴茨认为梦的变形并非是为了伪装逃避审查，而是为了更好地表达意义。

在史戴茨的表达说中，转喻和隐喻是梦运作的主要策略，而提喻和反讽则是辅助性策略。转喻是一种具体化，梦通过因果关系或者邻接关系，将情感或梦念凝缩转化为梦中的图像，从而产生梦。提喻作为转喻的辅助性策略，与图像的产生有关，在情感变形转化为图像的过程中，提喻发挥作用，通常以部分代整体的形式辅助转喻构成图像。由于部分与整体之间的关系，部分不仅是象征性的替代整体，同时部分还携带着整体的意义，也就是梦事实上在用部分的意义表达整体的意义。隐喻则推进了梦的发展，构成梦的图像构成一定的序列，从一个图像运动到下一个图像，这一运动连续进行从而构成梦境。梦从一个图像向前运动到另一个图像依靠隐喻，即是说大脑以一种隐喻的方式能够寻找到图像与图像之间的相似点。梦在遵循隐喻机制向前推进的过程中也可能会遭遇突然或难以预测的转折，从而造成反转，这便构成梦的结构性反讽。反讽的产生是在梦境中的某个时刻突然发生转折，这一转折打破了大脑对相似性的寻找，从而使梦不能按原来的方向向前推进，而是临时转方向或停止（States，1988）。弗洛伊德主张显梦伪装和掩藏了梦的真实意义，必须要通过对显梦去分析隐梦之意；而史戴茨则认为梦的变形是一种修辞策略，本身就是为了清楚表意。当我们把梦视作一个叙述文本，梦相应地可以被视作由表层文本与潜层文本构成。梦以显梦伪装隐梦，也即是以显梦作为表层文本，来表达隐梦的潜层意义。梦作为一个叙述文本是组合与聚合双轴操作的结果，也即是隐喻与转喻运行的结果。在聚合轴上，通过隐喻的相似性原则找出适宜的图像，而在组合轴上，根据转喻的相关性原则将图像联系成事件序列。只不过要注意的是双轴关系同时进行，不分先后。隐喻与图像的产生，即梦的开始相关，而转喻则跟梦的情节化相关，推动梦的向前发展。梦的产生和梦的情节推进是隐喻和转喻共同作用的结果。

梦的符号叙述学研究刚刚起步，大多数研究依然在论证梦叙述的合法性问题，因此梦的叙述学研究还有广阔的空间等待研究者们来探索。梦叙述的研究可以结合认知心理学、认知科学等研究成果来进一步推进对梦之叙述特性的研究；也可以通过梦与其他叙述类型的对比研究来进一步探讨梦的结构、阐释等问题；梦与神话、奇幻文学的研究更是一个有价值而充满吸引力的领域；此外，借用叙述学的相关理论去探讨梦在艺术作品中的再现，也能为阐释作品提供不一样的路径。

奇 幻

方小莉

现实主义小说自诞生之日起便宣称自己与历史的亲缘关系，而极力撇清与罗曼司的关系。文学似乎越接近历史越容易被视为经典，这似乎也是模仿论长期以来占统治地位的结果。从柏拉图、亚里士多德开始，西方的文学研究便一直推崇模仿论，即便奇幻元素在众多文学形式中大量使用，奇幻文学也无法得到学界的重视，常常被排除在文学经典之外。

奇幻文学的符号学研究首先要从"符号"说起。传统的语言学家主张语言的模仿论，他们认为语言本身没有结构，而是模仿世界的结构，每个词语都有自己的指称物，因此词语就等同于事物。我们感知到事物，并把它们转化为意义。索绪尔的语言学研究颠覆了传统的语言模仿论，重新定义了语言。他认为语言有自身的结构，并不是模仿和反映外部世界的结构。词语是符号，并不指称现实世界，我们感知到的是符号而不是事物。语言符号不是模仿外部世界的结构来产生意义，而是有自己的独立结构和运行规则。因此语言不是反映世界的意义而是建构了世界的意义。意义建构于语言中，由语言来表达，并非蕴含在外部世界中。与语言相似，所有社会行为的表达都通过符号系统产生意义。既然一切意义都是在符号系统中产生，意义由符号构成，符号学研究便将奇幻文学研究放置到与现实主义这类标榜反映现实的文类同等的位置。无论是模仿或是反模仿、自然或是非自然、现实主义或其他，不过都是符号的产物。现实主义并非就是反映了外部世界的真实，奇幻文学也并非偏离了现实，它们的意义都是在语言系统中产生，没有谁更真实或不真实，只是建构意义的不同方式。

奇幻文学的符号学研究常常是探索奇幻文本和更广阔的结构的关系，或说在系统中来探讨意义的生成。现有的奇幻文学的定义都是一系列依据事实的描述，也就是说学者们依据从具体到一般的模式，通过研究一系列具体文本，归纳出共同特点作为奇幻文学这个文类的特点，并在这一传统中来研究符合这类特征的文学文本。

　　奇幻文学的定义，自 20 世纪 20 年代以来便层出不穷，学者们大都主张"不可能性"是奇幻叙述的共同特征。对奇幻文学的研究，笔者倾向于参考一种较为广义的定义。布莱恩·阿特贝里（Brian Attebery）将奇幻文学视作一个模糊集合（fuzzy sets），这意味着奇幻文学不是用边界来划定范畴，而是用中心来定义。他认为奇幻文学有清晰的中心，但在不同类型的文学中没有明确的边界。在这个集合中，某些文本占据中心位置，或者说离中心越近，越是可以被视作这个类型的典型，越是按照奇幻文学这个系统来运行并产生意义。阿特贝里将影响最大的奇幻作品《魔戒》作为原型（prototype），置于这个模糊集合的中心，越偏离《魔戒》，便越偏离奇幻这个文类。在这个思路下，他提出奇幻文学文本至少在内容、结构和读者反应三方面与《魔戒》有根本相似点：第一，奇幻的内容要包含不可能性，第二，奇幻文学的结构特点必须是喜剧的，也就是叙述涉及的问题最终必须被成功解决；第三，叙述必须让读者产生惊奇感。（Attebery，1992，12-17）类似的定义方式还包括凯瑟琳·休姆（Kathryn Hume）将幻想与模仿视作叙述想象的两种根本运行方式，两者都是文学产生的动力，无法分开，没有明确的边界。因此没有任何作品只有模仿，没有幻想，同理可推（Hume，1984）。这类广义的奇幻文学定义一方面扩大了奇幻文学的边界；另一方面，此种研究把奇幻文学放置于文学系统的中心，将其作为标准去研究其他文学形式，或者至少将奇幻文学置于与现实主义小说平等的位置。

　　对奇幻文学的符号学研究还包括将奇幻叙述作为一个复杂的系统，搜寻反复出现的结构、主题，归纳出普遍的叙事结构，提出其模式。20 世纪 70 年代托多罗夫开启了真正意义上的奇幻文学类型研究。他提出"奇幻是一个只了解自然法则的人在面对明显的超自然事件时所经历的犹疑"（托多罗夫，2015，17）如果"充斥于故事中的超自然事件最终获得一个理性的解释"（托多罗夫，2015，32），那么便是怪诞小说（uncanny）；如果"叙述呈现奇幻的特征，而以承认超自然的存在而作结"，便是神异小说（marvelous）（托多罗夫，2015，37）。托多罗夫以"犹疑"为核心标准划分出了三种类型的叙述：奇幻、怪诞和神异，并用"犹疑"将奇幻与怪诞和神异区分开来。后来的研究者借用类似的研究思路，均试图采用某个特定的标准来将奇幻文学划分为不同的类型、提出不同的叙述模式。曼洛夫（Colin Manlove）根据超自然元素的不同作用和效果将奇幻文学作品划分为六种类型：第二世界奇幻（secondary world fantasy）、玄学奇幻（metaphysical fantasy）、情绪类奇幻（emotive fantasy）、喜剧类奇幻（comic fantasy）、颠覆型奇幻（subversive fantasy）、儿童奇幻

(children's fantasy)（Manlove，1999）。类似的分类研究还包括法拉·门德松（Farah Menlesohn）的《奇幻文学的修辞》。他根据奇幻元素进入叙述世界的方式将奇幻文学分为了四种类型：入口型奇幻（portal fantasy）、沉浸型奇幻（immersive fantasy）、入侵型奇幻（intrusion fantasy）以及阈限型奇幻（liminal fantasy）。（Menlesohn，2008，13）除了以上的划分方式，我们从现有奇幻文学各种类型的命名中可以发现，奇幻文学的分类标准是难以统一的。有的按照奇幻文学的受众来区分，比如儿童奇幻或成人奇幻；有的按照奇幻文学的文学性来区分，如严肃奇幻（High Fantasy）和非严肃奇幻（Low Fantasy）。而文学史研究中的奇幻分类通常按照题材、主题或某个突出特征等来划分，比如入口型奇幻、冒险类奇幻、都市奇幻、基督教奇幻、黑暗奇幻、中世纪奇幻等。也许正是因为在西方的文学传统中出现了大量奇幻文学作品，学者们很难找到一个公认的统一标准来定义奇幻文学，便都尝试从较为广义的角度来定义奇幻文学，而"不可能性"则似乎成了学者们普遍认可的一个核心特征。

除了文学类型研究，奇幻文学的符号学研究比较突出的是世界建构研究。传统的叙事研究主要关注情节（plot）、故事线（story lines）、事件（events）、人物等，很少注意到故事世界建构。叙述中的虚构世界常常被背景化为故事发生的场景，只有与情节相关或推动情节发展的细节才能被写入文本世界或是引起学者的关注。正如学者沃尔夫（Mark J. P. Wolf）指出"当学者们注意到文本中的世界时，总是将其当作故事设置的背景，而不是将它作为研究的主题。而且与特定的故事、人物或情境相比，文本中的世界很难进行描述或分析"（Wolf，2012，14）。

关于虚构文本中的想象世界，现有研究中有多种不同的表述：托尔金将其称作"次生世界"（subcreated world），或"第二世界"（secondary world）。次生世界表明文本中的世界是由人创造，相对于上帝的创世（creation），人类的创造是次级创造（subcreation）。而第二世界则是相对于经验世界作为第一世界来命名。在叙述学研究中，叙述学家把想象世界称作"故事世界"（diegetic world）；大众文化中则常常用"建构世界"（constructed world）来指称虚构世界。沃尔夫认为想象世界是创作者借助想象，通过文字、图像、声音等不同媒介建构起来的世界。这个世界自成一体，是一个自足、自洽的实体（entity）。奇幻叙述中的想象世界是符号建构的结果，由于无须完全遵守现实世界的原则，作者可以用文字、图像等符号创造出现实世界不存在对应物的对象，建构起现实世界可能不存在的各种关系。任何想象世界也是叙述的结果，由于任何叙述都有高度的选择性，因此奇幻世界永远不可能像经验世界一般完整和真实，因此建构一个真实的异世界就是建构一种真实的感觉。任何世界建构都是聚合与组合双轴操作的结果，组合轴上选项的多少由异世界的创造性决定。奇幻世界对经验世界有足够偏离度，这个世界虽然建立在经验世界的基础上，但是通过次级创造的重新关联和组合改变了经验世界的常规，并建立了自身世界的常规，具有高度创造性。聚合轴上的选择项一般按照一致性原则进行组合。聚合与组合双轴同时进行，建构起一个具有一定完整性的世界。这个世界的完整性体现在细节的饱满度，在世界的无限可能性，也体现在想象世界具有经验世界的基本架构。虽然它具有与经验世界不同的自然现象或文化逻辑，却在自然、文化、哲学、历史等基本概念或世界结构方面与经验世界全域性覆盖。

奇幻叙述的符号学研究有着广阔的空间。其研究所涉及的题材可以包含各种有趣的论题，比如穿越叙述研究、梦叙述研究等；奇幻的符号学研究也可以结合不同的研究方法，比如可以从认知符号学的角度去探讨奇幻叙述的认知方式、认知功能等；也可以结合心理学的研究成果来讨论奇幻文学对人类无意识的探索；也可以结合人类学、文化研究及马克思主义等研究来探讨奇幻文学的文化内涵；奇幻叙述的研究也可以在不同媒介中展开，不仅可以进一步探讨不同媒介中的想象世界建构，而且可以研究想象世界的跨媒介建构等问题。

新　闻

王　强

　　新闻与符号、叙述的关联非常紧密，然而，新闻学与符号学、叙述学的跨界研究直到晚近才起步。这或许与叙述学的研究传统相关：自叙述学诞生以来，其聚焦的研究对象主要是小说等虚构文本。虚构型体裁的叙述学研究蔚为大观，文本内部形式的探究取得了重要成果，以结构主义批评为特色的经典叙述学理论日趋严密和精细。不过，因为缺失了新闻、历史等纪实型体裁的探讨，回避了对叙述文本社会语境与媒介因素的考量，叙述学的理论体系并不完备，理论阐释力有待提升。在打破纪实叙述与虚构叙述之壁垒、开启纪实叙述研究路向等方面，美国著名历史学家怀特（Hayden White）做出了重要贡献。1973年，怀特出版了《元史学：十九世纪欧洲的历史想象》一书，以此所开启的叙述主义理论潮流，取代了分析历史哲学的主流地位，标示了当代历史哲学或史学理论的"叙述转向"。在跨越了"经典叙述学"阶段之后，叙述学迎来了"后经典叙述学"阶段。这是一个叙述学研究的"复数时代"，跨学科、跨媒介的叙述学研究如雨后春笋般涌现，极大拓展了叙述学研究的版图。

　　对全部叙述体裁做统合性的理论观照，并探寻广义叙述的本质规律，是"广义叙述学"的任务。赵毅衡主张将叙述学视作符号学的分支，以符号学理论考察叙述现象，并致力于建构"广义叙述学"（也即"符号叙述学"）。在此框架内，对全部叙述体裁进行全域性的分类，融会贯通地研究一切叙述文本共有的本质特征和规律，推进了关于新闻等纪实型叙述的研究。

　　21世纪之前，国内关于新闻叙述的研究比较少见，只有零星几篇论文涉及此议题。21世纪以来，何纯、曾庆香、王辰瑶、黎明洁、蔡海龙、陈霖、陈一、方毅华、李凌燕和王强等学者的新闻叙述学研究专著和论文相继发表，这表明新闻叙述学的理论创构已经成为学界的自觉实践。叙述学的基本理论概念被应用到新闻文本的阐释当中，拓展了新闻学研究的理论视域。当下，新媒体的崛起，受众自主性的提升，后真相时代的到来，视觉文化的强势来袭，大数据、传感器、虚拟现实、增强现实、人工智能等新技术的应用，极大地刷新了当代新闻业的生态。当代新闻叙述研究面对的是新闻生产与消费的全新格局。这一方面在某种程度上造成了新闻的"叙述危机",另一方面又孕育着新闻叙述变革的崭新可能。

伴随着当代符号学的快速发展,其应用领域不断拓展。运用符号学理论对新闻话语进行深入解析,可以更加有效地揭示新闻生产的运作机制和新闻媒介的意识形态属性,深化人们对新闻本质的认识,这对于新闻学科的学理性建构具有重要意义。在新闻符号学研究方面,蒋晓丽、李玮、冯月季、王亿本、张骋等学者运用符号学理论反思新闻真实性议题,打开了研究的视域。李玮的专著《新闻符号学》集中阐释新闻生产的符号表意机制,在新闻学与符号学的跨界研究方面做出了有益尝试。

与当下的新闻叙述学、新闻符号学的研究比较起来,新闻叙述的符号学研究(或新闻的符号叙述学研究)是论域更加聚焦的一个范畴。2013年,赵毅衡发表《新闻不可能是"不可靠叙述":一个符号修辞分析》一文,在符号叙述学的理论框架下探讨新闻与"不可靠叙述"的问题,显示出这一理论在纪实型叙述研究方面的优势和潜力。受惠于赵毅衡符号叙述学理论的学者,先后加入了新闻叙述的符号学研究行列中。王强的《"无名"的叙述:当代新闻话语的符号学分析》《当代电视纪实文本的"秀叙述"》《"符号双轴"视域下当代新闻的"杂交叙述"》《"标出性"理论与当代新闻文化》,李俊欣的《符号叙述学视角下的新闻游戏及其伦理反思》和冯月季的《反叙述:算法新闻的符号哲学反思》等论文,都是运用符号学理论研究新闻叙述的自觉探索。

与传统的新闻叙述研究相比,新闻叙述的符号学研究具备以下优势。首先,符号叙述学理论为新闻叙述研究搭建了一个新的研究框架,有效避免了生搬硬套虚构叙述理论的弊端,为新闻学研究拓展了理论阐释空间,提供了一个新的学术生长点。其次,新闻叙述的符号学研究具有更开阔的理论视野。将纪实叙述与虚构叙述置于一个理论体系中加以研讨,能够更深刻地把握新闻的叙述伦理,更明晰地认识新闻的本体属性。再次,符号叙述学的理论适用性更强,能够有效应对当代新闻叙述的最新发展状况。伴随着新媒体技术的发展,新闻的边界被不断消解和重构,新业态层出不穷。符号叙述学理论能够对互动叙述、演示叙述、跨媒介叙述等纷繁多样的叙述样式做出有效阐释和分析,并推动新闻学与叙述学的跨学科深度融合。

在新闻实践中,与报道内容相比,叙述形式本身同样值得重视:在媒体和社会生活中最常见的符码之一是叙述符码。报纸新闻以报道的方式呈现,而报道是关于人和事件的叙述。如何用叙述符码来叙述事件和新闻报道所叙述的内容同样重要。透过符号叙述学的理论视镜，对新闻文本和新闻业加以跨学科观照，能够提升新闻学的理论高度，促进人们对新闻叙述本质规律的认知，为最终建构一门名副其实的"新闻叙述学"做出贡献。

网络文学

王小英

网络文学既包括网络原创文学，也包括利用多媒体技术和网络媒介交互作用创作的超文本、多媒体文学、"机器作品"等。但其最核心的所指是网络原创文学，如《网络文学词典》中所言："现在被比较多的人接受的定义是：网络文学是指网民利用电脑创作，首先发表于互联网上，供网民欣赏、批评或参与的文学或类文学作品。这也是本义上的网络文学。"（欧阳友权，2012，18）"网络文学"一词的所指，在英语世界并没有其完全对应的语言能指。中文中的"网络文学"一词，虽然经常被翻（译）成"Online Literature""Cyber literature""Internet Literature"等，但其实无法准确达意，差之毫厘，谬以千里。

从语言分节的角度来看，"网络文学"是具有强烈东方文化色彩的一个概念，其所指称的，主要是中、日、韩三国呈现出的独特文学现象。而在这三个国家中，以中国和韩国的情形最为相近，最具同质性。其中，中国的网络文学作品数量最为庞大，从业人员和读者群体最多，因此中国网络文学的现状和研究态势在很大程度上代表着网络技术普及后东亚地区的网络文学情况。网络文学成为互联网时代一种重要的符号文化现象。国外对网络文学的研究却较为匮乏，更是缺乏对网络文学的符号学研究。

从体裁上看，中国网络文学包括散文、小说、戏剧、诗歌等，但这四者所占的比例并不均衡，小说所占的比例最高，我们所谈的网络文学一般是指"网络小说"，中国互联网络信息中心发布的网络文学数据也主要是网络小说数据。网络文学的出现使得文学场增添了一种新的基本运作方式：作品（或作者）—（中介人）—读者。在这种运作方式中，较为沉默的是网站或论坛这些"中介人"，读者才是作品的直接和主要考验者。读者通过点击、跟帖等形式参与到小说写作的进程。而网站或论坛这些中介机构提供的平台语法，也是以读者作为直接和主要的考核者为核心构建的。网站或论坛这些中介机构的规范不在于

"拒斥"你进入文学场，而是在于规范你以何种方式进入文学场并接受读者的挑选。因而，为那些被传统意义上"把关人"所拒斥的作品和作者进入文学场提供了机会。如宁肯的《蒙面之城》最初试图通过传统印刷媒介发表屡被退稿，而转道网络，则颇受读者的欢迎。这正是在网络文学场的另一种游戏规则模式下才可以实现的效果。

文本身份是拟人格的称谓，不过正如人会同时具备多个身份一样，网络小说也会有多种文本身份，其中最为人瞩目的是网络小说文本的性别身份。众多网站都区分了男性向和女性向小说，其实还有一种小说是性别身份不明的互动小说。文本性别身份的不同，体现的"看"与"被看"的关系也不同。女性文本主要表现女性主体建立在一定的物质基础上的情感诉求，而男性文本除了表现男性主体的情感诉求，还更为强调在事业、权力等多方面的自我实现。男性文本与女性文本都特别强调张扬某一性别主角的主体性，他人大多沦为"客体性"的存在。当然，网络文学中也存在比例很少的性别色彩不明的互动小说，主要有接龙小说和超文本小说。接龙小说玩的是"延异"游戏，其乐趣在于角色扮演和不断否定和颠覆，以达到众声喧哗的狂欢状态。超文本小说貌似给予读者较多的选择，实质仍处于严格程序设定的"牢笼"中。

当下中国社会，网络媒介以其在意图和释义语境方面的独特性而区别于传统媒介语境，这使生长于其中的长篇小说在叙述上呈现出有别于主流小说的一些特征，网络写作呈现出间性编码特征。网络小说一开始很快地就进入故事的讲述之中，进展中频繁使用惊奇和悬念。情节进展过程中有意地稀释静止性母题，减少非叙述性成分。小说整体上线索清晰，情节倾向按照顺时序编排，与中国读者的接受习惯相吻合。这种叙述机制是网络文学程式化趋向的体现，它与网络文学的商业化进程相适应。网络小说的叙事认同，大部分是主要人物按照"个人占有"的主体性方式展开的自我价值实现，文本外读者的身份认同感来自对主角人物的代入，这是一种低成本、幻想性的自我实现的途径，对于在无可奈何的现实世界中因个体之平凡，所积累起来的焦虑和压力能够起到缓释作用。或者说，这种身份认同能够让人对乏味贫瘠的日常生活更具有容忍力，放松神经旨在更好地投入工作和劳动。但同时这种小说通过反复"占有"的方式，来张扬个人主体性和价值感，宣扬的是一种牺牲他者的"唯我独尊"，小说中的人际网络关系是一种霸权独裁式的等级关系。阅读选择标识身份，同时也建构身份，小说的这种叙事认同蕴含着相当程度的不合伦理道德的成分，而这反过来又可能会促进阅读群体在建构自我身份认同时的非道德倾向。

网络小说有多重伴随文本,如作为副文本的作者名字、小说标题等框架因素,作为元文本的相关新闻、评论,作为型文本的同一作家、同一题材中的其他作品等,最能体现其独特性的就是其链文本,链文本虽然在非网络时代也有,但从未像在网络上这样普遍化和复杂多样化。网络小说的互动,主要的技术支持就是来自其丰富多样的链文本。各种链文本虽然不一定存在同型关系,但绝大部分链文本都是与网络小说有一定关联的。网络上呈现的各种链文本,读者可以不接受,视之不见听而不闻,但其存在本身又决定了读者就是接收者。于网络小说而言,其链文本提供的寻找意义的方式更多也更为丰富。书评区提供了寻找意义社群的场所,帮助确立自我的归属感;互动区为每部小说提供的链文本框架,所竭力怂恿的是通过消费来实现自我对他人的价值,彰显自我存在。由此可见,网络小说并不能仅仅从文学的角度来看;从文本的文学性来看待,而更应将其作为一种独特的文化现象,它所具有的强烈的身份认同功能,使它在"快餐""垃圾"等指责声中依然风行,拥有大量的读者群体。

考虑到在充满现代性焦虑的今天,对于那些处在人生转型期具有强烈的身份认同需求的青少年群体而言,网络小说链文本以及网络小说本身这种帮助其寻找自我意义的意义,帮助其寻找存在感和制造存在感的功能非常重要。不管网络小说本身文学性如何,其多种链文本提供的可能性本身就奠定了其存在的合法性。借用雅柯布森的符号过程六因素来说,即网络小说的价值并不仅仅在于其指向小说本身的"诗性",更在于其链文本所能提供的"交际性",它将阅读小说变成了能找到自己人,找到自我存在感并且制造自我存在感的一种途径。

网络文学一般是以屏幕文字为主形成的,网络多样化的传播手段使小说的传播极为迅速。多样化的传播是经济资本和符号资本积累的重要手段。就网络小说而言,一般是对小说进行媒介转换,通过广播、图书、电视和电影进行传播,从符号学的角度而言,也即增加其"后文本",用多种后文本延长先文本的生命。根据对网络小说文本的转换尺度的不同,其后文本大致可以分为语言媒介后文本和综合媒介后文本。语言媒介后文本维持了原风貌进行传播,如有声小说和实体书。综合媒介后文本是有较大改变之后的转形态传播,如漫画影视游戏改编。多形态的传播会给网络小说争"名利",也即会使小说更易获得"符号资本"。现代社会通过不同的媒介配合,通过不同的传播样式,对网络文学进行再现,再现中扩大原作的生命力,正是网络小说成为经典的必然途径。大众在当下的"群选经典"很大程度上也是通过这种横组合轴上的影视连接决定的。反之，没有改编成影视作品的小说，自然会少了很多连接的机会，这也就意味着其进入经典的可能性也少了很多。

　　网络文学作为中国的一种重要文学形式，其本身以及由它衍生出来的许多文化活动都是符号生产消费活动，很难想象离开符号学能够深入理解这种文学文化现象。

演出犯框

潘鹏程

无论是作为对个人生活的确证还是对社会整体的记录，演出叙述始终是把握历史脉络与文化基底的重要方式，人们早已熟悉以身体－实物为媒介传递信息、表达意义。演出犯框则是 20 世纪以来逐渐在演出叙述中占据重要位置的新现象，演出者借助犯框以实现对演出形式的革新和对文化系统的回应。所谓犯框，是指"逗弄冒犯叙述的框架区隔，或是侵犯破坏这种区隔"（赵毅衡，2013，308）。通过犯框，演出文本打破叙述框架的限制，不再被局限于二度区隔内，从而获得对实在世界的指称性，以及谈论自身的可能。

元戏剧是从符号学理解演出犯框现象的重要理论资源，讨论元戏剧实际上就是在探讨犯框演出中的意义生成与交流。元戏剧概念首见于阿贝尔（Lionel Abel）1963 年出版的《元戏剧：戏剧形式的新视角》（*Metatheatre: A New View of Dramatic Form*）。阿贝尔在与希腊悲剧的对比之中提供了元戏剧的基本概念，他认为元戏剧的特征在于逼迫观众思考，而其文本特点则在于角色"自我意识"的出场。关于"自我意识"，在阿尔贝之前，尼尔森（Robert Nelson）便在 1958 年出版的专著《戏中戏——剧作家关于自我艺术的概念：莎士比亚到阿努伊》（*Play Within a Play——The Dramatist's Conception of His Art: Shakespeare to Anouilh*）中进行了探讨，他尝试勾勒西方戏剧"自我意识"发展的一条内在线索。施吕特（June Schlueter）1977 年出版的《现代戏剧中的元小说式人物》（*Meta-fictional Characters in Modern Drama*）以皮兰德娄（Luigi Pirandello）、热内（Jean-Pierre Jeunet）等人为研究对象，继续就角色的"自我意识"进行探讨。他借助沃（Patricia Waugh）关于"元小说"的研究来定义"元小说式的人物"，指出此类人物既是虚构的亦是真实的，他们不断自我建构，同时又解构文本。

霍恩比（Richard Hornby）的研究更加系统地梳理了元戏剧理论，他于1986 年出版的《戏剧，元戏剧和感知》（*Drama，Metadrama，and Perception*）是元戏剧理论的集大成之作。霍恩比首先讨论了戏剧与真实的关系，借助结构主义的观点指出，戏剧并不是直接再现真实，而是利用既有的戏剧语言进行自我建构。在此基础上，他提出了广义和狭义两种元戏剧定义。广义上，他认为元戏剧是"关于戏剧的戏剧，在某种意义上，只要戏剧的主题回到戏剧自身就是元戏剧"（Richard Hornby，1986，31）；狭义上，他认为元戏剧是"剧作家持续地把他对戏剧文化所持的概念表达成作品中的语言或题材。同时提醒观众对于其中所涉及的戏剧文化进行思索，甚至还要能够让观众联系过去所接触过的戏剧进行比较思考"的戏剧（Richard Hornby，1986，31）。对演出本身的注视，对虚构状态的揭露，从根本上都是对演出文本叙述框架的暴露。应当说，元戏剧的构造原理正是演出文本的犯框。通过悬置，演出将自己建构为"关于戏剧的戏剧"这一元戏剧形态。

实验戏剧和行为艺术是演出犯框的典型形态，在《演出叙述：从实验戏剧到行为艺术》一书中，笔者以符号叙述学为理论资源、元戏剧为具体理论视角对其展开表意形式上的分析，梳理出了从实验戏剧到行为艺术的演变逻辑，亦即演出犯框现象的当代基本形态。笔者寻找到了实验戏剧的三种犯框类型，分别是从角色到演员的犯框、从情节到演出的犯框，以及邀请观众参与的反跨破框。在此基础上，从戏剧艺术的脉络出发，可以发现行为艺术取消了戏剧结构中的角色，形成了裹挟观众参与的反跨破框。总的来看，从实验戏剧到行为艺术的发展，是演出叙述中犯框实践的不断深化。

笔者使用"实验戏剧"所描述的是一种非传统、非主流、非常规的实验性戏剧，其最大的特点是对既有戏剧演出表意形式的检视与挑战。德国的布莱希特（Bertolt Brecht）是最早系统地挑战亚里士多德戏剧体系的戏剧家，20 世纪 20 年代左右他开始活跃于剧坛，其挑战西方传统戏剧表意形式的史诗剧范式也于 20 年代开始逐渐形成。20 世纪 30 年代，法国著名戏剧家阿尔托（Antonin Artaud）以残酷戏剧概念为核心，追求戏剧语言的独特性，强调仪式化的身体表演。彼得·布鲁克（Peter Brook）和格洛托夫斯基（Jerzy Grotowski）继承了阿尔托对戏剧语言的追求，进一步探索戏剧的"本质"，前者关于演出的理论见 1968 年出版的《空的空间》，后者关于演出的讨论见同年出版的《迈向质朴戏剧》。从 20 世纪五六十年代开始，各类实验戏剧流派井喷而出。在当下，实验戏剧往往不会只采用某一流派的观念与技法，折中地使用各种手段成了常态，而新的演出犯框形式也就在实践中不断酝酿、发生。

值得一提的是，雷曼（Hans-Thies Lehmann）在 1999 年出版的《后戏剧剧场》中有力地指出在 20 世纪晚期，戏剧演出愈发走向对模仿和情节的摒弃，转向对戏剧演出文本中种种现场性元素的重视，包括凸显舞美设计、音乐音响、演员身体等等。阿诺德·阿伦森（Arnold Aronson）在 2000 年出版的专著《美国先锋戏剧：一种历史》中，敏锐地意识到了实验戏剧对符码规则的改写，并以之作为具体分析的基本出发点，从而精准洞察其与传统演出的重要区别，指出它对戏剧艺术固有交流系统的破坏。应当说，两位学者的讨论在理论层面有力推进了对演出犯框现象的认识、把握。

行为艺术则兴起于 20 世纪 60 年代的西方，中国艺术家大约在 20 世纪 80 年代开始进行类似的尝试。笔者认为行为艺术构成对实验戏剧形态的延续与发展，可将其视作演出犯框实践的探索与深化。席林（Juren Schilling）所著《行动艺术》（Aktionskunst）最早系统地对行为艺术进行学理上脉络的梳理，作者在其中对偶发艺术、激浪派艺术、观念艺术、波普艺术、身体艺术、展演艺术与行动绘画进行了分析，较为全面地展现了行为艺术的谱系。格特伯格（Roselee Goldberg）亦长期关注行为艺术，所著《行为表演艺术：从未来主义至当下》全面、仔细地探讨了行为艺术的源流与演变。相较《行动艺术》，此书在再版过程中逐渐增加对象文本，更具有时效性。鲁虹与孙振华所著《异化的肉身：中国行为艺术》则聚焦中国二十年来的行为艺术史，紧扣中国国情，对行为艺术的价值判断标准提出了自己的见解。

在对行为艺术的特征进行剖析的时候，我们需要关注到其对观念表达的重视，这往往构成演出犯框的直接目的，因而需要将其放置在观念艺术的脉络中进行考察。关于观念艺术的探讨，可见于张晓凌所著《观念艺术——解构与重建的诗学》、徐淦所著《观念艺术》，以及王杰泓撰写的《中国当代观念艺术研究》等。关于行为艺术的文化反思，则需要通过将其置于参与式艺术的背景下进行理解，如此方能理解演出犯框的深远影响。在这方面，伯瑞奥德（Nicolas Bourriaud）所著的《关系美学》提供了重要理论基础。同样关注参与式艺术的毕晓普（Claire Bishop）和凯斯特（Grant Kester）则提出了与伯瑞奥德不同的看法，进一步完善了对参与式艺术的理解。

演出犯框现象主要诞生于先锋性的演出活动，但其广泛存在预示着它必然会从一种演出的实验方案变成成熟的意义生产手段。笔者认为在卸下反叛与挑战的重负之后，犯框演出所实践的非自然叙述将更加普遍地影响演出的形态。例如在电子游戏的数字化演出中，叙述框架以人机交互界面的形式持续显现，但玩家对此"非自然"状态几乎熟视无睹，不认为其破坏了游玩体验。在此意义上，对演出犯框的讨论是开启当代演示类叙述研究的关键所在，其所产生的各种变体与文化影响值得进一步的关注与研讨。

电影元叙述

任洪增

作为诞生于 19 世纪末期的"新兴艺术",电影在经历了复原现实的最初尝试之后,走上了探索叙事之路,并成为最大众化的传播故事的艺术形式之一。电影叙述与小说叙述同为当代叙述学理论的重要支脉,二者皆以结构主义与符号学为理论根基。

国内电影叙述研究学者李显杰比较了两个支脉代表性的理论著作的问世时间,认为法国电影符号叙述学家麦茨在电影叙述学方面的代表性理论著述要早于巴尔特、格雷马斯以及热奈特等人的主要文学叙述成果,并认为"从时间上看,电影叙事理论的产生并不比文学叙事理论晚,甚至还略早一些"(李显杰,2000,13)。且不论文学叙述学与电影叙述学孰早孰晚,当"元概念"或"元意识"进入叙述学领域成为"关于叙述的叙述",也即元叙述,文学叙述学层面的探讨确实一马当先,"20 世纪后现代元小说的实践产生了大量典范作品,元小说的讨论远远超过其他体裁,以至于至今没有看到综合所有元叙述体裁的讨论"(赵毅衡,2013,293)。

元叙述是一种叙述的形式转向,也被理解为一种叙述技巧或者手法,但要从众多的体裁中演化出一套普遍元叙述规律绝非易事。以元小说、元戏剧等元叙述体裁的理论成果为基础,将电影文本中的"元叙述化"现象置于符号叙述学视野之下,对揭示电影文本意义的演示规律和普遍意义上的元叙述规律,不啻一种尝试性的探索。

热奈特在《叙事话语:新叙事话语》中,以《追忆似水年华》为研究对象,分析了元故事叙事及其插入其中的第一叙事之间可能存在的几种关系。美国叙述学家帕特里莎·渥厄的代表作品《元小说:自我意识小说的理论与实践》认为元小说指的是"那些有自我意识地和系统地把注意力引向它作为人为事实状态的作品,以便于就虚构与现实的关系提出疑问"(Waugh,1984,2)。创作者们对于真实世界构建的认知已经发生转变,不再迷信所谓永恒真实的世界。国外学界对元叙述的主要研究成果虽然对电影元叙述规律有镜鉴之作用，但并未脱离"以文学叙述学为中心"的藩篱。

关于"元叙述"的表述及机制，赵毅衡在《广义叙述学》辟有专章讨论。何种模式的叙述才能称为"元叙述"？赵毅衡认为，"没有归成一类的'元叙述'，只有各种体裁的'元叙述化'方式，用以获得某种类似'元叙述'的品质"（赵毅衡，2013，301），"'元叙述'不是绝对的，有个程度问题"（赵毅衡，2013，301）。元叙述因为"犯框"的特点而使得文本产生"陌生"的新鲜感。文本只有元叙述元素占据主导时，才可称为"元叙述文本"。他总结了五种元叙述路径，即露迹式、多叙述合一、多层联动、寄生式、全媒体承接式。杨弋枢的《电影中的电影——元电影研究》从理论上以"电影眼睛"学派的理论为视点，在结构上以"互文性"讨论了文本间关系，建立广义上的文本观；并提炼出了电影的心理机制、观看机制和生产机制。可以说，该书在国内研究电影艺术中的元叙述问题上具有引领作用。

笔者认为，电影作为一种视听综合艺术，在媒介特性上异于其他叙述体裁，在"元叙述"问题上区别于元小说、元戏剧，元小说、元戏剧的叙述手法与技巧也无法照搬到电影叙述中，电影的元叙述自有其天地。"元电影"与"电影元叙述"是否可以等同？元电影是"关于电影的电影"，其媒介范畴并未脱离电影，而电影中的"元叙述"并非仅限于此，在不同的故事层次间存在"跨媒介"现象，就此，后者的研究范围要宽于前者。基于符号叙述学的理论视野对电影元叙述进行研究，并非要从多维的理论角度对其进行全方位的观照，而是从叙述主体、接受主体、叙述层次、人物、时间、空间、文本等叙述要素上进行考察，进一步勾勒出电影元叙述的理论框架及其解读的模式与语法。

电影叙述主体

文一茗

电影叙述的展开，以一个完全认同其话语的接受者为前提，使之在"看"这一行为中，完成符号文本的构建。作为一种表意方式，电影涉及主体的三分性。电影的意义游走于叙述主体、话语主体和阐释主体之间。

先谈作为符号再现体的电影文本的叙述主体（the speaking subject）。当我们谈到一部具体的影视剧作时，指的是一种文化的物质成品，是作为电影符号的再现体。这一符号再现体并不是直接呈现于主体，而恰恰以其缺席来成就其在场，这是麦茨所谓的一个"想象的能指"（imaginary signifier），并在想象中集合了在场与缺席。电影作为一个整体是事先记录的；电影作为能指本身是缺席的，电影是一种"双重缺席"的文本符号。这对符号接收者构成了一个有趣的挑战：通过想象的认同将属于现实域的文本置入象征域的文化之中。所以，电影要求主体具备双重性的知识形式：我知道我正在感知某种想象之物，并且我知道我正在感知它。这一缺席的符号再现体，使电影符号更深地卷入想象域层面，并因此更多地涉及符号示意的第二性。电影符号的独特之处在于使观众陷入一种"双重性"的局面：一方面，是主体感知的富足；与此同时却带有极大的不真实感。电影符号使主体卷入丰富的想象域场所，赋予主体海洋般的感知微粒，却又立即将之带入其自身的缺席，而缺席本身却是唯一在场的能指。结果就是，一旦与电影文本"共谋"，开启电影叙述，观众就将自我识别为一种纯粹的感知行为，使"看"成为一种先验条件：电影知道它正在被看，然而它又不知道。知道者是作为机构的电影，不想知道者是作为文本的影片。电影特有的媒介支撑，在更为丰富主体感知的同时，也压缩了符号化的过程。事实上，电影文本的最高层叙述主体——大影像师及其操控的叙述代理和叙述技巧，如视角、镜头及作为伴随文本的电影背景音乐等——都旨在催生与之认同的观看主体，赋予其创造叙述而非只是接受叙述的错觉。比如，聚焦首先被定义为叙述者与他的人物之间的一种"认知"关系。摄影机（作为大影像师的叙述代理），仅仅通过它的机位，或通过它的一些简单运动，就可以干预或改变观众对影片的感知。它能在不同程度上约束或引导观众的视线。电影背景音乐是典型的指示符，对电影叙述的推进甚至阐释都起着提示、解释甚至反讽的作用，从而形成伴随文本。电影文本的叙述展开，恰恰是在不同程度上抹去叙述痕迹的过程。不同的叙述痕迹反过来指向背后操纵这一切的叙述主体。大影像师可以建构内在于虚构世界的一个视点、一个人物，也同时暴露了试图退隐于虚构世界之外的大影像师自身。纵观电影发展史，可以发现，经典电影总会建立起一些取消或弱化陈述标志（即叙述痕迹的）程序："经典文本的特殊性在于完全掩饰产生它的话语机制，使得事件看起来好像自我讲述。"（戈德罗、若斯特，2010，55）

再谈作为对象的电影观众的构建主体（the spoken subject）。电影文本的理想接收主体，是能与之认同的虚拟主体，它是既定的过去我，受辖于主流文化所管辖的象征域，必须使用社会一致性的再现话语来消费这个符号文本。如果说叙述主体是符号发送者抛出的电影文本（sign），那么，话语构建的主体，就是文本符号所指涉的对象（object），即与电影文本相认同的观众。

电影缝合理论强调电影文本赋予其观众主体性的过程。米勒（Jacques-Alain Miller）将缝合定义为一种时刻，即当主体以一个符号（再现体）为由，将自身置入象征域，并借此获得意义（Kaja Silverman，1984，200）。在这个过程中，电影文本暴露了主体地位的不充分性，从而制造了主体的欲望，使之再次进入文化话语，这种文化话语承诺可以弥补主体的不充分性。电影缝合系统不停召唤观看主体进入某个话语位置，并因此给主体一种幻觉，即有一个稳定和持续的身份，却以非正统（有别于意识形态话语）的方式，来重新阐明现存的象征秩序（Kaja Silverman，1984，221），使（文化意义上）被询唤的个体，将自己认同为想象域中的幻象自我，从而界定了象征域的主体地位。

构建主体只能通过电影叙述主体的示意来获得自我理解。也就是说，构建主体必须是叙述主体的话语再现。主体成为能指与所指（再现与对象）之间的来回替换。在电影中，当缝合理论运作成功时，话语构建主体就会说"对，那就是我"或"那就是我所看见的"。这相当于主动允许一个虚构人物代替自身，或允许某个视角来界定自己所看到的内容（Kaja Silverman，1984，205）。此时，叙述主体蒙混成构建主体而过关。而经典电影的最大特征，即电影文本必须尽量向观看主体隐瞒其所处位置的被动性（Kaja Silverman，1984，204）。叙述主体说服构建主体将某种电影形象作为对其自身主体性的确切反映而接受（Kaja Silverman，1984，218）。

电影叙述展开的动力，是基于缺失的主体欲望。电影符号的对象就是可被还原为文本的电影叙述，它作为一种象征域图示，必须反转到主体的想象域场所，并依赖能指的缺失。推动电影示意的是一种欲望机制。电影符号以缺失形成一种"充实"，而正是如此，更加确证了这一缺失。其实，观众会发现：自己只是被授权去看碰巧属于另一人（且此人是缺席的）的目光所能企及的范围。这只不过是一种被规定的主体性。这个虚构的目光所起的作用就是，隐藏虚构之外的那个真正起控制作用的目光。也就是说，电影追求的，是一个想象的对象，这是一个失落的，并且永远被希望是失落的（Christian Metz，1982，61）。电影所依靠的，正是对其缺席对象的永无止境的追求。而电影的特殊之处在于一种尤其悬疑的欲望缺失，并且，电影符号以细节来展示缺席，故而使缺席成为在场（Christian Metz，1982，61）。

　　所以，电影示意完全取决于观看主体发现自身有所缺失时的那一刻所产生的不愉快。主体意识到存在一片缺席的场地。观众明白自己所缺失，正是叙述主体所具备的。这种缺失感激起观众渴求看见更多的欲望。缝合就是用电影叙述来治疗主体去势（castration）的伤口（Kaja Silverman，1984，204）。而观众被构建的主体性正体现于此：电影叙述向观众揭示得越多，这个在看的主体就愈发渴求叙述的慰藉——主体就越急于在电影叙述中寻找安慰。如此一来，观看主体臣服于电影示意，允许自身被电影话语所讲述，并因此再次进入象征秩序。而叙述推进并作用于构建主体的机制在于，通过某种尚未被完全看见、领悟、揭示的东西。电影符号指向一种无限延伸，且不可被弥补的欲望。通过这种欲望机制，接收主体成为一个窥视者，依靠荧幕和叙述之间的距离，来抚平那颗"些许疯狂"的心，使之暂时脱离平日的那个自我，从而保留人的自反之本性。

　　最后谈作为解释项的意义的阐释主体（the interpreting subjet）。观众不仅是电影叙述及其掩盖的象征域接收主体，也可以是反观自身的阐释主体。作为一种表意方式，电影符号体现出主体意识将"电影"对象化的符号化过程，即如何将主体的意向性投射于其上，并从中构筑意义，使意义体现为电影的文本化，并获得阐释的诸方面。

　　传统缝合理论将电影意义止于构建观众，是一种静态、封闭、消极的主体观。事实上，电影文本一旦抛出，必然形成二次叙述，即关于电影的元话语。电影符号的消费，必然推动对这一符号的批判与繁衍，从而催生出游离于电影符号之外的阐释主体，使主体通过电影文本的链接，衍生出新的自我身份。看完一部电影之后，人们终归会追溯情节，追寻意义，以便将其还原为（对自我而言"意味着什么"的）一次叙述，一个故事，一个确有所指的文本对象。电影之真相在于，揭露主体之缺失。作为现代性的产物与见证者，电影证实了鲍德里亚（Jean Baudrillard）所言：现代性依赖一个事实，那就是主体的象征域统领着现实域（Dominique Chateau，2011，125）。电影反映出现代主体的最大挑战，就是被卷入欺骗性的符号漩涡中。

通过电影，自我被包含在由自己构建的画面中，正是这种自我复制，这种自反性的循环，使自我既外在于也内在于自我的画面中，并见证自我的存在。电影是一个想象的主体性，它要求人们信以为真，以使其功能和示意可以充分掌握我的主体性，我的主体性也暂时卷入了信以为真的游戏中，其中，我不再完全是我，而是另一个人，已经构建了一种完全的主体性，可以分享被看的虚构地位（Dominique Chateau，2011，149）。而这种信以为真的游戏，要求主体性发展为一种想象的主体性。观众将自身想象地投射进正在进行的电影中。仿佛电影再现的外部世界被织入我们的头脑，并且不是通过其自身法则，而是通过我们的意识这一行为，而得以塑性（Dominique Chateau，2011，39）。我们通过自己的精神机制而为电影文本制造深度及连续性。也是用自身的经历来塑造电影再现世界的经历。

作为观众，我们不只是在观看电影，也在亲历体验它。它对我们的存在会产生实际的精神效果。荧幕上移动影像的有效性基于心理现象的运用。作为一个在看的主体，观众参与构建了自身头脑法则所调节的自主世界。看电影是一种认知行为。看电影愈发成为谈论电影和重构电影；也是一种情感行为，看一部影片愈发成为将自己置入震惊、感动等状态；还是一种实践行为，与消费过程中所引发的种种行为相连。看电影愈发成为一种自我构建与自我延展，以得到关于自我的幻觉。这便是看电影这一符号化过程中，所诞生的符号解释项。除此以外，这也是一种关系行为，我们不得不构筑一种用以共享、交流的社交网络；与此同时，也是一种新的表述行为，我们以某种方式观看某部影片，是与身份构建相关。选择一部影片，越来越成为一种归属的宣言。最后，还有一种文本行为，这是由一个事实所决定的，即观众越来越有机会操纵他所消费的文本，不仅通过调整观看文本的条件，还通过介入其中。主体在世的方式，便是使用符号进行示意与释义。在电影符号中，人的主体性成为一个平台，被视为示意能力之间意义循环的关联网。

作为符号的电影，所再现的是电影叙述主体的意义。这一双重缺席的符号文本，对接收主体的感知方式及感知效果形成了不同于其他（比如文学叙述）的叙述体裁的意义取向。它首先使"看"成为一种可以超脱主体的元行为，使主体在主动与被动、自觉与自欺、体验与批判多个层面同步分化，彼此推进。

"看"在缺席的符号对象与主体之间搭起一座隐形的桥梁。电影通过"看"这一运动完成对主体的询唤。推进叙述进程开展的，是主体的欲望。而这个主体，正是电影符号所指涉的那个理想接收者——文本话语所构筑并试图掩盖的价值取向。电影是一面镜子，折射出的是主体的缺失。这个符号文本依赖主体的欲望机制示意，以缺席的符号形式呈现自身，将主体包裹于丰富的感知形式之中。它的叙述展开，以一个完全认同其话语的接受者为前提，使之在"看"这一行为中，完成符号文本的构建。然而，"看"是一种双向运动——既是接收也是释放——主体的符号性（即能意识到自我意识的元自我能力），使主体能认知自己为何心甘情愿成为被构建的主体，从而不停地生成阐释主体。所以，电影文本的意义永远在符号之外，游走于叙述主体、话语主体和阐释主体之间。我们可以沿着电影文本中卷入的三重主体，继续思考下去。

戏曲电影

赵 真

　　戏曲电影是中国特有的电影类型之一，它不是指戏曲的视频转录，而是运用电影媒介手段重新演绎中国传统戏曲。因此，从叙述和表意模式上，它具有独立于电影和戏曲的体裁符号特征。一方面记录了戏曲艺术独特的表演形态，另一方面实现了电影与戏曲这两种美学形态的融合。

　　戏曲电影不是一个新兴的名词，其诞生时间追溯到113年前，当电影技术刚刚传入中国的时候，丰泰照相馆就拍摄了戏曲电影《定军山》。这部电影不仅是我国第一部戏曲电影，也被学界认为是中国电影史的开端。戏曲电影这一概念最早由中国艺术研究院的高小健提出。他在2005年出版的《中国戏曲电影史》一书中明确地对戏曲电影进行了定义（高小健，2005），该书可看作第一部中国戏曲电影史。十年后他又出版了《戏曲电影艺术论》，从文化论、本体论、审美论三个方面对戏曲电影展开深入的理论探讨（高小健，2015），为戏曲电影的理论研究奠定了坚实的基础。

　　目前大部分对戏曲电影的研究主要集中在内容研究，有的对戏曲电影的历史进行梳理，有的对戏曲电影的艺术特征进行归纳，有的对戏曲电影文本进行单个的文本研究，还有的对戏曲电影的现状及未来发展进行调研及预测。这些研究各有特色，但从形式论角度考察戏曲电影的研究不足，而从符号叙述学角度来关注戏曲电影的研究更为少见。

　　符号叙述学，关注符号叙述的模式以及意义的传达，因此，戏曲电影中的关键问题经常可以用符号学方法来解决。为此，近年笔者做了一些尝试，从符号叙述学的角度，对戏曲电影的符号构成、叙述时空及叙述特征进行了深入、系统的研究，探索戏曲电影形式研究的新路径。

　　戏曲电影的叙述学属于跨学科研究。戏曲与电影本属于两个独立的学科，戏曲电影却在新媒体发展中走向了融合，以戏曲为内容，以电影为载体，呈现出自身特有的形式特征。戏曲电影的符号叙述学，不乏戏曲符号学和电影符号学的诸多成果可供参考。胡胜妙的《演剧符号学》，以符号学方法研究戏剧舞台表演（胡妙胜，2015）。于贝斯菲尔德撰写的《戏剧符号学》（于贝斯菲尔德，2004），以戏剧文学剧本为研究对象，运用符号学的方法进行研究。马睿等主编的《电影符号学教程》等也有很大的学术价值（马睿、吴迎君，2016）。以上著作都为戏剧与电影符号学做出了贡献。然而，戏曲电影作为中国特有的一门艺术形式，属于戏曲与电影两种艺术门类的融合，有其自身的叙述特征和符号系统，需要进一步理清和梳理。

笔者提出，戏曲电影符号系统的分类需根据其多媒介特征进行。戏曲电影是一门集音乐、舞蹈、文学、绘画、雕塑为一体的综合性艺术，不单单依靠单一的媒介进行传播，作为一种高度综合的视听艺术，必然需要多种媒介来配合。从符号学的角度来说，符号载体必然要依托于某种媒介来携带意义，携带的意义需要被主体的感知所接收。一定的媒介与一定的感知方式存在对应的关系。戏曲电影的符号系统大体可以分成三类：首先是以眼睛为媒介的视觉符号系统，其次是以耳朵为媒介的听觉符号系统，最后一种语言系统较为特殊。因为语言系统中的语音、语调涉及听觉系统，字幕则涉及视觉系统，在这三种接受渠道上，戏剧电影都表现出自身的特殊品格。

比如，在戏剧电影的视觉符号呈现上，戏曲电影中的人物动作，依然具有符号的"虚拟性""假定性""夸张性"特征。但戏曲电影的布景风格却呈现出电影镜头的运动感，大量虚拟影像在戏曲电影中运用，实现了随着剧情的发展，背景空间的快速切换。在听觉符号运用上，戏曲电影普遍将戏曲音乐与交响曲相结合。

戏曲电影本质上属于演示类叙述。当代西方电影理论的争论，以博德维尔为代表，坚持认为电影叙述者为"指令集合的机构叙述者论"。以布拉尼根为代表，认为电影叙述者为"呈现者人格叙述者论"。赵毅衡在《广义叙述学》中首次提出了"叙述者人格—框架二象"论（赵毅衡，2013），调和了以上争议，适用于戏曲电影的叙述者研究。电影有一个源头叙述者，它是一个做出各种电影文本安排，代表电影制作"机构"的人格，是"指令呈现者"。电影用各种媒介传送的叙述符号，都出于它的安排，体现为一个发出叙述的人格，即整个制作团队"委托叙述"的一个人格。

笔者对戏曲电影的叙述特征进行了如下归纳：戏曲电影在叙述干预方面，指点干预数量减少，内容干预数量增多，很多细节转化成了电影字幕或人物对话。戏曲电影大多为可靠叙述，叙述者与作者距离较近；叙述方位呈现为隐身叙述者及主要人物视角等特征。戏曲电影虽然也以画面镜头为主要叙述媒介，但在叙述时间上，出现了和电影不一样的时长变形、时序变位、时间频率等问题。

电影偏重于再现性艺术，强调真实性和细节的具体性，而戏剧偏重于表现性艺术，强调写意性、程式化和虚拟性。从符号叙述层面看，戏剧电影是这两种不同艺术形式和叙述模式的碰撞，可以说，它是再现基础上的表现性艺术。对戏曲电影进行符号叙述学的研究，可以关注戏曲电影这个体裁的独特性。戏曲电影可以借用电影先进的科技手段来传播我国戏曲文化，拓宽戏曲的传播渠道，使戏曲从舞台走向荧幕，走进年轻观众的视野当中。

科幻电影

赵　勇

　　科幻电影，是指建立在科学幻想之上，采用科幻题材，讲述人类与科技复杂意义关系的一种类型电影。国内外对科幻电影的叙述研究最早聚焦"科幻"题材分析。克里斯蒂安·科尔曼总结 20 世纪 80 年代之前的科幻电影，将其分成空想或反空想、妖魔鬼怪、侵略片、机器人、时间旅行和穿越、灾难片和选择世界或并存世界等多个主要题材。并且他提出，科幻电影所描写的是发生在一个虚构的，但原则上是可能产生的模式世界中的戏剧性事件。

　　科幻电影作为一种类型电影，其叙事范式的逐渐突破，可以在肖恩·雷德蒙德主编的论文集《液态金属：科幻电影的读者》中见到端倪。此论文集中的不少思想，拓展了叙述研究的外延，用具体的内容代替了题材对科幻电影的分类，关注科幻电影的形式和风格特征，即科幻电影中的"城市"意象、"机器人"角色、"后现代"风格等科幻叙事中的形式特征（Iiquid Metai，2004）。

　　电影视觉特效成为科幻叙述的重要手段，格外受到关注，比如，史蒂文·杰伊·施奈德不遗余力地列出近百部科幻电影片单（施奈德，2013），专门介绍科技元素构成的叙述功能及其趣味性。巴里·基思·格兰特甚至直接指出，"科幻电影的价值是由特技效果的质量所决定"。英国学者凯斯·M. 约翰斯顿也从类型、理论、技术等角度探讨了"科幻"的概念（Johnston，2011）。

　　国内有关科幻电影叙述的学术研究起步较晚。时间大约在 20 世纪 90 年代，研究对象也基本是西方经典科幻影片，比如，张东林梳理西方经典科幻电影的题材，讨论了这些科幻电影中的敌我关系、人工智能中的善恶关系、人体科学题材中的"思维与潜能"等二元对立的叙述结构（张东林，1998）。西夏则通过文本细读，对电影隐含的社会动机给予阐释，并指出科幻电影中有一套自成体系的解码性元语言。（西夏，2016）江晓原的"科幻电影指南"则把科幻电影看成是科学、艺术话语相互调和的产物，指出，"科学的"也是"修辞的"，"幻想的"也可能是真实的，他对人工智能、生物工程、平行宇宙的"情节幻想"的科学性给以阐释。成追忆主编的《光明的右手：世界科幻电影反派集中营》，从科幻迷的角度总结了科幻电影中的反派角色形象的共同特征。以上学者大都以"科幻史传"的写作形式对科幻电影的叙述规律进行了局部、零散的分析。

总之，科幻电影具有"未来主义"预言特征，表达了人们对理想和现实的关系的看法，乌托邦理论赋予科幻电影叙述以"深层结构"，它将科技转（译）为人类的异己性符号，参与主体自我的建构。科幻电影是广义叙述学中的"记录－演示类"叙述（赵毅衡，2013），其人物、情节、时空结构乃至意义的生产与阐释都有自己的路径。科幻电影的"叙述"具有明显的"后电影叙事学"特征，有特殊的"认知"模式与美学特征。在科幻电影文本中，"人格化"的科技形象在叙事结构中不断被"前推"，造成对"人物中心论"的焦点叙事带来干扰；其次，"景观化"的科技展示也让传统的情节中心论受到威胁。科幻电影不仅展示科技元素，而且本身就是依赖科技实现其文本的制造，所以科技本身的叙事潜力需要被挖掘，同时需要关注它与多媒介叙事过程中的"离－合关系"。

科幻电影是"艺术文本"。我们必须厘清科学、幻想两类文本关系，前者遵从科学逻辑，后者服务艺术逻辑。"科技"元素一旦进入科幻文本中，将顺应艺术文本的结构意图，形成一种"特殊的艺术修辞"。

科幻电影是"意义文本"。科幻电影服务于人类科技观的意义建构。它是人类对特定科技观的意图"生产"，也是对科技观的意义"呈现"，更是对科技观的意义"阐释"。科幻电影研究需要在新兴媒介叙述理论的观照下走向更加体系性、规模性和前瞻性的道路。

视频博客

崔　璨

视频博客（video blog，简称 Vlog），是将视频与传统的博客结合起来的一种传播媒介，通常是以记录与拍摄个人日常生活为内容，以创作者自己为主角，完成拍摄、剪辑与分享。这种记录与分享各种丰富的生活，亲切的交流方式，已成为一种国内外热捧的网络视频类型。2018 年至今，以 Vlog 为关键词的搜索指数和资讯指数都呈现密集式上升趋势。据最新的行业发展报告显示，2019 年中国 Vlog 用户规模达到 2.49 亿人。Vlog 作为一个"舶来品"已经逐渐适应了国内的传播模式，各大视频平台争先推出 Vlog 版块，不仅将 Vlog 与广告结合，还将新闻报道融入其中，形成了新的新闻报道模式。在商业化，社会化的传播中，Vlog 正发挥重要的力量。

目前，对于 Vlog 的研究大多集中在以下几个类别。

第一类，对 Vlog 的概念、特征、发展等基本问题的探究。第二类，从传播学角度进行研究，"Vlog 通过创作者以'个人为中心'的拍摄，向受众展示了其开放性的传播方式。个性化信息通过个人的通信传播，展示出自媒体发展的新趋势"（徐靖茹、马云、杜怡桐，2019，20-21）。"除了个人生活的记录呈现以外，媒体的入局也给 Vlog 的创新注入了多样性。跳脱出日常化的内容呈现，站在宏观角度进行信息传播与人际互动。"（李蕴灵，2019，12-14）第三类，从广告、营销策略等商业化角度进行研究，"Vlog 的传播价值改变了媒体的传播生态。随着网络媒体的发展，现当今广告的媒体和传播形式发生了巨大变化"（庞艳怡、姚志明，2020，74-75）。Harnish 和 Bride 认为 Vlog 是由"计算机主导"的，可以被描述为针对其他消费者关于特殊商品和服务的特点、所有权和使用权的一种非正式的沟通，因此，Vlog 包含了与产品相关的讨论和内容，产品评估和最直接的反馈。第四类，从媒介融合背景下 Vlog 与新闻相结合的角度进行研究。"'Vlog+新闻'具有自己独特而鲜明的特点，而且这些特点和网生代群体的社交习惯、网络使用习性高度契合。"（胡志刚、夏梦迪，2020，40-42）第五类，从 Vlog 主体及受众角度进行研究。"必须深入研

究用户使用心理，找准用户的审美兴趣点，以实现稳步健康发展。"（李行芩，2019，11—12）

目前关于 Vlog 符号叙述研究仍处于初级阶段，国内外的部分 Vlog 研究更多是围绕 Vlog 与其他领域结合后的叙述展开，缺少对 Vlog 宏观的、整体的把握。汉娜·阿克曼斯（Hannah Ackermans）对 Vlog 重述书信体小说进行研究，展示了 Vlog 作为一种新的媒介如何从旧体裁的书信体小说中改变叙事策略（Ackermans，2014）。尼克·卡斯塔涅达（Nic L. Castañeda）针对 YouTube 上跨性别者的视频进行了叙述分析，探索跨性别者是如何进行自我身份的建构的，以及如何在社会中被重构与协商。弗朗西斯库（Fransiskus Surdiasis）和埃利亚诺（Eriyanto Eriyanto）对社交媒体时代的政治叙述进行研究，以印度尼西亚总统佐科维（Jokowi）的 Vlog 为对象，探讨设计媒体在构建政治叙述中的作用。（Surdiasis，2018）艾莉森·吉布森（Allison Gibson）等人以网络个体有意识地记录自己绝症和面临生命终结的视频为对象，以了解个人决定发布关于生命终结的网络视频叙事的内涵。国内对于 Vlog 的叙述研究较少，主要是将媒体采用 Vlog 的形式对全国两会、世博会等大型会议进行报道，作为研究对象进行分析，从新闻叙事学的角度展开论述，提出了这一报道方式的特点与未来发展脉络。

笔者在研究前期从多模态视角出发，以博主"大概是井越"的 Vlog 为例，对其进行话语分析，指出 Vlog 内容真实性较高、拍摄门槛较高和个人化属性较强的特点，并分析了 Vlog 在多模态话语中的再现意义、互动意义、构图意义及其画面和声音。

在此基础上，笔者也对当下 Vlog 中的植入式广告的叙述研究做了尝试。Vlog 在其发展道路上有了商业化模式的探索，虽然目前这种模式还不十分明晰，但其背后蕴含的资本潜力和变现能力会让它在商业化道路上越走越远。笔者认为，植入式广告作为 Vlog 商业化最主要的"产品"之一，在其叙述方式上有着不同于一般 Vlog 和其他植入式广告的特别之处，Vlog 博主通过展示自己的日常生活，把在日常中使用到的产品或参与品牌活动等行为有意识地放入创造的视频中去，并发表自身的使用感受和对品牌的感想，以此达到为产品或品牌宣传的目的。

笔者将 Vlog 中的植入式广告按内容形式大致分为三个类型。第一类是产品测评及体验类 Vlog，这类视频的叙述过程将产品作为"主角"之一，把产品的使用穿插于创作者的日常画面之中，创作者试用或体验后加以评价来表达对产品的使用感受。第二类是品牌体验类 Vlog，创作者通过参加品牌线下活动、展览、发布会或探店等活动并作记录，以达到为品牌宣传的目的。第三类是主题创作类 Vlog，创作者根据品牌想要传达的精神作为 Vlog 主题，在叙述中将品牌精神融入自己的日常，找寻一种品牌精神与个体的连结点，以此获得受众的共鸣。笔者认为，植入式广告在 Vlog 中所呈现出来的效果与其叙述特征有着一定关系，从叙述主体、叙述时间、叙述空间、叙述声音和叙述画面等方面对其叙述特色进行了分析，辅之以符号化修辞和受众体验感较强的叙述过程。这些叙述特色使 Vlog 作为一种新型的广告营销方式，带给受众特有的感官体验，也成为目前各大品牌所青睐的"年轻化"营销手段之一。

作为互联网时代的新兴产物，Vlog 一举成为占领当下互联网视频领域的一大风口，在品牌营销、产品推广、新闻报道、内容传播等多重领域都有它的参与。随着 5G 时代的来临，其影响力将逐渐扩大。对 Vlog 进行符号叙述研究，对我们研究互联网时代的视频领域及其带来的影响将会大有帮助。

动　漫

陆健泽

　　符号学为研究文化现象提供了一个独特的视角。毋庸置疑，动漫文化是当下十分流行的一种文化现象，不仅涉及文化主体本身，也包含由此演绎出的各种动漫文本。可以看到，在互联网所提供的技术统领下，动漫文化精彩纷呈。在文本层面，以动画、游戏、漫画和电影为代表的 ACG 文化层出不穷。在接收者层面，以青年群体为主，逐渐形成了特定的文化族群并以"动漫族"作为自身的命名，语言和服饰成为他们标示身份和寻求认同的重要符号。从文化的类别来看，动漫文化是一种亚文化，展现出向恶搞文化、粉丝文化、游戏文化等多元性文化衍生的态势，同时与商业主义进行融合，在与主流媒体的不断对抗中消解其颠覆性。如何研究？锚定核心的符号元素，是研究过程中要重点考虑的内容。

　　要理解一种文化，就意味着要对它的符号系统进行探测和解释。在卡西尔那里，"人－符号－文化"成了三位一体的东西，因此对文化的研究也就是对人和符号的研究。正是这种属性决定了从符号学角度进行文化现象研究的可能性。因此，在动漫文化的研究中引入符号学的方法，可以实现由动漫文化现象的描述转向深层结构和意义的探索，包括其标出性、互文性、艺术性等多个符号学问题。同时，也可以借助符号学对动漫文化的一些典型文本、语言、着装、空间等风格标示等来分析动漫文化的深层次规律。

　　使用符号学理论研究动漫文化的著作不多，但一些对青年文化的符号学研究文献为动漫文化的符号学研究提供了基本的角度。伯明翰学派研究青少年亚文化就借鉴过符号学的理论，马塞内·达内西的《酷：青春期的符号和意义》展现了作者对青春期的符号表征及意义的综合研究，以及作者对他们时代"青少年文化"所包含的意义和含义的阐释。卢德平的《青年文化的符号学阐释》，运用符号学理论集中分析了"迪斯科""流行语"等几个比较典型的青年文化。我们可以看到，使用符号学理论进行动漫研究，主要集中在动漫文本、视觉形象、动漫产业、动漫符号的传播规律等方面。

如前所述，动漫符号学研究需要锚定核心"符号"，明白它的能指与所指之间的关系问题，以及"动漫"的符号学特征究竟是什么？一般来说，当一个概念指称多种事物时，它必然具有相当大程度的抽象性，涵盖的事物越多，其抽象性越强，涵盖的事物越少，其抽象性越弱，具体的所指也就越清晰（聂欣如，2012，145-150）。而"动漫"就是这样一种具有高度抽象性的概念，它是多种艺术形式的共同所指，其所指也就异常模糊，这也是人们难以对动漫进行有效研究的原因。卡通、漫画、动画这些词汇之间含义相近、彼此的内涵和外延界限并不明晰。从历时的角度看，"动漫"一词的形成与发展是叠加的过程，其内涵被逐渐扩大，从最初的漫画、到动画、再到游戏、现在甚至连网络小说也被容纳进"动漫"，形成了一种所谓的"大动漫"，这构成了研究基础和前提条件。

首先，动漫的核心符号在于形象，动漫的文化精髓通过动漫形象传达。在动漫创作中，文化内涵主要借助形象在叙事情节的相互关系来表现，形象是动漫文本的主体。受众喜欢这个动画形象，实质是接受了动漫形象传播的那个文化特质，本质上潜移默化地接受了这个文化特质蕴含的价值关联。动漫形象是一种符号存在，与大众的真实形象相比，动漫形象具有虚拟性、夸张性和抽象性的特点，是文化符号和商业符号的交叉符号集合体。动漫正是这样一种视听语言化系统，其中动漫作品中的动漫形象是主要的符号，甚至可以说，动漫文本系统的视觉和听觉符号设定都通过动漫形象符号系统这一个连贯的整体集中表现。

在网络时代，动漫的符号学特征主要体现在文本层面，它的文本属性具有"开放性"的特点，在技术上形成了超文本结构，其次，受众成为参与文化创作的重要力量。这种"开放性"还形成了以动漫作品为核心的超级娱乐系统。同一文本的不同呈现方式，即通过不同的媒介系统，系列呈现出一个故事，创造出一个紧密而互补的娱乐体系，具体表现为一个成功的动漫作品在漫画、影视动画到游戏等多种媒介形态中流动。动漫创作成为以受众为主体的参与性文化创作，这种参与性的文化，反映了受众从消费者向生产者的转变，受众不再是作为接受动漫信息而存在，而是具备了生产者（producer）和消费者（consumer）的双重功能。

总而言之，动漫文化的研究是个大的框架和系统，特别是随着网络技术的发展，它的更新速度更快，样式更多，更难从整体上把握，符号学作为一种研究人类思想行为表征及意义的科学探究方法，不仅对文本的解读具有重要的阐释力，同时也可以用来探究主体自身的符号和意义系统，这为研究动漫符号提供了更多的可能性。

穿越小说

王小英

穿越小说自古就有，但是在当代社会比较多，尤其是在中国网络小说中出现的频率特别高。穿越小说中穿越的经常是角色，角色穿越可以有很多向度：从时间上看，有向后（如《步步惊心》）、向前（如《九五之尊》）和平行时空穿越（如《重生欧洲一小国》）的；从空间上看，有同地、异地和架空的；从主角性别和数量上看，有女穿（如《梦回大清》）、男穿（如《新宋》）、单个穿（大部分穿越小说）和多个穿（如《史上第一混乱》）的；从穿越的身体状况看，有纯灵魂穿越（肉体摒弃，或被他人控制，或对调，或成为植物人），灵魂和肉体齐穿（肉体或损伤或变化）的。

穿越的原因很多，或事故，或做梦，或意念幻想。但穿越者有一点是共同的，即身体可以不穿越，灵魂必须穿越。否则就没有办法说穿越后的"我"就是穿越前的"我"。这种以"我"的意识连续性来确认自我一致性的方式，正是笛卡尔以来奠定的理性主义传统。自我的同一性在意识的连续性中，而不是在身体的连续性中。因为意识的连续，所以"我"尽管到了另一时空，仍然是来自原来的那个"我"。这也正说明，穿越小说表面上看来有胡说八道的嫌疑，但其核心仍是理性的。

穿越和不穿越的一个区别就是穿越者的身份差异所能建构的自我有所不同。鉴于自我是一个符号构成，故穿越小说可以从符号学的角度理解。穿越者穿越后因为新的身份，有更大的自我重塑可能。因此，人穿越后必然面临一件重要事情——重新认识自我。"自我必须在与他人，与社会的符号交流中确定自身，它是一个社会构成，人际构成，在表意活动中确定自身。而确定自我的途径，是通过身份。在具体表意中，自我只能以表意身份或解释身份出现，因此，在符号活动中，身份暂时替代了自我。"（赵毅衡，2012）穿越后的自我能够是什么样，需要依赖穿越后的新身份。因此，穿越后的第一件事，就是判断自己的新身份。

认知的获得既需要通过自己的观看，也需要通过他人的告知，它是一个基于自己原有经验之下的符号学习阶段。于是，在很多小说中就会出现照镜子（或是水中倒影）这一场景。照镜子是个重要的隐喻，也是一个人确认自我的重要阶段。"镜像，是一种释义者与发出者具有同一身份的自指性元符号。简言之，镜像是'符号自我'的基本形式。"（胡易容，2015，52）"镜像"是确立自我和主体身份的一个重要途径。镜像是确认"自我"的重要凭借，人通过照镜子的行为，建立一个自我形象。但在拉康那里，镜像阶段发生在婴儿期，"从表面上看，主体的建立依赖于自我的异化；但事实上，自我的建构既离不开自身也离不开自我的对应物——他者，而这个'他者'就来自于镜中自我的影像，是自我通过与这个影像的认同实现的"（刘文，2006，25）。婴儿通过认知特殊的"镜像他者"来确立自我，这是自我意识觉醒的标志之一。

　　无论何种穿越小说中，穿越者都具有觉醒的自我意识，他们已经不再处于不能识别"镜像他者"的婴儿阶段。然而，他们仍然需要依靠镜像来辨别穿越后的自我构成。这就是穿越者身上才可能出现的人的"第二镜像"阶段。因为有了第一镜像阶段的经验，处于第二镜像阶段的穿越者能够更加娴熟地内化面前这个"镜像他者"。镜像属"自反性元符号"，具有元符号的评价功能，并且也是个体自我定位于社会文化中的标记方式之一。经由第二镜像阶段，"我"逐渐领悟了自己新的身份处境。这既是经过自我内心对话获得的，也是经由对过去和现在的审视做出的判断。其中，对自己身体的观察和判断对自我认知起到了很大作用："身体被看成是一个符号象征系统、话语途径，作为一种表意资源和言说方式，身体与语言构成同质的符号网络，生产抽象的意义并赋予社会行为者特定的社会地位。"（唐青叶，2015，54）故而身体的其他符号，如头发和服饰作为符号象征系统，会在帮助穿越者认知自己的身份处境中迅速地发挥作用。

　　一般情况下，穿越前的自我，在既定身份的限制下，可选择性有限。谋生之人生重负便将自我圈进一个狭小的牢房。而自我的充分实现，则需要依托一个不需要为谋生而耗费精力的新身份。穿越正是达成此目的的手段。假如穿越只是为了逃离，进入到之后的非凡人生，那是在相当程度上对穿越小说作的简单化理解，因为穿越的要义不在于到了穿越后的世界，而是在于带着穿越前的思想意识在穿越后的世界中追寻自我。制造非同寻常的人生几乎是大部分网络小说都极其擅长的，穿越和非穿越的区别在于单一世界身份和双重世界身份。在前一世界中形成的世界观和自我意识，在后一世界中继续发挥作用，并且影响其在后一世界的人生抉择，影响其成就自我，这才是穿越之特异所在。

　　穿越者会将在穿越前世界中得到的人生经验带到穿越后的世界中，也就是说拥有两个世界的知识经验而生活在一个世界中。而穿越后的身份设定会与穿越前相差很大，于是这就为穿越后的自我实现提供了更大的可为空间。

如果需要实现自我，那么就需要从镜像阶段走出来。拉康认为经历了镜像阶段的原型自我以想象性的关系走向世界。"他人是另一个自我，这说明自我与他人之间是一种想象的主体间关系。鉴于自恋性的在场，这一想象的主体间关系不可避免地表现为一种你死我活的争斗。自我自恋认同他人，就是想把他人作为对象捕捉其中，就是企图取而代之；同样，他人自我也无时无刻不在期待着取代作为其他人的自我。"（黄作，2004，64）然而问题是，即便在小说中，人物角色也不太可能永远待在想象界，必须要进入象征界。而这个象征界的关系网络，总需要按照一定的框架塑形，由于这个框架本身包含众多对立和冲突，因此置入其中的穿越者势必要进入这个你死我活的网络，进而其命运也就必然受到整个关系网的影响。而小说角色的可为空间也在这种关系网络中做出选择，这两重世界是穿越小说叙述中的重要特征。

穿越小说的根本在于建构了一个可以比照的双重身份和人生世界，穿越角色不属于这个世界，他与众不同，却又摆脱不了这个世界的桎梏，是庞大的社会群体中的一员，这是自我生存处境的一种放大化展现。这种自我和主体性的悖谬产生于日常生活，但在穿越小说中能以一种更直观形象的姿态来集中展现。从形而下的层面讲，穿越小说的确是获得快感，满足自我的一种幻想手段，但从形而上的层面讲，穿越小说未尝不是对自我主体性可能的一种探讨，关于自由的可能限度的一种尝试，因此就小说类型上而言，它比其他小说在思考"我是谁？我会是谁？"这些人生之根本问题时更为通彻，也带有较强的主体哲学意味。

作为类型小说的穿越小说，在情节构筑上沿着对穿越者前后两个世界身份存在的单方否定、双重肯定和双重否定而展开，它为穿越者建构了一个可以比照的双重身份和人生世界，因此在回答"我是谁"与"我会是谁"这类人生之根本问题上具有独特价值。这类问题之所以在网络小说中高频出现，与青少年的身心特点，以及互联网带给人的虚拟生活体验有极大的关联。穿越能够改变穿越者自我身份中原先那些无法改变之处，为自我价值的实现提供较大可能，因此可视为反抗平庸、探索自我的一种方式。不同类型的穿越小说有不同的穿越套路，每种套路中的身份符号关系都不同，不同穿越者的自我建构过程值得以符号学角度详细研究。

第六部分

产业符号学

艺术产业符号美学

陆正兰

　　艺术产业的迅猛发展，对美学提出了重要的挑战，建立一种贯通艺术产业的符号美学尤为紧迫。用符号美学研究艺术产业，似乎应该从理论与对象两块分别论述，但实际上二者密不可分，互相渗透，融为一体，符号美学的原理能够对艺术产业这个复杂问题做出有益的解剖。目前，关于艺术产业符号美学，国内外的相关研究，都还相当匮乏。

　　符号美学有很长的发展历史，它的研究对象主要是艺术。艺术堪称人类社会文化历史上最复杂的意义现象，需要专门分析各种意义问题的符号学，来层层解剖。

　　研究艺术问题的符号学，一直被称为"符号美学"（semiotic aesthetics，或 aesthetic symbolism）。这个名称被用于指《周易》以降的中国古典美学；更经常指新康德主义卡西尔与朗格建立的艺术研究体系；也指巴尔特的艺术研究以及古德曼创造的体系；还被用于总结雅柯布森、卢卡奇、穆卡洛夫斯基、格尔茨、巴赫金、洛特曼、詹姆逊、德勒兹、鲍德里亚等各派学者的艺术研究。符号学作为意义分析理论，应当用来研究艺术的意义这个最难解的问题，这一点看来是许多学者的共同理解。但这些人的立场很不一样，说明至今"符号美学"理论歧出，尚没有形成一个学科的形态。

　　"艺术产业"，有长时期的研究史，只是名称和范围一直在变化。霍克海默与阿多诺在《启蒙辩证法》中提出"文化工业"（cultural industry）概念，原是法兰克福学派对资本主义社会操纵"大众"文化的批判，此后大部分文化学者继承了这种批判路线。20世纪六七十年代后伯明翰学派开始在亚文化中寻找对抗资本主义的力量，使学界加深了对"文化工业"复杂性的理解。但布尔迪厄与鲍德里亚等法国社会文化研究学者，对"文化工业"依然持严厉的批评态度。只是当"文化工业"在国民经济中占据了越来越大的比重，这个词才复数化（cultural industries），而且改（译）为"文化产业"，近年又改称"文化创意产业"（cultural creative industry）。文化产业成为国家发展的一个重要指标。联合国教科文组织、我国国务院和文化部，先后针对"文化创意产业"发出多种文件。我国多所高校成立了"文化创意产业研究"中心。近年这方面的工作已经成系统、成规模。

无论是"文化产业"，还是"文化创意产业"，都包括了大量艺术之外的文化事业，如报刊、传播、体育、各级教育等，艺术的地位没有单独列出。有学者提出"艺术产业"，是在"文化产业"这个大框架下提出的。也有不少学者认为"艺术产业"有相当多的特点，在文化产业中地位特殊。例如王一川认为文化产业生产的都是"符号产品，需要高附加值，而这附加值来自艺术"。他已经指出艺术的特殊性，即为产业添加"符号附加值"，性质不同，应当单独研究。但文化研究学界对"艺术产业"描述总结的文字极多，"艺术产业理论"方面的努力至今少见。

美学界则从相反的方向接近了艺术产业理论，那就是德国美学家韦尔施对当今社会"泛审美化"的批判，近二十年来在中国引发的大讨论。据高建平的看法，构成了 20 世纪 50 年代"美学大讨论"和 80 年代"美学热"之后现代中国美学的"第三次高潮"。尽管有朱立元、陶东风等人提出：对此除了批评，还应当"规范、引导"（陶东风，2002），但这场讨论的主调，依然是批判。这场辩论使美学界开始关注当代社会文化被艺术渗透这个现象，"艺术产业"由此成为美学界郑重对待的一个课题，不过，迄今对此进行符号美学分析的文字，尚不多见。

笔者认为，艺术产业的迅猛发展，向美学发起了最重要的挑战：当代艺术，在表意的三个环节上都极为复杂：在创作－展示环节上，出现了意向性叠加；在文本功能上，使用－实际意义－艺术意义混杂；在接收与阐释上，美学与经济复合，拒绝单一解释。这三个方面正是符号美学具有的新的形态。

艺术产业在中国人民的生活中越来越重要，不仅表现在一些明显的经济环节上，而且体现在人民衣食住行、日常生活的每个方面。艺术产业在国民经济中占据越来越大的比例。而学界对这个重大问题的讨论大多停留在描述和批判上，缺少对人类社会这个重要趋势做出系统的，穿透历史发展的本质理解。

符号学文化研究，努力在复杂的表意中寻找规律，理解并阐释当今艺术产业，这对符号学来说将是一个巨大的挑战。先前的符号美学理论，往往被当作一种形式理论，在解释个别体裁（例如先锋美术），个别时段（如"现代艺术"或"后现代艺术"）时，往往有真知灼见，一旦要求对艺术与社会生活与经济的融合做出评价时，或对艺术走向未来发展的趋势做出引领的见解时，经常捉襟见肘。当今艺术产业与符号美学的进一步发展，互相形成了挑战，但也互相提供了重大机遇。这就需要中国学界接受这个双重挑战，建立一种贯通艺术产业的符号美学。为此，笔者提出如下几个问题和观点。

第一，符号美学如何获得新的形态？从符号学角度深入分析多样化的当代艺术，将迫使我们进入对艺术更本质的认识。如果艺术超越符号学的范围，"艺术无意义"或"艺术为营利"，就会成为美学理论的毁灭性悖论。符号美学欲分析当代的艺术表现方式，必须突破传统美学的框架。20世纪以来，先锋艺术与艺术产业，在两个不同方向冲破了美学的传统范畴。先锋艺术方向的不断创新突破，使许多学者认为定义艺术是徒劳无益的工作。但另一个突破方向即产业艺术，使艺术的外延边界取得更实质性的扩展，出现了许多从传统美学看来非艺术的体裁。符号美学应当把所有这些突破综合起来，探究艺术究竟在人类文化中起什么作用。

第二，如何决定"艺术产业"的范围？"艺术产业"是个复杂的概念，一头是"纯艺术的商业化"，另一头是"商品的艺术营销"。或许我们能把庞大的艺术产业，分解成以下五个方面：

> 纯艺术的产业经营：出版、展览、演出、收藏、拍卖等；
> 供大众消费的艺术产业：电影、电视、广播、网络艺术等；
> 日常生活的艺术产业：时装、美容、室内外装修、街道广场装饰等；
> 公共空间的艺术产业：商场、公园、旅游设计、城市景观等；
> 商品营销的艺术产业：商品设计、品牌、包装、广告等。

这五个方面，构成了一个漫长的，几乎席卷整个社会文化的"艺术产业"光谱。五者的划分不会很清楚，我们可以看到，以上每一块在社会文化中都非常重要。尤其最后一块与商品经济混在一起，产值很难统计，但在经济的总体中所占比例越来越大。

除此之外，数字艺术是新型艺术。数字化对以上五个方面都有影响，但主要是工具性的，例如艺术作品的数字传播，互联网构成新的音乐空间，电子设备给城市面貌带来变化等。新一代的人工智能，已经开始独立创造艺术：美术，音乐、甚至诗歌等。因此，艺术产业也必须包含已经开始显示萌芽的第六方面，即人工智能艺术产业：对其中卷入的"艺术意向性"，符号美学只能做大胆的猜想，任何预言都将会被实践超越，这是艺术产业未来的发展方向。

把整个艺术产业分成五个部分加以仔细分类后，我们就可以分别研究，而不至于笼统地讨论艺术产业。我们可以分门别类地发现它们各自的美学与经济的界限，尤其是仔细辨析公共空间的艺术产业，以及商品营销的经济活动，而不至于把经济与艺术混为一谈。

第三，如何找到艺术产业各方面所包含的美学本质？"产业化的艺术"还是艺术吗？如果是，那么它与其他艺术样式有何不同？如果"艺术产业"是当代艺术实践的一个部分，那么符号美学应当如何进行理论回应。分析当前文化局面，预测艺术产业的发展，罗列是不够的，还必须讨论卷入的总体美学理论问题。既要重视理论的严格要求，又要对当今艺术产业实践的发展持开放态度。

文化本是一个社会相关表意活动的总集合，符号学是研究意义之学。符号美学对意义问题步步为营的分析方法，条分缕析的认真态度，会使这个复杂困难的课题具有研究可行性。理论上从严，就不会一切依从艺术产业实践。与商业结合得过紧，则很可能鱼目混珠，造成审美趣味败坏。符号美学既需要深入社会文化生活，也要与艺术的发展保持学术审视距离。

游　戏

宗　争

　　游戏符号学，顾名思义，是以游戏活动为对象，使用符号学的理论所展开的相关研究。在这一点上，它与电影符号学、广告符号学等并没有本质上的区别。

　　然而，游戏符号学的特殊之处在于，它缺少一个母学科的基础——并不存在一种专门性的游戏研究，更准确地讲，专门的游戏研究并未形成气候。由于特殊的历史和政治原因，游戏研究被割裂为从属于教育学的儿童游戏教育研究，从属于体育学的体育竞技研究，以及各种专注于游戏策略的单项游戏活动研究（只有这一门类或可称为最粗浅意义上的游戏研究）。

　　尽管 1997 年恭扎罗·弗拉斯卡（Gonzalo Frasca）就提出了建立"游戏学"的构想，但它的前途依然晦暗不明，这门学科在构建之初就显现出强烈的"偏安一隅"之势，它奉荷兰学者约翰·赫伊津哈为"游戏学之父"，却谋求"割地求和"的局面，试图把游戏学仅仅框定在对电子游戏的研究上，这无疑窄化了游戏学的研究范畴。而"游戏符号学"的研究对象并不局限于电子游戏，它囊括了包含儿童游戏、体育竞技、休闲游戏等在内的所有游戏活动，致力于对游戏全域进行形式论意义上的探索。也正是在这个意义上，"游戏符号学"的建立本身，对游戏研究而言就具有里程碑式的意义。

　　2011 年，笔者在《游戏概念的符号学探索——"游戏符号学"的基础》一文中，最先提出构建"游戏符号学"的设想，并借由博士论文《游戏学——符号叙述学研究》的出版奠定了这一研究的基础。

　　当然，游戏符号学并不是无本之木，尽管此前没有主题鲜明的游戏符号学研究出现，但符号学与游戏研究之间依然存在着千丝万缕的联系。

　　符号学的先驱索绪尔（Ferdinand de Saussure）开创了现代语言学研究。索绪尔的研究重点在于语言内部的指涉法则，他不止一次地使用"棋局"作为例证，来说明语言系统共时性/历时性的内在二重性："在我们所能设想的一切比拟中，最能说明问题的莫过于把语言的运行比之于下棋。两者都使我们面临价值的系统，亲自看到它们的变化。语言以自然的形式呈现于我们眼前的情况，下棋仿佛用人工把它体现出来"（索绪尔，1999，128）。

而在借助"游戏"论理的过程中，通过对二者的比对，实际上也就已经完成了对作为符号文本的"游戏"的论证。如："下棋的状态与语言的状态相当。棋子的各自价值是由它们在棋盘上的位置决定的"；"价值还首先决定于不变的规约，即下棋的规则"；"从一个共时态过渡到另一个共时态，只消把一个棋子移动一下就够了"（索绪尔，1999，128）等。由此，我们已然得到许多在游戏研究中适用的法则。索绪尔的论述中涉及了游戏者的行为、游戏规则、游戏对象等问题，均对游戏符号学具有重要意义。

列维－斯特劳斯（Claude Levi-Strauss）将索绪尔的学说应用到人类学研究中，把符号学推进至结构主义时代。无独有偶，列维－斯特劳斯与他的前辈索绪尔一样，也极其善于使用"游戏"作为其理论的例证。列维－斯特劳斯借助"利用扑克牌占卜算命"的例子说明："真正构成神话的成分并不是一些孤立的关系，而是一些关系束，构成成分只能以这种关系束的形式才能获得表意功能。"（列维－斯特劳斯，2006，226）他间接认可了游戏具有构成明晰的关系束的能力，游戏与他的人类学研究对象一样，拥有表层结构与深层结构之分。

1957 年，巴尔特出版了他的《神话——大众文化诠释》，书中辑录了他数十篇利用符号学基本原理进行大众文化批评的文章。他以《摔跤世界》（"The World of Wrestling"）作为此书的开篇恐怕不是毫无缘由的——游戏是被理论世界搁置和遗忘的最为重要文化现象之一。巴尔特将摔跤比赛视为所谓"流行神话"的一次精微表达，摔跤是公开的神话，摔跤手是这一神话的制造者，它既是规则和行动构成的比赛，又在更高的结构中，成了一场关乎正义的"人间喜剧"，而将两个符号系统联结起来的，就是观众，是"阐释与阅读"使比赛成为表演，形成了能指的漩涡，成了现代神话。巴尔特的分析涵盖了游戏者、观众、游戏行为甚至还有游戏行为的修辞，并且已经开始探讨游戏表意的问题，这就已经具有了超越性，相比将游戏单纯看成一个规则所构建的形式的论述，巴尔特向我们展示了在符号学理论指导下，探讨游戏在更多层面的可能性和可行性。

与语言学和符号学密切相关的哲学家维特根斯坦提出了著名的"语言游戏论"。他的"语言游戏"概念指的是"孩子刚开始使用词语时的语言方式"等"原始语言"形式，"还将把语言和活动——那些和语言编织成一篇的活动——所组成的整体称作'语言游戏'"（维特根斯坦，2001，7）。但是，对"语言游戏"的论证却与具体的游戏形式分析暗合。与索绪尔一样，他也使用"下棋"作为例证，指出了语言与下棋、词语与棋子、语法与规则、语境与棋势的对应关系。他尤其强调"棋势"的作用，语法给予了交流以可能性，但语境才真正决定了交流。

加达默尔的"艺术游戏论"则走得更远，作为阐释学的领军人物，他更关注的不仅是游戏活动本身，而且是游戏之交互性和阐释性，并以此来对应艺术活动。他特别强调对游戏的观赏和阐释，"游戏是为观赏者而存在的"（加达默尔，1999，142），唯观众才能观照游戏之"全域"，唯他们对游戏之阐释使游戏获得完整的意义——"游戏本身却是由游戏者和观赏者所组成的整体。事实上，最真实感受游戏的，并且游戏对之正确表现自己所'意味'的，乃是那种并不参与游戏、而只是观赏游戏的人。在观赏者那里，游戏好像被提升到了它的理想性。"（加达默尔，1999，141）。因此，游戏者只不过是游戏组成部分而已，然而，"游戏并不为某人而表现，也就是说，它并不指向观众。……甚至那些在观众面前表现的体育活动一类的游戏，也不指向观众"（加达默尔，1999，140）。这确保了游戏的表意的开放性，如艺术一样，这也保证了对其阐释的多样性。

德里达（Jacques Derrida）则将"游戏"看作支撑其解构主义立场的重要例证。"人们可以将游戏称为先验所指的缺席，这种先验所指作为游戏的无限性，即作为对存在-神学和在场形而上学的动摇而存在。"（德里达，1999，69）游戏不仅指发生之后的游戏实例，也蕴含着游戏发生之前的形式框架，二者不可割裂。在他看来，游戏这种特性超越了传统的"在场"与"不在场"、"能指"与"所指"的二元思维方式。游戏的无目的性，则表明它不是任何先验意图或中心的附庸或表征，游戏中选择的无限可能性，则冲破了以二元对立为典型特征的逻各斯中心主义，颠覆了形而上学对所谓终极意义的寻求。

在符号学诸论域，游戏的形式特征、表意功能、文本特性等符号学问题已经或多或少地被讨论过——游戏研究与符号学的结合已然有了比较充分的准备，在数度联手的过程中，游戏研究与符号学不断碰撞，取得了不少成绩。

与此同时，游戏研究迄今都在不断借鉴和吸收各家各派的理论和思路，符号学也在其中。

现代游戏研究领域，最重要的著作当属荷兰人约翰·赫伊津哈（另译为胡伊青加）的《游戏的人》与法国体育社会学家罗杰·卡约瓦的《人、玩乐与游戏》（*Man，Play，and Game*）。1938 年，《游戏的人》出版，这一课题经过了作者赫伊津哈三十余年的沉思，已经非常成熟。作者坦言，"游戏的观念作为世界生活及运作的明确且高度重要的因素，我们找不到理由漠然置之。历经多年，我逐渐信服文明是在游戏中并作为游戏兴起并展开的"。（赫伊津哈，1996，1—2）作为一位文化史学者，赫伊津哈旁征博引，系统检视了诸种文化形态（如法律、诗歌、哲学、艺术、文明等）之中游戏的地位和作用，在此基础上，他又相继讨论了游戏之自由性、虚拟性、目的性、封闭性等问题，提出了"人是游戏者"，游戏乃是人类文化基础等观点。相比之下，卡约瓦的《人、玩乐与游戏》则更有具明显的符号学倾向。在书中，卡约瓦提出了四个层面的游戏类型学：赌（alea）、斗（agón）、晕（illinx）、仿（mimicry）。所有的游戏形式无非是这几种类型（他特别强调是两两结合，他论证不存在三种类型并存的游戏）的组合，并强调：对游戏类型偏好和选择"揭示了每个社会的特征、模式和价值"（Caillois，2001，66）。

当代电子游戏研究中几大重要的问题分别是：游戏叙述问题（这个问题经常与游戏拟真问题相联系）、超文本与交互性问题、新媒体与赛博空间问题等。我们不难发现，这几个问题皆与广义上的符号学有关，尤其是游戏叙述问题，与符号叙述学有密切的关联。因此，越来越多的符号学和叙述学理论散见于游戏理论的各种论争之中，游戏研究与符号学的关系也愈来愈密切。

2004 年，卡蒂·塞伦（Katie Salen）和艾瑞克·泽尔曼（Eric Zimmerman）合作出版了《玩之规：游戏设计基础》（*Rules of Play: Game Design Fundamentals*），这是迄今笔者发现的唯一一部具体使用符号学理论进行游戏设计研究的论著。书中称："设计即是设计者制造语境，令参与者融入其中，从而生成意义的过程。"（Salen，Zimmerman，2004，11）为了进一步说明这一点，论者引入了美国符号学家查尔斯·皮尔斯（Charles Pierce）的"符号学"基本理论，指出其四个重要的符号学观点：1. 一个符号指向除自己之外的其他事物；2. 符号可以被解释；3. 当符号被解释时生成意义；4. 语境会影响解释项。论者据此展开论述，讨论游戏设计中符号学的积极作用。

不难发现，游戏理论视野中的"符号学"，大多仍旧停留在"结构主义"阶段，许多研究者眼中的"符号学"，仍然是"结构主义符号学"。这也许与游戏研究者大多并非符号学家或对符号学的发展不太熟悉有关。反之，以符号学的思路进行游戏研究，也容易被其他研究者首先贴上结构论、系统论、控制论等标签，从而难以深入地进行学术上的交流和对话。因而，游戏符号学在西方学术界迟迟未能出现的原因，也就不难理解了。

尽管游戏符号学的建立是一个新近事件，但其并不存在诸多学科所面临的"合法性危机"，作为一个人造系统，游戏形式天然地与符号学相关联，而以符号学和叙述学的视角重新打量游戏，就如同让厨师去做美食评委一样顺理成章。而符号学理论的整体（而非零散的）进入，则会令游戏研究获得发展的重要理论力量，它的意义不仅在于，为一个学科的发展提供了一种富有建设性的长远规划，对于解决目前最具关注度的课题，如游戏叙述、虚拟世界等问题，依托已经发展了百年的符号学理论，同样可以直接发挥最为直接和立竿见影的效果。

设 计

田 园

在我们的日常生活中，充斥着来自品牌、商家、媒体、个人精心编织的设计语言，区别于简单的文字信息，以更加吸引眼球的姿态，期待与你相遇并得到你的解码。

从图像的美学角度出发剖析设计，我们得以了解平面设计文本的美感如何构建，更具视觉吸引力的作品应该运用哪些创作手段。同时，设计承担了信息传递的需求，它的使用是出于一种意义交换的需要，设计事实上是人们进行意义交换的载体和中介，是一种图像型的符号文本。符号学的视角，或许可以帮助更多需要使用平面设计文本来进行意义交换的人们，实现更好更准确的"表达"。

早在 1967 年，杰奎斯·伯汀（Jacques Bertin）就已经注意到符号学这一理论工具引入平面设计研究的可行性，并出版了《图形符号学》一书（*Semiology of Graphics*），建构起了图形符号学的基本谱系，并通过图表、组织网络和地图这三者作为典型案例来分析图形符号学的应用。伯汀关于图示的符号学研究可以看作是平面设计符号学相关研究的开端著作，之后关于平面设计的符号学研究大体可分为四类。首先是从设计这一大类所进行的符号学研究。该类研究直接以"设计"或"视觉艺术"为研究对象，设计包含产品设计、建筑设计、工业设计等，视觉艺术则囊括一切视觉表达的手段，包括平面设计、动画设计、影视传达甚至如今火热的 VI 技术。其次是和平面设计有所交叉的学科的符号学研究，例如广告的符号学研究与图像符号学研究等。再次是从微观角度切入平面设计的符号学研究，如标志、表情符号、色彩、包装、图形等平面设计的具体分支均有研究者选取。此外，也不乏直接以平面设计为研究对象的符号学研究。

由于平面设计文本广泛地被使用于商业传播领域，"强烈的意动性"成为它显著的、根本性的一项文本特征，我们可以将其视作（或者说定义为）"意动性体裁的图像符号文本"。意动性体裁要求文本的接收者按照发送者的意图来进行解读和取效，这使平面设计文本从发送者到文本再到接收者，后续全部的意义生产行为都必须围绕"实现意动性"这一目的而展开。

平面设计文本的编织环节，实现的是发送者意图意义向文本意义的转化，即通过设计各个视觉要素，将发送者的意图意义转化为一幅幅具体的平面设计作品。由于意动性体裁的要求，平面设计文本的编织自有其特点，它以符号和对象之间的理据性链接为基础、以符号修辞为转化手段，以期实现发送者和接收者在未来向度的合意（或者说接收者按照发送者的意图进行解读）。

理据性链接是保证意动性得以实现的基础，符号修辞则实现发送者意图意义向文本意义的转化，并在此过程中自携元语言以引导接收者解读。不同符号修辞的使用带来了平面设计文本视觉的创新，部分符号修辞的反复使用带来人们对平面设计文本的识别强化和记忆强化（例如一些品牌的 VI 设计始终固定 logo、色彩等元素以强化人们对品牌的认知度和记忆度）。

当平面设计文本脱离发送者转向接收者，意义解释环节就此开始。一般来说，完美的意义传递是接收者解释意义和发送者意图意义完全一致，但实际上在意义传递的链条中，任何因素的变动都可能导致接收者解释意义与发送者意图意义之间产生差异。对于意动性体裁的平面设计文本来说，这是需要尽量规避的问题，因此，一套专门的意义读解控制机制就附于文本中以引导解读。这套解读机制由意动性体裁、文本中的双轴关系以及文本自携的元语言构成。发送者和接收者以意动性体裁看待平面设计文本，既决定了它的根本读法，也决定了意动性实现的基础；文本中显现的组合轴确定平面设计文本的风格和视觉形式，隐藏但期待被反推的聚合轴帮助接收者理解平面设计文本中符号修辞的设置。同时，在文本编织过程中的自携元语言系统，也向接收者施加"压力"，敦促其按照发送者的意图进行解读。

在信息爆炸的当下，平面设计文本不仅可以满足引起注意力和符号表意的双重需求，而且可以在表意中提升对象的符号价值。作为非物质劳动或者说传播劳动的一种，平面设计文本的创作本身就在为其所指向的对象来进行符号价值的提升（诸如精致包装对商品的增值），并且借由符号修辞，将这种价值赋予打造成潜移默化的"自然化机制"（品牌概念培植便属于此）。人们在信息时代的表意需求驱动了平面设计文本的繁荣，自印刷时代起就成为商业传播宠儿的平面设计文本，在新的媒介技术和平台加持下，展现出了全新的生命力。

广 告

饶广祥

广告本质上是商品信息的分享。广告研究均是围绕着这个基点展开的，并形成了诸种理论体系。这些理论体系大体可以分为三大方向：重视信息生产技巧的"操作技术"路径，重视信息生产背后的权力结构及其影响的"广告文化研究"，和重视信息呈现和表达规律的"广告符号学研究"向度。

广告的理论研究和实践操作者最为关心的问题是如何创作有效广告，由此，广告调查方法、广告策划技术、广告文案撰写技巧、广告效果评估方案等"广告操作技术"就变成了广告学研究的第一个方向。广告技术操作派因有"术"无"学"而饱受学界批判。其最大问题是：站在广告运动的各个流程中讨论，讨论如何创作有效广告，却对广告的核心载体——广告文本缺乏分析，更缺乏普遍表意规律的抽象。

另一个方向是把广告视为一种"权力"的表征，关注的核心问题是广告如何影响文化发展，研究广告和人类欲望、广告与消费发展、广告与意识形态的关系的"广告文化研究"问题。广告文化研究视角较为宏观，但并未真正深入广告的内部运作逻辑做论证。当前的广告文化学研究，大多把广告作为现象和案例，不重视广告文本具体形式，讨论显得宏观。因此，不管是广告的操作技术研究还是广告的文化研究，都未充分深入广告文本的内部，建立广告文本相关的系统理论。

广告作为传播方式之一，和市场营销及其他传播方式的本质区别在于广告有自己独特的文本及相应的表意规律。要构建属于广告学独特的学理体系，必须立足于此。只有基于广告文本建构理论，才可能创建有别于传播学、市场学、心理学等相关学科的理论体系。

广告文本是广告研究的最重要对象。广告文化研究的对象是结果，广告技术操作研究关注的是操作，这两端的研究都是通过广告文本来实现的。可以说，不管是广告的操作，还是广告的文化影响都是通过广告文本和受众互动完成的，由此，广告操作如何具体体现在文本上，商品的意义又如何通过文本得以实现变成了广告研究的最关键问题，广告文本研究也成了广告研究的基点。

要从丰富多彩的广告实践中把握广告的底层表意规律，符号学提供了全新的视角。广告符号学的研究，也是基于这个目的展开，通过对广告文本的探索，能对广告的核心符码有所了解，找到各类广告现象涌现的"泉眼"所在。符号学的探索重在于把事物的形式说清楚。说清楚了形式，其实也就完成了最重要的实践。可以说，广告符号学研究可以明确广告实践的方向和方式，由此提高自觉性和可控性。

广告学的研究者一直面临着双重压力：学界要求广告学研究符合"理论"要求，业界要求广告研究能直接推动实践。广告符号学提供了这样的一种可能性：从形式上掌握广告，也希望能深入实践中，回应实践问题。

基于上述的判断，从符号学进入广告，需要讨论如下基本问题。

第一，广告文本体裁限定问题。既然广告是有关商品的文本，那反过来问，是否所有的有关商品的文本都是广告？广告作为一种类型的文本，和其他文本之间的关系是什么？要回答这些问题，必须讨论清楚广告文本的本质特征，即广告界定的问题。从体裁角度说，商品信息虽然是广告的必备部分，但并不是所有的包含商品信息的文本都是广告，讨论清楚了这个界限，也就确定了广告文本的本质特征。文本体裁特征问题还涉及广告体裁改变的影响，这就涉及广告泛化的问题，包括了植入广告、原生广告等当前新形态问题。

第二，文本意动问题。广告和其他传播方式的重大区别是广告具有明确的说服传播受众消费商品的目标，这又涉及广告另一个核心问题：如何让文本更具有行事能力？从操作角度说，就是如何创造更有效的广告。作为实践性学科，这是广告研究和广告操作最为关心的问题。这是广告意动性的问题。意动性是文本指向接受者的行动，是文本以言行事的能力。

意动极其复杂，一个广告文本如何才能更具有推动接受者行动的能力，受文本自身、接受者特征、商品属性、传播语境等多种因素影响。这些因素交织在一起，相互影响。若基于文本表达来看，那文本就变成了文本如何表达发送者的意义（意图定点），如何组织表达（表意问题），如何借用语境因素（伴随文本问题），如何和接受者互动（认同问题）。这些问题可以统称为广告文本表意规律问题。

第三，广告商品和情节问题。广告要吸引受众，要依赖于讲故事，而讲故事最核心的问题是如何处理商品和故事之间的关系问题，即商品和情节的问题。广告和情节的关系，可以比较简单，比如通过修辞映现一个小情节，也可以极为复杂，如通过微电影来讲述一个浪漫的爱情故事。不管如何，商品如何恰当地进入，是当下广告最重要的问题。

第四，广告和其他文本关系的问题。广告的篇幅短小精悍，需要依赖其他文本来参与表意，这就是广告的语境问题，具体而言是广告和伴随文本的问题。

广告符号学待解决的问题还有很多，比如广告真实、广告与符号消费、广告主体的问题等，都具有较大的讨论空间。

广告符号学的主要观点主要体现在如下五个方面。

一是广告符号学对广告体裁的理解。从广告文本形式出发界定广告，才能抓住广告的本质。从符号学的观点看，广告文本最大的特征是商品出场的形式比较固定，变成了广告的"指示性"符号，因此广告可以看作具有尾题的意动性文本。也就是说，与其他体裁不同的是，广告中的商品信息以"尾题"的方式展现。在影视广告、广播广告中，最后一刻总会出现包含商品图像、标志、品牌广告语等符号。在平面广告中，在画面的某一个相对固定的位置（通常是四个角落），也会出现商品图像、标志或者广告语，以标示所传播的商品。此类出现在文本最后（影视广告、广播广告等）或者某一个相对固定角落（平面广告）的包含商品标志、商品图像的符号被称为"尾题"（End Title）。尾题具有独特的属性。首先，尾题的功能是指明广告所传播的商品，以引导接收者正确解读，其次，尾题在文本的相对固定位置上出现。出场位置是接收者判别尾题的重要标准。商品的图像和标志在其他体裁的文本中都可看到，但接收者并不会认为这些文本是广告，主要是因为这些符号没有出现在上述的常见位置。不少广告就是借用尾题的位置进行体裁创新。一旦尾题改变，最明显的体裁标示也就消失了，广告就可能被误读，或者需借助伴随文本来促进解读。尾题是相对独立的一个符号或者符号组合，一般不会轻易改变。

二是有关广告意动性的理解。广告的最终目标是促进销售。事实上，很多广告促销意图非常薄弱，有时甚至让人感觉不到。特别是很多反讽广告里，甚至表面读起来意思正相反：如果连这个广告都能促进销售，就奇怪了。从符号学角度看，广告的"促销说服功能"是广告体裁的契约。广告的目的在于说服，有强烈的影响接收者的意图，但这种说服和影响并不是直接表达的，在长期的发展过程中已经内化为体裁意动性，成了阅读期待，这让广告挣脱了诸多束缚。广告的意动性指向极为明确：说服消费者在接收广告之后购买商品。意动型叙述这个问题，关涉广告目标能否实现，以及在多大程度上实现的问题，因此特别重要。广告意向性的讨论，有助于分析和确立广告的张力，从而为广告更好地实现目的提供借鉴。广告建构意动性，有两个途径，一个途径是基于具体的语句的语力来强化意向性；另一个途径是基于体裁的未来叙述，通过增强"代入感"和"参与感"，来促成行动。后一个方法，是当前广告的主要方法，这也是为什么很多人说，广告售卖的不是产品，而是一个未来的梦。

三是广告修辞与情节问题。广告符号学以广告中的符号为对象，研究"符号修辞"，这和传统的广告修辞所研究的语言修辞有很大区别。近半个世纪来，广告发生了巨大的变化，纯文字的广告现在很少出现，大多数广告都是以图、文、影像结合的方式出现的。广告修辞的许多技巧就发生在这些非语言的媒介上。单纯考察文字，容易以偏概全。符号学方法分析对象与之不同，是包含语言符号与非语言符号的整个文本，单一针对广告语言的修辞方法研究并不适合讨论时下多媒介的广告。广告符号修辞的根本特征是：喻旨是最后一刻出现的商品图像或名称。商品是定调媒介，所有表意都是为了"正面"介绍商品，从这个角度说，广告修辞的根本原则是明喻。概念比喻、转喻、提喻、倒喻、屈喻、反讽等手段在广告中都大量使用，并表现出独特的规律。反讽在各种符号修辞中最具有代表性。不像广告的广告才是好广告，这已经成为当代广告的判断标准。这句话本身是一个反讽，但是要真正理解反讽的机制，必须做耐心细致的分析。上述判断标准道明了当前广告最重要的特征是：广告越精彩，其中表现商品的部分，比例也就越小。这种"所言非所指"的现象在平面广告和影像广告上都表现得特别突出，早已为人知晓，但极少有人意识到其应用了宏观反讽修辞手法，也未有人对广告中的机制进行过学理性剖析。广告大量使用正话反说、复义兼反讽、浪漫反讽和宏观反讽。修辞若发生了跨层，则会出现元广告（mete-advertising）。广告中，表意是分层的，主要表现为三个层面。首先是"符号—商品"之间的分层。广告是用另一种媒介来表达商品的文本，广告是纯然的符号，而商品是实在的物。广告媒介公司及其媒介代理机构是隐藏在文本之后的主体，和广告区隔明显，这是广告的第二个分层。广告的另外一个分层发生在其自身指涉以及广告之间。若第一分层出现跨越，即实在世界的物跨入纯符号的文本中，则出现了"物和纯符号组合交融"的元广告。如果广告公司、广告媒介公司等创作和传递机构进入广告文本，则形成"说者自说"类元广告。若广告制作过程或者其他的广告进入广告文本，或者广告文本里提到自身，即当广告把广告本身当作对象时，就形成"关于广告的广告"，这是我们通常意义上认为的元广告。

四是广告和伴随文本。讨论广告文本和语境的关系，即广告的伴随文本问题（也有人称之为广告的互文性）。广告篇幅短小，同时又需要表达大量意义，且要求意义明晰易懂，这就需要充分依赖伴随文本。论伴随文本的各个类型，包括副文本、型文本、前文本、评论文本、先/后文本、链文本都在影响广告文本表意。例如，广告媒介是广告的副文本，其可信度、档次感、承载广告媒介的面积、时间、材质等都会影响到广告文本的解读。而广告前文本则是广告建构与受众共鸣密码的最重要手段。

五是广告真实问题。关于广告的真实问题讨论由来已久，但大多研究是从客观事实"符合论"（theory of correspondence）角度展开讨论，认为广告文本必须符合客观事实。"符合论"未能覆盖那些无法直接用经验所验证的内容，而广告这部分内容占比极大，因此广告真实问题一直未能获得令多数人信服的结论。以皮尔斯为代表的符号学者突破上述"符合论"，从文本和阐释社群的互动出发，提出"真知"观（truth），认为真知是群体探究的结果，是人们运用科学方法进行探究时最终会达到的"社群性一致意见"。符号学的"真知"观为解决广告学界争论不休的真实问题，提供新的路径。

广告包罗万象，符号学理论丰富，广告学和符号学的结合研究，还有诸多可以展开的问题，期待更多的研究者参与其中，开拓广告符号学的研究领域。

商　品

陈文斌

　　商品符号学研究的成立建基于一个重要事实——商品是一种符号。马克思在《资本论》第一卷第一篇"商品与货币"中明确提出："每个商品都是一个符号，因为它作为价值只是耗费在它上面的人类劳动的物质外壳。"（马克思，2004，110）商品作为符号，再现了劳动力创造的价值。确定了商品的符号本质，进而对其进行符号学研究，这是学理上的必然。

　　按照马克思的界定，"商品首先是一个外界的对象，一个靠自己的属性来满足人的某种需要的物。"（马克思，2004，47）这里首先承认了商品的物性，物的属性是为了满足人的某种需要，需求的满足意味着这一物对人是有用的，进而，"物的有用性使物成为使用价值"。商品作为物的属性构成了其自身的使用价值，然后基于对不同物质属性的使用需要，交换价值随之产生。"交换价值首先表现为一种使用价值同另一种使用价值相交换的量的关系或比例，这个比例随着时间和地点的不同而不断改变。"（马克思，2004，49）商品交换背后折射出来的恰恰是人与人之间的交往关系，正是基于商品交换，人与人之间产生联系，对于不同物的使用需求便串联了人与人之间的意义沟通。廓清这一路径，商品符号学的研究指向也就明确了。

　　何为商品？马克思在《资本论》中继续写道："要成为商品，产品必须通过交换，转到把它当作使用价值使用的人的手里。"（马克思，2004，54）换言之，商品必须被交换，只有被交换，商品才得以成立。交换是商品的固有属性，同时，"在商品的交换关系或交换价值中表现出来的东西，也就是商品的价值"（马克思，2004，51）。商品是社会财富构成的基本元素，同时，商品交换是社会关系构建的基础。"物的使用价值对于人来说没有交换就能实现，就是说，在物和人的直接关系中就能实现；相反，物的价值则只能在交换中实现，就是说，只能在一种社会的过程中实现。"（马克思，2004，102）商品交换使个人摆脱了自给自足的生产状况，人类社群的扩大，乃至社会的形成都离不开商品交换。

马克思在《资本论》中同时揭示了货币的符号性。"由于货币在某些职能上可以用它本身单纯的符号来代替，又产生了另一种误解，以为货币是一种单纯符号。但另一方面，在这种误解里面包含了一种预感：物的货币形式是物本身以外的东西，它只是隐藏在物背后的人的关系的表现形式。"（马克思，2004，110）基于以上论述可以总结：其一，商品以及作为一般商品的货币都是符号；其二，商品及货币既具有物性，也具有符号性；其三，商品与货币作为符号，其意义是人赋予的，它们所反映出来的是人与人之间的意义关系。

商品符号学研究是马克思主义符号学研究的重要论域，这一课题来源于马克思主义与符号学的对话。马克思主义政治经济学是一套复杂的理论体系，这一体系的起始点就是"商品"。马克思、恩格斯指出："政治经济学从商品开始，即从产品由个别人或原始公社相互交换的时刻开始。进入交换的产品是商品。"（马克思，恩格斯，2012，14）商品交换推动社会关系的生成，政治经济学所考察的社会层面也就浮出了水面。同时，符号学是研究意义活动的学说，它所面向的研究对象是整个意义世界。商品构筑了当代社会的生活全景，市场上的商品交换，日常生活中的商品消费，无不与人类的意义追求相关。在消费社会的语境下，收藏商品，堆积商品，甚至成了人类获取意义与确认自我的方式。围绕商品符号所展开的研究，最终面向的是整个意义世界。

意大利马克思主义符号学家奥古斯托·蓬奇奥指出："马克思主义批判是一种有效的符号学分析，它将商品作为信息，从交换和生产两个层面对其结构加以研究。产品的生产或者其使用价值的消费，并非商品的奥秘所在。只有在其作为交换价值，作为信息，被生产和消费时，商品才成为商品。所有这些，让经济学成了符号学的一部分。"（胡易容，陈文斌，2016，40）按照这一解释，马克思主义有关商品的分析本身就是一种符号学范式的分析。其实，商品符号学的研究已然成为欧洲马克思主义符号学派的中心议题，如罗西－兰迪对社会再生产、结构性失业、移民等问题的关注都围绕着"信息－商品"的生产、被消费与被交换。

事实上，人文社科的研究无法摆脱对商品的关注，卢卡奇的物化理论聚焦于商品交换，詹姆逊的文化形式分析常以各类文学艺术商品为例，齐泽克则将商品分析与精神分析相结合，除此之外，还有布尔迪厄的符号资本理论、鲍德里亚的消费社会理论，他们更是直接开掘商品、货币、资本背后的意识形态。

总结来看，以符号学为方法论聚焦商品的研究主要从两个方面展开。一方面，商品符号学本体论的建构。如保罗·科克尔曼在《商品符号学本体论》（Kockelman，2006，81）中利用皮尔斯的符号三分法，构建了商品作为符号的表意模型："商品即符号，以交换价值为表现形式，商品的对象即价值，商品所引起的观念是使用价值，它能引发购买者对于不同使用价值的意义需求。"（陈文斌，2016，13，7）另一方面，将商品符号学作为方法论展开批判实践。如卡尔·温纳林德的《金钱说了算，但是它在说什么？货币符号学和社会控制》（Winnerlind，2010，557-574）不仅对货币进行本体论分析，而且从货币的表意机制中揭露了资本主义社会的控制企图和权力话语。货币符号在匿名个体之间传播信任，从而为市场的形成奠定了基础，作为一般等价物的货币符号因而成为流动的社会权力符号，调解了人与人之间的关系，货币所能传递的权力话语也就渗透到了整个社会关系网中。

围绕商品所展开的研究聚集了政治经济学、社会学、美学、文化研究等领域的学者，政治经济学关注更多的是商品的经济属性，文化研究想要凸显的是商品的文化属性，各学科所做的努力都是想要把商品纳入政治、经济、文化的全域中讨论。正因为商品符号的特殊性，即遍及人类日常生活的全域，将商品作为研究对象可以打破学科间的壁垒，凸显本学科对于意义世界的阐释效力。与此同时，商品符号学随着马克思主义符号学研究的兴起开始受到重视，这一课题同时吸引了其他门类符号学研究者的关注，如广告、品牌、旅游、游戏、音乐等，正是基于这些门类研究对象的商品属性，使商品符号学研究不仅在本体论上不断完善，还可以为其他门类的符号学研究提供理论"滋养"。

这些研究对于商品符号学的关注、论证与反思，推动了商品符号学的本体论建构与方法论应用。但是，商品符号学作为一个独立的课题，要试图开展政治经济学与文化理论之间的对话，始终面临着困难。第一，商品作为一个概念统称，在进入不同学科领域时，所要解决的问题更趋庞杂；第二，商品作为一个中性的概念，在面向消费社会时已然成了批判对象，由此，在事实判断与价值判断之间，商品难以两全；第三，商品符号学的理论资源主要来源于马克思主义政治经济学，而对其的阐释与解读无法完全遵循马克思主义的意图；四者，伴随着人工智能、数字劳动等状况的出现，人们对于商品的界定也在变化，商品符号学的建构，不得不应对当下社会现实的剧烈变动。当然，研究者所面对的问题远比我列出的要多，事实是，商品符号学的建构与应用，也在不断摸索的过程中不断成熟。

笔者聚焦商品符号学所展开的努力，主要是廓清"商品符号学"这一本体的内涵，并通过爬梳马克思主义政治经济学，西方马克思主义文化理论中有关商品符号的论述来明晰这一课题的研究价值与意义。已发表论文，如《为什么马克思提出"商品是一种符号"？》即是本体论层面的探索，又如《重回马克思：反驳鲍德里亚对消费社会的解读》则是立足"回到马克思"的意图，在论辩中呈现商品符号在当代社会的真相，再如《重新定义文化产业：一个马克思主义符号学分析》《马克思主义符号学视域下的西方文化产业理论》则是基于商品符号学的视域，在文化产业这一具体论题下展现其理论阐释效力。

综上，商品符号学研究直指商品符号、货币符号背后的意识形态问题，这是通过政治经济学研究导向文化分析的必然走向。商品既是马克思主义政治经济学研究的起点，也是符号学的研究对象。在马克思主义政治经济学与符号学共同聚焦商品时，其中卷入的文化问题也被凸显。因此，商品研究关乎文化与经济，而研究商品需要同时兼顾马克思主义政治经济学、文化理论与符号学。

经济规律时刻运转，文化现象复杂多变，从商品分析入手，是一种切入现实的有效路径。如何看待商品，以及商品的运动；如何审视商品背后的文化症结与意识形态根源，以及如何透析商品与技术，与人的关系等，都将成为商品符号学研究的重心。

品　牌

蒋诗萍

　　20 世纪 60 年代，西方发达国家率先进入消费社会，以意义为消费对象的符号化消费行为在消费者的生活与社会交往活动中扮演着越来越重要的角色。在消费文化中，国家需要制造品牌消费欲望，拉动经济发展；企业需要为品牌添加符号附加值，获取利润；消费者需要拥有品牌意义，展示自我与身份。这三大需要使品牌符号处于不断被生产、流通、消费的过程中。随着中国经济的发展，符号意义的消费亦迅速成为市场主宰，商品普遍品牌化。生活中无处不品牌，没有品牌的当代社会已经无法存在。我们提到一件物品必说品牌，无品牌附加值的"裸物"消费开始退缩到社会文化不起眼的角落。品牌已成为关系到当今社会经济发展的关键因素，品牌是"后现代"社会市场经济的细胞。

　　品牌是作为符号被生产出来的人工制品，是一个纯符号，其根本任务是表意，核心在于取得消费者的认同。唯有厘清品牌意义的生成机制，方能实现品牌理论的新发展，更好地指导品牌的商业实践。而符号学作为意义之学，关注意义的生产、传达与解释。对品牌的研究理应基于符号学的向度，运用符号学的理论与方法来研究品牌的结构与表意方式。采取这种研究范式，主要基于以下理由。

　　一是品牌是一个意义生产文本。苏特·杰哈利（Sut Jhally）曾说："认识到人类使用物品都有其符号方面的意义，这是论述有关物品问题时一个最起码的基点。"（杰哈利，2004，5）品牌是一种符号或符号集群，已成为一种共识。从品牌的发展阶段来看，它从一个物品到牌子到名牌再到奢侈品牌，这是一个意义生产的过程。这个过程既能被看作是一个完整的符号意指过程，也可以将这个符号意指过程分解为多个由不同意义构成的符号文本。不仅如此，消费者对品牌的消费行为也是一个符号意义的接受与再生产过程。用符号学的方法，根据品牌的不同阶段将品牌分解成一个个不同的文本，分别阐释其意义的生产方式，也是探究品牌创建、推广以及维护的规律。因此，用符号学的方法来研究品牌意义，是最为恰切的方法。

二是文化语境是品牌意义生产的重要影响因子。营销学、管理学等学科中的品牌研究，是运用传统市场研究方法，通过数据测量等方式测量品牌个性、品牌形象以及品牌关系等，来计算消费者对品牌的反应，以此对品牌的价值以及资产进行估算。这样一种方法虽较为可靠地用数字呈现了品牌的某些特质，但是忽略了整个文化系统包括意识形态、文化资源对品牌的影响。符号学不仅是对文本自身的意指过程进行关注，同时也会考量作为符号意义集合的文化语境。品牌作为一个意义系统，文化语境是对其产生影响的重要因素，只有将品牌文本与文化语境文本结合研究，才能更好地找出品牌表意的规律，这从一定程度上可以说是填补了市场研究的不足。

三是符号学相较于其他研究方法的优势。品牌构建是"通过广告、公共关系、新闻报道、人际交往、产品或服务销售等传播手段，以最优化地提高品牌在目标受众心目中的认知度、美誉度、和谐度"（余明阳，2002，6）。而品牌传播主要通过媒介传递品牌信息，在不同的媒介发展时期，品牌传播的方式与手段会呈现出不同的特征。数字互联网的发展对传统媒体带来强烈的冲击，传媒行业已不再是传统媒体"一统天下"，传播环境也发生了剧烈的变化，品牌传播的方式也日新月异。媒介与受众都在发生改变，品牌传播渠道由单一的传统媒体转变成与新媒体的共存，这促使企业需要不断寻找新的能适应新型媒介环境的品牌传播方式。于是各种营销策略与实践层出不穷，各种创新的品牌传播模式陆续被推出。但在对品牌构建的研究中，若完全以媒介为导向来探究符合媒体特性的品牌传播模式，则有本末倒置之嫌。尽管媒介形态的不断变化对品牌传播模式发起了一次次挑战，但"无论传播技术如何发展，传播现象怎样纷繁复杂，人与符号的互动都是传播行为的基本结构"（李思屈，2013，6）。而以符号学方法对品牌意义生成机制进行研究，是为品牌的核心研究内容。不仅如此，"符号无处不在、无时不在，人类的心灵与符号作用不可分离，人类文明建立在符号与符号系统上，人对外在世界、甚至人自身的认识与理解，都是通过符号所获得，而所有人文社会科学都免不了对人的精神、思想与意义的追问"（蒋晓丽，2015，30）。在符号消费狂潮中，人们在传媒工具的诱惑下不断追求品牌带来的符号价值，迷失了消费主体的自我价值。符号学作为一门用以对人类社会的一切符号现象进行分析的学科，在用符号学研究品牌意义生成机制的同时，也是对品牌文化进行的符号祛魅。

时至今日，关于品牌符号学的研究主要由三个部分组成：品牌识别系统（包括品牌名、Logo、标语甚至包装和声响）的符号学研究、品牌管理与符号学结合研究、品牌消费的符号学研究。作为基础性研究，品牌识别系统的符号学研究主要探讨品牌名的符号学特性以及如何命名、logo 与产品之间的指称关系、品牌识别系统是如何影响消费者对品牌信息的感知与接受等。

当前，品牌符号学研究的最主要方向是符号学理论与品牌管理（包括品牌联盟、品牌资产、品牌战略等）相结合。这一传统出现的时间较早，1959 年，西德尼·利维（Sidney Levy）出版《销售符号》（*Symbols for Sale*）一书，强调了品牌符号意义，他认为，消费者是根据品牌的意义来选择商品，品牌意义是当今消费文化中最有价值且最有效的符号资源。沿着此条轨迹，弗洛克（Jena-Marie Floch）、桑普里尼（Andera Semprini）、达内西（Marcel Danesi）以及后起学者罗索拉托斯（George Rossolatos）都取得了非凡的研究成果。

很多文化研究者在论述符号消费时，会提及品牌这一媒体文化产物，但很少有人对大众媒体文化的实际文本和实践做系统而持久的审视。其中，鲍德里亚（Jean Baudrillard）与巴尔特（Roland Barthes）用符号学方法对消费文化进行的研究，较为深刻，成为当今众多学者进行相关研究的基础理论。鲍德里亚强调象征交换，其中很大一部分是品牌的象征意义。巴尔特的两级递进的意义结构理论（"神话理论"）在分析大众文化时具有一定解释力，因此该理论被品牌研究者广泛运用于品牌传播分析中。

尽管 20 世纪 80 年代已有中国学者在论文或论著中涉及品牌这一议题，但是直到 90 年代，品牌研究才大规模出现。1993 年，《中国品牌》杂志创刊，对西方大量的品牌理论进行介绍，使品牌研究开始升温，包括"品牌形象""品牌关系""品牌个性"等被引进，如卢泰宏、符国群、黄合水等人的研究。随后，关于该主题的本土研究不断涌现，以助本土企业解决现实中的品牌建立、管理与评估等问题。从已发表的相关著述与论文来看，对品牌的研究主要集中在探究品牌资产（Brand Equity）的创建、管理与评价方法，如范秀成、江明华等。

目前试图从符号学角度来研究品牌的成果较少，从论著来看，至今还没有一部完整论述品牌符号学的书籍。浙江大学李思屈等人的《广告符号学》和《东方智慧与符号消费》两本著作，由于是专门的符号消费研究或广告符号研究，涉及品牌传播某些问题或侧面。但由于这两本论著的研究对象分别是广告与消费，所以对品牌的研究就显得笔墨不足，但其研究路径仍为品牌符号学的研究提供启发。余明阳等人合著的《品牌传播学》一书虽然不是专门的品牌符号学研究著作，但书中仍对以符号学为理论基础来研究品牌进行了相关介绍。2011 年，王新新等人的《品牌符号论》一书，强调了后工业社会的符号消费特征，遗憾的是，该书只是将符号消费作为整本书的背景理论，并未涉及品牌具体的符号表意问题。但该书对品牌符号意义的强调，使品牌符号学研究呼之欲出。

赵毅衡在论文中谈及符号修辞格——象征时认为，许多特用符号建立意义的手段就是复现形象渐渐积累意义成为象征。他尤其提到当代社会品牌的建立方式："大公司的商标图像称为'Logo'，原本是有理据性的修辞符号。但是随着资本主义的全球化，象征性增加，其超出原先'意图定点'的意义，延伸义扩大到全世界的消费者都只认图表而不管'真实品质'。"（赵毅衡，2010）此文虽不是专门论述品牌表意的文章，但他寥寥数语，却道出了品牌的本质和品牌的意义积累方式。不仅如此，赵毅衡著有《符号学：原理与推演》一书，是关于符号学理论的最新研究成果，为品牌符号学整个理论体系提供了根本的理论基础与强大的理论支撑。

品牌是一种符号或符号系统，已成为一种共识，但目前还并没有关于品牌符号学的系统性研究。甚至有学者将品牌的符形，即品牌的识别系统理解为品牌符号，在此基础上进行符号学解释。余明阳在《品牌学》一书中，对这一错误指出："一个完整的品牌所具有的符号或标志的属性，有着重要的识别、区分功能，但这只是作为品牌应具有的一个基本而必要的条件，而不是品牌的全部。识别一个品牌依靠的不仅是它的名称或标志，更重要的是依赖其体现出来的理念、文化等核心价值。所以符号说只将品牌看成单纯的用以区别的标志或名称，而没有揭示品牌的完整内涵，不免失之片面。"（余明阳，2005，2）

那么，基于品牌符号学研究现状，应采取何种理论进行什么样的研究，以推进品牌符号学的发展呢？首先是符号学思想资源的选择。我们应突破索绪尔符号学的二元模式，走向皮尔斯的三分架构，皮尔斯符号学重意义研究，努力探讨意指方式。如此方能激活符号学在应对品牌意义解释问题上的活力，拨开二元对立模式生产出的意识形态迷雾。同时，还应结合符号学的最新研究成果，如前述赵毅衡关于符号学的理论，进行研究。

而在研究范畴上，要对已有的品牌符号学研究进行深入扩展，不能仅限于对品牌符号结构的讨论，在品牌意义生成的问题上，也应该与已取得相当成就的品牌营销学、品牌管理学知识进行结合研究。毕竟品牌符号学是一门操作性极强的学科，它应紧跟时代变化并对现实做出相应的回应。如若能用符号学方法对品牌的实际操作具体问题进行解读并提供理论指导，不仅能对传统的品牌营销学、管理学忽略系统的意识形态、文化资源等影响因子这一纰漏进行弥补，同时也是对符号学作为当代人文社科共通的方法论的最好例证，更重要的是，这有益于探得新的品牌奥秘，推动品牌理论研究的新发展。届时，建立起一个完整的品牌符号学理论体系也就不远了。

店　招

许夏敬

据载于《诗·卫风·氓》中的"氓之蚩蚩，抱布贸丝，匪来贸丝，来即我谋"和《周易·系辞下》中的"日中为市，致天下之民，聚天下之货，交易而退，各得其所"可以判断，我国古代的商业活动最早可以追溯至春秋时期。伴随着商业活动不断发展的还有一些具有民俗特色的商业性广告，譬如招牌。据曲彦斌《中国招幌辞典》的研究，招牌主要是指以悬挂、镶嵌或砌筑等方式固定于商业性门市的匾、额、牌、联、壁等书有特定广告文字或绘有相应图案的招徕性标识（曲彦斌，2001）。作为招徕性标识，招牌最基础的功能是告知行人商家提供何种商品或服务。若要实现这一功能，招牌则不得不通过某些手段来吸引行人或潜在消费者的注意力。故而，招牌被要求精简、顺口、好记、不重复、有辨识度，被要求高度的概括力与强烈的视觉冲击力。我们日常生活中常见的招牌总是五颜六色、五花八门，说是争奇斗艳也不为过。

事实上，招牌不仅传递了商业信息，还装饰着人们的社会生活。倘若我们将招牌分别置入一条街道、一座城市或者一个社会的语境中，我们能获得的是不同的理解与意义。招牌反映和记录城市发展及社会变革，反映和记录某一地区某一时间段内政治、经济、文化、审美及日常生活。换言之，招牌是社会历史、城市形象、市民生活最好的见证者与记录者。那么，对于招牌的系统化的学术研究即是对人类社会文化研究的有益补充。

海外一些汉学家在百余年前已经开始关注我国的招牌，如美国学者路易斯·克兰（Louise Crane）。1926 年，她在中国上海出版了一本英文专著《中国的招幌与象征》（*China in Sign and Symbol*，1926）。在该书中，她记录了一百余种中国（主要是北京）传统招幌的形制、色彩、标识的经营内容，以及寓意、象征、相关的社会历史背景等。值得注意的是，每种招幌均绘有彩色图例。她对民国初年以来，商业招幌民俗与陋俗一道玉石俱焚的情况感到十分惋惜，她认为"这些具有中国特殊风格的、富于象征性特征的招幌，正在从商业区和所有中国人的街区中迅速消失，被千篇一律的店牌所取代，中国式的街巷之美，正在引入注目地消失"（Crane，1926）。

目前，对招牌关注较多的是民俗学，但笔者认为招牌也可以作为符号学的研究对象。主要原因如下：其一，招牌无论如何变化、演进、发展，都是一种多符号组合而成的视觉性媒介文本。其二，招牌是不自觉地利用周遭环境要素进行表意的空间媒介文本。其三，招牌符号系统的组合、聚合不只是文本内部的组合、聚合，也与文本外店面、店员、柜台、其他店招、其他店甚至来往匆匆的行人构成一个多维度、多层次的时空组合、聚合。

目前，我国对招牌的研究主要集中于招牌的形式、设计、传播效果等方面。比如黄芷婷对台中市的招牌广告形式进行的研究，所采用的是田野调查的方法，具体调查了台中市三条街道招牌所呈现的色彩、字体、资讯内容、造型与设置形式等视觉要素特色（黄芷婷，2009）。又如林逸民针对屏东市街道广告招牌文字谐音使用对消费者消费行为影响进行了研究。

笔者是从店招广告的视觉修辞的角度切入对招牌的符号学研究。店招广告的视觉修辞研究具体来说主要包括三个问题。

第一，店招广告的视觉修辞语法问题分别从店招广告的视觉色彩、店招广告的视觉字形、店招广告的视觉图形三个维度来展开。事实上店招广告是多符号组合的媒介文本，店招广告的物理构成可以概要地从色彩、文字、图形、材质、其他五个维度进行划分，而这五个维度又分别有其表层结构。

第二，店招广告的视觉修辞风格问题是通过一些具体案例引出，并结合零度偏离修辞理论对店招广告的文本风格进行分析。笔者在这一理论基础上提出了店招广告的再零度－偏离，认为在店招广告的视觉修辞系统中，店招广告的零度和偏离也是再逐渐转化的，但是这种转化是渐进的。初始的店招广告是偏离的，逐渐零度化成为零度的店招广告，零度的店招广告发生二次偏离，再次成为偏离的店招广告，如此随着社会的发展和时间的变化而循环前进。

第三，店招广告的视觉修辞刺点问题首先由具体广告案例出发，本文认为不同于新闻必须清楚、准确、直接表意，也不同于诗歌以追求难解、不求甚解为目的，广告是清楚、准确地刺激、鼓励、逼迫消费者去介入的"谜语"。广告文本的断裂与意义重构使其成为刺点的广告，而店招广告以视觉修辞的方式使其文本断裂与意义重构从而成为刺点的店招广告。

从时间维度上来看，招牌伴随着社会经济以及技术的发展演变出千变万化的形式与种类，这些都深刻建构了我们对世界的观念，也深刻影响着我们的日常生活。从古代商业活动始发到当下数字化时代经济蓬勃发展，招牌也经历了多次"技术革命"。招牌既有美学功能，也有社会功能。招牌透露出我们的身份，以及我们想如何被看待。招牌的力量在于它攫获了数以千计的凝视，也在于它导致的观念流的转变、移位和重新定向。

时　尚

杨晓菲

从 1904 年西美尔（Georg Simmel）发表《时尚》一文开始，时尚便被纳入社会学的研究范畴。20 世纪中叶以后，时尚研究又开辟出一条符号学路径。巴尔特创新性地用符号学理论对流行服饰进行了研究。他以时装杂志中对时装的文字描述为研究对象，用语言学的方法分析了时装叙述中的语言结构与具体表达，揭示了时装杂志中的服饰符码以及流行的神话运作。他认为时尚是大众传媒和商业社会有意制造出来的，他把大众传媒与时尚运作相结合，开创了流行服饰媒体话语研究的先河，并将时尚纳入符号学的研究范畴。

鲍德里亚（Jean Baudrillard）在对消费社会的研究中宣称："消费的主体，是符号的秩序。"（鲍德里亚，2000，226）他将时尚与消费紧密联系起来，他认为时尚强行进行的活动远离了我们的美学情感，时尚是被制造出来的象征性符码意义，是过去的形式作为有效符号的不断复活。在时尚中，意义被彻底消解，时尚的所指被避开，能指不再通往任何地方。物品的本质或意义不再具有对形象的优先权。它们两者再也不是互相重视的了：它们的广延性共同存在于同一个逻辑空间中，在那里他们同样都是作为符号"发挥作用"（鲍德里亚，2000，104），时尚成了一个漂浮的符号体系。鲍德里亚的时尚研究沿着符号学的路径，从消费主义的角度对时尚进行了批判，他认为时尚就是"商品的仙境"。

戴维斯（Fred Davis）在 1992 年出版的《时尚、文化与身份》（*Fashion，Culture and Identity*）一书中，把时尚作为一套符号体系：不仅是阶层、身份、性或性别的单一符号，更是所有这些方面的整体符号。戴维斯在此将时尚的认同意义扩大，他认为时尚指向社会认同的所有方面，而不是单一的某个方面。

克兰（Diana Crane）在《时尚及其社会阶层：服装中的阶级、性别和身份》（*Fashion and Its Social Agendas: Class，Gender，and Identity in Clothing*）一书中描绘了 19 世纪至 20 世纪的时尚变迁，她也认为时尚是一种

符号，是一种关乎社会认同和个人认同的传播符号。而个体无论处于什么阶层、什么历史阶段都会主动地利用这种符号来表达自己，而不是被动地去遵循这套符号。所以，在克兰的研究中，时尚还是一套社会议程符号（Crane，2000）。她更进一步地扩大了时尚的意义。

宋颖运用符号学方法，选择时尚中最完美的表达——时装作为研究对象，探究时尚"语言"与"言语"之间的关系。她认为服饰符码是服装中存在的一套自觉和流畅的服饰符号表达和解读规则，衣服的言说功能就是通过服饰符码破解衣服的信息和表达信息，时尚是言说的结果。在对时装语汇的选择与抛弃中，衣服完成了它的言说，反映出穿着者的身份特征。但时尚作为一定时期内能指的集合，是变动不居的，因此时尚具有一个新品性——"能指的空洞"。时尚媒体对时装的描述变成一种随意的结合，不再指向时装本身，也不是指向真正的世事，时尚与对象之间的结合，变得任意而武断，时尚不再透露出原本可以看出的穿着者的喜好、阶层、信仰，衣服的言说功能停止了，留下一个空洞的时尚标签。

之所以运用符号学的方法对时尚进行研究，有两个原因。首先，符号学是一门研究意义活动的重要学说，时尚是现代社会高度符号化的产物，是各类意义的集中承载，"时尚的意义表达功能必然使得时尚成为符号学的分析对象"（廖茹菡，2017，138-150）。其次，现代时尚与传播密切相关，它不仅是一种重要的传播现象，也是传播的结果，可以说时尚是传播学研究的重要课题，而符号学是现代传播学研究的一种新路径，把时尚研究置于文化符号学的视域下进行讨论，是时尚传播研究的新的尝试。

那么，符号学视域下时尚的生成、传播与演变机制如何？时尚与其相关文本又是如何与人们发生互动的？

首先是时尚的生成机制。时尚是社会文化生活中，一定时间内为大多数人追求与模仿，但仅有少数人拥有的一种用以获得某种认同的文本风格。而这种风格的形成依靠文本形态的标出、使用行为的标出以及大众认知层面的非标出共同作用。

其次是时尚的传播机制。最初，时装发布会打造了时尚的"神话"，开启了时尚传播的旅程。大众传媒时代，时尚杂志作为时尚传播的主力军，接续了时装发布会的"神话"，通过"修辞"的说服艺术，掌握着时尚的话语权。新媒体时代，社交媒体的崛起，让时尚传播开始出现社交化转向，时尚的话语权从机构性的媒体转向了个人化的自媒体，时尚博主成长为新一代的时尚意见领袖，发挥着其对时尚传播不可小觑的影响力。

　　最后是时尚的演变机制。在传播的过程中，时尚的意义会产生迁移。通过标出性翻转的理论，可以透视时尚与其几个意义变体之间的复杂关系。快时尚与时尚的区别在于，快时尚在使用层面的标出性翻转了，但在整体的风格上依旧保持标出；流行与时尚的区别在于，流行在文本形态和使用行为层面的标出性都翻转了，也即时尚作为异项的标出风格被全面翻转为正项。在时尚向流行意义翻转的过程中，快时尚起到了一个"换挡加速"的作用。而经典是时尚象征化的结果，是没有消逝的、过去的时尚在当下的呈现。重生的时尚，是经过意图定点的重设和重新标出，周期性再生的时尚。流行、经典和重生，是时尚常见的三种演变方式。反时尚是作为时尚的一种"否定的范式"出现的，它是从精神层面对时尚的反对，是异项的异项，但也和时尚一样，是人们追寻身份认同的一种方式。反时尚有一个逃不出的宿命，即以反抗的姿态出生，但最终也会被收编进时尚，这就是反时尚对时尚的抵抗与妥协。

　　但时尚是否真的能够缓解身份焦虑，带来真实的身份认同？时尚博主作为新兴的时尚意见领袖，是否真实地颠覆了传统的时尚传播模式，给时尚传播带来了本质性的改变？时尚在向前发展的过程中是否呈现出了四体演进的关系？这些都是时尚研究可以进一步展开的问题。

时　装

宋　颖

　　翻阅时装史就会发现，时装产业的发展与工业革命带来的技术腾飞、生产与消费的全球化，以及时尚媒体的推波助澜密不可分。但同时，社会生产生活方式抑或习俗，也深深形塑了时尚观念的演化，这决定了"时装"较之"服装"具有更多的复杂性——人类的着装行为早已脱离了单纯的御寒、蔽体等实用功能，而发展为一种具有交际属性的表达手段。

　　时装符号学，顾名思义，即以符号学为主要理论工具对时装进行的研究。作为一门关注意义的学科，符号学在冲破语言符号的藩篱之后，一一审视社会中的诸多现象（电影、广告、建筑、旅游、时装等），并试图对这些现象背后的意义生成机制进行观察与梳理。不可忽略的是，使用复杂的符号系统进行表意是人类社会的鲜明特征，时装是着装这一社会行为符号化操作的结果之一。而时装符号学的发展，也得益于社会学、人类学以及文化研究领域的既有积累。

　　对于着装行为与时尚现象的关注古已有之，而 20 世纪以来对于这些现象的专门讨论尤为丰富。阿兰（Alain）在《"美"术的体系》（*Système des beaux-arts*，1920）（69-72）中认为，时装既受制于着装风俗的制约，但也是吸引注意力/摆脱庸常与普通、掩饰年龄的表达手段；布尔迪厄（Pierre Bourdieu）在《差别》（*La distinction: Critique sociale du jugement*）一书中将时装看作一种"社会资本投资"；凡勃伦（Thorstein Veblen）在《有闲阶级论》（*The Theory of the Leisure Class*，1899）中将时尚归于"炫耀性消费"（conspicuous consumption），人们用时装表达有闲阶级的归属而非劳动阶层的归属；西美尔（Georg Simmel）在《时尚的哲学》（1904）（西美尔，2017）中提到在社会中实现一种认同和归属以及对于个体差异化表达是时尚形成的主要动力；巴尔特在《流行体系》（1967）及其一些论文［2006 年被 Michael Carter 辑为论文集《时尚的语言》（*The Language of Fashion*）出版］（Barthes，2006）中，建构出服装和时尚的符号体系，着眼于时尚的产生机制分析。威尔森（Elizabeth Wilson）《梦的装饰：时装与现代性》（*Adorned in Dreams: Fashion and Modernity*，1985）、恩特威斯特尔（Joanne Entwistle）在《时髦的身体》（*The Fashioned Body: Fashion，Dress and Modern Social Theory*，2000）都将时装作为现代性的考量。作家卢里（Alison Lurie）《时装的语言》（*The Language of Fashion*，1981）以及巴纳德（Malcolm Barnard）的《作为交际的时装》（*Fashion as Communication*，1996），戴维斯（Fred Davis）的《时装，文化与身份》（*Fashion，Culture and Identity*，1992），将服装纳入非语言交流交际（non-verbal communication）之中。

之后，里兹－赫维茨（Wendy Leeds-Hurwitz）在《符号学与传播：符号，符码与文化》（*Semiotics and Communication: Signs，Codes and Culture*，1993）一书将真实服装与世事、流行连在一起。他认为服饰能够传达出穿着者的性别、年龄、职业、阶层、社会政治身份、人际状况（Wendy Leeds-Hurwitz，1996. 113－121）；鲁宾斯坦（Ruth Rubinstein）在《服饰符码：美国文化中的意义与信息》（*Dress Codes: Meanings and Messages in American Culture*，2001）中以符号学的视角，剖析服饰符号的个体表达（individual speech）与公共表达（public speak）功能，以及其作为人们个体自我和公共自我间减震阀的作用，与此同时，她也意识到，时尚是着装行为社会话语呈现维度的最有力呈现。

另外一位符号学者达内西（Marcel Danesi）将符号学推向大众生活空间的诸多尝试也都十分具有代表性，在《香烟、高跟鞋及其他有趣的东西：符号学导论》（达内西，2012）一书中，他用符号学的工具直接触及现实生活中的事物和现象，将真实事物作为符号传达抽象意义，彻底丢掉巴尔特式的在真实与符号之间加一个缓冲项的方法，在方法论维度上迈开了一大步。这得益于符号学理论体系的充实与发展：符号的能指并不限于语言范畴，而已然迈向更广阔的实在世界。于此，我们对时装符号学的研究需要首先廓清以下几个问题。

一是研究对象之界定。英文"时装"（fashion）一词与"时尚"（fashion）一词同形，易引起误解。时尚的最大施展之地非时装莫属，但并不等同于时装。时尚是一种变动不居、不断求奇求新的价值观；时装广义上指一个产业，包括时装周、时装广告、时装媒体、时尚名流等，狭义上则是指时尚的服饰，包括衣服、配件和饰品、文身等身体装饰等。所以说"时装"并非简单的"时尚的服装"，也不等同于"时尚"这一概念。时装符号学也并非"时尚服装"的符号学，确切来讲，我们更期望它是对于时装工业中一切参与"时尚"生产中的各种符号要素及其生产机制的研究。更确切地说，时装符号学中除了对于狭义的时装及身体装饰的关注，也可能会涉及时装广告符号学、时装陈列符号学、时装表演符号学、时装杂志符号学、时装摄影符号学、时尚名流符号学、时装设计符号学，甚至时尚符号学、影视时装符号学等。

二是两个主要研究维度。简单来说，时装符号学有两个主要的可能维度，一个是基于时装工业诸要素的符号学文本的分析，另一个是基于时尚产生机制及时尚消费意识形态的探究。这在巴尔特《流行体系》的尝试中已十分明显。基于时装工业中诸要素的符号学文本分析，除了前文列出的例如达内西在《香烟、高跟鞋及其他有趣的东西：符号学导论》中从一个生活场景中截取众多有趣的部件，如广告、香水、网络空间、时装、高跟鞋、肢体语言、戒指等，将其纳入符号展演式的分析，Rhodes 与 Zuloago 在《高级时装广告的符号学分析》（Rhodes、Zuloago，2003）一文中对于高级时装广告的分析认为，高级时装广告像其他任何商品的广告那样，旨在促进消费，增加商品的符号价值。国内学者傅其林在《后现代消费文化中的时装表演》（傅其林，2003，5）一文中对时装秀进行了分析，认为时装秀是一种现代的"文化仪式"或者"文化拜物教"，以服装师为前景，一个个能指的轮换让观赏者应接不暇，通过视觉和性的刺激来实现消费的目的。笔者也曾在《消费主义视野下的服饰商品符号》（宋颖，2017，14）中尝试阐释服饰符码与服饰语言意义空间的相关问题。

而另一个维度，针对的是时装产业所制造出来的一套时尚价值观，它可以说是拜物主义的、消费主义的。比如，在《流行体系》中，服装与所指之间的关系是被时尚杂志制造出来的，时装媒体杂志的书写造就了一个时尚意识形态的神话，服装要素与流行之间并无恒定的关系，时尚实质上只是时尚价值观，这种价值观一旦形成，就会对消费选择构成压力。布鲁默（Herbert Blumer）在 1965 年提出，时尚机制是时尚形成的动力（Herbert，1969），时尚是集体选择的结果，是人们"入时"的愿望的结果。正如鲍德里亚在《消费社会》中所指出的那样，符号消费成为当下消费的主要形态，人们消费的并非所购买的实际的衣服，而是一个故事、一个身份或一种生活方式。

总的来说，从手工业小作坊到工业大生产，消费主义与时尚全球化裹挟之下的时装工业呈现出越来越丰富的内容，如何应对其带来的诸多疑问，相信时装符号学也会给予一定的答案，至少，从符号学的维度远观之，或许可以用更为理性的姿态客观对待。时装符号学不是对符号学理论的简单套用，它亟待更多分析实践的充实。

奢侈品与轻奢品

贺良琼

人们在满足基本物质需求后会想要追求更高的生活品质，更高生活品质指向了人们对奢侈消费的想象和欲望。奢侈品是符号价值生成、不断系统化、象征化，形成相对固定意义的商品。奢侈品牌的意义并非一成不变，会受符号系统规则的影响，当规则发生变化，符号意义解读的方式也会受影响，轻奢品牌的出现正是因为新的社会语境下产生了新的符号系统规则，使品牌意义产生新变化。

国外有关轻奢侈品（afford luxury brand）的研究可以归为五条路径，即平价奢侈品牌（masstige brand）、大众化奢侈模式（populence paradigm）、潮流奢侈品消费（bandwagon luxury consumption）、消费升级（trading-up）现象、以及新奢侈主义（new luxury）。与符号学有一定关联或者研究路径较接近的是大众化奢侈模式、潮流奢侈品消费、新奢侈主义这三种研究路径。

在《大众化奢华：奢侈品牌大众化的探析》中，研究者采用定性研究方式揭示了奢侈品牌消费模式出现的一系列新现象。此外对传统奢侈品研究进行了综述回顾，展示了当代美国奢侈品的意义变化过程。研究者们提出"一种新的豪华范例，它们被称为'大众化奢侈（populence）'，被定义为具有广泛目标受众的新型奢侈品和服务类别，并将提出的概念应用于相关研究领域"（Granot，Russell，Brashear-Alejandro，2013，31—44）

潮流奢侈品消费是探析奢侈品牌消费大众化现象。整个研究路径是"经济学原理到品牌消费现状分析，再到心理学的自我概念的模型的借用，其中最为重要的是关于自我概念（self-concept）的分析。"（Kastanakis，Balabanis，2012，1399—1407）这一路径从消费者角度出发，以心理学理论为基础，与符号学存在一脉相承的联系，开始涉及相关意义分析的路径。

M. J. Silverstein 等提出"随着人们收入差距越来越大，教育程度越来越高，人越来越意识到其他文化的美好，形成一种新生活观念，这影响着一个消费群体，同时又促使消费范围的变化。这一类被称为新奢侈主义"

(Silverstein，Michael，Neil Fiske 2003，48—57，121)。新奢侈主义将奢侈消费向大众层面扩展，同时，奢侈品所聚焦的商品也不再局限于珠宝首饰这类传统奢侈品。新奢侈与旧奢侈的差别还体现在商品的使用上，旧奢侈关注炫耀性消费，新奢侈注重物本身的实用性。

以上三条路径的共同点就是回归到消费者对品牌意义的获取。再看国内研究：张梦霞认为，奢侈品消费行为更多地表现为一种象征性购买行为。卢泰宏等人在《消费者行为学——中国消费者透视》中进一步指出，奢侈品牌消费者在消费过程中获得了满足，这种满足是对奢侈品意义的解释满足，具体释义是一种占有欲望的满足，还有炫耀心理和自身财力、身份等显示的满足。冯彩在《新式奢侈品与旧式奢侈品文化意义研究》一文中针对不同社会、不同时期的文化语境，展开了新式奢侈品与旧式奢侈品的比较。

卞露等人在《城市青年与新奢侈主义消费的选择性亲和》一文指出："轻奢品牌是一种在层级上较为模糊的边界产品，并基于传统奢侈品牌进行界定，认为轻奢品牌是传统奢侈品牌大众化生产的结果。"（卞露、陈聪、甄凯晨，2011，5）该文认为轻奢侈品牌与同类产品和服务相比较，质量更好、品味更高、价格更贵，但又不是高不可攀，适应社会中产阶级购买能力。这个定义与段淳林在《新奢侈品品牌传播的蜂鸣效应探析》中提出的定义不谋而合。韩丽和王爽在《基于国内奢侈品市场的轻奢市场研究》一文中提到"轻奢品牌是以实现自我需求的中产阶级为主要对象，有独立的个性化设计和优越的产品质量保障的中高档商品"（韩丽、王爽，2015，36）。

以上对奢侈的研究，虽然并未直接用符号学的研究途径，但提及奢侈消费的"想象"和"欲望"以及"象征性"的购买行为，实际上已经触及了符号意义的追求与建构。以上研究未从根源上讨论奢侈品牌以及轻奢品牌的背后象征意义生成规律，而是停留在品牌消费者具体的消费需求的研究中，且并未揭示出奢侈品与轻奢品的品牌符号形成机制。

笔者认为，轻奢品牌意义变迁呈现出抛物线型轨迹，存在一个奢侈物品不断赋予意义的增值时期，当增值到一定阶段，意义开始被阐释群体所筛选淘汰。奢侈品走向奢侈象征化这一过程，意义由原来的个别解释到后来群体性的阐释，逐渐固化为象征的符号意义，解释张力不断缩小，轻奢品牌的出现使解释张力的强度发生改变，阐释群体可以获得更多的解释可能。这是一个抛物线的变化规律，在以时间为横坐标，解释张力为纵坐标的二元直角坐标系中，曲线成半圆形，即解释张力经历由无限大—最小值—无限大的过程。

此外，奢侈品与轻奢侈品存在符号自我集合性的问题。轻奢品牌所建构的符号自我具有更强的集合能力，并通过符号身份的"灵活性、多重性、动态性"得以表现（李娟，2017，15）。赵毅衡认为："符号象征过程需要在文化社群反复使用，意义累计而发生符用学变异的比喻。"（赵毅衡，2012b，206）奢侈物品在被富裕阶层频繁消费和使用后得以象征化，成为身份与阶层的标示，进而稳定其奢侈品牌的意义。但随着消费结构的变化，轻奢品牌应运而生，成为一种新的意义集合，其意义集合大于奢侈品牌，但又与奢侈品牌不是包含关系，而是一种交集，有部分意义重合，其中就包括获得一种仪式化的身份认同。奢侈品绑定的意义是身份尊贵，而轻奢品牌更多的是一种仪式感的模仿。轻奢品牌除了从奢侈品牌传承得到的部分象征意义，最重要的是又满足了个性化需求，即兼顾身份地位的尊贵象征与个性表达。

流行音乐

刘小波

当今世界，流行音乐无处不在，从其诞生之际，它就和商业密不可分。当全球进入互联网时代后，流行音乐产业的运作模式发生了巨大改变，音乐的生产、传播模式、产品形态、音乐资本、产业格局都发生了天翻地覆的变化。音乐产业理论的提出既是对音乐领域新发展的回应，也是对当前音乐产业出现的种种困境的尝试性解决。

中国的流行音乐研究一直没有形成气候，从符号学和产业学角度研究流行音乐的尝试少之又少。陆正兰的流行音乐研究涉及了流行音乐产业方面的研究，她的《歌词学》《歌曲与性别——中国当代流行音乐研究》《流行音乐传播符号学》等著作都有涉及。在其他研究方面，于瑞桓、李洪昌、支宇舒编著的《传播媒介的演变与当代数字音乐产业》系统地论述了流行音乐传播媒介的演变，从最早的留声机、卡带录音机、激光唱机到 MP3，从有线、无线广播到有线、无线电视和网络，每一次媒介的变革对音乐艺术本身和其传播方式产生的深远影响。侯琳琦撰写的《网络音乐的多视角研究》以网络音乐为研究对象涉及网络音乐产业。宗晓军的《音乐商业的秘密》揭示了音乐产业内部的秘密。周洪雷的《音乐市场营销及案例分析》借鉴或吸取国内外市场营销学的基本原理和研究成果，结合音乐艺术的客观实际，以市场经济的全新视角审视音乐艺术的价值和使用价值，探入探讨在遵循和保持音乐艺术自身艺术价值的前提下，如何开发音乐艺术的经济价值。佟雪娜的《数字音乐的产业价值链研究》通过对比国内外数字音乐产业发展状况，总结出中国的数字音乐产业价值链的发展特点。熊琦的《数字音乐之道：网络时代音乐著作权许可模式研究》通过对音乐著作权制度的国外原始立法和研究文献的收集与整理，梳理出音乐著作权许可制度的源流和初始立法价值。总的来说，这一领域还有广阔的空间可以开掘。

流行音乐产业包含生产、传播和消费三大环节。作为一种产业符号的流行音乐产业，这三大环节的每一个具体的运作过程，都遵循产业符号逻辑。也就是说，流行音乐产业从构思创作，经传播到消费者接受反馈，既是流行音乐的整个"产业运作"符号化过程，也是流行音乐符号意义生成过程，它们构成了一个相对完整的流行音乐产业符号机制。具体来说，我们既可以从流行音乐的文本编码层面分析流行音乐产业的生产机制，也可以从符号传播的角度探究流行音乐产业的符号传播机制，还可以从符号接受的角度讨论流行音乐产业的符号接受环节，即流行音乐产业的消费机制。

流行音乐产业是一种符号商品的生产、传播和消费。流行音乐产业的运作过程，实际上是通过在每一个具体的环节中增加商品的符号价值来获取产业回报。从产品酝酿、生产、复制到流通、消费，每一个环节都围绕着符号价值最大化进行"生产"，诸如流行音乐文本编码的符号修辞、产品的符号分类、产品伴随文本包装，以及产品传播的符号意图定点、产品消费的符号认同等。流行音乐作为一种产业，随着它商品属性的扩展，其文化影响力也在增强，流行音乐产业正面临新的机遇与挑战，对其进行深刻的学理研究也更为迫切，通过符号学这扇窗口，可以对当下的流行音乐产业背后商品与文化的复杂关系获得更有效的分析。

文化与文化产业和符号学之间有着必然的逻辑联系。文化的存在取决于人类创造和使用符号的能力。文化本质上就是符号，因为文化是人类为表达某种意义而制造出来的某种东西。人类的全部文化都是以他自己的符号化活动来创造其产品。同时，意义问题可以说是符号学研究的核心，符号学也可称为意义学。从亚里士多德开始，符号就被认为包含三个层次，第一层是符号本身，第二层是符号的所指物，第三层是符号唤起的意义（黄永红、申民、周苹，2013，5）。从符号学角度研究流行音乐产业，正是探寻音乐产业符号本身以及产业符号所唤起的意义。

互联网、音乐、资本构成了当代流行音乐产业新的三角关系，当代流行音乐产业是一个现在进行时的活动，虽然时间距离未拉开，做出任何确定性的结论都为时尚早，但是对产业过程中的符号意义关注十分必要：一方面我们可以对产业过程中遇到的种种问题进行在场解决，另一方面也可以使整个流行音乐研究具有延续性，也能使其更加系统化、理论化。符号学本身也是探究意义的科学，符号学作为一种新的研究范式，或许可以给中国当代流行音乐研究带来新的生机。从符号学视角对流行音乐产业进行研究，可以探寻音乐产业所蕴含的意义及其对整个社会演进的影响，尤其是音乐的产业化进程，影响了受众消费习惯与消费心理，改变了经济结构、文化结构，进而可能改变整个社会结构，与之相关的问题都值得我们深入探讨。

第七部分

日常生活的符号学

日常生活

薛　晨

　　日常生活与每个人的生存息息相关，是人类意义生活中最为核心的一个领域。20 世纪人文学科的一个显著的研究转向就在于向日常生活研究的回归。在此之后，纷至沓来的各个学科开始对日常生活有不同程度的引介和嫁接。自胡塞尔提出"生活世界"（life-world）起，20 世纪以来的许多重要学者，如维特根斯坦、舒茨、海德格尔、列菲伏尔、哈贝马斯、卢卡奇、赫勒、科西克等人都对这一概念进行深入思考。对于人文社会科学而言，日常生活也是一个核心议题，传播学、哲学、美学、史学、社会学等广泛地对日常生活的各个面向探索。符号学界对日常生活的研究较为分散，尚未形成完整的理论体系，但日常生活一直是符号学的重要研究对象。

　　列维-斯特劳斯的结构主义符号学研究切入原始社会及部落的日常生活之中，比如饮食、仪式、器具，在《神话学》的前三卷：《生食和熟食》《从蜜蜂到烟灰》《餐桌礼仪的起源》（列维-斯特劳斯，2007）中，都将日常生活中最常见的饮食活动视为其研究对象，用以阐述他的神话学理论。巴尔特可以算是最早将符号学用于日常生活的研究者，他精确地将符号学理论引入到了诸如服装、饮食、汽车、家具等日常生活中最常见的非语言领域，展示出了符号学的巨大研究潜能。

　　进入当代，媒介和通信技术飞速发展，特别是随着 20 世纪 90 年代以后互联网等新媒体技术的兴起，媒介已经充分渗透人类日常生活的方方面面，我们几乎无法脱离媒介单论文化。费斯克在《理解大众文化》（费斯克，2001）、《电视文化》（费斯克，2005）等多部著作中经由大众文化语境下的日常生活实践来构筑其大众文化理论，他认为"大众的日常生活，是资本主义社会相互矛盾的利益不断得以协商和竞争的空间之所在"。（费斯克，2001，39-41）北美多伦多符号学派不仅是当下传播符号学研究核心，同时也是日常生活展开符号学系统研究的主要一脉，达内西（Marcel Danesi）在推动日常生活的传播符号学研究令人印象深刻，他在《香烟、高跟鞋及其他有趣的东西：符号学导论》（达内西，2012）一书中提及该书宗旨就是用符号学方法研究日常工作生活，因此他从日常生活中司空见惯的男女约会场景、香烟、高跟鞋、广告、电视等典型日常生活符号着眼，去揭示日常生活的意义生产、传播体系背后的"有趣"逻辑以及日常生活如何建构并影响文化运行，同时他也进一步深入青少年的日常生活中"酷"文化和表情包文化。利兹－赫尔维茨在《符号学和传播学：符号、符码、文化》（Leeds-Hurwitz，1993）一书中以日常生活中最为常见的三种社会符码，食物、服装和物品为研究对象，来探讨社会文化，特别是书中大量探讨了日常生活文化作为符号体系，其背后的意义生成机制和符码规则。之后她又著书聚焦于一个特别的日常生活符号文本——婚姻。

社会符号学以人类社会日常生活的具体实践作为其研究对象，《社会符号学》（罗伯特，2012）以及《多模态：当代传播研究的社会符号学进路》（Kress，2010）中大量从日常生活中选择研究对象，如居住空间、家庭装饰、日常仪式、亲缘关系等日常活动。荷兰社会符号学家范·李文（Theo van Leeuwen）在《社会符号学入门》（Leeuwen，2004）则将社会符号学引入日常生活，指出不同的符号资源，通过节奏、构成、信息链接、对话等四种途径，可以整合形成多模态语篇与交际行为。

国内学界对日常生活研究已经积累了很多成果，但从日常生活符号学理论建构的研究较为匮乏。李思屈从媒介符号特征入手，论述了大众的日常生活的"三重结构"，提出了传媒符号与日常生活的对应性观点。（李思屈，2005，262－268）伏飞雄发表多篇论文直视日常生活泛艺术化问题，对这一问题在当代中国的产生及其对文化结构影响等连锁问题展开了深入的符号学思考。此外，针对日常生活中的各种文化现象的门类符号学研究较为常见。

符号学即为意义学，笔者出版了《日常生活意义世界：一个符号学路径》，尝试以符号学为理探讨日常生活的意义产生、传播和衍化等问题。人在不懈追求意义的过程中建构着意义世界。日常生活世界是基于人们的符号表意活动而建构的一种意义世界。人类的意义世界并非单一的、相似的，而是极其多元的，意义世界是复合构成的。那么日常生活世界在意义世界中居于何位，意义世界又是如何构成的，关于这些问题，笔者试图提出一种新的世界构造观来寻求一个答案：世界是由两个相互重叠的部分构成，物世界与意义世界。同时这两个相互独立且重叠的世界又被进一步划分为由既独立又相互作用的自在物世界、日常生活世界、非日常生活世界构成的三元次生世界。关于日常生活世界，它极大部分是由物世界与意义世界的重叠部——实践意义世界——所构成的。正如舒茨所强调的："日常生活世界是人类最基本也是最重要的现实。"

(Shutz，1983，3）日常生活是人们获取生存手段、合作和抗争、意义的建构提供规则系统的"人类条件"，是非日常生活的前提和基础。非日常生活中的实践活动，诸如想象、筹划、幻想、游戏、艺术等意义活动都需要以日常生活经验作为意义生产活动的基础。三个符号域协同共塑着人类意义世界。

在日常生活世界意义领地中形成的日常生活文化也具有独特之外，即日常性。日常性也是界定哪个符号文本术语是日常生活文本的基本标准。从文化的标出性思考出发，日常生活文化作为文化中项受到文化宰制权的影响，对主流文化存在认同、跟随、甚至盲从的取向。日常生活文化在文化全域中处于两个不对称的、相互对立的文化范畴之间，日常生活文化与拥有文化宰制权的正项文化共同构成社会主流文化，从而共同排距受到文化宰制权压迫和排挤的各种标出性文化，如多样性的亚文化。由此，笔者为日常生活提出一个符号学式的再定义："日常生活是具有中项性特征的，认同社群正项文化宰制权的，以维系个体基本生存为目的一系列符号表意活动，并在个体生活中以高度重复的方式建构而成的一种人类意义世界。"（薛晨，2020）日常与不日常，或者正常与不正常，是人们对某个符号文本是否属于日常生活文化范畴的一个解释与判断，而中项性特征为判断各种符号文本是否具有"日常性"提供了一个相对动态的标准，中项性的日常生活符号文本，它的附加符码具有相对的无风格特征。日常生活文化通过认同主流正项文化，从而在符号文本层面靠近正项文化的风格，逐渐显现一种"低调风格"，这是相对标出性文化强烈的风格而言的一种"正常的"风格。我们对于符号文本的日常性判断，在生活中通常会解释为"正常的"，日常通勤服饰相较高级定制服饰、嘻哈服饰的显性风格而言，其符号文本相对地展示出一种"正常的"、无风格性特征。

符号化自然物与人造物是充盈在日常生活世界中最主要的"物－符号"，在传统日常生活中，衣食住行构成了每个人最基本的日常生活系统，日常服饰、日常饮食、日常居住与日常出行就成了四大日常生活"物－符号"体系。符号学家们如列维－斯特劳斯、巴尔特等早已关注到这四大日常生活体系的意义问题，国内时尚符号学、饮食符号学、建筑符号学等相关的门类符号学逐渐显现，贾佳《打扮：符号学研究》，石访访《饮食的文化符号学》两本著作不仅论题有趣，更重要的是对日常生活符号学中服饰与饮食两个亚门类符号学的积极探索推进。

除衣食住行，人们对日常生活文化中的多类型符号文本的研究也成果丰硕。佩特丽莉（Susan Petrilli）、赵星植就从符号学视角探讨日常交际中作为关系符号的礼物的意义交换问题；弗劳利（Ashley Frawley）、谭光辉等人著书立说从情感符号学角度探讨人类日常情感，诸如喜怒哀乐、欲望与两性婚姻等。

近二三十年，人类进入了一个前所未有的高度符号化时代，符号生产与消费，已经远远超过物质消费；相应的，符号生产也不得不超过物质生产。中国成为"奢侈品消费大国"已经是不争的事实，以符号生产为主导的"创意产业"已逐渐成为新兴经济的主导力量，以"欲望之欲望"为对象的广告早已在各种媒介渠道遍地开花。数字时代推动下，日常生活文化正经历巨大的变革和转型。工作、学习、社交的数字化、虚拟化、智能化，促使"人的精神、人的社会、整个人类都浸泡在一种很少人感觉到其存在却没有一刻能摆脱的东西的之中，那就是符号"。

日常生活与非日常生活二者的边界逐渐模糊，中项异项化和异向中项化转型趋势凸显，具体表现如日常生活的泛艺术化。媒介技术推动人类快速迈进全面符号时代，日常生活的泛艺术化导致标出性文化风格不再独特、鲜明，标出项只能朝向异项选择二度标出方能再次获取"标出"地位，标出性文化的符号文本形式受到前所未有的重视，明星的流量化，流量的"流星"化可见一斑。同时，日常生活文化也不再苦于"无风格"，博物馆走进淘宝，休闲消费成为新的经济增长点。在新日常生活文化中，符号化生存、艺术化生存是值得人们再度深思的问题。

饮　食

石访访

　　饮食的符号学研究，是将人类的饮食活动视作一个完整而特殊的符号系统进行整体性考察。人类饮食具有生物和文化的双重属性，既是满足身体饥饿、保障生命生存的本能行为，更是人际交往、传情表意的符号活动。身体对于进食的需求与渴望，是人类作为生物生存最强烈的证明，但从整体角度而言，人类饮食中交织着的地域、情感、回忆和想象，以及身份认同和符号消费，又都显示出这项基础活动承载的丰厚的文化意义。从饥饿到浪费，人类饮食构成了一段复杂的光谱，在这个光谱中，人类的生物性和文化性如何共存，又发生了哪些冲突？从而演化出何种意义？这些都是饮食符号学研究的重要议题。

　　食物始终是重要的社会资源，从古代社会"散尽一切"的夸富宴到中西方文化中广泛存在的奢侈性、炫耀性和竞争性宴饮，对饮食的控制和享用方式，指示着食者的财富、权力和地位。饮食成为一种个体和社会互相合作而展开的意义表述，"吃什么"和"怎么吃"，与食者的身份和社会关系模式直接相关。不仅如此，从食物匮乏的角度而言，饥饿往往被视为一种生理感觉，但它同时也是文化性的，并不是所有人都保持着规律性的饥饿和进食，长期困囿人类的饥馑，不仅是身体求生而发出的本能信号，又是一项包含了生物、经济、政治和文化等一系列复杂因素的社会符号议题。

　　人类饮食精细化的过程，即从茹毛饮血的饥不择食、粗茶淡饭的勉强糊口，到不断精加工和精烹调的人文饮食、纯粹炫耀性的奢侈宴饮，实际上可以被视为社会文明发展水平的可感标示。在这个过程中，饮食的符号性不断增强，成为人类饮食活动除"生—熟"的最大特征。但从另一个角度看，饮食精细化的过程也是一个必然包含着"浪费"的过程，从纯粹果腹的"物"到精细加工的佳肴，取用食材的哪些部分或剔除哪些部分，以及具体的烹饪实践活动，都取决于食者的饮食习惯、社会阶级和文化传统。穷人烹调的原则是尽可能保留食材的所有部分，而富裕阶级则是尽可能精简食材只保留对他们而言"必要"的部分，至于判断食材"必要与否"的标准，完全取决于食者的阶级地位和文化系统。在世界饮食的大范围内，鉴赏美食和忍饥挨饿往往都能在同一个社会中并存，一方面是渊远而丰富的饮食文化，另一方面是部分人群依然食难果腹的现实。只要社会的等级结构和分层秩序依然存在，个体区别于他者的欲望就不会消失，而饮食的差异性也将始终存在。

饮食在"物"与"符号"间滑动，既是满足生理需求的物，又是承载文化意义的符号，这是独属于人类饮食的特性，而这之间所涉及的生物本能、社会秩序和文化系统，又共同决定了人类的饮食和烹调只有处于两个极端间的恰当位置，才是合理的、伦理的。随着社会生产力水平的不断提高，人类的饮食活动历经不稳定的采集狩猎，相对稳定的农业畜牧业供给，以及工业化、后工业化社会的高效生产，饮食"物"与"符号"间的双重特性始终未变，在不同文化间的差异性和共同的伦理性也始终未变，然而，随着社会发展不断精细化的饮食文本，显然包含更加复杂的组合和选择操作，食具、就餐环境和餐桌礼仪等伴随因素也相应地与时俱进，饮食符号编码与解码的规则发生改变，作为一种符号表述的饮食文本，其意义呈现出当代性特征：精细化饮食从昔日特权阶级的专属之物，逐渐演变为大众化休闲、消费和享乐的普遍形式，这种改变得益于科技的进步及其带来的物质丰裕，也折射出社会文化符号系统的变迁。

列维－斯特劳斯（Claude Levi-Straus）曾以结构主义为取向研究饮食，揭示出烹饪之"无"和"有"之间的对立，也即"生"与"熟"之间的对立指示着"自然"与"文明"之间的对立。道格拉斯（Mary Douglas）则将食物视作解读特定社会的"文化语码"，一种社会关系与社会结构的符号化表述，饮食表象与内在语码之间的"互文"构成饮食体系与社会的系列变迁。20 世纪 60 年代，沃尔夫（Eric Wolf）和西敏司（Sidney W. Mintz）开始将某一地区的饮食或某一特定食物置于国家甚至是全球的宏观历史背景中进行考察，尤其是蔗糖、茶叶、可可、咖啡、香料等由美洲出发在全球流动的食物，通过对食物在全球传播过程的研究，将对饮食的区域性田野调查与对外部资本主义的宏观认知相结合，强调在饮食活动背后政治、经济与权力的复杂运作。这些符号学式的思考，给人们提供了一个新的方向，去发现那些在现实中被忽略的饮食意义，使日常生活中扁平的、琐碎的人类饮食拥有了文化的"纵深感"。然而这些内容仍主要是对饮食内部特定符号系统的局部性研究，而不是直接将人类饮食作为一个完整的符号系统的整体性研究。

从符号学的视角出发重新审视人类的饮食，这项活动显然具有某些"非常态"情景下的特殊性，以及无法忽视的恒常性、普遍性和系统性。在个体即时、短暂而又不断重复的饮食活动中，传统惯习的传承与变革创新同时发挥作用，生理性的进食欲望和社会性的意义追求同时展现，感官、记忆、情感和想象打破了地域的界限，人类日常生活的饮食由此呈现出一种整体性特征。恩格斯在《在马克思墓前的讲话》中指出："正像达尔文发现有机界的发展规律一样，马克思发现了人类历史的发展规律，即历来为繁茂芜杂的意识形态所掩盖的一个简单事实：人们首先必须吃、喝、住、穿，然后才能从事政治、科学、艺术、宗教等等。"（马克思，恩格斯，1995，532）生物性进食需求的满足，是个体维持与延续生命的方式，人类饮食的生物性特征不应成为学术研究忽视其意义特征的缘由，饮食独有的文化品质需要被系统性的正视与发掘。

可以说，与食物的关系是人类生存于世的第一关系。饮食强烈的生物性与物质性特征，使其曾经被偏重精神与意义的学术研究所忽视，饮食的符号学研究正是对这种观念的一种反拨。对于人类而言，无论是作为生物，或是作为文明社会的个体，食物及饮食都与其有着根本层次的关联。"文化是一个社会所有符号活动的集合"。（赵毅衡，2017，285）饮食在"物"与"符号"间来回滑动，折射的是社会性符号系统的动荡，体现的是社会发展的曲折进程和文化元语言的变迁。

极度的饥饿和极度浪费，在人类的饮食活动中共存，围绕着饮食的欲望驱动着人类的行为选择。通过积极、规律、持续不断的工作，以获取属于自己的一份食物，是一种普遍的社会追求。在这个意义上，食物可以成为指向一切人生追求的符号。人是觅食的生物，也是寻求意义的主体，身体对食物的欲望与意识对意义的渴求，如何在人类身上交织重叠，正是饮食符号学的研究重点所在。

化 妆

贾 佳

符号学可以被看作意义学，而"符号"是意义驻扎的唯一场所。"化妆"作为一种非言语传播模式，是人类意义生成、传达和解释的手段之一。从特定个体的装扮状况不仅可以看出其自我定位、性格内涵、心理倾向，而且可以观察个人的社会地位以及与他者等诸方面的内在关系，因此化妆行为可以被视为一种强有力的社会交际言语。人类对身体的化妆史可以追溯到语言符号产生之前。从最初的生理诉求，到满足社会和自我需求，化妆行为演绎出了人类语言符号无法传达的多层次意义。"符号是被认为携带意义的感知"，而化妆作为身体符号，其意义的复杂性涉及化妆主体、化妆行为本身以及符号接收者的意义阐释等诸多环节，同时，无论从时间角度还是空间角度，人类的化妆语言都在文化语境之中发生着变化。因此，人类的"化妆语言"可以作为研究社会文化的切口，通过研究人类化妆的演变，探究人类存在的文化意义和生存状态。因为符号学是用来研究意义的学科，所以讨论"化妆"的表意模式离不开符号学的理论基础。

纵观人类文明史，"色彩"从来都是最为闪光的一部分，从某种程度上，人类的化妆史就是窥探文明史的一面镜子。正如列维－斯特劳斯（Claude Levi-Strauss）在《忧郁的热带》中的描述："似乎整个文明都蓄意强烈热衷于喜爱生命所展现的颜色、特质与形状，而且为了把生命最丰富的特质保存于人体四周，便采用展现生命面貌的各项特质之中那些最能持久的，或是最易消逝却又刚好很巧的又是最宝贵的部分。"因而，最早对化妆行为投以兴趣的是人类学学者，这可以追溯到列维－斯特劳斯的结构主义人类学传统。他在《忧郁的热带》《结构人类学》等著作中，多次将部落中不同种族间的图腾文身，以及身体的彩色涂文作为分析和研究的对象，对其背后所意指的社群文化和身份传统进行解读。因而可知，前文明时期，对身体进行图案化的装扮早已是个体和社群的意义建构方式。巴尔特（Roland Barthes）虽然没有明确将化妆作为研究对象进行符号学分析，但化妆同属为时尚的组成部分，三种不同媒介的服饰表意成为巴尔特的论述对象。自巴尔特在《流行体系——符号学与服饰符码》中明确地将服装作为符号系统进行研究以来，此后学界就有了"服饰符号"（Clothing Semiotics）这一专门研究，而且该研究越来越成为符号学和人类学家着重探究和讨论的领域和范畴。

化妆在社会文化层面，一方面可以被看作大众文化以及亚文化的一面镜子，另一方面，又是主体个人化自我意识的书写。由于对早期化妆行为的讨论更多是从人类学范畴着眼，加之符号学研究从 20 世纪五六十年代才逐渐成为重要的研究趋势，因此，至今国内外针对化妆从符号学角度的研究成果十分有限。

法国文化符号学家史托金（Peter Stockinger）从文化符号学角度，分析了化妆实践的文化表意模式，并在"文化符号学：日常文化分析"（Sémiotique des cultures：Analyse des cultures quotidiennes）研讨会中将"化妆"这一行为作为一种身体语言进行讨论（"Semiotics of Cultures：The Description of Personal Cultures of Make-up"）。玛德琳·奥美（Madeleine Ogilvie）的博士论文《化妆的符号学：女性所戴的面具》（"The semiotics of visible face make-up：The masks women wear"，2005）将索绪尔和皮尔斯两位重要哲学家的符号学理论进行融合，搜集并整理现实生活中女性化妆消费的具体数据，从消费主义的角度提出消费文化语境是推动澳大利亚女性付诸化妆的主要动力。韩国学者 Hyunmi Kim 和 Aeran Jang 2011 年在文章《一种从符号学角度解读彩妆的范式》（"A Paradigm for the Semiotical Interpretation of Rimmed Make-up"）中分析了不同个案彩妆实践所呈现的表意效果。纵观以上为数不多关于"化妆符号学"的研究成果，可见它们多偏重于化妆实践和案例分析，对化妆背后所反映的社会群体和文化语境具有较为细致的分析，然而对化妆符号行为的深层学理意义建构解读不够。

同样，国内关于化妆符号学的文献研究也较为有限。靳瑜辰的文章《妆容时尚的符号学探究——以"100 Years of Beauty in China"为例》（2016）以时间线索为轴，作为具体的案例分析，系统地对中国妆容时尚的变迁进行梳理，归纳出妆容符号指向社会的同时也指向个人，既体现了某一时期社会既定话语权的同时，也体现了个人的自我认知。肖燕的《传统戏曲人物造型设计中的符号学原理简析》（2017）一文则将传统戏曲人物造型设计作为研究对象，从索绪尔"能指/所指"二分式角度分析戏曲人物造型的文化表意方式。

"化妆符号学"或许作为一门单独的学问还不成熟，但已有的文献研究将化妆行为的意义建构付诸符号学理论，已经表明"化妆"与"符号学研究"结合的学理可能性。

化妆行为属于人类身势语言的重要表现形式,作为人类装扮的一个分支,可以将其放在广义的装扮行为中进行讨论。笔者在《打扮:符号学研究》(2018)一书中观照了"打扮"这一经典主题。不同于传统意义上社会学对服饰、美容、化妆等打扮行为的研究,本书将符号学作为打扮研究的分析工具,为读者阐释了打扮行为作为一种符号所表达的意义。笔者把打扮符号的探讨分为两个部分:一是针对定位了打扮行为的符号学概念,利用符号学原理分析了打扮符号的表意过程;二是将打扮符号置于社会学领域,利用符号推演的相关理论,分析了打扮符号与社会身份、性别选择、打扮消费等问题的关联。通常意义上,身体的打扮行为首先是社会规约的作用,主体的意识往往在社会语境中被边缘化甚至被忽略不计。然而,当本书从文化符号学的角度,将打扮作为艺术符号纳入考虑的对象中时,打扮的意义阐释就离不开主体自身的意识。但主体作为打扮符号的发送者,会对意图意义的形成指明意指方向,而这对打扮符号接收者的阐释提供了阐释方向,所以对打扮主体自我的探究对于符号本身原初意义的把握具有至关重要的作用。相比而言,该书是目前关于人类自我装扮形象的较为系统的符号学阐释文献。

关于化妆的符号学研究,笔者认为未来还可在两个方面努力:

一是考察化妆符号学与社会学、人类学、心理学、传播学等多学科融合交叉的意义模式。符号学是对意义进行分析的哲学,化妆行为背后的社会文化语境、个人心理诉求以及妆面的具体呈现方式等,都是促成该符号行为表意建构的因素。在符号学与多学科融合交叉的发展趋势之下,化妆符号学也将在这一潮流中,重新审视化妆行为的产生、传播,以及符号阐释,丰富的社会学、人类学、心理学等理论将成为推动化妆符号学研究的新的理论场域。

二是探讨新媒介技术革命下,化妆技术和媒介革新所推动的图片处理技术为化妆行为所开辟的新的表意模式。化妆及其符号表现可以从侧面映射出人类文明的发展简史。虽然化妆行为的发生史可以追溯到史前文明,但化妆本身却在随着时代的变迁而不断融入新的元素。从生理诉求到身份社群言说,再到自我标出性诉求,整个化妆符号的表意呈现出由外而内的转向趋势。正因如此,在时尚消费中,相比主体对自身为迎合社群语言而做出的努力,个体化的模糊性符号语言开始占据主体地位,"非主流"逐渐成为当下时尚中的主流消费。在多媒介数字化时代,化妆符号本身的呈现方式也逐渐向虚拟媒介转移,这一趋势是社交网络和媒介革新赋予"化妆"的新表现,我们所装扮的不仅是实在的肉身,而且是虚拟的自我。所以,对于"化妆符号学研究"而言,新媒介革命下的表意模式必然呈现出新的活力。

视觉文化的崛起，充分给予了视觉化感知在认知事物过程中的重要作用。然而，当所"见"非所"是"的时候，虚拟网络中的化妆行为带来了对后现代身份和自我真相的讨论。数字时代的技术改变了时间和空间原有的形态，经历了时空压缩，化妆体验已不再立足于实存个体本身，而是将过去、现在乃至未来的可能性都付诸虚拟世界之中，重新打造出一个绝对理想化的自我形象。

整　容

王　媛

整容的符号学研究，乃是利用符号学原理剖析整容行为的意义。受到传统哲学的影响，人们总是习惯性将身体与意识分而治之，极力压抑身体的本能。自尼采之后，身体的主体地位被发掘，越来越多的学者以身体作为研究的对象。在消费社会中，身体消费成为又一研究热点。作为身体消费的特殊形式，整容行为的符号意义逐渐凸显。同时，整容使身体本身成为被消费、被凝视的对象。此时的身体是物化的身体。

对身体的改造行为，古已有之。中国古代的缠足，西方的束腰，都是典型，而整容则是在现代外科手术成熟条件下的新型身体实践。中国在清末就已经进行过整容手术的相关实践，只是当时的医疗技术有限，手术成本高昂，仅在富裕的上流社会有所发展。而在当前社会条件下，整容手术的医疗技术成熟，人人都有了重塑自我的可能。最后，在大众传媒和消费主义的合谋下，"颜值至上"思想深入人心，成为整容风潮的催化剂。

国内外针对整容的研究十分丰富，研究视角主要集中于女性主义、社会伦理等。在当代大众传媒中，身体符号几乎等同性符号，因而以整容为代表的身体消费也成为一种性别权力关系的映射。目前，女性仍是整容实践的主要群体。而对于女性的此种身体消费，人们有两种截然不同的态度。一是认为女性是整容的被动屈从者，这类观点认为整容是女性被父权压制和性别歧视的表现。以凯瑟琳·摩根为代表，认为整容是男权社会下，对女性身体"殖民"的表现。她甚至提出了关于女性整容更为激进的建议：女性整容不应该去整"美"，而应该去整"丑"。在摩根看来，女性为了突破男权社会的统治，应当有一种"反向挑战"的决心。

与之相反的第二种观点，认为女性是整容行为的能动赋权者，女性是在有限的范围内，有选择地对自己的身体进行控制。此类观点认为，以往在整容行为中，女性毫无判断力和控制力的观点是片面的，它忽视了女性自身的自主性。女性虽然受到了"美貌暴政"的统治，但整容对于她们来说终究是一个两难的选择，而不是逆来顺受的境地。女性通过自己的选择，得以实现自身对于美的理想。

整容审美标准的建构与整容的性别政治一样，都是一种符号化的操作过程。符号文本有两个展开向度，即组合轴与聚合轴。任何符号表意活动，必然在这一双轴关系中展开。聚合轴是符号文本每个成分背后所有可比较的选择，即有可能代替被选中成分的各种成分。组合轴是被选择的成分的构成方式，是文本显露出来的表层结构。一个符号表意，逻辑上先在聚合轴上进行选择，进而产生组合，时间上二者是同时进行的。整容审美标准的建构即是在这两个轴上展开的，身体的每一个部位都有多种呈现形式，比如眼型有杏眼、丹凤眼、瑞凤眼、三角眼、桃花眼等聚合项可供选择。而组合就是不同身体部位的构成，比如眼型、脸型、嘴形等部位的合成。整容审美就是在身体各个部位的聚合轴上进行选择，进而组合成一定的范式标准。此外，审美的双轴操作也存在宽幅与窄幅的变动，

女性是整容行为的能动赋权者，人们之所以选择整容，是源于对自我的不同认知和对美的理想追求。自我认同并非纯粹来源于自身，而是与社会建构息息相关，自我是社会中的自我，对自我的认同即对自我角色和价值的认知。整容技术的发展伴随着对女性身体观的改造，这种改造使得女性的身体由"他塑"变为"自塑"。在整容实践中，身体被局部化、符号化。过分关注符号价值，就会使身体呈现出一种符号价值不断增值，而生理身体不断退隐的趋势。身体从生产性工具逐渐演变为消费的目的，最终异化为消费品本身，且这种消费是一种永不满足的"欲望消费""异化消费"。人们追求的是身体消费带来的心理满足。这种心理满足实质是一种阶级炫示，身体消费异化为一种符号消费，方便了特定阶级通过炫耀自己的消费符号进行阶级分野。

可以发现，整容行为的符号化伴随着种种异化的审美观和消费观，并逐渐衍生成为一种符号危机。首先是对欲望的投射。整容广告泛滥，此时符号指向的缺场意义是整容消费的欲望。在大量的整容广告中，人的自我价值与外表美丑被挂钩。由此，人的价值实现就离不开身体符号消费。其次，审美单轴化，在整容消费中，人们的审美趋于同质化，整容的标准往往采用社会统一的审美标准。为了获取标准化"美丽"带来的机遇，人们不得不遵从这些划一标准，这不失为一种"美丽暴政"。总之，整容符号学研究的最终目的就是要帮助人们认清身体符号的本质，摆脱对身体符号的过度依赖，以一种审美的眼光来观照身体，注重身体的美学内涵。

健　身

石育灵

　　在当代健身文化中，人们对身体的关注和锻炼不仅是为了促进身体生理机能，更是为了塑造身体的外在形态，迎合某种社会文化意义。身体不仅是一个生理存在，更是一个社会存在，身体与自我身份、自我认同之间有着紧密的关系，人们通过身体来进行自我反思与发展。吉登斯（Anthony Giddens）在《现代性与自我认同：现代晚期的自我与社会》中专门讨论了"身体与自我实现"的问题，在吉登斯看来，身体是"一种客体""一个行动系统""一种实践模式"，是"维持连贯的自我认同感的基本途径"。（吉登斯，1998，111）身体不是被给定的，而是直接参与建构自我的原则之中，身体的行为举止以及外貌在一种关于身体的生活制度或生活方式下，成为现代性自我反思和自我呈现的一部分。

　　在前现代社会，人的身体是通过非个人化的方式再现，身份被外在的固定标识符号确定。现代社会中，消费主义和大众文化模糊了阶层差异的符号标识，象征系统变得非常灵活，自我的身体呈现更多的是依赖风格和时尚，一个成功的形象可以帮助个人取得社会成功，而成功的形象则来自成功的身体。这正如布尔迪厄（Pierre Bourdieu）所指出的，身体是一种具有权力、地位和区隔性的符号形式，是积累各类资源不可或缺的要素，人们对身体的管理和投入可能转化为其他的资本形式而获得回报，打造身体外貌而进行的经济文化财产的投入，让身体成为一种社会标志。"这些社会标志从它们在区分的符号系统中的位置获得它们的意义和它们的价值，它们构成了这个符号系统，而这个符号系统本身与社会位置系统是同源的。"（布尔迪厄，2015，300）身体拥有这些符号，也生产了这些符号，"这些符号与身体的关系记录在它们可被感知的实质里"（布尔迪厄，300）。

　　阿德勒（Alfred Adler）说，"人类生活在意义的领域中，我们所经历的事物，并不是抽象的，而是从人的角度来体验的。……无人能脱离意义"（阿德勒，2000，1）。人生活在各种意义之网纵横交错的勾连之中，而作为人存在基础的身体则常被赋予最为丰富的意义，成为透视社会文化的窗口。符号学是一门研究符号与意义阐释的学科，从符号学视角切入研究健身文化，可以聚焦身体的符号价值和文化意义，可以从符号阐释与意义建构的视角更深入的探寻健身与自我身份、自我认同的关系，理解当代健身热潮背后的社会文化根源。

专门以符号学理论研究健身文化的文章不多，弗拉米尼（Alexander Flamini）的《健身的符号学研究》，使用符号学理论对男性健身杂志进行了分析研究，该论文梳理了美国健身文化发展，罗列了大量的健身案例，用索绪尔的能指与所指概念对健身杂志进行简单分析，但并没有对健身文化的符号化方式和背后深层次的文化动因进行阐释。其他相关的研究则是以符号学理论研究身体，比如达内西（Marcel Danesi）在《香烟、高跟鞋及其他有趣的东西：符号学导论》（2012）提到了身体语言，其中的一个方面就是身体图式，即人们通过身体的动作姿势传达信息，对身体图式的研究称作"体语学"（kinesics）。该书中也对身体形象与自我的关系进行了论述："对人类非语言行为进行符号学的研究也就是分析人们如何通过自己的身体和外在的物品感受和阐释自我的。在大部分文化中，自我形象主要是外在形象表达和传递（达内西，2012，60—61）。身体作为符号，承载和传达了丰富的社会文化意义，人们通过身体来塑造自我，构建身份。这类以身体语言、身体形象、身体符号为对象的符号学研究则比较丰富，比如汤姆·热姆克（Tom Ziemke）《身体、语言与心灵》（Ziemke，2007）、科妮莉亚·穆勒（Cornelia Müller）的《身体、语言与交流》、菲利普·范尼尼（Phillip Vannini）的《身体：符号互动与身体社会学》（Vannini，2016）等都是将身体置于符号学视野下进行考察的著作。

纵观国内外对健身文化的研究，主要是从消费文化、权力话语、社会性别等社会文化研究视角切入，少有专门的符号学研究。

以符号学理论研究健身文化，一个可能的切入点就是研究健身身体与自我符号认同的关系，笔者在此方向进行过尝试。

身体是自我的符号，人们在塑造身体的同时也在塑造自我。健身身体与自我认同的关系从两个方面进行，一方面是自我的阐释过程，另一方面是社会身份的获取。在健身过程中，自我经历横向展开，健身的身体连接着自我的过去、现在和将来，过去"不完美"的身体是对象，当下的主我通过健身将身体作为自我的符号传达给未来的我，以获得新的更好的意义解释。当一个健身过程完成，"未来"的解释项变成了"过去"的对象，自我完成一轮更新，进入下一轮的自我展开过程，自我就在这样不断地进行的身体符号的阐释过程中得到发展。同时，自我是一个社会的建构，是由多种身份组合而成，身体作为人存在的基础，是身份获取的关键。通过健身，自我可能获得关于人格品质、性别魅力、阶层地位等多重的身份标签，这些身份标签的集合促成了新的自我认同。

健身作为一项社会活动，其意义的获取和阐释是建立在整体的文化元语言基础上的。当代消费文化的兴起和发展，将身体彻底变成了被消费的商品和被凝视的客体。身体作为人最有价值的符码，成为欲望投射的对象，健身对身体的塑造是将身体作为自我符号，来标记身份与个性，彰显审美与欲望。自我价值与身体外形被紧紧捆绑在一起，健身成了人们获取自我认同的一种重要方式。

在当代消费社会中，身体成为个体呈现自我的重要符号，健身将自我关注直指身体本身，身体成为一个被塑造、被呈现、被消费的客体。从符号学角度研究健身文化，可以透过健身的行为表层，更深入地去阐释当代健身文化中身体符号的社会意义，以及意义建构的文化元语言。

旅 游

朱昊赟

　　对旅游进行符号学研究，既是符号学直面社会文化的必然要求，又是旅游研究进行视角扩展的必然尝试。旅游符号学研究便由此形成两种研究路径：其一是对"旅游"这一文化体裁进行符号学本质的剖析与论述；其二是在符号学的视域下对旅游研究中已出现的旅游概念进行辨析与澄清。结合符号传播过程来看，旅游符号学常见的研究内容可以概括为以下四个层面：旅游景观的符号建构（文本层）、游客行为的文化解读（接受层）、旅游传播的功能介绍（媒介）以及三者之间的符号互动（系统论）。

　　旅游符号学研究起步于国外。20世纪70年代马康纳（Dann MacCannell）率先将符号学思想引入旅游研究之中，他认为旅游吸引物由"旅游者、景观和标识物"三部分构成，其中景观的建构是研究的重中之重，旅游者只有通过"解码"景观与标志物的意义才可获得感知（MacCannell，2011）。由于马康纳的引导，帕尔默（Catherine Palmer）、艾柯、夏普利（Richard Sharpley）、卡勒等诸多学者都将研究视角聚焦于旅游景观的符号建构（文本层），就景观的属性问题、类别问题、特征问题等，从实证和理论层面做出了不同的诠释。

　　旅游符号学研究，其核心必然离不开"意义"二字。除却从文本编码层面对旅游景观进行剖析，从文本释码环节对游客体验进行"意义分析"也是重要一环。人是使用符号的动物，人类正是以符号为工具不断完成着对世界的认知与探索。游客作为旅游主体，也是符号化的人。落实到具体的研究中则需要分析人们为什么旅游、为什么以不同形式进行旅游、旅游能够带给人们什么价值和影响。卡勒直呼旅游者是"符号大军"（Culler，1981，127−140）。格拉本（Nelson H. H. Graburn）认为旅游便是游客离开惯常的生活环境、摆脱以往约束进行的尝试与体验。对"人"的关注，是旅游符号学研究从客体向主体转变的一大进步。

　　符号学研究不仅可以对旅游客体的符号建构过程、旅游主体的符号化活动进行深入的解读，同时可以对二者的互动关系进行符号过程的解构。"在旅游活动中，功能单一的旅游者不能孤立地存在，他们只有进入到旅游符号的连续体中才能起作用。"（王峰、明庆忠、熊剑峰，2013）因此，对旅游是旅游景观和游客相互交织而作用出的共同结果，想要概括旅游全貌，则必须探究具体的互动情境与作用关系。尤瑞（John Urry）提出了"旅游者凝视"理论，创造性地将旅游符号的生产和消费以"游客凝视"的方式进行连接，同时搭建起"'旅游凝视物'与'游客想象'"（约翰·尤瑞，2009）之间的关联。诺顿（Andrew Norton）等人提出了文化圈模型，尝试从编码与释码环节的互动中总结出旅游产品符号更为恰当的呈现方式。[Norton A. Experiencing Nature，1996，27（3）：355-373] 旅游意义的编码与释码，必然需要媒介在其中搭建桥梁。导游的言语介绍、景区指示牌、旅游宣传册、旅游网站的产品推介、游客的口碑传播等其实都是旅游媒介。它们不仅实现了向游客传递旅游目的地景观信息的功能，同时建构出意义价值。埃希特纳（Charlotte M. Echtner）基于皮尔斯的符号三分法，得出了"旅游广告（对象）—目的地（符号对象）—潜在的游客（符号解释）"的结论（Echtner，1999，47-57）、巴氏（Deborah P. Bhattacharyya）给出了"旅游指南手册帮助游客构建了旅游目的地的符号印象"（Bhattacharyya，1997，371-389）的解释。通过旅游媒介自身携带的文本内容，可以帮助游客生产旅游目的地的美好幻想，以此激发旅游动机的产生。因此，对旅游媒介的讨论实则可对旅游营销的有效性问题予以现实考量。

国内旅游符号学研究起步较晚。1997年王宁率先在国内刊发《试论旅游吸引物的三重属性》一文，指出旅游吸引物不单单是客观属性和社会属性的集合，同时也带有强烈的符号属性。"一物代一物"是符号学的基本观点，因而旅游吸引物也就是一种符号，具有象征的意义（王宁，1997，55）。随后，他又在专著《旅游与现代性：一个社会学分析》中，以符号学为研究视角剖析了符号消费、语言、形象等因素旅游文化的影响（Wang N，2000）。该书称得上是国内第一本系统研究旅游符号学的理论专著。同时该书对旅游真实性问题也提出了独到的见解，创造性的提出来了"存在本真性"概念，这一概念对日后旅游研究的哲学升华颇具启发意义。

何兰萍在《大众旅游的社会学批判》一文中充分认识到了符号消费在当今文化的重要作用，明确提出"现代旅游作为一种文化消费，是渗透了大众传媒操纵性的结果，是一种历史事物的符号再现"的观点（何兰萍，2002，10-12）。该观点是对王宁有关旅游与现代性关系的进一步推进，是对当今传媒影响下大众旅游变化特征的总结归纳。紧接着，彭兆荣在《旅游人类学》一书中以"旅游的符号和结构"为题，就旅游景观的符号价值、旅游标示物的符号系统与吸引力关系、旅游符号景观的社会化叙事等问题进行了探讨（彭兆荣，2004），这对探明旅游的象征结构做出了贡献。

进入 2010 年以后，国内旅游符号学研究更是呈现出百花齐放、齐头并进的蓬勃发展的态势。不仅有《旅游符号学视阈中的景观保护与利用研究》《基于地方文化符号的徐州两汉旅游纪念品设计研究——以两汉饮酒器具为例》《旅游世界探源》《国际旅游传播中的国家形象研究》《旅游学原理：旅游运行规律研究之系统陈述》《文化景观视角的旅游规划理论体系：要领、原理、应用》《旅游地景观变迁研究》《旅游文化传播学研究》《旅游体验研究：走向实证科学》、等系统专著出版，更有国内学者热点问题的细致分析。谢彦君、彭丹、杨骏、张晓萍等学者聚焦游客的旅游体验；杨振之、邹积艺、孙洪波、马凌、邹本涛等学者关注旅游景观的表意结构；彭兆荣、董培海、李会云、陈谨、张朝枝等学者热衷于旅游产品符号价值的开发；马秋芳、饶广祥、刘建峰等学者集中于旅游品牌形象的打造……

不论是以上专著的系统论述，还是期刊论文的细致分析，我们都不得不承认这样一个事实：旅游符号学研究已经以势不可挡的态势呼啸而来，这些丰富的研究成果共同助力旅游符号学研究的蓬勃发展。与此同时，旅游符号学现有研究的不足之处也仍需我们关注。

首先，术语混用，导致研究对象混淆、研究领域界定不清。对旅游进行符号学研究，其研究对象必然是"旅游"，这一点毋庸置疑。但是通过对文献的梳理，在以"景观符号""旅游文化""空间叙述"等为主题的文献中检索"旅游"概念之时，常有研究对象存在相互重合或相互排斥之处；在对于"休闲""休息""游憩""旅游""旅行"等主要研究对象的确定上亦有无法区分的嫌疑。这种问题的产生，一方面受限于中西方理解的差异，另一方面也受限于学者学科背景和研究立场的些微区别。如果学界想要对"旅游符号"本质进行突破性的思考，则需要对关键术语概念从源头上进行统一，否则将立论不明、影响后续。

其次，尽管有少量学者认识到旅游的重要性，但其研究深度有限，未能从理论性层面全面梳理"旅游意义"的符号学生成脉络。现有研究思路多以个案为切入点，以"结构分析—元素研究—意义传达"的语言学封闭层级结构进行讨论，较少出现以旅游现象进行独立文本体裁进行相对完整的归纳与解读。关于"旅游"问题在社会结构、文化领域层面呈现出的"意义"功能，更是有待后来者补充细化。

近些年，伴随全域旅游、全民旅游概念的兴起，旅游作为当代文化重要的文本体裁，在内涵与外延层面正在发生深刻的变革。不过笔者深信，旅游符号学这座蕴含丰富理论与现实资源的巨大宝库随着时代发展，其研究价值将会进一步彰显。

幸福感

谭光辉

有关幸福的讨论极多，只要讨论哲学几乎都无法避免涉及幸福的问题，据说关于幸福的定义有几百种（孙英，2004，4），"一部伦理道德思想史又可以被认为是一部对幸福的诠释史"（于晓权，2008，3）。幸福是哲学家普遍关注的问题，总体上看，幸福被视为人的最高价值追求。

西方哲学对幸福的讨论可以追溯到古希腊时期。一派被称为"快乐主义幸福观"，以昔兰尼学派的阿里斯底波和后来的伊壁鸠鲁为代表，另一派是完善论幸福观，影响更大。德谟克利特强调精神幸福比肉体快乐更重要，苏格拉底强调德性与幸福的关系，该理论的集大成者是亚里士多德。亚里士多德就把幸福看作人生的最高目的，是最高善。"幸福是完善的和自足的，是所有活动的目的"，是"灵魂的一种特别的活动，并且把其他的善事物规定为幸福的必要条件或有用手段"（亚里士多德，2003，19，26）。西方哲学家基本上沿袭了亚里士多德的观点，认为幸福就是人生的最高目的，哲学家的任务，不是回答幸福到底是什么，而是回答人到底应该以何种方式获得幸福。

比如笛卡尔，认为人最大的幸福和满足，"只在于思维神圣的权威"。（亚里士多德，2003，19-26）斯宾诺莎则认为，人必须遵循自然的规律，作为神的仆役，就能获得自己的幸福（斯宾诺莎，1987，227）。康德对幸福的讨论很复杂，中国知网上标题包含"康德"和"幸福"的文献就有50多篇，比较一致的看法是，康德认为人类道德奋斗的终极目的是"至善"，就是德性与幸福的统一，有道德的人应该感到幸福，但只有借助灵魂不朽、上帝存在才能使幸福与道德圆满结合，幸福的实现只能是彼岸的。但杨秀香认为康德的幸福观最终演变为可能处于现实可感的此岸，幸福可以定义为："人能够利用应得的资源朝向理想目标追求的过程，及目标实现的满足感。"（杨秀香，2011，2）以上情况说明，尽管研究多年，人们对康德的幸福观的认识仍有差异。

学界对马克思幸福观的讨论更多，中国知网上标题包含"马克思"和"幸福"的文献有近500篇，其中包括硕士、博士论文130余篇。这个现象说明，对马克思的幸福论之研究，不但没有达成统一，而且有各种不同的认识角度。总体上来讲，马克思讨论的是人实现幸福的途径，而且解决了幸福理论与现实生活、个人幸福与社会幸福之间的关系问题。

尼采幸福论的核心是幸福来自斗争，斗争的对象即以上帝为代表的神权，个人的幸福来自个体本身的强大。人不需要同情，也不必同情他人。尼采的幸福论与自苏格拉底以来的幸福论划清了界线，尼采不试图引导人在道德完善中去获得幸福，而是否定道德主义者，强调个人在自我强大中获得快乐和幸福以及从审美快乐中获得幸福，审美快乐是人生所能达到和获得的最高境界。

总体来讲，西方近现代人生哲学都需要处理幸福问题，对幸福是什么、如何产生、如何获得等问题，各家因看法不同而形成不同学派。从亚里士多德到尼采，欧陆哲学对幸福的讨论大都在伦理学的框架之中进行。冯俊科对西方古代哲学各派幸福论做过认真的清理，差异和共性一目了然。综而论之，西方古典哲学中的幸福论讨论的核心问题是人到底应该以何为最高追求的问题。亚里士多德认为是"善"、笛卡尔认为是"理性"、康德认为是"德性"、马克思认为是"社会人"、尼采认为是"自我本身"。在西方 20 世纪学术的四大理论体系之中，马克思主义、存在主义、精神分析学派均在自己的领域内探讨了幸福问题，而且基本上达成了一个共识，即幸福是人生的目的和意义，但追求幸福的途径相异。恰恰是形式论对此问题涉及较少。如何对幸福进行一个符号形式分析，遂成为摆在理论家们面前的一个重要任务。

从符号学角度研究幸福问题的路径远未被完全打开。2015 年，英国威尔士斯旺大学的弗劳利（Ashley Frawley）出版了《幸福感符号学：社会文化修辞》(*Semiotics of Happiness: Rhetorical Beginnings of a Public Problem*)，大约是第一本以"幸福感符号学"命名的著作。该书将"幸福"（及其各种相关术语）的兴起视为一种社会和政治符号学，探索了其起源于美国，随后传播到英国和全球的过程，并以英国报纸上有关幸福的讨论为出发点进行深入研究。在这些讨论中，热心的倡导者们开始宣称，一门新的"幸福科学"已经被发现，而且为社会和政治变革提供了支持。通过深入分析这些有影响的"发声者"的书写和视觉修辞及其后续活动，弗劳利认为，幸福之所以成为一个严肃的政治问题，并不是因为社会上越来越不幸福，也不是有一个关于幸福新知识的"现实"需要，而是因为那些有影响的、热心的"知情人"在一个情感术语极易产生影响的文化时刻开始讨论这个问题。人们对幸福的关注，虽然表面上是积极和轻松的，却暗含着对人类情感"脆弱性"模式的肯定，鼓励了一种低期望值的道德观，尽管人们用激进的语言来描绘幸福，但这些关注最终是保守的，非常适合于（对资本主义）"别无选择"的时代。这本书讨论的核心，并不是找到获得幸福的路径，而是人们如何利用"幸福"这个术语符号达到政治的、经济的、文化的目的。

笔者曾就幸福感获得的内部结构做过一个符号学分析，认为幸福感可以被定义为"主体在符号自我意义被确认时的满足感和成就感"。符号自我可能上下移动，幸福感是动态分层的，自我在符号矩阵体中螺旋式上行或下行。幸福感的获得遵循五条基本原则：动态原则指符号自我作纵横移动致幸福感不断变化；比较原则指符号自我在反复比较中自我调适；交互原则指自我与他者、对象、元自我在相互比较中对话、调整、改变；现实性原则指符号自我的确认需要有现实作为参照；价值吻合原则指幸福感遵循符号自我的意图定点规律。西方哲学史对幸福的讨论烦琐，基本上都在伦理学、社会学、心理学领域内进行，但是都能在符号学理论中得到解释，笔者认为，对幸福感的符号研究可以解决自我危机问题，有助于找到自我的精神核心，完成自我重建。（谭光辉，2012，12）

对幸福感进行符号学分析，还可以从多个维度展开，而现在的研究仍然处于起步阶段。因为幸福感既涉及客观世界又涉及主观世界，与人生终极意义问题密切相关。幸福感符号研究是经典符号学的具体运用，可以解决人生意义、目的等重大问题，它是哲学、伦理学、心理学的重要分支，且具有很强的可操作性，对现代人的精神发展意义重大。

引用文献

一、中文文献

阿德勒，阿尔弗雷德（2000）. 生命对你意味着什么（周朗，译）. 北京：国际文化出版公司.

阿铎，翁托南（2010）. 剧场及其复象（刘俐，译注）. 杭州：浙江大学出版社.

阿尔都塞，路易（2010）. 保卫马克思（顾良，译）. 北京：商务印书馆.

埃科，翁贝尔托（2006）. 符号学与语言哲学（王天清，译）. 天津：百花文艺出版社.

艾柯，安贝托（2005）. 诠释与过度诠释. （王宇根，译）. 北京：生活·读书·新知三联书店.

艾兰、汪涛、范毓周（1998）. 中国古代思维模式与阴阳五行说探源. 南京：江苏古籍出版社.

艾伦，罗伯特（2008）. 重组话语频道：电视与当代批评理论（牟岭，译）. 北京：北京大学出版社.

奥尼尔，约翰（2010）. 身体五态：重塑关系形貌（李康，译）. 北京：北京大学出版社.

巴比耶力，玛切洛（2005）. 生命符号学是否已进入成熟期（简瑞碧，译）. 中外文学，7.

巴尔特，罗兰（1999）. 符号学原理（王东亮等，译）. 北京：生活·读书·新知三联书店.

巴尔特，罗兰（2008）. 写作的零度（李幼蒸，译）. 北京：中国人民大学出版社.

巴赫金，米哈伊尔（1998）. 巴赫金全集（第二卷）（李辉平，译）. 石家庄：河北教育出版社.

巴特，罗兰（1999）. 神话——大众文化诠释（许蔷蔷、许绮玲，译）. 上海：

上海人民出版社.

巴特，罗兰（2000）. S/Z（屠友祥，译）. 上海：上海人民出版社.

巴特，罗兰（2000）. 流行体系——符号学服饰符码（敖军，译）. 上海：上海人民出版社.

巴特，罗兰（2002）. 明室——摄影纵横谈（赵克非，译）. 北京：文化艺术出版社.

白寅、陈俊鹏（2019）. "场景符号"与"符号场景"：融媒体时代网络游戏的审美体验格局. 新闻界，7.

白志如（2019）. 游戏学：一种媒介的视角. 北京：社会科学文献出版社.

班固（1962）. 汉书（颜师古，注）. 北京：中华书局.

鲍尔德温，阿雷恩（2004）. 文化研究导论（修订版）（陶东风等，译）. 北京：高等教育出版社.

北冈诚司（2002）. 巴赫金：对话与狂欢（魏炫，译）. 石家庄：河北教育出版社.

贝尔金，赫尔穆特（2016）. 馈赠的社会符号学（魏全凤、廖洋昇兰，译）. 成都：四川大学出版社.

卞露、陈聪、甄凯晨（2011）. 城市青年与新奢侈主义消费的选择性亲和. 金融博览，5.

卞仁海（2006）. 语讳生成与权力话语——中国古代语讳的人文阐释. 信阳师范学院学报（哲学社会科学版），5.

波德里亚（2000）. 消费社会（刘成福、全志钢，译）. 南京：南京大学出版社.

波德里亚（2006）. 象征交换与死亡（车槿山，译）. 南京：译林出版社.

波普诺，戴维（1999）. 我们身处的世界：波普诺社会学（第十版）（李强等，译）. 北京：中国人民大学出版社.

博萨尼，利奥（2009）. 弗洛伊德式的身体——精神分析与艺术（潘源，译）. 上海：上海三联书店.

布迪厄（2012）. 实践感（蒋梓骅，译）. 南京：译林出版社.

布尔迪厄（2015）. 区分：判断力的社会批判（上、下册）（刘晖，译）. 北京：商务印书馆.

曹峰（2015）. 近年出土黄老思想文献研究. 北京：中国社会科学出版社.

曹炜（2005）. 关于汉语隐语的几个问题——兼论隐语与黑话的区别. 学术月刊，4.

曹玉萍（2013）．试析功能修辞学和语用学的关系．社会科学战线，3．

陈北郊（1991）．汉语语讳学．太原：山西人民出版社．

陈高傭（2016）．墨辩今解．北京：商务印书馆．

陈高傭（2017）．公孙龙子·邓析子·尹文子今解．北京：商务印书馆．

陈鼓应（2007）．黄帝四经今注今译．北京：商务印书馆．

陈静、周小普（2018）．规则、随机性、符号：作为意义生产模型的"游戏性"及游戏的媒介特质——以《王者荣耀》与《阴阳师》为例．国际新闻界，10．

陈力丹（2007）．传播学是什么．北京：北京大学出版社．

陈文斌（2016）．为什么马克思提出"商品是一种符号"．符号与传媒，13．

陈仲义（1993）．禅思：模糊逻辑的运作．诗刊（青年版），10．

陈仲义（1996）．打通"古典"与"现代"的一个奇妙出入口：禅思诗学．文艺理论研究，2．

程丽蓉（2012）．奥兰多之路：性别符号学．西南民族大学学报（人文社会科学版），10．

程树德（2014）．论语集释．北京：中华书局，2014．

池上嘉彦（1985）．符号学入门（张晓云，译）．北京：国际文化出版公司，1985．

崔志远、吴继章（2011）．中国语言文学研究（秋之卷）．北京：社会科学文献出版社．

达内西，马塞尔（2012）．香烟、高跟鞋及其他有趣的东西：符号学导论（肖惠荣、邹文华，译）．成都：四川教育出版社．

戴登云（2011）．现象学还原、文字学转向与批判理论的"间距"——解构理论的生成与现代西方思想的诗学转向．符号与传媒，3．

德里达（1999）．论文字学（汪堂家，译）．上海：上海译文出版社．

德里达（2010）．声音与现象（杜小真，译）．北京：商务印书馆．

笛卡尔（1984）．方法导论·沉思录（钱志纯、黎惟东，译）．台北：志文出版社．

电子骑士（2017）．银河系科幻电影指南．北京：世界图书出版公司．

丁和根（2010）．中国大陆的传播符号学研究：理论渊源与现实关切．新闻与传播研究，6．

董明来（2014）．作为前瞻的解释：论解释过程的时间机制（英文）．符号与传媒，8．

董英哲（2014）．先秦名家四子研究．上海：上海古籍出版社.

董迎春（2011）．论德里达对胡塞尔符号学思想的批判与继承——以德里达《声音与现象》为中心．符号与传媒，2.

杜恒（2019）．浅析模因在动画中的应用．科技传播，8.

段玉裁（2006）．说文解字注．杭州：浙江古籍出版社.

费斯克，约翰（2001）．理解大众文化（王晓钰、宋伟杰，译）．北京：中央编译出版社.

费斯克，约翰（2005）．电视文化（祁阿红、张鲲，译）．北京：商务印书馆.

弗拉斯卡，贡扎罗（2011）．拟真还是叙述：游戏学导论（宗争，译）．符号与传媒，2.

弗兰契娜，弗兰西斯、哈里森，查尔斯（1988）．现代艺术和现代主义（张坚、王晓文，译）．上海：上海人民出版社.

弗洛伊德，西格蒙德（2007）．梦的解析（周艳红、胡惠君，译）．上海：上海三联书店.

傅其林（2003）．后现代消费文化中的时装表演．文艺研究，5.

高亨（1998）．老子正诂．北京：中国书店.

高亨（1998b）．周易大传今注．济南：齐鲁书社.

高小健（2005）．中国戏曲电影史．北京：文化艺术出版社.

高小健（2015）．戏曲电影艺术论．北京：中国电影出版社.

戈德罗，安德烈、若斯特，弗朗索瓦（2010）．什么是电影叙事学（刘云舟，译）．北京：商务印书馆.

格尔茨，克利福德（2014）．文化的解释（韩莉，译）．南京：译林出版社.

格雷马斯（2005）．论意义：符号学论文集（下）（冯学俊、吴泓缈译）．天津：百花文艺出版社.

葛兆光（2008）．增订本中国禅思想史：从六世纪到十世纪．上海：上海古籍出版社.

龚鹏程（2005）．文化符号学导论．北京：北京大学出版社.

贡布里希（1999）．秩序感：装饰艺术的心理学研究（杨思梁、徐一维，译）．长沙：湖南科学技术出版社.

辜同清（2015）．委婉语社会语言学研究．成都：西南交通大学出版社.

关萍萍（2012）．互动媒介：论电子游戏多重互动与叙事模式．杭州：浙江大学出版社.

管彦波（1997）．从符号学的角度看民族头饰艺术的美学特色．宁夏社会科学, 2.

郭鸿 (2011). 认知符号学与认知语言学. 符号与传媒, 2.

郭朋 (1983). 坛经校释. 北京：中华书局.

海德格尔 (1999). 存在与时间（陈嘉映、王庆节，译）. 北京：生活·读书·
　新知三联书店.

韩丽、王爽 (2015). 基于国内奢侈品市场的轻奢市场研究. 现代商业, 36.

何兰萍 (2002). 大众旅游的社会学批判. 社会, 10.

贺良琼 (2017). 浅析禅宗公案中空符号的意义生成机制. 丝绸之路, 4.

赫伯迪格，迪克 (2009). 亚文化：风格的意义（陆道夫、胡疆锋，译）. 北
　京：北京大学出版社.

赫尔曼，戴卫 (2002). 新叙事学（马海良，译）. 北京：北京大学出版社.

赫伊津哈，约翰 (1996). 游戏的人：关于文化的游戏成分的研究（多人，
　译）. 杭州：中国美术学院出版社.

黑尔德，克劳斯 (2003). 世界现象学（孙周兴，编，倪梁康，译）. 北京：生
　活·读书·新知三联书店.

胡妙胜 (1989). 戏剧演出符号学引论. 北京：中国戏剧出版社.

胡妙胜 (2015). 演剧符号学. 上海：上海古籍出版社.

胡塞尔，埃德蒙德 (2019). 逻辑研究（倪梁康，译）. 北京：商务印书馆.

胡易容 (2015). 从人文到科学：认知符号学的立场. 符号与传媒, 11.

胡易容 (2015). 论镜像：意义奇点与符号演绎. 中外文化与文论, 30.

胡易容 (2018). 符号达尔文主义及其反思：基于汉字演化生态的符号学解析.
　兰州大学学报（社会科学版），3.

胡易容、陈文斌 (2016). 当代马克思主义符号学思潮文选. 成都：四川大学
　出版社.

胡易容、赵毅衡 (2012). 符号学－传媒学词典. 南京：南京大学出版社.

胡志刚、夏梦迪 (2020). "Vlog＋新闻"对 5G 时代新闻报道的影响探析. 出
　版广角, 4.

胡壮麟 (2007). 社会符号学研究中的多模态化. 语言教学与研究, 1.

胡壮麟 (2010). 认知符号学. 外语学刊, 5.

胡壮麟、刘世生 (2000). 文体学研究在中国的进展. 山东师大外国语学院学
　报, 3.

皇侃 (2013). 论语义疏. 北京：中华书局.

黄华新、陈宗明 (2004). 符号学导论. 郑州：河南人民出版社.

黄晓华（2008）．现代人建构的身体维度：中国现代文学身体意识论．北京：中国社会科学出版社．

黄星（2008）．隐语研究的认知语用学视角．西南民族大学学报（人文社科版），2．

黄永红、申民、周苹（2013）．跨文化符号学研究．哈尔滨：黑龙江大学出版社．

黄玉顺（2005）．论生活儒学与海德格尔思想——答张志伟教授．四川大学学报（哲学社会科学版），4．

黄芷婷（2009）．台中市广告招牌形式研究．云林：云林科技大学视觉传达设计系硕士论文．

黄作（2004）．从他人到"他者"——拉康与他人问题．哲学研究，9．

霍布斯（2017）．利维坦（黎思复、黎廷弼，译）．北京：商务印书馆．

霍尔，斯图亚特（2003）．表征：文化表象与意指实践（徐亮、陆兴华，译）．北京：商务印书馆．

霍帕尔，米哈伊（2020）．民族符号学：文化研究的方法（彭佳、贾欣，译）．北京：社会科学文献出版社．

霍奇，罗伯特、克雷斯，冈瑟（2012）．社会符号学（周劲松、张碧，译）．成都：四川教育出版社．

吉登斯，安东尼（1998）．现代性与自我认同：现代晚期的自我与社会（赵旭东、方文、王铭铭，译）．北京：生活·读书·新知三联书店．

吉罗，皮埃尔（1988）．符号学概论（怀宇，译）．成都：四川人民出版社．

加达默尔（1999）．真理与方法（洪汉鼎，译）．上海：上海译文出版社．

姜宝昌（2009）．墨经训释．济南：齐鲁书社．

姜宇辉（2007）．德勒兹身体美学研究．上海：华东师范大学出版社．

蒋晓丽（2015）．走向符号学：新闻学研究的拓展与深化．中外文化与文论，3．

杰哈利，苏特（2004）．广告符码：消费社会中的政治经济学和拜物现象（马姗姗，译）．北京：中国人民大学出版社．

金志友（2015）．易道基本符号系统研究．北京：中央民族大学博士论文．

卡西尔，恩斯特（2013）．人论：人类文化哲学导引（甘阳，译）．上海：上海译文出版社．

科布利，保罗（2013）．劳特利奇符号学指南（周劲松、赵毅衡，译）．南京：南京大学出版社．

拉金，布莱恩（2014）．信号与噪音（陈静静，译）．北京：商务印书馆．

勒布雷东，大卫（2011）．人类身体史和现代性（王圆圆，译）．上海：上海文艺出版社．

黎世珍（2017）．论河图洛书作为一种元符号．符号与传媒．15.

李彬（2003）．符号透视：传播内容的本体诠释．上海：复旦大学出版社．

李彬（2005）．批判学派在中国：以传播符号学为例．新闻与传播评论，5.

李建春（2014）．不可言说的言说——符号学视野中的禅宗美学．名作欣赏，4.

李娟（2017）．论社交网络中的符号身份．符号与传媒，15.

李俊欣（2018）．符号叙述学视角下的新闻游戏及其伦理反思．新闻界，9.

李蕾、王小捷（2016）．机器智能．北京：北京：清华大学出版社．

李思屈（2005）．传媒运作与日常生活的三重结构．西南民族大学学报（人文社科版），3.

李思屈（2013）．当代传播符号学发展的三种趋势．国际新闻界，6.

李特约翰，斯蒂芬（2009）．人类传播理论（第九版）（史安斌，译）．北京：清华大学出版社．

李先焜（1988）．指号学与逻辑学．哲学研究，8.

李显杰（2000）．电影叙事学：理论和实例．北京：中国电影出版社．

李显杰（2005）．电影修辞学：镜像与话语．北京：文化艺术出版社．

李行芩（2019）．传播学视角下 Vlog 用户的心理研究．新闻研究导刊，1.

李学勤（1982）．论新都出土的蜀国青铜器．文物，1.

李学勤（1999）．十三经注疏·尔雅注疏．北京：北京大学出版社．

李幼蒸（1999）．理论符号学导论．北京：社会科学文献出版社，2.

李宇明（1995）．析字构词——隐语构词法研究．语文研究，4.

李蕴灵（2019）．基于创新扩散理论的 Vlog 传播．新媒体研究，7.

利科，保罗（2004）．活的隐喻（汪堂家，译）．上海：上海译文出版社．

廖茹菡（2017）．结构与互动：时尚符号学研究的两条路径．符号与传媒，15.

列维－斯特劳斯（2006）．结构人类学（1）（张祖建，译）．北京：中国人民大学出版社．

列维－斯特劳斯（2007）．神话学：餐桌礼仪的起源（周昌忠，译）．北京：中国人民大学出版社．

林丹娅（2010）．作为性别的符号：从"女人"说起．南开学报（哲学社会科学版），6.

林铭钧、曾祥云（2000）．名辩学新探．广州：中山大学出版社．

铃木大拙、弗洛姆：禅与心理分析（孟祥森，译）．北京：中国民间文艺出版社．

刘安（2017）．淮南子译注（陈广忠，译注）．上海：上海古籍出版社．

刘川郁（2011）．电视文化特征的符号学审思．西南民族大学学报（人文社科版），3.

刘丰祥（2009）．身体的现代转型——以近代中国城市休闲为中心：1840—1937．北京：光明日报出版社．

刘海龙、束开荣（2011）．具身性与传播研究的身体概念——知觉现象学与认知科学的视角．兰州大学学报（社会科学版），2.

刘丽（2013）．认知符号学打开的可能性．兰州大学学报（社会科学版），3.

刘文（2006）．拉康的镜像理论与自我的建构．学术交流，7.

刘亚猛（2008）．西方修辞学史．北京：外语教学与研究出版社．

刘耀武（1983）．关于日语句法中的"零符号"问题．日语学习与研究，6.

吕思勉（2011）．先秦学术概论．北京：中国人民大学出版社．

马昌仪（2000）．《山海经》图：寻找《山海经》的另一半．文学遗产，6.

马昌仪（2019）．古本《山海经》图说．桂林：广西师范大学出版社．

马克思（2004）．资本论（第一卷）（中共中央马克思恩格斯列宁斯大林著作编译局，译）．北京：人民出版社．

马克思，恩格斯（1995）．马克思恩格斯全集（第4卷）（中共中央马克思恩格斯列宁斯大林著作编译局，译）．北京：人民出版社．

马克思，恩格斯（2012）：马克思恩格斯选集（第2卷）（中共中央马克思恩格斯列宁斯大林著作编译局，译）．北京：人民出版社．

马睿、吴迎君（2016）．电影符号学教程．重庆：重庆大学出版社．

麦克卢汉，马歇尔（2011）．理解媒介：论人的延伸（何道宽，译）．南京：译林出版社．

梅罗维茨，约书亚（2002）．消失的地域：电子媒介对社会行为的影响（肖志军，译）．北京：清华大学出版社．

梅洛-庞蒂（2001）．知觉现象学（姜志辉，译）．北京：商务印书馆．

梅洛-庞蒂（2003）．符号（姜志辉，译）．北京：商务印书馆．

孟华（2000）．形象学研究要注重总体性与综合性．中国比较文学，4.

孟华（2004）．汉字：汉语和华夏文明的内在形式．北京：中国社会科学出版社．

莫里斯（1989）. 指号、语言和行为（罗兰、周易，译）. 上海：上海人民出版社.

莫里斯（2010）. 开放的自我（定扬，译，徐怀启，校）. 上海：上海人民出版社.

莫利涅（2014）. 符号文体学（刘吉平，译）. 成都：四川大学出版社.

莫斯，马塞尔（2002）. 礼物：古式社会中交换的形式与理由（汲喆，译）. 上海：上海人民出版社.

纳日碧力戈（2015）. 民族三元观：基于皮尔士理论的比较研究. 北京：民族出版社.

倪梁康（2004）. 直观的原则，还是在场的形而上学？——德里达《声音与现象》中的现象学诠释与解构问题导论. 浙江学刊，2.

聂欣如（2012）. 动漫考原. 艺术百家，6.

欧阳友权（2014）. 网络文学词典. 广州：世界图书出版广东有限公司.

潘诺夫斯基（1987）. 视觉艺术的含义（傅志强，译）. 沈阳：辽宁人民出版社.

庞朴（2010）. 中国的名家. 北京：中国国际广播出版社.

庞艳怡、姚志明（2020）. 粉丝经济视阈下视频博客（Vlog）广告价值探析. 现代营销（下旬刊），1.

佩特丽莉，苏珊（2014）. 符号疆界：从总体符号学到伦理符号学（周劲松，译）. 成都：四川大学出版社.

彭锋（2005）. 身体美学的理论进展. 中州学刊，3.

彭富春（2004）. 身体与身体美学. 哲学研究，4.

彭兆荣（2004）. 旅游人类学. 北京：民族出版社.

濮波（2016）. 从"社会剧场化""社会戏剧"到空间表演的路径——再论全球化时代不同空间的异质同构. 大舞台，1.

普济（1984）：五灯会元（苏渊雷，点校）. 北京：中华书局.

齐思和（1935）. 五行说之来源. 师大月刊，22.

曲彦斌（2001）. 中国招幌辞典. 上海：上海辞书出版社.

曲彦斌（2009）. 现实社会生活视野下的隐语行话. 江西社会科学，1.

全增嘏（1983）. 西方哲学史（上册）. 上海：上海人民出版社.

沙马拉毅、钱玉趾（2018）. 四川犍为出土巴蜀土坑印字是古彝文字符考. 西南民族大学学报（人文社科版），4.

邵军航（2016）. 委婉语研究. 上海：上海交通大学出版社.

施拉姆，威尔伯、波特，威廉（2010）．传播学概论（何道宽，译）．北京：中国人民大学出版社．

施奈德，史蒂文（2013）．有生之年非看不可的 101 部科幻电影（王小亮，译）．北京：中央编译出版社．

舒斯特曼，理查德（2011）．身体意识与身体美学（程相占，译）．北京：商务印书馆．

斯宾诺莎（1987）．神、人及其幸福简论（洪汉鼎、孙祖培，译）．北京：商务印书馆．

斯宾诺莎（2007）．伦理学（李健，译）．西安：陕西人民出版社．

宋颖（2017）．消费主义视野下的服饰商品符号．符号与传媒，14．

孙金燕（2014）．否定：一个禅宗诗学的核心命题．河南师范大学学报（哲学社会科学版），2．

孙诒让（2001）．墨子间诂．北京：中华书局．

孙英（2004）．幸福论．北京：人民出版社．

索内松，约伦（2019）．认知符号学：自然、文化与意义的现象学路径（胡易容、梅林、董明来等，译）．北京：社会科学文献出版社．

索绪尔（1982）．普通语言学教程（高名凯，译）．北京：商务印书馆．

索绪尔（1999）．普通语言学教程（高名凯，译）．北京：商务印书馆．

塔拉斯蒂，埃罗（2012）．表演艺术符号学：一个建议（段炼、陆正兰，译）．符号与传媒，5．

塔拉斯蒂，埃罗（2012）．存在符号学（魏全凤、颜小芳，译）．成都：四川教育出版社．

塔拉斯蒂，埃罗（2015）．音乐符号（陆正兰，译）．南京：译林出版社．

泰勒，爱德华（1992）．原始文化：神话、哲学、宗教、语言、艺术和习俗发展之研究（连树声，译）．上海：上海文艺出版社．

谭光辉（2012）．幸福感符号研究的现状与未来．贵州社会科学，12．

谭戒甫（1963）．公孙龙子形名发微．北京：中华书局．

谭戒甫（1964）．墨辩发微．北京：中华书局．

唐青叶（2015）．身体作为边缘群体的一种言说方式和身份建构路径．符号与传媒，10．

唐小林、祝东（2012）．符号学诸领域．成都：四川大学出版社．

陶东风（1996）．文体演变及其文化意味．昆明：云南人民出版社．

陶东风（2009）．粉丝文化读本．北京：北京大学出版社．

童，罗斯玛丽，帕特南（2002）．女性主义思潮导论（艾晓明，译）．武汉：华中师范大学出版社.

童恩正（1977）．我国西南地区青铜剑的研究．考古学报，2.

童书业（1980）．春秋左传研究．上海：上海人民出版社.

托多罗夫，茨维坦（2010）．象征理论（王国卿，译）．北京：商务印书馆.

托多罗夫，茨维坦（2015）．奇幻文学导论（方芳，译）．成都：四川大学出版社.

汪民安（2015）．身体、空间与后现代性．南京：江苏人民出版社.

汪民安、陈永国（2011）．后身体：文化、权力和生命政治学．长春：吉林人民出版社.

汪森、余炀天（2008）．音乐传播学导论——音乐与传播的互文性建构．重庆：西南师范大学出版社.

王弼（1980）．王弼集校释（楼宇烈，校释）．北京：中华书局.

王弼（2008）．老子道德经校释（楼宇烈，校释）．北京：中华书局.

王峰、明庆忠、熊剑峰（2013）．旅游符号学研究框架体系的建构．旅游论坛，3.

王琯（1992）．公孙龙子悬解．北京：中华书局.

王宁（1997）．试论旅游吸引物的三重属性．旅游学刊，3.

王守仁（2015）．传习录注疏（邓艾民，注）．上海：上海古籍出版社.

王守仁.（2014）．王阳明全集（吴光、钱明、董平、姚延福，编校）．上海：上海古籍出版社.

王向远（2002）．论比较文学的"传播研究"——它与"影响研究"的区别，它的方法、意义与价值．南京师范大学文学院学报，2.

王小英（2015）．中国性别文化符号学研究的突围——评陆正兰《歌曲与性别——中国当代流行音乐研究》．四川戏剧，4.

王晓华（2016）．西方美学中的身体意向——从主体观的角度去看．北京：人民出版社.

王亦高（2012）．在时间中聆听：作为符号而传播的音乐．北京：北京师范大学出版社.

威利，诺伯特（2011）．符号自我（文一著，译）．成都：四川教育出版社.

韦拴喜（2016）．身体转向与美学的改造：舒斯特曼身体美学思想论纲．北京：中国社会科学出版社.

维索尔伦，耶夫（2003）．语用学诠释（钱冠连、霍永寿，译）．北京：清华大学出版社.

维特根斯坦（2001）. 哲学研究（陈嘉映，译）. 上海：上海世纪出版集团.

卫聚贤（1941）. 巴蜀文化. 说文月刊（"巴蜀文化专号"），3.

魏全凤（2013）. 边缘生存——北美新生代华裔小说的存在符号学研究. 苏州：
  苏州大学出版社.

魏伟（2012）. 行走于"新符号学"的丛林中——评塔拉斯蒂《存在符号学》
  中译本版，符号学论坛（8）20.

翁，沃尔特（2008）. 口语文化与书面文化：语词的技术化（何道宽，译）. 北
  京：北京大学出版社.

吴毓江（2006）. 墨子校注. 北京：中华书局.

伍非百（2009）. 中国古名家言. 成都：四川大学出版社.

伍小仪等（1998）. 写实摄影大师亨利·卡蒂埃-布勒松. 香港：摄影画报有
  限公司.

西美尔（2017）. 时尚的哲学（费勇等，译）. 广州：花城出版社.

西夏（2016）. 外星人的手指有多长：世界经典科幻电影评论集. 成都：四川
  科学技术出版社.

希林，克里斯（2010）. 身体与社会理论（李康，译）. 北京：北京大学出
  版社.

希翁，米歇尔（2013）. 声音（张艾弓，译）. 北京：北京大学出版社.

席勒，弗里德里希（2009）. 审美教育书简（张玉能，译）. 南京：凤凰出版传
  媒集团、译林出版社.

夏可君（2013）. 身体——从感发性、生命技术到元素性. 北京：北京大学出
  版社.

休谟（2016）. 人性论（关文运，译）. 北京：商务印书馆.

徐靖茹、马云、杜怡桐（2019）. 自媒体时代下 Vlog 的传播策略. 西部广播
  电视，18.

薛晨（2015）. 认知科学的演进及其与符号学关系的梳理. 符号与传媒，2.

薛晨（2020）. 日常生活意义世界：一个符号学路径. 成都：四川大学出版社.

薛艺兵（2003）. 神圣的娱乐：中国民间祭祀仪式及其音乐的人类学研究. 北
  京：宗教文化出版社.

薛艺兵（2003）. 仪式音乐的符号特征. 中国音乐学，2.

亚里士多德（2003）. 尼各马可伦理学（廖申白，注译）. 北京：商务印书馆.

严志斌、洪梅（2017）. 巴蜀符号述论. 考古，10.

阎嘉（2013）．文学理论读本．南京：南京大学出版社．

颜小芳（2009）．无间地狱：存在的危机——对电影《无间道》的存在符号学分析．西南民族大学学报，12．

颜小芳（2010）．莫里斯·梅洛－庞蒂的生存符号学初探．三峡论坛（三峡文学·理论版），3．

颜小芳（2016）．邂逅结构中的存在——对话祝东《先秦符号思想研究》．广西师范学院学报（哲学社会科学版），6．

颜小芳、刘源（2018）．探索存在符号学电影批评理论建构的可能性与现实性——以电影《一个乡村牧师的日记》为例．广西科技师范学院学报，6．

杨伯峻（1979）．列子集释．北京：中华书局．

杨鹍国（2000）．符号与象征——中国少数民族服饰文化．北京：北京出版社．

杨秀香（2011）．论康德幸福观的嬗变．哲学研究，2．

叶适（1977）．习学记言序目．北京：中华书局．

尤瑞，约翰（2009）．游客凝视（杨慧、赵玉中、王庆玲、刘永青，译）．桂林：广西师范大学出版社．

于贝斯菲尔德（2004）．戏剧符号学（宫宝荣，译）．北京．中国戏剧出版社．

于连，弗朗索瓦（2007）．本质或裸体（林志明、张婉真，译）．天津：百花文艺出版社．

于晓权（2008）．马克思幸福观的哲学意蕴．长春：吉林大学出版社．

余明阳（2002）．论"品牌传播"．国际新闻界，6．

余明阳、杨芳平（2005）．品牌学教程．上海：复旦大学出版社．

曾庆香（2009）．认同·娱乐·迷思：北京奥运会开幕式的符号分析．当代传播，5．

翟丽霞、梁爱民（2004）．解读现代符号学的三大理论来源．外语与外语教育，11．

詹姆逊，弗雷德里克（1999）．政治无意识——作为社会象征行为的叙事（王逢振、陈永国，译）．北京：中国社会科学出版社．

张碧，唐小林（2016）．欧洲马克思主义符号学派．成都：四川大学出版社．

张东林（1998）．世界科幻电影经典．北京：中国电影出版社．

张芹（2011）．仪式·比赛·意义建构——SNS网络游戏"开心农场"的文化阐释．新闻界，1．

张素琴、刘建（2013）．舞蹈身体语言学．北京：首都师范大学出版社．

张岩冰（1988）．女权主义文论．济南：山东教育出版社．

张尧均（2006）. 隐喻的身体：梅洛·庞蒂身体现象学研究. 杭州：中国美术学院出版社.

张之沧、张禹（2014）. 身体认知论. 北京：人民出版社.

张宗正（2004）. 修辞学语境与语用学语境的异同. 修辞学习，5.

章建刚（1993）. 马克思主义实践观与符号概念. 哲学研究，3.

章建刚（1994）. 一种马克思主义的符号理论是如何成为可能的. 思想战线，4.

赵斌（2009）. 电影语言修辞研究. 北京：中国电影出版社.

赵奎英（2017）. 生态语言观与生态诗学、美学的语言哲学基础建构. 人民出版社.

赵奎英（2017）. 艺术符号学基础的反思与现象学存在论重建. 南京社会科学，4.

赵书峰（2013）. 仪式音乐文本的互文性与符号学阐释. 音乐研究，2.

赵星植（2013）. 礼物作为社会交流符号的诸种类型. 江苏社会科学，6.

赵星植（2014）. 礼物交际的符号修辞及其表意特征. 福建师范大学学报（哲学社会科学版），3.

赵星植（2014）. 论礼物的普遍分类：一个符号学分析. 符号与传媒，1.

赵毅衡（1990）. 文学符号学. 北京：中国文联出版公司.

赵毅衡（1998）. 建立一种现代禅剧：高行健与中国实验戏剧. 台北：尔雅出版公司.

赵毅衡（2008）. "叙述转向"之后：广义叙述学的可能性与必要性. 江西社会科学，9.

赵毅衡（2008）. 叙述在否定中展开——四句破，符号方阵，《黄金时代》. 中国比较文学，1.

赵毅衡（2010）. 符号、象征、象征符号，以及品牌的象征化. 贵州社会科学，9.

赵毅衡（2010）. 广义叙述学：一个建议. 叙事（中国版），0.

赵毅衡（2010）. 修辞学复兴的主要形式：符号修辞. 学术月刊，9.

赵毅衡（2011）. 符号学：原理与推演. 南京：南京大学出版社.

赵毅衡（2012）. 符号学：原理与推演. 南京：南京大学出版社.

赵毅衡（2012）. 符号作为人的存在方式. 学术月刊，4.

赵毅衡（2013）. 广义叙述学. 成都：四川大学出版社.

赵毅衡（2013）. 演示叙述：一个符号学分析. 文学评论，1.

赵毅衡（2013）. 广义叙述时间诸范畴. 苏州大学学报（哲学社会科学版），3.

赵毅衡（2014）．回到皮尔斯．符号与传媒，2.

赵毅衡（2014）．论二次叙述．福建论坛（人文社会科学版），1.

赵毅衡（2015）．形式直观：符号现象学的出发点．文艺研究，1.

赵毅衡（2016）．第三次突变：符号学必须拥抱新传媒时代．天津外国语大学学报，1.

赵毅衡（2016）．符号学：原理与推演．南京：南京大学出版社.

赵毅衡（2017）．哲学符号学：意义世界的形成．成都：四川大学出版社.

赵勇（2017）．科幻电影中的梦叙述．北京电影学院学报，3.

郑晓峰（2015）．"古之巫书"与《山海经》的神话叙事．汉语言文学研究，1.

郑震（2010）．身体图景．北京：中国大百科全书出版社.

钟玲（2009）．中国禅与美国文学．北京：首都师范大学出版社.

周建漳（2008）．叙述句子的时间结构及其理论意义——论丹图对若干历史哲学问题的语言分析．厦门大学学报（哲学社会科学版），1.

周裕锴（1999）．禅宗语言．杭州：浙江人民出版社.

朱林（2018）．具身认知：身体的认知符号学．西部学刊，3.

朱前鸿（2005）．先秦名家四子研究．北京：中央编译出版社.

朱熹（1986）．朱子语类（黎靖德，编）．北京：中华书局.

祝东（2012）．拟诸形容，象其物宜——易学符号思想研究的回顾与发展．符号与传媒，2.

祝东（2015）．《道德经》：秩序失衡之际的符号反思．中外文化与文论，30.

祝东（2016）．去符号化：老子的伦理符号思想初探．社会科学战线，8.

祝东（2018）．名与实：中国语言符号学的发轫．中外文化与文论，40.

宗世海、刘文辉（2007）．论修辞学与语用学的关系及二者的发展方向．暨南学报（哲学社会科学版），5.

宗争（2014）．游戏学：符号叙述学研究．成都：四川大学出版社.

宗争（2017）．符号现象学何以可能．符号与传媒，2017，15.

宗争、梁昭（2018）．民族符号学论文集．北京：中国社会科学出版社.

二、外文文献

Ackermans, H. M. L. (2014). *From Letters to Vlog Entries (Bachelor's thesis)*.

Alain. (2004). *Système des beaux-arts (chapitre 6 système du costume ; Chapitre 7 Système de la mode)*. Paris: Gallimard.

Attebery, B. (1992). *Strategies of Fantasy*. Bloomington: Indiana University

Press.

Argan, G C. (1975). "Ideology and Iconology", trans. West , R. *Critical Inquiry*, 2: 2 (Winter).

Akas, N. C.; Egenti, M. C. (2016). " Semiotics in indigenous dance performances: Ekeleke dance of Ekwe people of Nigeria as paradigm", *Ogirisi a New Journal of African Studies*, 12.

Barbieri, M. (2001). *The Organic Codes: The Birth of Semantic Biology*. Ancona: Pequod.

Barthes, R. (2006). *The Language of Fashion*. ed. Carter, M. Oxford: Berg Publishers.

Berking, H. (1999). *Sociology of Giving*. London: Sage.

Bhattacharyya, D P. (1997). "Mediating India. An analysis of a guidebook", *annals of tourism research*, 24 (97).

Brier, S. (2014). Cybersemiotics: "Suggestion for a Transdisciplinary Framework Encompassing" Natural, Life, and Social Sciences as Well as "Phenomenology and Humanities, International Journal of Body", *Mind and Culture*, 1 (1).

Bier, S. (2013). Cybersemiotics: "A New Foundation for Transdisciplinary Theory of Information, Cognition, Meaningful Communication and the Interaction between Nature and Culture", *Integral Review*, 9 (2).

Blumer, H. (1969). *Fashion: From Class Differentiation to Collective Selection*. Berkeley: University of California, Berkeley.

Brier, S. (2008). *Cybersemiotics: Why Information is Not Enough*. Toronto: University of Toronto Press.

Brier, S. (2006). Biosemiotics, in *Encyclopedia of Language and Linguistics*, 2.

Butler, J. (2002). *Gender Trouble: Feminism and the Subversion of Identity*. New York: Routledge.

Caillois, R. (2001). *Man, play, and games, Translated from the French by Meyer Barash*. Champaign: University of Illinois Press .

Chateau, D. (2011) (ed). *Subjectivity*. Amsterdam: Amsterdam University Press.

Cipolli , C. &Poli, D. (1992). "Story Structure in Verbal Reports of Mental Sleep Experience after Awakening in REM Sleep", *Sleep*, 15 (2).

Crane, D. (2000). *Fashion and Its Social Agendas: Class, Gender, and*

Identity in Clothing . Chicago: University of Chicago Press.

Crane, L. (1926). China in sign and symbol. Shang hai: Kelly & Walsh, Limited.

Culler, J O. (1981). "The Semiotics of Tourism", *American Journal of Semiotics*, 1 (1).

Culler, J. (1981). *The Pursuit of Signs: Semiotics, Literature, Deconstruction*. Ithaca, New York: Cornell University Press.

Daniel, C. (2002). *Semiotics:the Basics*. New York: Routledge.

Deacon, T. (2011). *Incomplete Nature: How Mind Emerged from Matter*. New York: W. W. Norton.

Beauvoir, S. (1949). *Le Deuxieme Sexe*. Paris: Gallimard.

Nora, T. (2000). *Music in Everyday Life*. Cambridge: Cambridge University Press.

Doeringer, F. M. (1982). "The Gate in The Circle: a Paradigmatic Symbol in Early Chinese Cosmology", *Philosophy East and West*, 32 (3).

Duits, R. (2012). "Tarasti's Existential Semiotics: Towards a functional model", *Semiotica*, 19.

Echtner, C. M . (1999). "The semiotic paradigm: Implications for tourism research", *Tourism Management*, 20 (1).

Eco, U. (2004). *On Literature*, trans. Mclaughlin, M. New York: Harcourt.

Eco, U. (1996). *A Theory of Semiotics*. Bloomington: Indiana University Press.

Eco, U. (1990). *The Limits of Interpretation*. Bloomington & Indianapolis: Indiana University Press.

Edward, F. ; Pace-Schott. (2013) . "Dreaming as a Story-telling Instinct", *Frontiers in Psychology*, 4.

Favareau, D(2010). (ed). *Essential Readings in Biosemiotics: Anthology and Commentary*. Dordrecht: Springer.

Finley, M. I. (1997). *The World of Odysseus*. London: Chatto & Windus, 2. 79−83.

Frasca, Gonzalo. (2003). "Simulation versus Narrative: Introduction to Ludology" in Mark J. P. Wolf and Perron, B ed. *Video/Game/Theory*. New

York: Routledge.

Freedman, R. (2009). *Noise Wars: Compulsory Media and Our Loss of Autonomy*. New York: Algora Publishing.

Fiske, J. (1990). *Introduction to Communication Studies*. London: Routledge.

Fiske, J. (1990). "Ethnosemiotics: Some Personal and Theoretical Reflections", *Cultural Studies*, 4 (1).

Fiske, J. (1989). *Understanding Popular Culture*. London and New York: Routledge.

Frith, S. (1996). *Performing Rites: On the Value of Popular Music*. Cambridge mass: Harvard University Press.

Frith, S. (1981). *Sound Effect: Youth, Leisure, and the Politics of Rock' n' Roll*. New York: Pantheon.

Genette, G. (1980), *Narrative Discourse: An Essay in Method*, trans. Lewin, J. E. New York: Cornell University Press.

Granot, Elad, Russell, et al. (2013). "Populence: Exploring luxury for the masses", *Journal of Marketing Theory & Practice*, 21 (1).

Green, L. (1997) . *Music, Gender, Education*. Cambridge: Cambridge University Press.

Green, L. (1988). "Music on Deaf Ears: Musical Meaning", *Idology and Education*. Manchester: Manchester University Press.

Greimas, A. J. (1973). "Reflexion sur les objects ethno-semiotiques: Manifestations poetique, musicale et gestuelle", in *Actes du Premier Congres International d'Ethnologie Europeenne*, Paris.

Halliday. (1978). *Language as social semiotic: The social interpretation of language and meaning*. London: Edward Arnold.

Halliday. (1976). "Anti-Languages", *American Anthropologist*, 78.

Harman, G. (2005). *Guerrilla Metaphysics: Phenomenology and the Carpentry of Things*. Chicago and La Salle: Open Court.

Hartmann, E. (2011). *The Nature and Functions of Dreaming*. Oxford: Oxford University Press.

Heidegger, M. (2006). *Sein und Zeit*. Tübingen: Max Niemezer Verlag.

Hjelmslev, L. (1953). *Prolegomena to a Theory of Language*, trans. Francis, J. W. Baltimore: Waverly Press.

Hoffmeyer，J. (2011). Claus Emmeche，"Code-duality and the semiotics of nature"，*On Semiotic Modeling*，Myrdene.

Hornby，R. (1986). *Drama，Metadrama，and Perception*. London and Toronto：Associated University Press.

Horner，B；Swiss，T. (1999). *Key Terms in Popular Music and Culture*. Hoboke：Blackwell Publishers.

Hoppál，M. (2014). *Ethnosemiotics: Approaches to the Study of Culture*. Budapest：Hungarian Association for Semiotic Studies.

Hoppál，M. (1993). "Ethnosemiotic Research in Hungary"，*Hungarian Studies*，8 (1).

Hume，K. (1984). *Fantasy and Mimesis: Responses to Reality in Western Literature*. New York：Routlege.

Huntcheon，L. (2013). *Narcissitic Narrative: The Metafictional Paradox*. Wilfrid Laurier University Press.

Husserl，E. (1973). *Cartesianische Meditationen und Pariser Vertrage*. Martinus Nijhoff：Haag.

Husserl，Edmund. (1952). *Ideen zu einer reinen Phänomenologie und phänomenologischen Philosophie*. Buch，Z. Phänomenologische Untersuchungen zur Konstitution. Haag：Matinus Nijhoff.

Husserl，E. (1939). *Erfahrung und Urteil：Untersuchungen zur Genalogie der Logik*. Prag：Adademie Verlagsbuchhandlung.

Husserl，E. (1929). *Formale und transzendentale Logik: Versuch einer Kritik der Logischen Vernunfut*. Halle：Max Niemeyer Verlag.

Jakobson，R. (1987). "Linguistics and Poetics"，in Roman Jakobson. *Language in Literature*，ed. Pomorska，D；Rudy，S. Cambridge：The Belknap Press of Harvard University Press.

Jenkins，H. (2004). "Game Design as Narrative Architecture"，in First Person：*New media as Story，Performance and Game*. Cambridge：The MIT Press.

Johnston，K. M. (2011). *Science Fiction Film：A Critical Introduction*. Oxford：Berg. Publishers.

Kosko，B. (2006). *Noise*. New York：Penguin Group Inc.

Kilroe，P A. (2000). "The Dream as Text，The Dream as Narrative"，*Dreaming*，10.

Kline, S. (2003). *Digital play: the interaction of technology culture, and marketing*. Montreal: McGill-Queen's University Press.

Kockelman, P. (2006). "A Semiotic Ontology of the Commodity", *Journal of Linguistic Anthropology*, 16 (1), 81.

Krampen, M. (2011). "Models of semiosis", *Semiotics: A Handbook on the Sign-h eoretic Foundations of Nature and Culture*.

Krampen, M. (1981). "Phytosemiotics", *Semiotica*, 36, 3.

Krauss, R. (1985), *The Originality of the Avant-Garde and Other Modernist Myths*. Cambridge: The MIT Press.

Kress, G; Hodge, R. (2010). *Multimodality: exploring contemporary methods of communication*. London & New York: Routledge.

Leech, G. N.; Short, M. H. (1981). *Style in Fiction: A linguistic Introduction to English Fictional Prose*. London and New York: Longman Inc.

Leeds-Hurwitz, W. (1996). *Semiotics and Communication: Signs, Codes, Cultures*. New Jersey: Lawrence Erlbaum associations, publishers.

Leeds-Hurwitz, Wendy. (1993). *Semiotics and Communication: Signs, Codes, Cultures*. New Jersey: Lawrence Erlbaum Associates Publishers.

Liszka, James. (2014). "Some Reflections on Peirce's Semiotics", *Signs & Media*, 2.

MacCannell, D. (2011). *The Tourist: A New Theory of Leisure Class*. Oakland : University of California Press.

MacCannell, D. (1992). *Empty Meeting Grounds: The Tourist Papers*. London: Routledge.

Manlove, C. (1999). *The Fantasy Literature of England*. New York: Paigrave.

Mark, J. P. (2012). Wolf. *Building Imaginary Worlds: The Theory and History of Subcreation*. New York: Routledge.

Mendlesohn, F. (2008). *Rhetorics of Fantasy*. Middletown: Wesleyan University Press.

Mey, J. L. (1993). *Pragmatics*. Cambridge: Blackwell Publisherts.

Metai, I. (2004). *The Science Fiction Film Reader*, ed. Redmond, S. Warrenton: Columbia University Press.

Metz, C. (1982). *The Imaginary Signifier*. Bloomington: Indiana University Press.

Michael, J.; Silverstein, N. & Fiske. (2003). "Luxury for the masses", *Harvard business review*, 81 (4).

Middleton, R. (1990). *Studying Popular Music*. Milton Keynes and Philadelphia: Open University Press.

Minas, N. (2012). "Kastanakis, George Balabanis, Between the mass and the class: Antecedents of the 'bandwagon' luxury consumption behavior", *Journal of Business Research*.

Montangero, J. (2013). "Dreams are Narrative Simulations of Autobiographical Episodes, Not Stories or Scripts: A Review", *Dreaming*, 3.

Norgaard, N. (2010). "Multimodality and the literary text: Making sense of Safran Foer's Extremely Loud and Incredibly Close", In R. Page (ed) *New Perspectives on Narrative and Multimodality*. London and New York: Routledge.

Norton, A. (1996). "Experiencing nature: The reproduction of environmental discourse through safari tourism in East Africa", *Geoforum*, 27 (3).

Nunes, M. (2011). *Error, Glitch, Noise, and Jam in New Media Cultures*. New York and London: Continuum.

Petrilli, S. (2007). "Significs, Semioethics and Places of the Gift in Communication Today", in Vaughan, G. (ed.) *Women and the Gift Economy: A Radically Different Worldview is Possible*. Toronto: Inanna Publications and Education Inc.

Prince, G. (2003). *A Dictionary of Narratology (Revised Edition)*. Nebraska: University of Nebraska Press.

Prince, G. (1987). *Dictionary of Narratology*. Aldershot: Scolar Press.

Riffaterre, M. (1978). *Semiotics of Poetry*. Bloomington: University of Indiana Press.

Riffaterre, M. (1971). *Essai de stylistique structural*, Paris: Flammarion.

Rousseau, Jean-Jacque. (2009). *Essai sur l'originedes langues*. Paris: L'Harmattan.

Salen, K; Zimmerman, E. (2004). *Rules of Play: Game Design Fundamentals*. Cambridge and London: The MIT Press.

Saussure. (1969). *Courseral Linguistics*. New York: Mcgraw-Hill.

Sebeok, T & Danesi, M (1986). *Encyclopedic Dictionary of Semiotics*.

Berlin: Mouton de Gruyter.

Sebeok, T. A., Umiker-Sebeok, Jean (eds). (1992). *Biosemiotics*. Berlin: Mouton de Gruyter.

Sebeok, T. A. (2001). *Global Semiotics*. Bloomington: Indiana University Press.

Shannon, C. E.; Warren, W. (1964). *The Mathematical Theory of Communication*. Urbana: The University of Illinois Press.

Shutz, A. (1983). *Thomas Luckmann, The Structure of Life-world*. Evanston: Northwestern University press, and London: Heinemann.

Schutz, A. (1974). *Collected papers I: The Problem of Social Reality*. New York: Springer.

Silverman, K. (1984). *The Subject of Semiotics*. Oxford: Oxford University Press.

Sonea, S. (1988). "The Global Organism: A New View of Bacteria", *The Sciences*. 28 (4).

Sonesson, G. (2015). *Semiotics of Photography: The state of art*, *International handbook of semiotics*. Berlin: Springer Publishing Company.

Sonesson, G. (2006). "The Meaning of Meaning in Biology and Cognitive Science: A Semiotic Reconstruction", *Sign Systems Studies*, (1).

Spirn, A. W. (2000). *The Language of Landscape*. New Haven: Yale University Press.

States, B. O. (1993). *Dreaming and Storytelling*. Ithaca and London: Cornell University Press.

States, B. O. (1988). *The Rhetoric of Dreams*. Ithaca and London: Cornell University Press.

Stephenson, W. (1988). *The Play Theory of Mass Communication*. Chicago: The University of Chicago Press.

Surdiasis, F; Eriyanto, E & Herdiansyah, H. (2018). "Narrative of politics in the era of social media: a multimodal analysis of president Joko Widodo's video blog", *E3s Web of Conferences*.

Todorov, T. (1966). "Les catégories du récit littéraire", *Communications*, (8).

Van Leeuwen, T. (2005). *Introducing social semiotics*. London&New York:

Routledge.

Van Leeuwen, Theo. (2004). *Introducing Social Semiotics*. London & New York: Routledge.

Valsiner, J. (2015). "Finnish Baroque of Existential Semiotics: Eero Tarasti's musical synthesis of the voluptuous dance of signs", *Culture & Psychology*, 21 (1).

Vannini. (2016). *Phillip. Body/embodiment: Symbolic interaction and the sociology of the body*. London & New York: Routledge.

Voigt, V. (1986). "Ethnosemiotics", *Encyclopedic Dictionary of Semiotics*.

Wang, N. (2000). *Tourism and modernity: A sociological analysis*. London: Pergamon.

Waugh, P. (1984). *Metafiction: The Theory and Pratice of Self-Conscious Fiction*, London: Routledge.

Welby, V. (1897). *Grain of Sense*. London: J. M. Dent & Co.

Winnerlind, K. (2010). "Money Talks, but What Is It Sayings? Semiotic of Money and Social Control", *Journal of Economic Issues*, 35 (3).

Ziemke. (2007). *Body, language, and mind*. Berlin: Walter de Gruyter.

四川大学符号学-传媒学研究所编辑出版书目

《符号学：原理与推演》/赵毅衡著

《符号与意义》/丁尔苏著

《符号学-传媒学词典》/胡易容、赵毅衡编

《劳特利奇符号学指南》/科布利著，周劲松、赵毅衡译

《符号自我》/威利著，文一茗译

《符号学对哲学的冲击》/迪利著，周劲松译

《传媒符号学》/比格内尔著，白冰、黄立译

《音乐·媒介·符号——音乐符号学文集》/佩基莱著，陆正兰等译

《酷：青春期的符号和意义》/达内西著，孟登迎、王行坤译

《香烟、高跟鞋及其他有趣的东西：符号学异论》/达内西著，肖辉荣译

《社会符号学》/霍奇、克雷斯著，周劲松、张碧译

《存在符号学》/塔拉斯蒂著，魏全凤、颜小芳译

《语文符号学导论》/程然著

《走向反讽叙事——20世纪80年代诗歌的符号学研究》/董迎春著

《从主体建构到自我解构——中国新时期以来电影中农民形象演变的符号学考察》/颜小芳著

《〈红楼梦〉叙述中的符号自我》/文一茗著

《陇中民俗剪纸的文化符号学解读》/张淑萍著

《边缘生存——北美新生代华裔小说的存在符号学研究》/魏全凤著

《保罗·利科的叙述哲学——利科对时间问题的叙述阐释》/伏飞雄著

《可能世界叙事学》/张新军著

《传媒符号学：后麦克卢汉的理论转向》/胡易容著

《性别符号学：政治身体/身体政治》/尤施卡著，程丽蓉译

《音乐符号》/塔拉斯蒂著，陆正兰译

《故事的变身》/瑞安著，张新军译

《打开边界的符号学：穿越符号开放网络的解释路径》/彼得里利、蓬齐奥

著，王永祥、彭佳、余红兵译

《趣味符号学》/赵毅衡著

《广告符号学教程》/饶广祥著

《电影符号学教程》/马睿、吴迎君著

《传播符号学教程》/冯月季著

《解放的形式——赵毅衡形式理论思想争鸣集》/饶广祥主编

《符号学诸领域》/唐小林、祝东编

《图像符号学：传媒景观世界的图式把握》/胡易容著

《广义叙述学》/赵毅衡著

《先秦符号思想研究》/祝东著

《社会文化符号学》/张碧著

《新闻符号学》/李玮著

《广告符号学》/饶广祥著

《游戏学：符号叙述学研究》/宗争著

《视觉文化与视觉艺术符号学：艺术史研究的新角视》/段炼著

《影像化的现代——语言与影像的符号学》/宇波彰著，李璐茜译

《符用学研究》/韦尔南著，曲辰译

《符号疆界：从总体符号学到伦理符号学》/佩特丽莉著，周劲松译

《视觉艺术符号学》/埃诺著，张智庭译

《符号文体学》/莫利涅著，刘吉平译

《生命符号学：塔尔图的进路》/库尔、马格纳斯著，彭佳、汤黎译

《武侠文化符号学》/孙金燕著

《形式动力：新诗论争的符号学考辨》/乔琦著

《皮尔斯：论符号》/皮尔斯著，赵星植译

《电影符号学：皮尔斯与电影美学》/艾赫拉特著，文一茗译

《符号学与艺术理论：在自律论和语境论之间》/谢赫特著，余红兵译

《奇幻文学导论》/托多罗夫著，方芳译

《意义的形式：建模系统理论与符号学分析》/西比奥克、德尼西著，余红兵译

《叙述理论与实践——从经典叙述学到符号叙述学》/方小莉著

《坠落的体育英雄、传媒与名流文化》/文内尔著，魏伟译

《丑闻的力量：大众传媒中的符号学》/艾赫拉特著，宋文译

《诗性语言的革命》/克里斯蒂娃著，张颖、王小姣译

《性别与传媒》/吉尔著，程丽蓉、王涛译

《馈赠的社会符号学》/贝尔金著，魏全凤、廖洋昇兰译

《马克思主义符号学文集》/胡易容、陈文斌编

《欧洲马克思主义符号学派》/张碧、唐小林编

《商品符号学文集》/饶广祥编

《流行音乐与文化关键词》/霍纳著，陆正兰译

《叙述》/科布利著，方小莉译

《皮尔斯与传播符号学》/赵星植

《数字时代的叙事学——玛丽－劳尔·瑞安叙事理论研究》/张新军著

《哲学符号学：意义世界的形成》/赵毅衡著

《绘画中的符号叙述：艺术研究与视觉分析》/巴尔著，段炼编

《皮尔斯与中国古典美学》/王俊花著

《跨媒介叙事》/瑞安著，张新军译

《名人：传播符号学研究》/闫文君著

《打扮：符号叙述学研究》/贾佳著

《民族符号学论文集》/宗争、梁昭编

《应用符号学》/拉森著，魏全凤、刘楠、朱围丽译

《流行音乐传播符号学》/陆正兰著

《戏剧：演出的符号叙述学》/胡一伟著

《〈周易〉的符号学研究》/苏智著

《宗教的文化符号学》/莱昂内著，魏全凤、黄蓝、朱围丽译

《论巴尔特：一个话语符号学的考察》/韩蕾著

《论无意味——后物质时代的意义消减》/莱昂奈著，陆正兰等译

《日常生活意义世界：一个符号学路径》/薛晨著

《叙述与自我》/文一茗著

《流行音乐产业的符号学研究》/刘小波著

《维尔比夫人与表意学：符号学的形成》/佩特丽莉著，宋文、薛晨译

《论反讽》/倪爱珍著

《认知叙述学》/云燕著

《游戏符号学文集》/宗争、董明来主编

《饮食的文化符号学》/石访访著

《品牌与广告：符号叙述学分析》/饶广祥著

《符号、语言与倾听——伦理符号学视角》/佩特丽莉著，贾洪伟译

《戏剧符号学教程》/胡一伟著

《教育符号学指南》/赛默斯基著，崔岐恩等译

《教育符号学导论》/崔岐恩著

《茱莉亚·克里斯蒂娃的"符义分析"思想研究》/张颖著

《当代符号学新潮流研究（1980—2020)》/赵星植著

《纪实的边界：论纪录片的"摆拍"与报告文学的"虚构"》/赵禹平著

《中国古典文献的符号学研究文选》/祝东著（待出）

《李普曼研究》/刘吉东著（待出）

《堪舆风水与当代生态主义的符号学研究》/王雨馨著

《演出叙述：从实验戏剧到行为艺术》/潘鹏程著

《中华民族共同体论：民族符号学研究 》/彭佳著

《丝绸之路的互联网络》/王小英著（待出）

《皮尔斯论符号》/赵星植著（增订新稿）

《媒介的自我指涉》/诺特、毕莎娜编，周劲松译

《认知符号学：自然、文化与意义的现象学路径》/索内松著，胡易容、梅林、董明来译

《幸福感符号学：社会文化修辞》/弗劳利著，谭光辉、李泉等译

《风格修辞学》/布鲁迈特著，冯月季译